U0573160

让 我 们 一 起 追 寻

〔修订本〕

国民党高层的派系政治

蒋介石
"最高领袖"地位的确立

金以林　著

社会科学文献出版社
SOCIAL SCIENCES ACADEMIC PRESS (CHINA)

先兑比勾着
誰勝誰負，
再辦倒懸。

从 1931 年 2 月 28 日夜胡汉民被扣，到 1932 年 3 月 1 日蒋介石被选为军事委员会委员长，这是蒋介石确立"党国最高领袖"地位过程中，颇为关键的一年零一天……

目　录

绪　论

国民党在中国大陆统治了 22 年。它同此前控制中央政权 17 年的北洋政府有着本质的不同，特别是在组织形态方面，国民党始终强调的是"以党治国"。但党的成员又是一个复杂的混合体。从 1928 年底东北易帜起，国民党宣称实现全国统一。其实，谁都知道这只是在形式上完成了统一，在它内部始终是派系林立，纷争不断，并多次发展到大规模的分裂和武装冲突，成为民国政治史中惹人注目的突出现象。

对这种现象，以往学界通常把它归结为"新军阀混战"。这样说有一定的道理，因为当时中国政治所表现出来的主要斗争形式是战争，主要组织形式是军队。蒋介石始终视军队如生命，离开对军事的控制，便没有他 22 年的统治可言。但仅仅如此理解，会导致研究者过多地把注意力集中在各派军事势力的角斗上，而忽视它背后更深层次的矛盾——国民党高层的派系政治。

为什么说国民党高层的派系政治是更深层次的矛盾？原因在于：这个政权的统治始终是在孙中山创建的中国国民党旗号下进行的。由于孙中山领导的辛亥革命推翻了统治中国几千年的君主专制制度，由于他主张用革命的手段来实现民族独立、民主和民生幸福（虽然没有找到实现这些目标的具体道路），他在中国人心目中享有很高的威望，成为一面旗帜。在国民党统治时期，孙中山被尊为"国父"，上至中央政府最高机构，下至全国的中小学校，每星期都要举行"总理纪念周"，诵读"总理遗嘱"。国民党统治的绝大多数时间被称为"训政"时期。由谁来主导"训政"？标榜的也是由国民党负责实施，以实现"总理遗教"。即便各派政治势力角斗时，如果得不到党内高层的支持，也只会被看作地方割据势力，无法形成大的局面。

国民党这个团体，成员本来十分复杂，有着不同的政治主张和利益冲突。孙中山在世的时候，凭借他的巨大威望和个人魅力，还能笼罩和控制全局。国民党一大代表黄季陆回忆道：原本不赞成在大会宣言中写明反对帝国主义的具体要求（如收回租界、废除领事裁判权等），但"当听到总理把本案提出表决时所说'赞成者请举手'时，我的手不知是受了何等大的一种力量的支配，很自然的、自动的、轻轻的、高高的举起来，衷心的表示赞同，表示折服"。[①] 国民党一大通过的《中国国民党总章》中明确规定："本党以创行三民主义、五权宪法之孙先生为总理。""党员须服从总理之指导，以努力于主义之实行。""总理对于中央执行委员会之决议，有最后决定之权。"[②]

中国有句老话："名不正，则言不顺；言不顺，则事不成"。谁能代表国民党的正统，谁被看作孙中山理所当然的继承人，对其能否"名正言顺"地拥有最高领袖的地位、建立起稳定的统治至为重要。然而孙中山生前并没有解决好这一问题。他一去世，即在党内留下一个别人难以填补的真空，出现群龙无首的局面。围绕领袖权的继承问题，各派政治势力反反复复经过多次冲突，始终都没有很好地解决。在国民党内，资

---

① 黄季陆：《黄季陆先生怀往文集》，台北：传记文学出版社，1986，第35、36页。
② 中国第二历史档案馆编《中国国民党第一、二次全国代表大会会议史料》（上），江苏古籍出版社，1986，第92、94页。

格最老、同孙中山关系最深的是胡汉民、汪精卫、廖仲恺三人。廖仲恺在孙中山去世后不到半年就被暗杀。胡、汪两人地位相当：胡汉民在孙中山北上后代理大元帅职务，汪精卫是首任广东国民政府主席。"西山会议派"中虽也有一些国民党元老，而且人数不少，但他们的地位和影响远不足以同胡、汪相比。至于蒋介石，在党内只能说是"后进"，而且长期没有处在高层地位。国民党一大时，他连代表资格都没有，更谈不上进入党的核心机构——中央执行委员会。这以后，他从担任黄埔军校校长起家，由于掌握了这支"党军"，在东征讨伐陈炯明和平定杨希闵、刘震寰叛军的行动中表现突出，才逐步引起党内高层的注意。经过两年多的努力，誓师北伐时，蒋介石当上了国民革命军总司令。那时，他不满39岁，在国民党内还没有成为足以服众的"最高领袖"。

国民党高层的派系政治，就是在这样的政治大背景下展开的。不能忽视这种演变一直受到外部环境因素的影响。蒋介石靠黄埔军校起家，但仅靠"军权"而无"党权"，是很难在"以党治国"体制下建立起稳固的统治。正如李剑农在1930年出版的《最近三十年中国政治史》一书中写道：国民党的改组"可说是中国政治新局面的开始。因为此后政治上所争的，将由'法'的问题变为'党'的问题了；从前是'约法'无上，此后将为'党权'无上；从前谈'法理'，此后将谈'党纪'；从前谈'护法'，此后将谈'护党'；从前争'法统'，此后将争'党统'了"。① 这正是国民党不同于北洋

① 李剑农：《最近三十年中国政治史》，太平洋书局，1931年第3版，第531页。

军阀统治的一大特点。尽管蒋介石身上仍保留着浓厚的传统观念，始终抓住军权牢牢不放，但他又不能忽视国民党内根深蒂固的"党统"观念。

陈独秀曾有一段名言："凡是一个集团，对外走向统一，同时对内即走向分裂，倒是对外竞争，往往加紧了内部的团结，这是一个公例。"① 对中国国民党来说，它的高层派系矛盾的起伏，几乎都反映了这种"公例"。虽然党内的正式分裂始自孙中山去世，源于继承权之争，但并没有形成流血冲突。而当国民党由"革命策源地"广东一省走向全国，成为国家执政党的同时，它的内部分裂即演变成巨大的武装冲突，特别是以蒋介石、汪精卫、胡汉民三人为代表的政治势力，常常是一派以在野的地位，公开领导其他派系反对当权派。在这个过程中，尽管汪精卫、胡汉民在党内的地位最高，但后起的蒋介石倚仗对军事力量的控制，又利用汪、胡二人之间的矛盾，纵横捭阖，联合一方打击另一方，逐步建立起自己的强权统治。在此期间，三人的分合关系，经常保持着二对一这样一个有趣的局面，而且大都以蒋为中心，二对一者始终取得优势。蒋的地位也不断得到巩固和加强，而汪、胡二人则分别以党内元老的地位辅佐蒋氏对抗另一方。②

按照陈独秀所言的"公例"，北伐战争之始，尽管党内的派系矛盾已日益发展，但表面上仍保持着团结的局面。但当北伐军击溃吴佩孚、孙传芳的主力后，党内矛盾充分公开，并导

---

① 陈独秀：《各党派应如何巩固团结？》，任建树、张统模、吴信忠编《陈独秀著作选》第3卷，上海人民出版社，1993，第472页。
② 相关论述参见蒋永敬《百年老店国民党沧桑史》，台北：传记文学出版社，1993。

致宁汉分裂的局面；而当讨伐奉系军阀张作霖的第二期北伐之初，蒋介石、冯玉祥、阎锡山、李宗仁分别统率的四个集团军还能一致行动，但北伐战争胜利结束之际，从编遣会议开始各派军事势力之间的矛盾冲突便全面爆发，演变成一系列的武装冲突和连年混战。其中规模和影响最大的是 1930 年的中原大战。在这场大战中，站在反蒋一方的不仅有阎锡山、冯玉祥、李宗仁，更有党内元老汪精卫和西山会议派；而当蒋介石在前方作战时，为他主持南京中央政权的则是立法院长胡汉民和行政院长谭延闿。

中原大战胜利后，历来只看重军事力量的蒋介石以为国内再没有任何足以同他抗衡的力量了。与此同时，蒋介石的独断专行，同标榜"党权"高高在上的胡汉民间矛盾不断加深（谭延闿刚好在中原大战胜利之际去世），蒋介石就掉过头来收拾胡汉民，没想到再次引发国民党内更大的分裂，出现了宁粤对峙，并迫使蒋介石第二次下野。

在 1931 年前后一年多的宁粤对峙期间，局势的发展更加复杂微妙，并曾连续出现蒋胡、汪胡、蒋汪三次合作，以对抗另一方，均以二对一者取胜。在此期间，党内斗争虽被冠以种种"反对个人独裁""护党救国"的名目，但其实质都逃脱不了"权力"二字，最主要的表现形式就是派系纠葛。恰在此时爆发了九一八事变，正如陈独秀所言，已获得全国政权的国民党面对外辱，不得不暂时结束派系争纷，走向表面的"团结"。

由此可见，国民党内的种种纠纷，实由派系而生；而表面的团结，从来不曾抚平派系造成的裂痕。"派系"成为民国政治中一个永远抹不去的符号。在国民党统治时期，政治的特点就是派系活动的普遍化，特别是国民党的派系活动，影响着民国政治全局的发展。有关这一论点影响最大、最传统的论著当属陈伯达分别于 1946 年和 1948 年出版的《中国四大家族》《人民公敌蒋介石》二书，[①] 他将国民党统治集团简单地划分为蒋、宋、孔、陈四大家族。西方学术界有关国民党派系政治方面的论述也相当丰富。例如美国学者费正清（John K. Fairbank）主编的《剑桥中华民国史》设有专节讨论"国民党诸派系"。[②]

相对而言，在国民党内或许认为"派系"一词在意识形态方面含有贬义色彩，因此，长期以来党国诸领袖大都对此保持缄默。这和北洋军阀时代大小军阀公开承认自己所隶属的派系态度完全不同。但是，如同北洋军阀可以明确划分为"直系""皖系""奉系"一样，国民党内同样存在着诸多的政治派系。有趣的是，"国民党的政治人物都十分谨慎，尽量不暴露自己的派系身份，而且他们从来都不愿指责他人有派系联系。"[③]

这种派系冲突，自民国以来就成为近代中国政治进程中的突出现象。黎安友（Andrew J. Nathan）在研究民国初年中央政府活动时，就明确指出政治冲突的重要结构是派系活动。[④] 陈志让（Ch'en Jerome）的研究同样表明北洋时期存在着广泛

① 陈伯达：《中国四大家族》，香港：长江出版社，1947；《人民公敌蒋介石》，华北新华书店，出版地点不详，1948。

② John K. Fairbank, *Cambridge History of China Vol. 12 – 13*: *Republican China 1912 – 1949* (New York: Cambridge University Press 1983).

③ Ch'i His-sheng, *Nationalist China at War*: *Military Defeats and Political Collapse, 1931 – 1945* (Ann Arbor: University of Michigan Press, 1982), pp. 196 – 198.

④ Andrew J. Nathan, *Peking Politics, 1918 – 1923*: *Factionalism and the Failure of Constitutionalism* (Berkeley: University of California Press, 1976), p. 32.

的令人难以分清的派系联盟。① 易劳逸（Lloyd E. Eastman）则在他的著作中详细论述了国民党内各派系间的政治冲突。② 田宏茂（Tien Hung-mao）更是直截了当地指出："我们可以说1928—1937年这十年中的国民党政治是'派系政治'。"③

以上诸多论述中所提到的"派系政治"（factional politics）并不等同于近代西方社会所说的"党派政治"（oppositional politics）或"政党政治"（party politics）。黎安友给"派系"一词定义为：它是一个"在被保护人关系基础上动员起来参加政治活动，并由一些阶层而不是许多阶层的个人组成"的结构。他认为：

　　所有这些结构（派系）都有一个共同特点，即首领（或副首领）与追随者之间的关系模式是个人对个人，而不是个人对全体。从结构上看，派系是由一个或几个中心点连接而成，它在个人互换关系基础上得到补充和协调。我将这种关系称作被保护关系。④

近代中国出现的这些派系，都存在着严重的个人与个人之间

① Ch'en Jerome, "Defining Chinese Warlords and Factions," *Bulletin of the School of Oriental and African Studies*, Vol. 31, 1968, pp. 563 – 600; Ch'i His-sheng, *Warlord Politics in China, 1916 – 1928* (Stanford: Stamford University Press, 1976), pp. 10 – 17.
② Lloyd E. Eastman, *The Abortive Revolution: China Under Nationalist Rule, 1927 – 1937.* (Cambridge: Harvard University Press, 1974).
③ 田宏茂：《1928—1937年国民党派系政治阐释》，原刊 Chan F. Gilbert ed., *China at the Crossroads: Nationalists and Communists, 1927 – 1949* (Boulder, Colo.: Westview Press, 1980)，中译本见朱华译，《国外中国近代史研究》第24辑，中国社会科学出版社，1994，第66—81页。
④ Andrew J. Nathan, *Peking Politics, 1918 – 1923: Factionalism and the Failure of Constitutionalism*, p. 32.

相互依赖的关系。在中文里"派系"一词包含着两层含义，即"派"和"系"。尽管单独一个"派"字更为准确的英文解释应为"faction"，而"系"则含有群体结构与活动规模较小的意思，最好称为"clique"。例如在蒋介石"派"下，我们可以再划分出"CC系""黄埔系""政学系"等，但在近代中国派系冲突的现实中，这两个词又是相互混用，在概念上并无实质性的区别。例如我们常把阎锡山、李宗仁等的政治势力分别称之为"晋系"和"桂系"，但他们同时又都是"地方实力派"；"改组派"隶属汪精卫，但从没有人称之为"改组系"，而张发奎、唐生智等人控制的武装势力，一向被人视为汪派，却很少有人将张、唐看作改组派；同样在"太子派"中既包含了王昆仑、钟天心等年轻一辈的"再造派"，而马超俊、傅秉常等人仍被视为太子派中的元老"派"，彼此间从不混淆。在当事人看来，也分得一清二楚。

从以上众多看似复杂的国民党派系中，我们不难将其分为两类。特别是在讨论国民党内的政治冲突中，必须严格区别对待这两类派系。

一类是以地域为基础的政治军事集团，如冯玉祥的西北军、张学良的东北军、晋系阎锡山、桂系李宗仁，以及四川的刘湘、云南的龙云、山东的韩复榘等。虽然这些人名义上都可以算是国民党的上层人物，但他们投奔或效忠国民党，大都始于北伐前后。尽管他们拥有相当的实力，并时常对中央政权表示怀疑和不满，但由于他们在党内的资历很浅，一旦想挑战中央的合法性，除了在党外拉帮结伙外，必须联合国民党内拥有一定历史地位的反对派，反抗中央。在二次北伐统一全国后爆发的历次党内武装反蒋斗争中，地方实力派大都如此，并以不同的组合参与其中。如果没有一批国民党内原来就有影响的重要人物和派系势力的加入和支持，地方实力派根本无法代表所谓的"党统"，自然更是谈不上"护党"，因此很难发挥大的作用。从"地方实力派"这个名词本身来讲，就包含着强烈的地域色彩。

第二类派系则是指在长期追随孙中山革命过程中，特别是在国民党改组前后已拥有一定政治地位的党内领袖同其追随者之间形成的政治派系。这类派系的活动范围虽然不局限于国民党内，而经常会超越这一范围，并同某些不满于国民党中央的地方实力派联合，挑战中央的合法性，但他们的一系列行为目的，还是在努力寻求党员的支持，追求国民党的正统性，以达到控制全部或部分中央政权为目的。他们与地方实力派的政治取向有着明显的不同。

对于第二类派系，我们还可以进一步划分为两种类型。一种为掌握党的正统权力机构（如中央委员会与政治委员会）而形成的党内反对派系，其中最具代表性的派系有汪精卫、胡汉民、蒋介石、太子派以及西山会议派等。这类派系纠葛既涉及意识形态，也掺杂着个人权力和利益之争，主要表现在抗战以前。当然权力之争与主义之争是有一定的区别的。但在国民党高层的政治纠葛中，无论是谁，都要高举孙中山和三民主义这面大旗。这里面既有因意识形态的不同，而加剧派系冲突的一面，而更多的则表现为借主义大旗，争权夺利。特别是自国民党由广东一隅成为全国的执政党后，权力之争远远超过治国理念的分歧。另一种政治派系则以蒋为核心而分立竞争，[①] 虽说始自抗战前期，但主要发展，则是在抗战后期。某种程度

---

① Tien Hung-mao, *Government and Politics in Kuomintang China*, *1927 - 1937*（Stanford：Stanford University Press，1972），pp. 45 - 47.

上，蒋介石也有意将支持自己的一"派"分成若干"系"，以便于他的统治。这是中国传统的驭人之术。上述分类可以简单地理解为：第一种主要是指国民党组织结构内存在的众多的"派"（faction），它们都统一于国民党的旗帜之下，而彼此之间又是一种既对等又对抗的关系；第二种则是专指在蒋"派"下，出现的众多的"系"（clique），各系之间尽管矛盾重重，但都效忠蒋氏个人。其实，并非只有蒋"派"之下才有"系"，几乎每"派"之下，又分别控制着一些"系"。他们彼此之间在党内冲突中不断分化组合，以寻求政治利益的最大化。

有论者称："建党的第一代领袖去世后的权力继替问题"，将"导致党的裂变"。① 孙中山在世时，国民党内的这种派系冲突即已显现，只是因为孙中山在党内具有无人挑战的地位，才使其得以缓和。孙中山去世后，谁来继承他在国民党内领导地位之争，马上浮出水面。首先在是否坚持"容共"问题上，导致党内高层分裂为两派。以汪精卫、廖仲恺为代表的一派，实行倾向与共产党合作的路线，而被视为党内"左派"；坚决主张反共的国民党元老林森、邹鲁等人分裂成西山会议派，形成了党内的"右派"。此时的胡汉民则因忠于孙中山的遗教，而反对西山会议派的分裂。②

---

① 王奇生：《党员、党权与党争：1924—1927 年中国国民党的组织形态》，上海书店，2003，第 92 页。

② 有关国民党左派的论著见 Ch'en Jerome, "The Left Wing Kuomintang——A Definition," *Bulletin of the School of Oriental and African Studies*, Vol. 15, 1962, pp. 557 – 574; So Wai-chor, *The Kuomintang left in the National Revolution, 1924-1931* (Oxford [England] /New York: Oxford University Press, 1991)；谢幼田的《联俄容共与西山会议——中国反左防左运动的历史根源》（香港：集成图书有限公司，2001）则详细记述了右派——西山会议派的史实。

　　自 1927 年宁汉合作实现后，国民党各派系在反共问题上基本达成一致。但支持汪精卫的"改组派"，仍被一些人称为党内"左派"。其实，他们在意识形态上与共产党的政治主张完全不同。他们拒绝接受阶级斗争的观念和政策，同时又认为国民党必须通过农、工及其他群众团体加强同民众的关系。他们宣称必须要有这样的群众基础，才能阻止国民革命成为官僚和军阀的牺牲品。① 相对而言，以蒋介石、胡汉民为首的国民党主导派，则是反对社会革命和民众运动的。但此后无论"左派"还是"右派"，自国民党统一全国后，党内因意识形态引起的政治纠纷几乎很少见，各派系之间最大的矛盾是由于权力分配引起的冲突，可以说无所谓"左派""右派"之纷争，在形式上主要表现是"反蒋"还是"拥蒋"。特别是在 1931 年爆发的宁粤对峙事件，充分显示了党内权力转移的内在缘由。

　　1931 年初，胡汉民被蒋扣押于南京，再次引发国民党内的反蒋高潮，特别是党内粤系势力的大联合，形成新一轮的汪胡合作的反蒋局面。在此次宁粤对抗中，党内各派政治势力（如孙科的太子派、西山会议派）以及受蒋介石打压的地方实力派（如新粤系陈济棠、桂系李宗仁、晋系阎锡山和冯玉祥影响下的部分西北军将领等）纷纷加入反蒋阵营，在广州组织"中国国民党中央执行委员会非常会议"，并成立同南京相对抗的国民政府。但是面对九一八事变后错综复杂的国内外形

---

① 陈公博：《改组派史实》，《寒风集》甲篇，地方行政社，1945 年第 6 版，第 268—283 页；Arif Dirlik，"Mass Movements and the Left Kuomintang," *Modern China*，Vol. 1. 1，Jan. 1975，pp. 46 – 75；Robert E. Bedeski，"The Tutelary Stare and National Revolution in Kuomintang Ideology，1928 – 1931," *China Quarterly*，Vol. 46，April-June，1971，pp. 319 – 320.

势，宁粤双方被迫和解，并一度迫使蒋介石下野。

但此后并没有形成汪胡合作的新局面。事情很快就因胡拒绝同蒋、汪合作，同时汪、胡历史积怨未泯，而最终形成蒋汪合作的新态势，迫使新上台的孙科内阁垮台。此后，胡汉民虽一度控制两广并不断有反蒋言论发表，但他所领导的西南政务委员会和西南执行部，在名义上仍隶属南京国民政府和中央党部；孙科也很快返回南京，就任原为胡汉民担任的立法院院长之职。而长期被排斥于国民党统治核心圈的西山会议派，从此大都重返中枢。地方实力派领袖如阎锡山、冯玉祥、李宗仁、陈济棠等也纷纷加入新成立的军事委员会。

这一系列事件都发生自1931年2月28日夜胡汉民被扣，到1932年3月1日，国民党四届二中全会选定蒋介石为军事委员会委员长期间。时间为一年零一天。从此，国民党基本确立了各派联合统治的局面，并大致维持到了抗日战争爆发前。抗战爆发后，1938年国民党召开临时全国代表大会，蒋介石当选为新设立的国民党总裁一职，这才真正奠定了蒋在国民党内"最高领袖"的地位。

正是基于上述理解，国民党内的"派系纠葛"也可解释为"权力重组"。本研究将主要围绕蒋介石如何在国民党内一步步取得"最高领袖"地位的过程，以及他同国民党各派系纠葛的关系，重点放在与蒋介石处于同一层面上的党内派系斗争。这是民国史研究中应该厘清的一个重要问题。同时，也希望通过深入考察来探讨以下几个具体问题。

第一，重点围绕1931年中国政局的演变，考察国民党改组后，党内高层蒋、汪、胡三派势力在争斗中的权力消长，特别是通过蒋介石的第二次下野与再起，探寻三人间分合的内在规律，借以阐释此前国民党内矛盾的发展脉络，此后各派联合统治确立的内在因素，以及蒋介石最终获得党内"最高领袖"地位的缘由。

第二，通过考察国民党其他各派势力在这场政治斗争中所起的作用和因果关系，努力回答以下几个问题：（1）为什么会在这次反蒋事件中，在国民党内逐步形成了以孙科为首的太子派？（2）为什么自1925年即独立于国民党统治集团核心的西山会议派，其成员却大都自这次事件后纷纷回归国民党中央，而作为独立存在的政治势力——西山会议派——从此踪迹全无？（3）比较地方实力派参加此次反蒋同以往历次反蒋运动的不同，以说明为什么在以后国民党内的派系斗争中，几乎没有再次出现大规模的联合反蒋武装运动。

第三，自孙中山领导辛亥革命时起，在他身边逐步形成一批以广东籍为主的亲信干部，长期追随孙氏并为孙氏所信赖。他们在推翻清王朝的斗争中，同以黄兴、宋教仁为首的两湖籍革命党人因地域观念不同等原因，或多或少地存在着矛盾冲突。尽管自孙中山去世后，国民党逐步分裂成左、中、右各派，但唯有1931年的这次反蒋运动，几乎所有粤籍党国领袖都能不顾原有的政治立场，纷纷参与，从而带动地方实力派陆续投入。此时留在南京中央支持蒋氏的，也主要是张静江、蔡元培、吴稚晖、邵元冲等江浙籍党国要人。蒋氏下野后组成的孙科内阁，其成员又大都是粤籍，因此当时党内就有人将这次内阁更迭视为"中国的两个经济势力——江浙帮和广东帮的斗争"。① 隐

---

① 刘叔模：《一九三一年宁粤合作时期我的内幕活动》，《文史资料选辑》第17辑，中华书局，1961，第123页。

藏在这种地域观念背后的政治因素又是什么？也是笔者希望得到的一个答案。

本书只是尝试对这些问题进行一些探讨。厘清这些问题，对于我们深入理解南京政府最初十年的统治脉络和国民党内的权力转移，无疑是非常必要的。而宁粤对峙这段历史正是打开这扇神秘之门的一把最好的钥匙。

为此，有必要先简单回顾一下蒋、汪、胡三人的分合历史。

第一章 蒋、汪、胡分合回顾

一 孙中山逝世后：其时尚无蒋中正

蒋介石、汪精卫、胡汉民三人间的分合之争，始自孙中山逝世后。首先爆发的是汪、胡二人对国民党领导权的争夺。

自 1905 年孙中山创建同盟会起，汪精卫、胡汉民二人即追随孙中山参加革命，深得孙中山器重。在推翻清王朝的革命运动中，汪、胡二人分别以精卫、汉民为笔名，在《民报》上撰文宣传革命，推动革命高潮的掀起，由此声名大著，被孙中山视为左右手。而蒋介石直到清王朝灭亡前的 1910 年，才在陈其美的帮助下得以谒见孙中山。①

在早期的反清革命生涯中，汪、胡二人情同手足，胡汉民曾说："入同盟会以来，余与精卫共事至多，相亲逾于骨肉。"尽管两人性格不同，互有长短，但彼此合作无间。正如汪氏致函胡氏所云："弟知人之明，素不如兄，故同志间谓兄精明，而弟长厚。"胡氏得函后则谦虚地表示："精卫察言观人，或不如我，而处事条理周密，我不如也。我露锋芒，而精卫蕴借，故时人有精明、长厚之评。"②

1910 年，汪精卫赴北京刺杀清廷摄政王未遂被逮入狱。

---

① 秦孝仪总编纂《总统蒋公大事长编初稿》卷 1，台北：中国国民党党史委员会，1978，第 17 页。
② 《胡汉民先生手书自传稿》，"中华民国史料研究中心"编《胡汉民先生遗稿》，台北：台湾中华书局，1978，第 406、412 页。

胡汉民获悉后立即全力营救，甚至在睡梦中亦不忘汪之安危。某夜，胡恍惚梦见汪被清廷宣判死刑而大哭，哭声惊醒邻室。① 1911 年广州黄花岗起义后，在狱中的汪精卫从报纸上看到胡汉民的死讯，当即哭至晕倒，醒后曾写下"却怜两人血，不作一时流"这样发自肺腑的诗句。②

1924 年，孙中山改组国民党，汪精卫、胡汉民二人都积极予以支持。在国民党第一次全国代表大会选举产生的 24 名中央执行委员中，按得票多少宣布当选名单时，胡汉民第一，汪精卫第二。而此时包括共产党人毛泽东在内的 17 名候补委员名单中，都不见蒋介石的名字。③ 可见直到国民党一大时，蒋介石在党内地位仍属后进，并未深得孙中山的信任。

国民党改组后，孙中山着手创办黄埔军校，自兼总理，任命廖仲恺为党代表，蒋介石为校长，以此显示党权高于军权。此举一度引起蒋介石的不满，并拒绝就任校长之职，离粤赴沪。从 1924 年 3 月 2 日蒋介石致孙中山的长函中，可以看出蒋自认为权力受到限制，有不被信任的感觉。他以陈其美过去对他"信之专，爱之切，而知之深"来做比较，认为孙中山对他的信任不及陈，甚至向孙表示："先生不尝以英士之事先生者期诸中正乎，今敢还望先生以英士之信中正者而信之也。"他更质问孙："其果深信乎？抑未之深信乎？中正实不敢臆断。"④

---

① 《胡汉民先生遗稿》，第 419 页。
② 汪兆铭：《双照楼诗词稿》，民信公司，1930，第 7 页。
③ 《中国国民党第一次全国代表大会会议记录》，《中国国民党第一、二次全国代表大会会议史料》（上），第 73 页。
④ 毛思诚编《民国十五年以前之蒋介石先生》第 7 编第 6 册，香港：龙门书局，1965 年影印版，第 11、19 页。

好在孙中山气量恢宏，不以为意，并招蒋赴粤，接任新职。蒋也没有固执己见，终将黄埔军校办得有声有色，并由此开始了他在国民党内新的政治生涯，逐步成为不可代替的军事领袖。

1924年10月，汪精卫随孙中山北上，胡汉民留守广州，代行大元帅职权。1925年3月12日，孙中山在北京逝世，当时汪精卫以中山先生去世时随侍在侧，得为遗嘱起草人，在心态上不免以中山继承人自居。6月，国民党中央决定将大元帅大本营改组为国民政府。"依常例判断，似乎国府主席应属胡先生居多。在国民党，汪、胡都有一样深长的历史，但胡先生目前还是代理大元帅，由代理大元帅一跃而为国府主席，那也是很顺理成章。不过熟悉政治内幕的人，已经明白汪先生会当第一任的国府主席，只是当日空气中充满汪先生再三辞谢的消息。"①

当时，国民党还执行着孙中山提出的联俄政策，苏联的态度是决定孙中山继承人的一个重要因素。早在孙中山病危期间，苏俄驻华公使加拉罕（Lev Karakhan）和孙中山的政治顾问鲍罗廷（Mikhail Markovich Borodin）即开始物色国民党的未来领袖。他们最初拟定的人选有三人：胡汉民、汪精卫、戴季陶，最后确定为汪精卫。胡汉民对此曾回忆说：

> 他们详加考虑之后，便各下一个考语，以定取舍。对兄弟的考语是"难相与"，对戴季陶的考语是"拿不定"，对汪精卫的考语是"有野心，可利用"。经过一番评定之

---

① 陈公博：《苦笑录》，汪瑞炯、李锷、赵令扬编注，香港大学亚洲研究中心，1979，第28—29页。

后，汪精卫便中选了。①

5月初，汪精卫办完孙中山丧事后立即返回广东。但他没有直接回广州，而是先到潮汕会晤粤军总司令许崇智和参谋长蒋介石。此时蒋率领黄埔学生军已完成第一次东征，手握军权，在党内地位今非昔比；许崇智同胡汉民长期不和，汪此行目的显然是为了争取许、蒋的支持。

国民政府常务委员合影，前排左起谭延闿、许崇智、汪精卫、胡汉民、孙科、廖仲恺、林森，此时蒋介石还未进入"核心"

---

① 胡汉民：《汪精卫勾结共产党之渊源与经过》，《中央日报》1930年8月16—19日，第1张第3版，转引自蒋永敬《鲍罗廷与武汉政权》，台北：传记文学出版社，1972年再版，第9页；胡汉民在立法院纪念周报告词，见《中央周报》第117期，1930年9月1日，转引自李云汉《从容共到清党》，台北："中国学术著作奖助委员会"，1966，第360页。

除上述因素外，廖仲恺对汪精卫的支持也是相当重要的。廖当时在党内的地位仅次于汪、胡，三人"同是国民党元老，有总理左右的三杰之称"。① 汪精卫到潮汕后数日，廖仲恺也赶到潮汕，同汪、许、蒋等人会商。廖此行是为了转达已由北京回到广州的鲍罗廷的意见。随后，汪同廖一起返回广州。②

此后，在讨论国民政府主席人选时，许崇智首先提议汪精卫，并得到廖仲恺、蒋介石的积极支持，汪氏顺利当选。③

此外，胡汉民的家庭关系和性格因素，对其政治上的影响颇大。据同胡私交较好的傅秉常回忆：

> 展堂（胡汉民）一生之事业，受其兄弟牵累不少。长兄清瑞，嗜赌。展堂宿广州北关清瑞家中，凡欲拜见展堂者，必须能陪清瑞豪赌，否则不得其门而入……清瑞不愿做高官，但以财厅一科长身份，常与包商勾结。虽廖仲恺任财政厅长，亦对清瑞无可奈何。
>
> 展堂之结识中山先生，乃在日本经其弟毅生所介绍者也。毅生个性顽强之至，亦常与包商勾结，唯不如其长兄跋扈。中山先生曾有两句笑话："欲令展堂革命，必先杀其兄弟；要使精卫革命，须使先同太太离婚"……
>
> 精卫之渐对展堂不满，终至决裂，其另一原因恐为展堂对精卫、仲恺均压制过严，而展堂之兄弟亦令汪、廖失

---

① 雷鸣：《汪精卫先生传》，政治月刊社，1944，第 139 页。
② 蒋永敬：《百年老店国民党沧桑史》，第 288 页。
③ T'ang Leang-li, *The Inner History of the Chinese Revolution* (London: George Routledge and Son's, Ltd., 1930), pp. 200–201.

望所致。有一时期精卫尚能忍受，而陈璧君已极不耐。汪、廖之终于反胡，受妻子之影响甚大。鲍罗廷之操纵自亦为重要原因。[1]

在选举国民政府主席时还有一则小插曲：共有 11 人出席会议，采用无记名投票的选举方式。汪精卫因对自己当选缺乏信心，乃自投一票，而独得 11 票。据邹鲁回忆：

> 那时政治会议的秘书是伍朝枢先生，因为事情重大，他特别郑重，对发出的选举票，收回的选举票，每次都高声报告。在选举票朗读完毕后，他立起来说："发出选举票十一张，收回选举票十一张，选举汪兆铭的十一票。"他迟疑了一下，显然觉得有些奇怪，便故意又高声报告了一次……这样便揭穿了汪兆铭自己举自己的伎俩，而汪也面红耳赤。[2]

在确定国民政府委员时，汪、廖、许、蒋暗中决定以他们四人的最后协商为定案，而胡汉民则被蒙在鼓中，甚至在决定国府委员时，胡汉民还是在报纸上看到名单后才得知真相的。对此，他曾愤怒地对汪精卫和廖仲恺说："政府组织名单，原来已这样定了，我还没有知道，外面却已宣布了。这是闹得什么玄虚？……我与你们之间，只就历史关系来说，也不该这样相欺。"汪精卫就任国府主席后，胡即解除代理大元帅之权。

---

① 沈云龙、谢文孙：《傅秉常先生访问记录》，台北：中研院近代史研究所编印，1993，第 43—44、131 页。

② 邹鲁：《回顾录》（上），台北：三民书局，1976，第 167—168 页。

这是汪同胡发生裂痕之始，而蒋介石在此期间实则偏袒汪精卫。[①]

二 廖案结果：胡汉民被逐出广州

汪精卫、胡汉民两人间真正的分裂，则是由廖仲恺被刺案引起的。

1925 年 8 月 20 日，廖仲恺在国民党中央党部门口遇刺身亡。当时廖仲恺在党内地位仅次于汪、胡，一人身兼国民党中央执行委员、国民政府委员、军事委员会常务委员、国民党中央工人部和农民部部长、国民政府财政部长、广东省财政厅长、黄埔军校党代表等职。他坚决支持孙中山提出的容共政策，被视为国民党左派领袖。廖曾发表过一篇《革命派与反革命派》的文章，针对党内一批元老的反共行为指责道："革命与反革命之分，不在资格之深浅，而在行动之真伪。"他并进一步说："哪个人无论从前于何时何地立过何种功绩，苟一时不续行革命，便不是革命派。反而言之，何时有反革命行动，便立刻变为反革命派。"[②] 廖氏的这种种言行，自然激起党内右派的强烈不满。"廖案"的发生，可以说是国民党右派打击左派、反对国共合作的一个重要举动。正如参加廖案检查委员会的陈公博所说：

> 右派认定廖先生是中央党部的把持者，认定廖先生是

---

① 胡汉民：《革命过程中之几件史实》，《三民主义月刊》第 2 卷第 6 期，1933 年 12 月 15 日，第 99 页。

② 廖仲恺：《革命派与反革命派》（1925 年 5 月），广东省社会科学院历史研究室编《廖仲恺集》，中华书局，1983 年第 2 版，第 251 页。

共产党的卵翼者，认定廖先生是消灭杨、刘的主动者，认
定廖先生是改组国民政府的幕后者，更认定廖先生是排斥
胡先生及右派的有力者，积累种种原因，而廖先生于是乎
不得不死。①

这一重大事件的发生，顿使国民党"陷于危疑震撼的境
地"。② 汪精卫更将此比喻为："丧了慈父，又丧了最亲切的兄
长"。③ 廖案发生的当天，国民党中央政治委员会紧急召开临
时会议，决定成立由汪精卫、许崇智、蒋介石组成的特别委员
会，"授以政治、军事及警察全权"，负责处理廖案及应付时
局。④

特别委员会经过几天的调查，确信暗杀廖仲恺的主谋是国
民党右派团体"文华堂"，其主要成员有胡毅生、林直勉、赵
士觐、魏邦平、朱卓文等人。蒋介石又派兵"搜查胡先生兄
弟的住宅，捕去胡先生的哥哥胡清瑞和极有关系的林直勉"。
胡毅生是胡汉民的堂弟，因此人们自然认为胡汉民与廖案难脱
关系。尽管汪精卫称"胡先生只负政治上的责任，不付法律
上的责任"，⑤ 但胡汉民从此威望大损，难于安居广州。

9 月 15 日，汪精卫主持国民党中常会，决定"请胡同志

---

① 陈公博：《苦笑录》，第 41 页。
② 蒋中正：《苏俄在中国》，台北：中央文物供应社，1992 年再版，第 33
  页。
③ 汪精卫：《悼廖仲恺同志勖诸同志》（1925 年 8 月 22 日），《汪精卫全集》
  第 3 集，第 59 页，转引自蔡德金《汪精卫评传》，四川人民出版社，
  1988，第 92 页。
④ 毛思诚编《民国十五年前之蒋介石先生》第 7 编第 11 册，第 66 页。
⑤ 陈公博：《苦笑录》，第 41—42 页。

往外国接洽。以非常重大任务付之胡同志之手……对于胡同志并无任何芥蒂"。汪所说的"外国"指的是苏联。汪并以中国国民党中央执行委员会的名义致函苏共中央，介绍胡汉民，说明胡氏的任务是"养病"和商榷"关于政治经济之一切重要问题"。① 就这样，胡汉民被以赴莫斯科考察为名逐出广州。

廖仲恺当时在国民党内的地位仅次于汪、胡，三人合称"总理左右的三杰"

就在同一天的会议上，汪精卫还借口为声援五卅运动，广州国民政府所派北上外交代表团"非有负一时名望之人在内，不能使人重视"，以中常会的名义决议派林森、邹鲁率领各团体代表北上。② 这样，汪氏又顺利将坚决反共的林、邹二氏同时逐出广州。

在处理廖案过程中，蒋介石同汪精卫始终密切合作，剪除异己。虽然汪、蒋和许崇智三人同为特别委员会成员，但实际上特委会完全被汪、蒋所控制。汪氏借此打击胡汉民，蒋氏则将矛头对准了自己的顶头上司——粤军总司令许崇智。

特委会在侦办廖案期间，发现粤军将领魏邦平、梁鸿楷、杨锦龙等有与廖案主犯通谋及勾结陈炯明部下，阴谋危害广东国民政府之罪嫌。于是蒋介石将梁鸿楷等逮捕，并以李济深接

---

① 《中国国民党第一届中央执行委员会第108次会议记录及附件》（1925年9月15日），转引自李云汉《从容共到清党》（上），第391页。
② 邹鲁：《回顾录》（上），第175页。

替梁氏军职。蒋氏更以此为借口打击许崇智，逼迫许氏辞职出走，许部"全被缴械，改组后编入第一军内"。① 第一军，即是以黄埔学生为主组成并由蒋实际控制的"党军"。

这是孙中山改组国民党后党内的第一次大分裂。从此形成以汪精卫为首的左派控制中央政权；而谢持、邹鲁、许崇智、林森等一批坚决反共的国民党元老，于同年底在北京召开"西山会议"，并在上海成立同广州相对抗的中央党部。

此时，尽管胡汉民和西山会议派同被汪精卫打击，但胡对西山会议派的行为并不认同。胡氏一生坚持国民党的"法统"，有着极强的党性。因此当西山会议派公开分裂国民党，否认广州中央的合法性时，他毫不犹豫地站在广州中央一边。这也正是他在国民党内始终拥有一定政治号召力的原因所在。他在当时致国民党驻德国支部的私人信件中曾说："北京西山会议，实为违反决议之举动，当然不能发生效力矣。更就事理而言，共产党加入本党，为总理中山先生之意旨，而更以第一次国民党代表大会决定之者，今乃欲以少数党员之意见而推翻之，犹曰尊重中山先生之遗孤，吾未见其可也。"胡汉民甚至表示："吾爱朋友，不如吾之爱革命。"② 从这以后胡汉民同西山会议派诸人若即若离的关系中，也不难发现胡汉民的真实心态。

在这次国民党内的分裂中，蒋介石可以说是最大的受益者。他全力支持汪精卫，打击胡汉民，逼走许崇智，从此成为党内真正的军事领袖。1926 年 1 月，在国民党第二次全国代

① 董显光:《蒋总统传》，台北：中华文化出版事业委员会，1952，第 63—64 页。
② 中国第二历史档案馆藏胡汉民个人全宗档案，转引自周聿峨、陈红民《胡汉民评传》，广东人民出版社，1989，第 181 页。

表大会上，蒋介石一跃而成为仅次于汪精卫的二号人物。在随后召开的二届一中全会上，蒋又以仅次于汪的票数当选为国民党中常委。

汪精卫

胡汉民

许崇智

蒋介石

　　在处理廖案过程中，汪、蒋始终密切合作，剪除异己。汪氏借此打击胡汉民，蒋氏则将矛头对准了粤军总司令许崇智

三　中山舰事件：蒋介石的冒险行动

汪精卫同蒋介石之间，最初并没有什么特殊联系。他们两人最早的工作关系，是蒋任黄埔军校校长期间，汪以中央执行委员身份，在军校讲授国民党历史和三民主义课程。1925 年 7 月，国民政府军事委员会成立，汪出任主席，蒋担任委员，二人开始正式共事。廖案发生后，汪、蒋同被推为特别委员会委员，汪负责政治，蒋负责警察和卫戍。二人从此开始合作。

此后，汪精卫继廖仲恺担任黄埔军校党代表，在军政统一、东征陈炯明、南征邓本殷诸役中，汪、蒋合作融洽，关系密切，逐步在党内形成汪主政、蒋主军的局面。廖案后，汪、蒋更进一步合作将广东国民党控制的军队重新整编为六个军，以蒋介石为第一军军长，第二军军长谭延闿，第三军军长朱培德，第四军军长李济深，第五军军长李福林，第六军军长程潜。① 国民党二大后，蒋还被任命为国民革命军总监，更提升了其军事领袖地位。② 此时，蒋对汪极为尊重，言必称"汪主席""汪党代表"；汪对蒋也相当信任和推崇，称赞道："用十二分的努力，练成真正革命的军队，以为总理臂助的是蒋校长。"③

不过在汪、蒋"亲密合作"的背后，也隐藏着矛盾。这一矛盾自国民党二大后逐渐开始表面化。首先在北伐的问题上，蒋介石因苏联顾问季山嘉（Kissarka）的坚决反对，从而

---

① 董显光：《蒋总统传》，第 64 页。
② 毛思诚编《民国十五年前之蒋介石先生》第 8 编第 14 册，第 56 页。
③ 汪精卫：《廖仲恺的人格与事业》（1925 年 8 月 31 日），转引自蔡德金《汪精卫评传》，第 104 页。

导致二人间水火不容。据蒋氏回忆：

> 十五年一月，本党第二次全国代表大会开会，我从潮汕回到广州出席，提出北伐的主张。在会期中及会议后，汪兆铭对于北伐，均表示赞成，鲍罗廷亦未表示反对。惟开会后，鲍罗廷以奉召述职为名，突然回俄，令人不得其解。不料自鲍回俄后，俄国军事顾问团长季山嘉忽在军校会议中，极力宣传北伐必败之谬论。他对我面谈的时候，反对北伐的意思也逐渐暴露出来。广州市面接连的散播传单，反对北伐，并攻击我个人为新军阀。[①]

季山嘉反对北伐的理由，从当时苏联驻广东顾问团写给驻华使馆的报告中可知其梗概。报告认为："国民党中央缺乏团结和稳定，它的成员中包含着各种各样的成分，经常摇摆不定……军队缺乏完善的政治组织，将领个人仍然拥有很大的权力。在有利的情况下，他们中的部分人可能反叛政府，并且在国民党右翼的政治口号下，联合人口中的不满成分。另一方面，国民革命军何时才能对北军保持技术上的优势还很难说。"[②] 在这份报告中，苏联顾问虽然没有明确指出蒋介石是

---

① 蒋中正：《苏俄在中国》，第33—34页。蒋介石在2月7日的日记中记道："访季山嘉顾问，谈政局与军队组织，箴砭规戒之言甚多，而其疑惑戒惧之心，亦昭昭明甚。"3月10日记道："近日反蒋运动传单不一，疑我谤我毁我忌我排我害我者，亦渐显明。遇此拂逆，精神颓唐而心志益坚矣。"本书引用的蒋介石日记，均为美国斯坦福大学胡佛研究院藏手稿原件影印稿。

② Martin Wilbur and Julie Lien-Ying How, *Documents on Communism Nationalism and Soviet Advisers in China 1918 – 1927* (New York：Columbia University Press, 1956), "Document 22", p. 246.

"新军阀"，但从诸如"将领个人仍然拥有很大的权力""经常
摇摆不定""可能反叛政府"等话语中，我们不难读出苏联顾
问对蒋介石的不信任。在蒋、季二人的矛盾中，汪精卫是支持
季山嘉的，由此引起汪、蒋的不和。[1]

　　汪、蒋矛盾的另一个焦点则集中在王懋功身上。当时蒋介
石真正控制的军队，实际上只有第一军，下辖两个师。第一师
师长是何应钦，第二师师长是王懋功。王在政治上接近汪精
卫，是汪可以掌握的一支武装力量。在蒋看来，这实在是一大
隐患。1926 年 2 月初，军事委员会议决黄埔军校经费 30 万
元，王懋功第二师经费 12 万元。但第二天军校经费减至 27 万
元，而第二师经费却增至 15 万元。此事引起蒋介石的不满，
怀疑是季山嘉的主意，并得到了汪精卫的同意。[2] 2 月 24 日，
国民政府成立两广统一委员会，计划将广西军队改编为两个
军，任命李宗仁、黄绍竑为第八、九军军长。此事进一步引起
蒋的疑忌，他认为：

　　　　现在广东统统有六军，广西有两军，广东是第一、
　　二、三、四、五、六各军，照次序排下去，广西自然
　　是第七、八军了。但是第七军的名称，偏偏要搁起来，
　　留在后面不发表，暗示我的部下，先要他离叛了我，
　　推倒了我，然后拿第二师和第二十师编成第七军，即
　　以第七军军长报酬我部下反叛的代价，这是不可掩饰

---

① 有关中山舰事件前后蒋汪关系最为可信的研究成果参见杨天石《中山舰
　　事件之谜》，《历史研究》1988 年第 2 期。
② 《蒋介石致汪精卫函》（1926 年 4 月 9 日），《民国档案》1996 年第 1 期，
　　第 11—12 页。

的事实。①

于是，蒋介石在 26 日以突然手段将王懋功扣押，第二天派副官解往上海。蒋介石驱王之后，才觉得心头一块石头落了地，他在日记中愉快地记道："凡事应认明其原因与要点，要点一破，则一切纷纠不解自决。一月以来之难境，心战，至此稍安。"②

此后，汪、蒋矛盾逐步公开。正是在这种状态下，留在广州的国民党右派乘虚而入，利用蒋介石和汪精卫、季山嘉以及同共产党之间的矛盾，不断制造谣言和事端。一面是伍朝枢（时任政治委员会委员、广州市市长）同西山会议派合谋，向蒋散布假情报，称汪精卫拟利用一艘苏联来的轮船将蒋押往莫斯科；一面是反共的孙文主义学会擅自以蒋的名义命令将中山舰调往黄埔，并向蒋报告说海军局局长李之龙异动，已派出中山舰要逮捕校长。蒋介石对此误以为真，遂于 3 月 20 日发动政变。③ 根据蒋介石的命令，第一军在广州全城实行戒严，逮

---

① 蒋中正：《讲述中山舰李之龙事件经过详情》（1926 年 4 月 20 日在黄埔军校演讲），见罗家伦主编《革命文献》第 9 辑，台北：中国国民党党史史料委员会，1955，总 1295 页。蒋介石在事后致汪精卫的亲笔信中更明言："委任李、黄为第八、九军长，而季山嘉特留第七军长一缺以待来者，此缺非其预备王懋功去弟后，即以此为报酬懋功之缺乎？此等大端，兄岂未曾察知乎？"见《民国档案》1996 年第 1 期，第 11 页。

② 蒋介石日记，1926 年 2 月 27 日；另可参见毛思诚编《民国十五年前之蒋介石先生》第 8 编第 14 册，第 68—69 页。蒋介石在 26 日日记中写道："撤革王懋功之师长职，扣留之，此人狡猾恶劣，惟利是视，昔日以其少有才，期其感化，今则愈趋愈下，其用心险恶不可复问。"

③ 杨天石《中山舰事件之谜》（《历史研究》1988 年第 2 期）一文详细考察了中山舰事件的前因后果，纠正了以往史学界两种片面观点：一是中山舰驶往黄埔并非李之龙"矫令"，它与汪精卫、季山嘉和共产党无关，长期以来蒋介石和部分国民党人一直宣传是所谓共产党与汪精卫的"阴谋"说，不能成立；二是蒋介石没有直接命令李之龙将中山舰调往黄埔，

捕李之龙等共产党人 50 余人；占领中山舰；包围省港罢工委员会，收缴工人纠察队的枪械；同时包围苏联顾问团驻地，并将卫队武装缴械。

蒋介石此举立即引起各方的强烈不满。当汪精卫得知蒋的擅自行动后，一度准备组织反蒋同盟。当天，宋子文、李济深、邓演达先后来到苏联顾问团住地，表示对蒋的不满。谭延闿、朱培德继至，称"蒋为反革命，提议严厉反蒋之法"。① 谭延闿等第二军将领还"欲谋联合三、四各军讨蒋，谭本人并已准备上火车返曲江防地正式发动"。② 同时，毛泽东、周恩来等也先后赶到苏联顾问住地，提议对蒋采取强硬态度。毛泽东并提出争取第二、三、四、五各军的力量，开会通电讨蒋。③ 据周恩来回忆："这时，谭延闿、程潜、李济深都对蒋介石不满，朱培德、李福林有些动摇，但各军都想同蒋介石干一下。"④ 还有资料显示谭延闿曾经找过毛泽东，向他提出反蒋主张。⑤ 汪精卫更对谭延闿、朱培德称："我是国府主席，又是军事委员会

而中共多年来所坚持认为是蒋介石下令调舰而又反诬李之龙"矫令"说，也不能成立。虽然中山舰事件是因国民党右派制造谣言而引发的一次偶然事件，但杨文同时指出，在国民党左、右两派激烈冲突这一前提下，该事件的发生又是"偶然中的必然"。

① 《斯切潘诺夫报告》，京师警察厅编《苏联阴谋文证汇编（广东事项类）》，编者印行，1928，第 34 页；Martin Wilbur, *Documents on Communism Nationalism and Soviet Advisers in China 1918 – 1927*, "Document 23", p. 250.

② 方鼎英：《略谈中山舰事件》，《文史资料选辑》第 11 辑，中华书局，1961，第 99 页。

③ 茅盾：《我走过的道路》，人民文学出版社，1981，第 307 页。

④ 周恩来：《关于一九二四至一九二六年党对国民党的关系》，中共中央文献研究室编《周恩来选集》（上），人民出版社，1980，第 120 页。

⑤ 王若飞：《关于大革命时期的中国共产党》，中共安顺地委、中共安顺市委、贵州人民出版社编《王若飞文集》，贵州人民出版社，1996，第 213 页。

主席，介石这样举动，事前一点也不通知我，这不是造反吗?"汪还信心十足地说道:"我在党有我的地位和历史，并不是蒋介石能反对掉的。"他并指示第四军军长李济深"立刻到军队去"。①

然而，汪精卫拟议中的这个"反蒋同盟"很快就胎死腹中。仅仅过了三天，汪精卫突然不告而别。这其中的关键因素是，苏联顾问团否决了汪精卫的"反蒋同盟"，认为其措施"不适当"。②

尽管季山嘉支持汪精卫，但当时恰好有一位比季氏地位更高的苏共中央委员、红军政治部主任、苏联考察团团长布勃诺夫（Andrei S. Bubnov）在广州。他于2月刚刚率领考察团来华，负责调查和研究中国革命的有关问题。3月20日当天，布勃诺夫亲自同蒋介石会商善后。会后布氏决定对蒋采取妥协退让的策略。22日，当得到蒋表示此次事件仅是针对部分顾问而非对俄的保证后，布氏立即决定撤换令蒋不满的苏联顾问。③

同日上午10时，国民党中央政治委员会在汪精卫寓所召集临时特别会议，苏联顾问列席会议。会上，汪精卫虽然对蒋介石的擅自行动表示了不满，但由于苏方已经做出撤换

---

① 陈公博:《苦笑录》，第59—60页。

② Martin Wilbur, *Documents on Communism Nationalism and Soviet Advisers in China 1918 - 1927*, "Document 25", p. 263.

③ 据1926年3月22日蒋介石日记载:"上午俄使馆参议来见，问余以对人问题，抑对俄问题。余答以对人问题，彼言只得此语，此心全安，今日可令季山嘉、罗茄觉夫各重要顾问离粤回国。"另见《蒋介石日记类抄·党政（一）》，《民国档案》1998年第4期，第8页;毛思诚编《民国十五年前之蒋介石先生》第8编第14册，第83页。

季山嘉等顾问的决定，汪精卫也无可奈何。于是，会议决议：

　　　　一、本党应与苏俄同志继续合作，并增进亲爱关系；工作上意见不同之苏俄同志暂行离去，另聘其他为顾问；二、汪主席患病，应予暂时休假；三、李之龙受特种嫌疑，应即查办。①

　　这样，蒋介石的冒险行动就得到了党内的承认，政治上赢得了主动权。汪精卫当时是以苏联为主要靠山的，他和季山嘉一直保持着密切的关系。然而，面对蒋介石的进攻，苏联不仅不支持汪，反而向蒋低头，同意撤换季山嘉。3 月 24 日，布氏离开广州前，蒋介石亲往送别。两人曾有一段有趣的对话，布氏嘱蒋："革命以农工为基础，以政府与党之强固为要点，又以干部意志一致为首务。"蒋答道："革命势力应集中，革命应时时进取，不宜取保守态度，凡余视为革命障碍者应迅即扫除，又以革命组织应以革命之利害为前提，不宜因人而设也。"对此双方"皆以为知言"。② 这样一来，失去靠山的汪精卫也就无所作为了。会后，汪精卫以"迁地就医"为名，不告而别，就此隐匿。③

　　4 月 16 日，国民党中央执行委员和国民政府委员举行联席会议，正式选举蒋介石为军事委员会主席，谭延闿为政治委

---

①　《中国国民党第二届中央执行委员会政治委员会会议记录》，见李云汉《从容共到清党》（下），第 492 页。

②　蒋介石日记，1926 年 3 月 24 日。

③　有关汪精卫计划组织"反蒋同盟"及因苏联反对而夭折的详细情况，可参阅杨天石《中山舰事件之后》，《历史研究》1992 年第 5 期。

员会主席，以接替汪精卫原来担任的两项要职。① 此后不久，有两个重要的人物同时于 4 月 29 日回到了广州，一个是鲍罗廷，另一个是胡汉民。②

胡汉民自苏联"考察"回国后，开始对苏俄和国共合作表示不满。因此，胡一到广州就在报刊上发表宣言，主张"党外无党，党内无派"。③ 这一主张实际就是针对当时的国共合作而言。胡氏此举立即引起苏联顾问的紧张。此前，接替季山嘉的新任苏联顾问斯切潘诺夫（Stepanov）完全接受了布勃诺夫的主张。他认为："蒋氏具有革命思想，远在其他军阀之上"，只是"喜尊荣，好权力，幻想为中国英雄"。因此，他决定"利用蒋介石"。其策略是：首先"以左派之勇敢势力包围之"，如此则可使蒋摆脱右派的影响，成为左派；其次，为"使蒋氏复与吾辈合作"，必须"满足其喜尊荣之欲望"，"就喜权势而论，蒋氏将来或就总司令之职，足以满足其尊荣欲望"。为此，他指示其他苏联顾问今后"对于蒋氏之政治要求"，"让步以为代价，亦无不可"。④ 鲍罗廷到广州后，完全赞同"利用蒋介石"的这一计划，处处对蒋退让，而想尽一切办法打击胡汉民。

---

① 蒋介石日记，1926 年 4 月 16 日；另见《蒋介石日记类抄·党政（一）》，《民国档案》1998 年第 4 期，第 10 页；秦孝仪总编纂《总统蒋公大事长编初稿》卷 1，第 119 页。

② 毛思诚编《民国十五年前之蒋介石先生》第 8 编第 15 册，第 53 页；蒋永敬编著《民国胡展堂先生汉民年谱》，台北：台湾商务印书馆，1981，第 375 页。

③ 蒋永敬编著《民国胡展堂先生汉民年谱》，第 377 页。

④ 《斯切潘诺夫报告》，京师警察厅编《苏联阴谋文证汇编（广东事项类）》，第 36—37 页；Martin Wilbur, *Documents on Communism Nationalism and Soviet Advisers in China 1918 - 1927*, "Document 23", pp. 249 - 253.

于是，蒋介石充分利用这两派之间的矛盾，纵横捭阖，联合一方打击另一方，逐步建立起自己在国民党内的领袖地位。

蒋介石首先利用右派势力，在 5 月中旬召开的国民党二届二中全会上提出"整理党务案"，旨在限制共产党在国民党内的权力。[1] 鲍罗廷为了能使蒋左倾，而竭力压制共产党的反击，全部接受了蒋的要求。[2] 会议根据孙科的提议，规定以后国民党完全信任蒋介石为"革命重心"。[3] 蒋还在全会上提议设置中常会主席一职，一时令"全场相顾惊愕"，但最终还是选举了绝对支持蒋介石的张静江担任这一新职务。[4] 而这一决议能够顺利通过，鲍罗廷背后的支持起了巨大的作用。[5]

蒋介石深知此时广州左派势力的强大，自己尚未有足够的力量同左派决裂，同时更为了获得"俄国协济军械的结

---

[1] 《整理党务案》大致内容为：共产党员不得担任国民党中央党部部长；将在国民党内的中共党员名单交给国民党中执会主席；不允许国民党员参加共产党等。具体情况可参阅李云汉《从容共到清党》（下），第 503—510 页。

[2] 据陈独秀回忆："我们主张准备独立的军事势力和蒋介石对抗，特派彭述之同志代表中央到广州和国际代表面商计划，国际代表不赞成，并且还继续极力武装蒋介石，极力主张我们应将所有的力量拥护蒋介石的军事独裁来巩固广州国民政府和进行北伐。我们要求把供应蒋介石、李济深等的枪械匀出五千支武装广东农民，国际代表说：'武装农民不能去打陈炯明和北伐，而且要惹起国民党的疑忌及农民反抗国民党。'"见陈独秀《告全党同志书》，任建树、张统模、吴信忠编《陈独秀著作选》第 3 卷，第 88 页。由陈氏这段回忆不难读出鲍罗廷对共产党的压制。

[3] Martin Wilbur, *Documents on Communism Nationalism and Soviet Advisers in China 1918 – 1927*, "Document 25", p. 264.

[4] 毛思诚编《民国十五年前之蒋介石先生》第 8 编第 15 册，第 63、67 页。

[5] 陈公博：《我与共产党》，《寒风集》甲篇，第 245—248 页。

果"，就表现出一副新左派领袖的姿态。[1] 5 月初，作为对鲍罗廷的回报，蒋介石拒绝了胡汉民同他会谈的要求，[2] 并于此前首先解除了右派实力人物吴铁城的广州市公安局局长一职。5 月 30 日，蒋更进一步下令"拿办吴铁城"。[3] 此时吴还兼任十七师师长。同时，通过张静江转告孙科、伍朝枢，"希望哲生充政府及党之代表赴俄与第三国际接洽，且与冯焕章商此后西北军之协动动作"，并借口"因闻外人言梯云（伍朝枢）亦与香港有所往还"，要求伍朝枢"亦暂行离粤"。[4] 伍朝枢被逐后，胡汉民的另一重要亲信古应芬也被迫辞职离粤。

以往海峡两岸学界在论述第一次国共合作时，长期存在着很大的差异，国民党始终称之为"容共"，而共产党则强调"联共"。事实上在第一次国共合作期间，从"容共"到"联共"有一个过程，其转折就是国民党二届二中全会通过的《整理党务案》。以往研究者大多关注该案对中共所加的种种限制，而忽视了另一个事实，即国民党首次以大会决议的形式确认"两党合作"关系，会议不仅在提法上用"两党合作"来表述，而且决议组织两党联席会议。其中特别值得注意的是，当时对《整理党务案》攻击最力的不是中共而是西山会

---

① 陈公博：《苦笑录》，第 63—64 页；据毛思诚编《民国十五年前之蒋介石先生》第 8 编第 15 册第 9 页记载：7 月 6 日"俄舰运械抵粤"。

② Martin Wilbur, *Documents on Communism Nationalism and Soviet Advisers in China 1918–1927*, "Document 25", p. 264.

③ 蒋介石日记，1926 年 5 月 30 日；另见《蒋介石日记类抄·党政（二）》，《民国档案》1999 年第 1 期，第 5 页。

④ 王仰清、许映湖标注《邵元冲日记》，1926 年 5 月 30 日，上海人民出版社，1990，第 238 页；有关内容另可参阅《吴铁城回忆录》，台北：三民书局，1971，第 154—162 页。

议派。① 正是通过上述手段，蒋介石成功夺取了汪精卫在党内
的左派领袖地位。

此后，汪精卫深感回天乏力，遂从广州隐居之地不告而
别；而胡汉民因受鲍罗廷的打击，并发现蒋的左倾而又无能为
力，也只好悄然离穗赴港。

或许是历史有意同他们二人开了一个小小的玩笑，汪、胡
二人不约而同地选择了同一天、同一条船离穗赴港。② 蒋介石
得知此事后，曾在日记中写道："闻展堂昨晨潜赴香港，船中
适遇精卫，是诚不约而会。冤家必逢对头也。"③

从此，广州便完全落入了蒋介石的控制之中。而鲍罗廷为
了进一步满足蒋介石"喜尊荣"的心理，协助蒋取得"比较
现时更为伟大之权力与实力"，竭力动员蒋介石出任国民革命
军总司令一职。在蒋"惶愧力辞"之时，鲍氏居然声言蒋不
就任总司令，他就辞去总顾问一职。④ 6月4日，国民党中央
政治委员会通过、5日由国民政府任命蒋"为国民革命军总司
令"，统率各军，克期北伐。⑤ 7月6日，中执会临时会议接受
中常会主席张静江辞职，推举蒋介石继任中常会主席，但在北

① 相关研究请参阅王奇生《党员、党权与党争：1924—1927年中国国民党
的组织形态》，第55—57页。
② 胡木兰：《有关先父生平的几点补充》，台北《传记文学》第28卷第6
期，1976年6月，第10页。据胡木兰回忆："在船上我偶上洗手间，忽
然看见汪太太（陈璧君）走在前面，吓了一跳，不敢继续前往，急回来
告知先父。先父言或许汪先生亦在船上。及船抵岸，我们故意不先下船，
但见曾仲鸣以小船来接汪氏夫妇。"
③ 蒋介石日记，1926年5月11日。
④ 蒋介石日记，1926年6月3日；另见中国第二历史档案馆编《蒋介石年
谱初稿》，档案出版社，1992，第595页。
⑤ 蒋介石日记，1926年6月4、5日；另见毛思诚编《民国十五年前之蒋介
石先生》第8编第15册，第78页。

伐期间，仍请张代理。[①]

至此，蒋介石不仅军权独揽，还在名义上成为国民党的最高领袖。汪、蒋这一回合（包括后期的蒋、胡之间）的斗争以蒋的全面胜利告终。

四 宁汉对峙：元老们迎汪抗蒋

1926年7月9日，蒋介石在广州正式就任北伐军总司令一职，誓师北伐。[②] 北伐的军事进展相当顺利。到11月9日蒋介石率部进入南昌，江西战役胜利结束时，北伐军出师刚刚四个月，就攻占了两湖和江西三省。但随着军事的突飞猛进，原来隐藏着的矛盾不断地暴露出来。

首先爆发的是蒋介石同唐生智之间的冲突。唐生智原本是湖南省长赵恒惕手下的师长，而湖南在北伐前仍控制在直系军阀吴佩孚手中。1926年3月，唐出兵讨赵，企图自代，引起吴的不满，并出师讨唐。唐生智的力量无法同吴佩孚抗衡，于是表示效忠广东国民政府，被委以国民革命军第八军军长。唐并恳请广东支援，于是李宗仁率第七军一部于5月先行入湘，支援唐生智。[③]

7月中旬，北伐军占领长沙；31日成立湖南省政府，以唐生智为省政府主席兼军事厅长。8月12日，北伐军众将领在长沙举行军事会议，唐生智建议由他率第四、七、八军进攻武汉，蒋介石率第一、二、三、六军监视江西，并要求待攻下武

---

① 《蒋介石日记类抄·党政（二）》，《民国档案》1999年第1期，第6页；秦孝仪总编纂《总统蒋公大事长编初稿》卷1，第121页。
② 蒋介石日记，1927年7月9日。
③ 李宗仁口述、唐德刚撰写《李宗仁回忆录》，香港：南粤出版社，1987年第2版，第192—195页。

第八军军长唐生智

唐生智指挥下的北伐军一路势如破竹，而蒋介石指挥下的北伐军进展缓慢，一度损失惨重。蒋的北伐军总司令权威受到挑战

汉再出兵江西。在此期间唐处处以自己为主体，而以蒋为副角。[1]

进攻武汉的北伐军一路势如破竹，8 月 30 日直抵武昌城下。此时，唐生智令第四、七两军猛攻重兵防守的武昌，而令第八军偷渡长江，轻松占领了汉口、汉阳。特别是占领汉阳后，唐控制了当时中国最大的军工厂——汉阳兵工厂，于是他在很短的时间内将第八军扩充为四个军。[2] 而蒋介石指挥进攻江西的北伐军进展缓慢，在攻占南昌时还一度受阻，损失惨重，不得不将第七军和第四军的一部调入江西战场，才转危为安。相形之下，唐生智声誉日隆，政治野心日渐明显。当蒋介石率部久攻南昌和九江不下之时，唐比以前更有信心取代蒋为北伐军总司令。他多次向苏联顾问表示："蒋介石太累了，他不可能在江西完成任何事情，最好还是休息。假如我来指挥，将不仅夺取江西，南京也不在话下。"[3] 唐生智的跋扈，一度令蒋介石痛苦不堪，他在日记中写道："吾今竟处于四面楚

① 《李宗仁回忆录》，第 235 页；毛思诚编《民国十五年前之蒋介石先生》第 8 编第 16 册，第 79 页。
② 《李品仙回忆录》，台北：中外图书出版社，无出版时间，第 82 页。
③ Martin Wilbur, *Documents on Communism Nationalism and Soviet Advisers in China 1918 – 1927*, "Document 44", p. 415.

歌、前后挟攻之境，耻辱悲怜，痛苦抑郁之情未有甚于此者也。最恨以下凌上，使人难堪也。如此奇辱，岂能忘乎？唐孟潇言第二师非调赣不可，是何言耶？"①

为了限制唐生智势力的增长，10月22日，蒋介石致电张静江、谭延闿，力主尽快将广州国民政府迁至武昌。② 11月16日，鲍罗廷、徐谦、宋子文、孙科、宋庆龄等自广州启程北上，筹备迁都。蒋介石闻讯后，异常兴奋，致电张静江、谭延闿称："闻徐、宋、孙、鲍诸同志来赣，甚喜。"他还表示："此时除提高党权与政府威信外，革命无从着手。"③

蒋自提出迁都起，就一直兴冲冲地准备去武汉。11月24日，他在日记中写道："中央党部及政府决于一星期内迁武昌，喜惧交集。惧责任愈重，不能兼顾广东根据地；喜党务与政治可以从此发展也。"④

没想到蒋氏此举却事与愿违。12月10日，鲍罗廷等人到达武昌后，根据鲍的建议，决定在中央执行委员会政治会议未迁至武昌开会之前，由在武昌的国民党中央执行委员和国民政府委员组织临时联席会议，执行最高职权，并推徐谦为主席。⑤ 蒋介石原本在日记中所说的"责任愈重"，显然是期望加重自己的权力。而现在临时会议不仅事先不同

① 蒋介石日记，1926年9月4日。
② 毛思诚编《民国十五年前之蒋介石先生》第8编第18册，第105页。
③ 《蒋介石年谱初稿》，第800页。
④ 蒋介石日记，1926年11月24日；另见《蒋介石日记类抄·党政（二）》，《民国档案》1999年第1期，第7页。
⑤ 《中央党部及国民政府委员临时联席会议通电》，《广州民国日报》1926年12月17日，第3版；毛思诚编《民国十五年前之蒋介石先生》第8编第20册，第33页。

他商量，竟然还没有他的位置，这自然引起蒋氏的极端愤懑。

当中常会代理主席张静江、国民政府代理主席谭延闿等北迁人员到达南昌后，蒋介石于 1927 年 1 月 3 日召集中央政治会议第六次临时会议，决定中央党部和国民政府暂驻南昌。① 这一决定实际上否认了武汉临时联席会议"执行最高职权"的地位。

蒋介石的行为立即引起武汉的一致反对。他不得不于 1 月中旬亲赴武汉解释。但蒋此行并没有取得任何效果，反而在到武汉当天的欢迎晚宴上同鲍罗廷发生正面冲突。② 当晚两人间的冲突竟令蒋介石"忧患终夜，不能安眠"，甚至第二天一早"几欲自杀"。为此，他发誓："必欲去鲍尔廷顾问，使政府与党部能运用自由"，中央才可迁都武汉。③

此后，武汉方面动员各方力量，一致要求国民政府迁都武汉，蒋介石承受的党内压力越来越大。此外，蒋的军费仍需由武汉筹措。当时财政部长宋子文是支持迁都武汉的，他曾自信地对陈公博说："如果国民政府不搬汉口，我再不给钱，看他们有什么办法？"④ 为了迫使蒋介石迁都武汉，宋子文一度将

① 《中央党政府暂设于南昌》，《广州民国日报》1927 年 1 月 8 日，第 3 版。
② 《蒋总司令在庆祝国民政府建都南京欢宴席上演讲词》，《民国日报》1927 年 5 月 4 日，第 2 张第 1 版。蒋介石在当天日记中记道："晚宴会，席间受辱被讥，生平之耻，无逾于此，为被压迫而欲革命，不自由何不死，伸中华民族之正气以救党国，俾外人知华人非尽是贱辱而不可侮蔑也。"见蒋介石日记，1927 年 1 月 12 日。
③ 蒋介石日记，1927 年 1 月 13、27 日。
④ 陈公博：《苦笑录》，第 100 页。

蒋介石所需军费 1300 万元暂扣不发。① 蒋可以不顾各方的舆论，但军费不能不要。他最终被迫同意迁都。为此，蒋在日记中痛苦地写道："子文狡赖，不肯负责财政，压制不能发展自如，苦痛极矣。"②

蒋介石回到南昌后，力主必须首先驱除鲍罗廷，然后中央才可迁都武汉。但原本支持他的党内元老大都持反对态度。戴季陶多次劝蒋"忍耐，不要去鲍，众意类此"。甚至连中常会代理主席张静江和国府代理主席谭延闿也对此不以为然。据蒋日记载：1 月 29 日"季陶、静江、组安（谭延闿）三同志来谈，季怯，而静硬、组默，皆有病也"。最终，蒋不得不"放弃主张，决将政府迁移武昌"。③

在迁都之争中，国民党左派和共产党对蒋介石有了进一步的认识。为限制蒋的权力，他们展开恢复党权运动，主要采取了两个步骤：一是于 3 月 10 日召开国民党二届三中全会，颁布一系列决议限制蒋的权力；一是极力鼓吹"迎汪复职"，希望以汪精卫来抗衡蒋介石。④

---

① 蒋介石为此曾派军需处长徐桴到武汉催领，宋子文则称："湖北财富之区，筹款本易，现政府在南昌，一人办事不动。"徐桴无奈，复电蒋称："我军命脉，操在宋手，请总座迅电慰勉之，先救目前之急，再图良法，万不可操之过急，致生重大影响。"《徐桴致蒋介石电》（1926 年 1 月 31 日、2 月 5 日），转引自杨天石《北伐时期左派力量同蒋介石斗争的几个重要回合》，《中共党史研究》1990 年第 1 期，第 38 页。
② 蒋介石日记，1926 年 12 月 26 日；另见《蒋介石日记类抄·党政》，《民国档案》1999 年第 1 期，第 7 页。
③ 蒋介石日记，1927 年 1 月 31、29 日，2 月 1 日。
④ 事实上早在 1926 年 8 月北伐军攻占长沙后不久，党内就有人提出迎汪抗蒋之计。蒋曾在日记中写道："得粤电知后方有迎汪之谋，代行者亦有此意，或另有他谋，以为倒蒋之本。余思虑再三，必难实现，故置之不理，凡遇不可测之变，只有听之。"见蒋介石日记，1926 年 8 月 20 日。

在三中全会通过的重要议案中，有两项完全是为了限制蒋介石的党权和军权。一是《统一党的领导机关案》，其主旨为废除中央执行委员会主席一职，由全体会议互选常务委员九人，执行党的最高指导权。一是《军事委员会组织大纲》和《修正国民革命军总司令条例》，其要旨是取消军事委员会主席一职，代以军事委员会主席团行使最高军事指挥权和军官任免权。而军事委员会主席团七名成员，则由中央执行委员会全体会议指定，并规定"主席团须有不任军职之委员三人"。①

在会议选举的新的领导机构中，蒋介石的权力受到了极大的限制，原任中常会主席、军委会主席、中央组织部长三项职务被取消，仅当选为中执会常务、军委会主席团成员、中政会委员；而汪精卫却缺席当选为中常委、国民政府常委、中政会委员、军委会主席团成员、中央组织部部长，出任五项要职。正是在这一背景下，汪精卫决定自海外启程归国。

三中全会可以说是国民党左派和共产党的全面胜利，它将蒋介石在二中全会上所获取的权力几乎收缴干净。蒋本人没有出席三中全会，他是通过报纸得到消息的，鉴于此时的力量尚不足以同武汉对抗，他只能无奈地表示："汉口此次中央执行会之议决案，令人难堪，压迫侮辱至矣，惟有服从耳。"② 为此，他决定改变北伐路线，率军向浙江、江苏进攻，希望尽快获取江浙两省，作为同武汉对抗的资本。

3月下旬，蒋介石率部占领了上海，在吴稚晖、蔡元培等部分国民党中央监察委员的支持下，蒋介石决定公开反共，实

---

① 《中国国民党第一、二次全国代表大会会议史料》（下），第 768、771页。

② 蒋介石日记，1927 年 3 月 18 日。

行"清党"。此举得到了江浙资本家的支持，并同西方列强达成谅解。局势很快发生了变化。

就在此时，汪精卫回到了上海。汪精卫此次回国，一心想要恢复自己在国民党内的权力和地位。但汪深知和蒋相比，他并不掌握军事实力。因此，为了同蒋抗衡，他必须抓住国民党党权。只有在这一点上，他才比蒋具有优越的地位。

此时的蒋介石自然不愿看到汪精卫回到武汉，因此力邀汪在上海主持"清党"大计。但汪还需要利用共产党来抬高自己的地位，不愿立即"分共"。他对蒋表示："如果要变，应该开中央全体会议来解决"，由他向武汉国民党中央建议，将中央党部和国民政府迁到南京，并在南京召开二届四中全会，以解决党务纠纷。① 蒋、汪之间的这种分歧，似乎是形式问题，实际上反映出的是他们之间的权力之争。

4月5日，汪精卫未同蒋介石等在沪国民党要人商量，便同陈独秀分别以国共两党领袖的身份发表《联合宣言》，表示继续国共合作。这自然引来武汉方面的一片喝彩。同日，武汉中央全体委员联名致电汪精卫："闻兄到沪，同人不胜欢跃。此间同志及伟大民众无不盼兄速来，以解决此严重之时局。"社会舆论对汪返国，也抱有极大热情，《汉口民国日报》曾兴奋地写道："万众想望之汪精卫同志，毅然于此恢复党权运动声中，间道归国……慈云一朵，忽从天降，全国

---

① 汪精卫：《武汉分共之经过》（1927 年 11 月 5 日在广州中山大学演讲），《汪精卫集》第 3 卷，光明书局，1930，第 215 页；罗家伦主编《革命文献》第 16 辑，台北：中国国民党党史史料编纂委员会编印，1978 年影印再版，第 86—87 页。

人民，欢慰无极。"① 于是，汪精卫于 5 日夜不辞而别，离沪赴汉。6 日一早，蒋还亲赴汪宅，希望能同汪再次合作，当蒋得知"精卫已起程赴汉口，乃知其不能与我合作之决心已坚，数次谈话皆是假伪也"。②

汪精卫一到武汉，立即成为中心人物，这极大地鼓舞了正同蒋介石处于尖锐对立下的武汉政权。而蒋则在 4 月 12 日公开实行"清党"，屠杀共产党人。18 日，南京国民政府成立。由于汪精卫拒绝同蒋介石合作，于是蒋抬出胡汉民同汪精卫抗衡，并赢得了胡的支持。

蒋介石最初准备"清党"之时，已在上海隐居的胡汉民并不知晓。以往史学界多认为胡汉民同蒋介石共同策划了这一事件，目前并未发现实据。汪精卫加入武汉政权后，急于成立新政权同武汉对峙的蒋介石，更加需要胡汉民这块招牌做号召。汪离沪后，蒋即主动赴胡宅，"与展堂谈党事"。③

胡汉民所以主动参与南京政权，正是基于他"以党治国"的思想。尽管当时国共仍在合作，共同反对北洋军阀统治，且北伐战争胜利在望，但在胡汉民看来，却是"党亡国危"的关键时刻，非反共不足以救国民党、救国民政府。④ 胡汉民同蒋介石合作后，立即被推举为国民党中央政治会议主席、南京

---

① 《汪精卫同志业已抵沪》，《汉口民国日报》1927 年 4 月 6 日，第 1 张第 2 页。
② 蒋介石日记，1927 年 4 月 6 日。
③ 蒋介石日记，1927 年 4 月 8 日；胡汉民：《汪精卫勾结共产党之渊源与经过》，《中央日报》1930 年 8 月 18 日，第 1 张第 3 版。
④ 胡汉民：《党权与军权之消长及今后之补救》，《三民主义月刊》第 1 卷第 6 期，1933 年 6 月 15 日，第 20 页。

国民政府代理主席。① 而胡接印视事颁布的第一号命令，就是通缉中共中央总书记陈独秀及毛泽东、周恩来等 190 余人。②

南京国府成立后，立即宣布武汉政府为非法政权；武汉方面则称南京为"伪府"，决议开除蒋介石党籍，免去本兼各职。谭延闿在当天日记中写道："中央党部开会，讨蒋问题大喧腾，吾无以名之，决议免职查办而散。"③ 宁汉分裂正式形成。

此后，双方不断口诛笔伐。正当宁汉双方阋墙之争相持不下之时，新近败北的孙传芳残部和直鲁军主力开始向宁方反攻，意图卷土重来。西线奉军精锐由张学良率领，也准备南下武汉。为此，宁方李宗仁积极调解宁汉之争，"力主双方均承认既成事实，大家分道北伐，待会师北京，再开会和平解决党内纠纷"。④ 而武汉中央迫于形势，经"反复研究，仍大举入豫"。⑤

于是，宁汉双方分头北伐。5 月下旬，汉方同冯玉祥率领的国民军在河南会师。6 月 1 日，汪精卫率众赴郑州同冯会晤。为了求得冯的支持，汉方将河南地盘全部让给冯，决定令唐生智、张发奎回师东征蒋介石。

19 日，冯玉祥又亲赴徐州同蒋介石会晤。此时冯玉祥的态度对蒋介石来讲至关重要。为了换取冯的支持，蒋"甚想

---

① 蒋永敬编著《民国胡展堂先生汉民年谱》，第 390 页。
② 《国民政府通缉共产党首要令》（国民政府秘字第 1 号令），罗家伦主编《革命文献》第 16 辑，第 53—55 页。
③ 谭延闿日记，1927 年 4 月 15 日，中研院近代史研究所档案馆藏原件扫描件。
④ 《李宗仁回忆录》，第 306—308 页。
⑤ 谭延闿日记，1927 年 4 月 18 日。

由于汪精卫拒绝同蒋介石合作，蒋转而抬出胡来同汪
抗衡。图为南京国府成立时，胡汉民发表演说

以总司令名义交焕章同志任之"，蒋还对冯的"老练沉着，心
实钦佩"，甚至"自惭轻浮，时觉惶恐"，并认为"今之余与
焕章相会，实为历史上得一新纪元也，当非普通之会"。① 但
冯玉祥之所以与蒋介石合作，并不仅仅看重名分，而且要有实
际的收获，在蒋没有明确条件前，绝不肯轻言合作。两天后，
蒋在日记中无奈地记道："忽得冯不能履行昨日决议，不敢与
余联名通电反对武汉也，殊甚骇异。膺白（黄郛）、石曾（煜
瀛）、协和（李烈钧）均往询其故，乃为经济未决也。余即允
每月发二百万元，彼乃来开会，从新决议，其个人劝武汉政府

---

① 蒋介石日记，1927 年 6 月 19 日。

取消，而与余联名通电北伐也。"① 接受了蒋氏的巨额援助后，冯玉祥明确"决定清党及贯彻北伐大计"，并与蒋联合发表通电，要求武汉政权分共。② 冯还对蒋称："我这个电报一定有个结果，否则我对他们便当实行相当手段。"③ 这对汪精卫和武汉政府来讲，自然是一个重大打击。

此时，武汉的经济已经到了崩溃的边缘。一方面是由于蒋介石控制东南沿海后，对长江中游实行封锁，致使武汉的货物进出口几乎停滞；另一方面是两湖地区蓬勃开展的农工运动不断出现过激行为，不仅引起军官的不满，而且使本已脆弱的经济更不堪承受。两湖原本是产粮大省，但各地农会阻止粮食外运，使武汉方面居然出现粮食危机，要靠从江西调粮才能维持。唐生智、何键等将领更是强烈表示只有分共，才同意东征。于是，武汉政权于7月15日正式决定分共。④

武汉分共后，为了生存，决定继续东征讨蒋。胡汉民曾请冯玉祥转电汪精卫，责问双方既已共同反共，何以继续讨蒋？汪复电称"乃公愤而非私仇"。胡则指责汪是"意气用事"。⑤而李宗仁等宁方将领不愿同汉方作战。8月8日，李宗仁联络宁方各将领联名致电汪精卫，贺其公开分共，并表示愿意和平解决党内纠纷。此前，李宗仁还同倾向于武汉政权的江

---

① 蒋介石日记，1927年6月21日。
② 《冯玉祥日记》，1927年6月19—21日，江苏古籍出版社，1992，第336—337页。
③ 蒋介石：《上海特别市全体党员欢迎大会演说》（1927年7月6日），《蒋介石言论集》第4集，中华书局，1965年清样稿，第437页。
④ 有关武汉分共的详细情况，参见蒋永敬《鲍罗廷与武汉政权》。
⑤ 胡汉民：《武汉方面的三种反共与三种心理》，《中央半月刊》第5、6期合刊，1927年9月1日，第3—4页。

西省政府主席、第三军军长朱培德在湖口会商。朱培德事后向武汉报告称：他"同蒋介石还不是一气，并无觊觎武汉的野心。"①

恰在此时，蒋介石在军事上遭到了一次意想不到的惨败。7 月，直鲁联军和孙传芳残部反攻徐州得手。蒋介石不顾李宗仁的反对，执意夺回徐州，结果为北军所败，"溃败之惨，实前所未有"。②

当时，宁方主要军事力量就是李宗仁的第七军和何应钦的第一军。他们均主张对汉缓和，实是逼蒋退让。而支持蒋的只有吴稚晖等几位有名无实的中央监察委员。8 月 12 日，蒋介石参加执监委员会议前，先与何应钦、白崇禧、李宗仁预商主张。据蒋日记载：

> 会中李、何亟欲与武汉遣使议和，似有不可终日之势，词迫甚逼，甚为难堪。余惟有以中央监察委员会之主张为依归，即进退亦如之。李、白闻之大不为然，且借此以为倒蒋之机会。毕，属张群来，责问并劝余自决出处，避免目标，何似同意。此时宁、沪驻军皆我第一军势力，即消灭驻芜（湖）之第七军，亦非难事，余何人斯，为人逼迫竟至于此。惟辞意既决，否则胜利亦无荣而有辱。故决心引退。③

---

① 《中国国民党中央执行委员会政治委员会第二十一次会议速记录》，《中国国民党第一、二次全国代表大会会议史料》（下），第 1169 页。
② 《李宗仁回忆录》，第 317—318 页。
③ 蒋介石日记，1927 年 8 月 12 日。

蒋介石当晚即宣布辞职下野，离京赴沪。当时吴稚晖曾有如下记述：

> 八月十一日开了中央党部会议，蒋介石先生要辞职，大家自然坚留。他先走，临了他说："我服从监察委员会。"我们还是不懂得。八月十二日，听见他走了，于是又开政治会议，武装同志都说蒋先生要歇歇。照唐生智那种气势汹汹，我们两面受敌不了，蒋先生暂且歇一歇也好。①

于是，南京完全落入李宗仁、白崇禧、何应钦等军事将领的控制之中。李宗仁等立即致电武汉，请中央迁宁，并停止东征。此时，冯玉祥也以宁汉双方调停人自居，提议在他控制下的安庆召开宁汉和谈会议。而支持蒋介石的国民党元老胡汉民、蔡元培、吴稚晖、张静江、李石曾等自知无能为力，决定随蒋一同辞职。他们五人于 14 日联名致电冯玉祥，称：

> 夫议而必至于会，会且必赴各非所居之安庆……虽弟等自信能至议席让步，然何如介兄早让之直捷！……所以骑马不必寻马，釜底可以抽薪，止需牺牲任何一方，便不必有会，亦无所用议，即完全自然解决。弟等初不悟此，其去介兄远矣。故现亦幡然改其安庆之行，各为故里之

---

① 吴敬恒：《弱者之结语》，广州平社编《广州事变与上海会议》下编（沈云龙主编《近代中国史料丛刊》第 3 编第 3 辑），台北：文海出版社影印，无出版时间，第 44 页。

游，一了即百了。①

蒋介石既已下野，宁汉对峙暂时以汉方的胜利告终。然而这一结局并不稳定。原本重返政坛、大权在握的汪精卫竟出人意料地于一个月后也公开宣布引退，引起国民党内新的权力之争。

五 蒋汪联手反对特委会

蒋介石下野后，武汉方面自然是兴高采烈。8月17日，武汉中央召开会议，正式决定迁都南京。汪精卫在会上表面高唱"以后大家要以中央党部、国民政府为依归"，并声言今后"不许有新军阀的产生。假使有人想在国民革命军之中作一个军阀，我们要以全力去铲除他"。② 从汪氏的言论中不难读出他的得意之情。在当时的党和政府里，毫无疑问是以汪的地位为最尊，言外之意就是要以他为中心。

9月初，汪精卫等到南京，准备召开四中全会解决党内一切纠纷。而此时的国民党，除宁汉两方外，还有一个西山会议派在上海成立的中央党部。自蒋介石"清党"后，南京中央为了增强其同武汉对抗的号召力，首先恢复了因反共而被开除出国民党的林森、张继等18名西山会议派成员的党籍。现在宁、汉、沪三方都一致反共了，既然要实现党内团结，自然也

---

① 《胡汉民之电文》（1927年8月14日），《民国日报》1927年8月15日，第1张第4版。
② 《中国国民党中央执行委员会政治委员会第47次会议速记录》（1927年8月17日），中国第二历史档案馆藏，油印件，全宗号七一一·273。以下简称二档馆藏，并径注全宗号。

就要将西山会议派包括在内。

这样一来，就打破了汪精卫原来的设想。首先是宁方的国民党元老张静江、蔡元培等人对 3 月在武汉召开的三中全会提出质疑，西山会议派更是否认三中全会的合法性。而汪的权力正是在三中全会上得到的，否认三中全会即是否认汪所代表的"党权"的合法性。

9 月 11—13 日，宁、沪、汉三方主要负责人在上海伍朝枢寓所举行正式谈话会。

> 第一次谈话会，汪精卫提议请蔡元培、李石曾、张静江赴南京参加四中全会，他们一致拒绝。汪问其缘故，他们说他们根本不承认武汉三月间的三中全会，故不参加没有根据的四中全会。汪又说如果不同意三中全会的决议，尽可于四中全会中提出修改，他们仍不同意，且根本不愿讨论这个问题。汪乃转问李宗仁：在九江时你是支持在南京召开四中全会的，现在为何突然改变了主意？李答：大家都不赞成，我有什么办法。①

谈话会达成如下决议：由宁、沪、汉三个中央党部共推 32 人组织中央特别委员会，统一党务，行使中央职权，并负责筹备召开第三次全国代表大会。这里特别值得注意的是，会议还决定：今后所有决议"不采用表决手续，以全体一致为原则，避免多数压制少数之嫌疑"。随后三方推定蒋介石、胡汉民、汪精卫等 32

---

① T'ang Leang-li, *The Inner History of the Chinese Revolution*, p. 300.

人为特别委员会委员。① 这完全否定了汪提出的以四中全会解决党内纠纷的主张。同时，汪精卫备受宁、沪两方元老的冷遇和指责，胡汉民更因汪的反复无常，拒绝与其相见。②

9 月 16 日，特别委员会在南京举行第一次会议，出席委员 25 人。汪精卫、胡汉民、蒋介石三人均未出席。会议决议："本会代行国民党中央执行委员会、中央监察委员会职权"；并通过《中国国民党宣言》，表示："于三个月内筹备第三次全国代表大会，而从前特立之三党部均不复行使职权。从前三方面互相攻击之言论，皆成陈迹，不得复引为口实。"③

特别委员会的成立，表面上结束了国民党内自孙中山逝世后引发的分裂状态，使宁、汉、沪三个中央党部合为一个新的中央机构，借此消除各方歧见。但党内的矛盾并未真正消除，"从前三方面互相攻击之言论"，仍不断被"引为口实"。

汪精卫原本希望乘蒋介石下野之机，通过宁汉合流，重掌国民党中央大权。然而事与愿违，特委会的成立等于宣告他这一企图的失败。汪自然是不甘心的。为此，汪精卫召集谭延闿、孙科、朱培德、顾孟馀、陈公博等汉方要人秘密开会，讨论如何对待特委会。会上，谭、孙坚持主张参加。孙科的政治立场原本更接近胡汉民，而谭延闿早已不满同乡后进唐生智的跋扈，同宁、沪之间已形成默契。陈公博、顾孟馀等则坚决反对。经过一番激烈争论，大家不欢而散。④

---

① 邹鲁：《回顾录》（上），第 201—203 页。

② 蒋永敬编著《民国胡展堂先生汉民年谱》，第 409 页。

③ 《中国国民党中央特别委员会第一次会议记录》，二档馆藏，油印件：七——（4）·107。

④ T'ang Leang-li, *The Inner History of the Chinese Revolution*, p. 301.

孙、谭二人的转变，使汪精卫的力量大受打击，进退两难，他后来说："弟于此时只有两途，其一，使谈判决裂；其二，表示消极，使此谈判无由进行，而徐图挽救之术。"① 汪精卫最终选择了后者。19 日夜，他由上海潜赴九江，希望利用唐生智来同特委会抗衡。行前汪还发表通电，宣布"引退"，实际是公开表明他同特委会之间的不合作态度。李宗仁对此曾评论道：

> 在特委会成立后，西山派声势大张。原来希望在蒋中正下野后便可重操党权的汪兆铭，在特委会成立后，仅获一国府委员的空衔，而其昔日政敌，今均扶摇直上，重据要津，汪氏未免大失所望。他原为特委会的发起人之一，到特委会成立以后，汪氏却一变而反对特委会。汪派人士也纷纷离开京、沪。②

汪精卫到九江后很快同唐生智达成协议：由唐生智动员全部武装东征南京，由汪精卫说服张发奎与唐生智建立反南京同盟。③ 宁汉分裂时期，武汉政权所依靠的主要军事力量是唐生智和张发奎两部。因中共发动南昌暴动后撤向广东，张发奎即率部借口追击为由返回广东。唐生智便独自控制了两湖。宁汉和谈期间，唐生智又利用宁方受孙传芳压迫之机出兵占领安徽。唐氏野心很大，蒋介石下野后，他更以为可以充当军事领袖，于是借口反对特委会，决定支持汪精卫，东征南京。

---

① 汪精卫：《复驻法总支部函》，《汪精卫集》第 4 卷，第 17 页。
② 《李宗仁回忆录》，第 345—346 页。
③ 李云汉：《从容共到清党》（下），第 777 页。

　　而南京方面不仅李宗仁对唐生智出兵安徽不满，谭延闿和程潜更是对这位同乡后辈早生反感。谭、程二人早在民国初年就曾出任过湖南都督、湘军总司令之职，是湖南政坛的元老。为此远在北伐之初，唐生智因顾忌谭、程所率的第二、六两军抢走湖南地盘，而拒绝二、六两军入湘作战。

　　9月下旬龙潭之役后，宁方彻底击败了孙传芳的反扑，北方安定。于是，李宗仁、谭延闿、程潜在讨伐唐生智的问题上一拍即合。南京方面很快组成西征军，讨伐唐生智。由于谭、程二人在湖南的地位和影响，唐的部下纷纷投诚，唐部迅速瓦解。11月12日，唐生智通电下野。①

　　此后，汪精卫又将目光转向张发奎，希望依靠张发奎驱逐李济深、黄绍竑，重新控制两广。汪精卫之所以敢于挑战两广的李、黄，还有一个重要原因，就是他此时已同下野的蒋介石暗中达成了合作讨桂的共识。

　　蒋介石为什么会于此时主动选择同汪精卫合作呢？其实这一问题并不难回答。蒋、汪两人在党内的权力都源自国民党第二届中央委员会。在二届一中全会上，蒋成为国民党内仅次于汪的二号人物。尽管此后的二中和三中全会上蒋、汪的角色曾有互换，但台上总有一人代表着党内领袖。而现在当权的特委会三方成员中，西山会议派大都是党国大佬，以他们在党内的历史和地位而言，蒋不过是一个军事领袖而已，不能负政治上的大任；宁方成员完全为李宗仁等新桂系控制，是同汉方内外夹攻，逼他下野的"元凶"。因此蒋要复出，首先需要推翻特

---

　　① 《唐生智下野离汉》，《申报》1927年11月14日，第4版；陈公博：《苦笑录》，第159页；《李宗仁回忆录》，第350—354页。

委会，在这一点上他同汪是完全一致的。蒋氏此举也可说是报复桂系迫他辞职离国之怨。[1] 对于蒋汪的这次合作，早已返回广州的陈公博曾有如下一段回忆：

> 汪先生告诉我蒋汪合作已成熟了，那时蒋先生已到了日本，屡次派人谒汪，表示竭诚合作，但合作的办法怎样呢？南京他是不能回去的，他打算来广州。广州可不是还有问题么？他于是要求我们驱李，如果驱逐李任潮（李济深）之后，他愿意来粤，再办黄埔，再练兵……
>
> 汪先生最初主张在粤挂起中央党部的招牌，李任潮和黄季宽（黄绍竑）都不赞成，只同意和李（宗仁）、白（崇禧）磋商，把特委会撤废而重开二届中央的第四次全体会议。这个提议算被李、白所赞成，汪先生遂和任潮一同至上海开预备会议，而我们待任潮起身的第二日也动手驱李。[2]

蒋汪在联手驱李的同时，还一致对付特委会中的西山会议派。特委会此时虽然在军事上击败了唐生智，但在政治上仍难巩固。在汪精卫等人的公开反对和蒋介石的暗中破坏下，江苏、浙江两省党部纷纷指责特别委员会为非法，甚至连首都南京的市区党部成员也多不承认特委会的领导地位。11 月 22 日，南京各界举行庆祝讨唐胜利大会，会上充满着反对特委会

---

① 据中国青年军人社编《反蒋运动史》（编者 1934 年印行，台北：李敖出版社，1991 年再版）一书记载："此时宋子文则已为蒋任联汪之役，盖自蒋于上月（11 月）十五日返沪后，即已开始与汪合作之酝酿，以冀对付共同目标之南京特别委员会。"（第 39 页）另可参阅 T'ang Leang-li, *The Inner History of the Chinese Revolution*, p. 309.

② 陈公博：《苦笑录》，第 162 页。

和斥责西山会议派的气氛。会后举行游行，当队伍行近秀山公园时，同军警发生冲突。军警开枪，秩序大乱，结果死伤70余人。惨案发生后，舆论一致指责西山会议派中的特委会委员邹鲁、谢持、覃振等人为"主凶"，居正、潘宜之等人为"凶手"。尽管邹鲁等人发表声明，否认这一指责，但仍不为舆论所谅解。当时留沪的中央执监委员决定对涉嫌诸人停职看管，并责成蔡元培、李烈钧彻底查明真相。[①]

这样一来，特别委员会实在难以继续维持，于是决定在上海召开四中全会预备会议，"商讨召集四中全会及停止特委会各问题"。[②]

就在此时，张发奎、黄琪翔等发动广州事变，宣布驱逐李济深、黄绍竑，并推陈公博为广东省政府主席。广州事变立即引起桂系将领的极度愤慨，指责张、黄之举为叛变，且"纯系共产党之阴谋"，要求中央剿办张发奎、黄琪翔。李宗仁还公开指责张、黄的行为是汪精卫促成的，并责骂汪"口蜜腹剑"，"实为反复无常之小人"。[③] 但此时蒋介石则处处护汪，"知监察委员必欲提出汪之弹劾案"，蒋"力阻之，以求全体会议之完成"。蒋私下还同成为自己妻舅仅一周的宋子文谈道："如不得已，余将赴粤，再造革命根据地，以铲除手植之新军阀也。"[④] 汪更是借蒋以自救，首先向预备会议提案，请求蒋介石恢复总司令之职，并在提案中附以声明："如蒋介石同志能循预备会议之决议，继续执行国民革命

---

① 李云汉：《从容共到清党》，第782—785页。
② 《李宗仁回忆录》，第356页。
③ 李宗仁：《畅谈党国纠纷之症结》，《广州事变与上海会议》（下），第122页。
④ 蒋介石日记，1927年12月8日。

军总司令职权，则兆铭认为对于时局已有良好办法，少数同志间对于兆铭有不谅解者，兆铭尽可引退，以息纷争。"①

就在汪精卫提出请蒋复职的第二天（12 月 12 日），共产党利用张发奎率主力离开广州同李济深、黄绍竑所部作战之机，发动广州暴动，公开建立苏维埃政府。尽管张发奎立即率部返回广州，很快将共产党暴动镇压下去，但"广州暴动后，全国舆论大哗，粤人身受切肤之痛，群起吁请讨伐。张发奎、黄琪翔固罪不容究，而汪兆铭尤为众矢之的"。② 当时在广州的陈公博记述了他们的狼狈处境：

> 那时上海正在开四中全会的预备会议，汪先生直接提出蒋先生复职总司令。蒋先生复职，固然李、白大加反对，组安也不大赞成。他们无法否决这个提案，遂把驱李和共党暴动混为一谈，把一切责任都推到我们身上。李任潮和德邻（李宗仁）、健生（白崇禧），因我们驱李，自然恨极我们，而孙哲生则因为我们反对特别委员会，也不顾事实的对我们深文周纳……汪先生旅居上海也被认为暴动的主要人，白健生竟直找杜月笙要用绑票的方式派人直冲汪先生的寓所，企图加害。③

这实际上是将汪推上了被告席。在这一系列的明争暗斗中，最大的受益者无疑就是蒋介石。他在不声不响之中利用蒋汪合作，

---

① 《汪兆铭等向四中全会预备会议提请蒋总司令复职案文》，《革命文献》第 16 辑，总 2880 页；《汪精卫集》第 4 卷，第 93 页。
② 《李宗仁回忆录》，第 357 页。
③ 陈公博：《苦笑录》，第 164—165 页。

成功打击了特委会，恢复了总司令的职权；而汪精卫因中共广州暴动，而不容于党内各派被迫引退，又为蒋除去了在党内的一大竞争对手。但蒋介石借联汪之机，打击桂系的努力并没有实现。为了顺利复出，他最终被迫同逼其下野的桂系达成妥协，决定"以两广由任潮，两湖由德邻负责处理"，自己专负北伐之责。[①]

1928 年 1 月 4 日，蒋介石重返南京，恢复国民革命军总司令之职。而此时胡汉民因不满蒋汪的再度合作，以出国考察为由远赴欧洲。事实上不满蒋汪合作的，并非胡一人。蒋曾在日记中写道："石曾、稚晖、孑民（蔡元培）诸先生皆怀疑余联汪不反共，将反对余也。"但蒋仅将之视为"老先生等徒尚意气"，而置之不理。[②]

此后，国民党中枢暂时出现了蒋介石一人在朝，汪精卫、胡汉民两人分别下野出洋的局面。

---

① 蒋介石日记，1927 年 12 月 27 日。
② 蒋介石日记，1927 年 12 月 9 日。

第二章 蒋胡由合作到分裂

一 蒋介石为什么选择了胡汉民

1928 年 2 月，国民党二届四中全会在南京召开。此时汪精卫和胡汉民均在海外，全会在选举中常委时，对胡汉民或汪精卫是否应当选，各方争论不休。"因有胡无汪皆成问题"，最终决定"先选五人而留四人，为后来汪、胡回国缺额"。[①]大会选举蒋介石、谭延闿、丁惟汾、于右任、戴季陶为常务委员，并决定恢复国民政府和军事委员会主席制，由谭延闿、蒋介石分任主席，共主中枢，继续北伐。

二届四中全会表面上实现了国民党的统一，蒋介石再次重掌大权。但蒋此时的地位并不稳定。董显光在《蒋总统传》一书中有如下一段评论，颇能显示蒋氏当时的地位和无奈：

> 事实上，他此阶段中的地位是很不巩固的。虽然在汪精卫出国时，蒋总统曾经行使国民党的最高权力，但他的崇高地位，尚未得到老一辈同志所承认。他仍被认为军事的，而非政治的人物。于是随着七月间他所遭遇的军事惨败，他的整个地位更不稳了。他的对手人物如汪精卫、李宗仁、唐生智、冯玉祥、孙科、胡汉民、许崇智等无不自认为革命运动中注定的最后领袖。[②]

---

① 蒋介石日记，1928 年 2 月 5、7 日。
② 董显光：《蒋总统传》，第 108 页。

国民党二届四中全会召开，蒋介石复出，汪精卫、胡汉民出洋

自蒋介石第一次下野后，他渐渐明白了一点：在"老一辈同志"眼中，"他仍被认为军事的，而非政治的人物"。在国民党内，他此时仍无法代替汪、胡的领袖地位，这也是他被逼下野的一个重要原因。1927 年 11 月，蒋自日本回国后，深知要重返中枢必须拥有汪精卫或胡汉民其中一派的支持。在反对特别委员会的问题上，蒋同汪的立场是一致的，因此他首先选择了汪，以致"胡汉民、孙科、伍朝枢等，因不直蒋与汪合作，先后离京出国"。① 但后因共产党在广州暴动，汪精卫等人遂成为党内众矢之的，汪氏再度被迫宣告引退。

在这一段时间内，国民党各派政治领袖纷纷出洋考察，实可谓盛极一时，为国民党政治生活中从未有过的现象。胡汉

① 《李宗仁回忆录》，第 362 页。

民、孙科、伍朝枢、王宠惠、傅秉常等赴欧洲各国，邹鲁、许崇智等赴美国，汪精卫等去法国。随后戴季陶、古应芬、居正等也先后出洋考察。随邹鲁等人一同赴美的程天固对此曾说："所谓出洋考察者，乃托词而已，其实各人皆不满当时之政治现象，抱有政治病而去者。"① 这一解释颇为一针见血，同时也体现出党内元老对蒋介石一定程度的不信任。

早在此前，出洋考察就已成为国民党派系斗争中的一种政治手段。出洋者大致可分为两类，一类是政治斗争中的失败者，借出洋为名，避免在国内付出更大的牺牲；另一类则是不满当前政治状况，以此保存实力，等待时机，一旦政局有利于己，立即归国，重返中枢。

蒋介石在 1927 年 8 月第一次下野时，出洋赴日本。他在总结此次下野教训时，深感"组织不完，统系不明，用人不慎，为失败之原因"。"成功原则在于消除异派。"② 为此出国前，他对黄埔军校学生及部分党政亲信做了秘密安排，为东山再起做好准备，并明示"黄埔同学会事，属其减小目标，努力工作，为五年十年准备工夫，以求革命之彻底也"。③ 此后，陈果夫按照蒋的旨意将留在上海的部分党政干部发动起来，组织"中央俱乐部"，并号召各地蒋系人员联合行动，共同反对和抵制南京的中央特别委员会，在各地积极展开"拥蒋"活动，其主要领导人为戴季陶、丁惟汾、陈果夫三人。当蒋氏重掌中枢后，戴、丁二人分任其他要职，此后中央俱乐部便成为陈果夫、陈立夫兄弟独自经营的国民党内直隶于蒋介石的一个

---

① 《程天固回忆录》，台北：龙文出版社，1993，第 209 页。
② 蒋介石日记，1927 年 8 月 19、17 日。
③ 蒋介石日记，1927 年 8 月 18 日。

派系。因中央俱乐部的英文名为 Central Club，时人就以中央
俱乐部的英文缩写称该系为 CC，后来又被解释为二陈兄弟姓
氏 Chen 的缩写。[①]

此时，尽管党内领袖大都出洋，但蒋介石深知他们的影响
力仍在，而自己真正掌握的力量还很有限，在国民党内尚不具
备说一不二的资格。为此，他吸取这次下野的教训，在新改组
的国民政府中，仅就任军事委员会主席一职，而将国府主席让
与谭延闿。

北伐前的蒋介石，还仅仅是国民党内的一个风云人物，他
活动的政治舞台也局限于广东一隅，远比不上汪精卫、胡汉民
等人，在民国初年便早已成为全国注目的政治人物。随着北伐
军自珠江流域打到长江流域，蒋也一下子从广东走向全国，成
为中国政坛上的一颗耀眼的新星。一夜之间，"蒋总司令"几
乎成为家喻户晓的人物。他深知这一切都是来自北伐的胜利。
因此他复职后，积极准备二次北伐。统一全国不仅是他的政治
理想，同时他也充分意识到只有完成统一，才能彻底改变他在
党内仅"被认为军事的，而非政治的人物"的状况。

为此，蒋介石收敛了过去妄自尊大的行为，对暂时在野的
党内各派领袖都表现得相当尊重。他明白这批人今后的政治选
择，都会对他产生或利或弊的影响。于是，胡汉民等人出洋的
旅费，完全由蒋氏负责。据同胡一起出洋的傅秉常回忆："蒋

---

① 庞镜塘：《"中央俱乐部"——C. C. 的组织及其罪恶活动》，《文史资料
选辑》第 18 辑，中华书局，1961，第 62～63 页。据庞镜塘回忆："有形
的中央俱乐部时期（一九二七年在上海反对南京特别委员会时期）为时
很短暂。"又见张令澳《我在蒋介石侍从室的日子》，台北：周知文化股
份有限公司，1995，第 244 页。

公且各馈以旅费，展堂、哲生各为十万，朝枢约为五万，余则为二、三万之数。"[1] 汪精卫被逼出走后，国民党内各派一致排斥汪系的"粤籍委员"[2] 出席四中全会，也是因为蒋氏的力保，才恢复了何香凝等五人的中央委员资格，仅将陈公博、顾孟馀、甘乃光三人排斥在外。甚至对西山会议派诸要人，蒋也私下纷纷表示致意，并赠以金钱。谢持曾在日记中记述了对蒋氏馈赠的感受：

> 却之有重祸之虞（伯农言），受之于余心有不安。非伤廉也，介石曾托锡卿致意，表歉然之意于我，而今馈金。其一时所赠者，我与子超（林森）、溥泉（张继）三人，故非不可受，所以不安者，政治关系立于相对也。[3]

此时各方势力也都在为自己今后的政治选择做准备。尽管汪、胡等人纷纷出洋，但他们的追随者仍在国内发展势力。

胡汉民自1925年因廖案离粤赴苏，到1927年南京国府成立期间，近两年远离国内政治实务，而这段时间正是国民党势力扩充最为迅猛的阶段。因此当他入主南京时，深感得力干部严重不足。于是他重点招纳各地的孙文主义学会等右派少壮组

---

① 《傅秉常先生访问记录》，第145页。

② 所谓"粤方委员"是指陈公博、顾孟馀、甘乃光、何香凝、王法勤、陈树人、王乐平、潘云超、朱霁青等九名国民党二届中央委员，在政治上绝对支持汪精卫。据陈公博回忆："这是南京一班特委会的先生们替我们上的尊号。"见陈公博《苦笑录》，第162页；另见陈公博《改组派的史实》，《寒风集》甲篇，第268—269页。

③ 谢持日记，1928年2月2日，转引自谢幼田《联俄容共与西山会议——中国反左防左运动的历史根源》，第496页。

织成员，来抗衡共产党和国民党左派。上海的孙文主义学会主
要是由孙科出资赞助的。北京孙文主义学会主要是由西山会议
派的邹鲁领导。宁汉合流后，胡汉民主持南京党务，开始吸收
上海、北京等地的孙文主义学会成员。[①] 1928 年初，胡汉民、
孙科等人出洋前，特别嘱咐李济深在经济上资助王昆仑、梁寒
操等人在上海创办刊物，宣扬胡、孙的政治主张，并保存这股
政治势力。于是王昆仑等在上海创办《再造旬刊》《民众日
报》。这批人后来便被称为"再造派"，他们也以此自居。"再
造派"的目标是"希望国民党在胡汉民的领导之下，一方面
排斥汪精卫那一批所谓'左派'，一方面使蒋介石限制在只主
持军事的地位，把国民党再造一番"。[②]

此时汪派的所谓粤籍委员也大都集中到了上海，同样准备
办刊物，宣传自己的政治主张。他们在经济上则是依靠蒋介石
的资助。陈公博回忆他刚自广州逃到上海时的状况，说道：

> 为什么不办一个刊物？这是一般青年们向我质问的说
> 话，也是当时所谓粤方委员商量的说话。但办刊物岂是一
> 件容易的事？头一件便需要钱……"现在不是汪蒋合作
> 吗？为什么不找宋子文商量？"这是粤方委员替我出的主
> 意，而且他们也正在要办刊物……我便找宋子文，他是为
> 着汪蒋合作的原故呢？还是为着鬼有所归则不为厉的宗旨
> 呢？我不知道，但他是终于答应了。他答应每月补助我们

① 周一志：《关于西山会议派的一鳞半爪》，《文史资料选辑》第 12 辑，中
华书局，1961，第 113、117 页。
② 周一志：《关于再造派》，《文史资料选辑》第 2 辑，中华书局，1960，
第 135 页。

三千五百元，二千元是办《革命评论》，而一千五百元是
办《前进》。①

由此可见，当时汪、胡等党内各政治派系都在积蓄力量。
而蒋介石在没有确定到底联合哪一方时，则在暗中分别予以资
助，以此保持今后合作的可能。

二次北伐的军事进展相当顺利。6月8日，北伐军进占北
京。7月1日，张学良通电表示：本人"爱乡爱国"，决不妨
碍统一。②此后张学良积极同国民党联络，12月东北宣布易
帜。于是国家宣告统一。

北伐胜利后，南京国民政府根据地方实力派实际控制的地
盘和军事力量，决定在广州、武汉、开封、太原分设政治分
会，以李济深、李宗仁、冯玉祥、阎锡山分任各地政治分会主
席。加上蒋介石控制的南京中央和张学良控制的东北，在表面
统一的局面下，无形中又形成了六大军事集团割据的状态。

此时的蒋介石，虽然掌握着中央政权，但对另外五大集
团，不仅在军事上毫无控制能力，即使在政治上也缺乏号召
力。他要想真正做到统一全国，就必须借助国民党的力量来逐
步收回分散的权力。可以借"党权"来削弱各地"军权"，是
他在这六大集团中的最大优势。但此时蒋还无法得到全党的认
同。他的地位和影响，根本无法同汪精卫、胡汉民相比，尚不
能以国民党正统自居压服众人。因此他必须要在汪、胡两人间
做出选择，依靠他们完成真正的统一，并巩固自己的权力。

---

① 陈公博：《苦笑录》，第180页。
② 秦孝仪主编《中华民国重要史料初编·对日抗战时期》绪编第1册，台
北：中国国民党中央党史委员会，1981，第214页。

在上述六大军事集团中，张学良的奉系刚刚败退回东北，对蒋氏而言暂时不存在威胁。冯玉祥和阎锡山两人间本有积怨，为此蒋利用他所控制的中央政权，让阎锡山据有平、津，借此挑起阎、冯矛盾。李宗仁曾有一段颇有见地的评论，他说：

> 直隶（旋改称河北省）、察哈尔两省及北京（旋改北平）、天津两市的光复，实系第二、三、四各集团军协力作战的战果。然战后中央政府对光复地区地方军政机关人事的安插……几乎全是阎系人物；冯玉祥仅分得北平特别市市长和崇文门统税局一所。此税收机构原为北京政府历任总统私人占据的肥缺，每月收入约二十万元。这数目对拥兵十余万的冯玉祥来说，简直是"杯水车薪"，无济于事。面对坐拥河北、察哈尔两省暨平、津两市的阎锡山，难免感觉不平，因而发生怨言。蒋先生这种措施，事实上也是一种权术，意在挑拨本已互相嫉忌的冯、阎二人，使其发生龃龉，以便控制。①

这样一来，可以同蒋介石相抗衡的实际就剩下了李宗仁、李济深两人控制的武汉、广州政治分会了。而自 1927 年 9 月开始，桂系势力日渐膨胀，李济深以桂人统率粤军控制两广，

---

① 《李宗仁回忆录》，第 376 页。据此时由中央派往冯部任"政治工作委员"的简又文回忆："北京克复后，他（指冯玉祥）对于中央酬功颁赏愤愤不平，以为中央把北平、天津两市和察、直两省的政权完全分给晋方，而战功最著、牺牲最大的冯军只分得北平崇文门税局一所，是不公平的，乃怀怨望。想不到这一问题就是以后冯氏与中央发生裂痕之开始。"见简又文《冯玉祥传》，台北：传记文学出版社，1982，第 318 页。

其间虽有张发奎发动的驱李之役，但很快被李的部下陈铭枢、陈济棠和桂系黄绍竑平定。而李宗仁则以特别委员会名义发动讨伐唐生智之役，并派白崇禧入湖南收编了唐生智的降军。唐部原有四个军，除何键第三十五军仍留驻湖南外，其余三个军分别以广西籍将领李品仙、廖磊、叶琪分任军长，合组为第十二路军。李宗仁稍后更亲自坐镇两湖。1928 年 6 月，奉军退出关外，张宗昌的直鲁联军仍盘踞北平以东唐山、滦州一带。7 月，白崇禧率领第十二路军进攻，9 月奏捷。于是，白崇禧的部队就驻扎于冀东到山海关一带。当时还一度盛传白崇禧欲"袭缴平津第三集团军之械"，独占北平之说，商震在给阎锡山的电文中甚至直指白崇禧"瓜分河北之心，路人皆知"。①

　　这一切在蒋介石看来，无疑是新桂系自两广（李济深、黄绍竑）、两湖（李宗仁）到华北（白崇禧）形成对南京政府的三面包围。此时新桂系控制的势力范围之广，也的确是桂系历史上前所未有的。而在宁汉合作期间逼蒋介石下野的"元凶"，实质上就是桂系的李、白诸人。因此，蒋介石最急于削弱的军事集团就是桂系。为达此目的，蒋开始逐步把合作的对象确定为胡汉民。陈公博对此曾有一段寓意深刻的分析：

　　　　蒋先生除非不打桂系则已，要打桂系，反要排除汪先生。因为桂系的大本营在两广，而两广的主力又在广东。广东的省政府主席陈真如（陈铭枢）是蒋先生拿得稳的，而总指挥的陈伯南（陈济棠）则非靠胡先生和古襄勤

---

① 阎伯川先生纪念会编《民国阎伯川先生年谱长编初稿》第 3 册，台北：台湾商务印书馆，1988，第 1072—1074 页。

（古应芬）先生，不容易拉住他替蒋先生卖力。因此倒桂
必要拉胡，而拉胡又必须要排汪。①

　　而胡汉民此时也正在积极准备回国。6月初，当胡得知二
次北伐即将胜利的消息后，就从巴黎致电国民政府主席谭延
闿，向国民党二届五中全会提出《训政大纲》案；随后又由
柏林寄回《训政大纲提案说明书》，系统阐述了他的"以党治
国"方略。其核心思想就是：国民党"为民众夺得政权，应
以政权褓姆自任"；"欲尽褓姆的职责，必求褓姆本身的健全，
故党须有完固的重心，政府须有适宜组织"。② 他主张在训政
期间，国民政府应由行政、立法、司法、监察、考试五院组
成，实行五权分立原则。

　　胡汉民的"以党治国""以党训政"理论，特别强调了国
民党在国家政治生活中的绝对领导地位，既适合国民党巩固统
治的需要，又附缘于孙中山的建国思想，因此在国民党内受到
普遍欢迎。这也正是蒋介石所需要的。蒋深知只有借助孙中山
的继承者身份和国民党这面旗帜，才是巩固自己权力的最有效
方法。因此，他密切注视着胡汉民、汪精卫等人在国外的动
向。当时，和胡汉民等人同在法国的李石曾不断向蒋介石、张
静江等人密报胡汉民、孙科、伍朝枢等人的动向，其中一则电
报称：

　　　　胡、孙、伍本以不满于南京而出国，其中胡以不满于

---

　　① 陈公博：《苦笑录》，第190页。
　　② 胡汉民：《训政大纲提案说明书》，《中央日报》1928年9月16日，第2
　　　张第3版。

蒋汪合作；伍以不满于蒋，对于宁感情尤恶；哲生则较逊，但一面不满子文，一面为胡、伍利用，故一致行动。此就其三人之情形而言也。

彼三人遍历欧美，并非消极，弟察其内容，实有两种：（一）如宁局不利，则伊等一面为外交上之预备，一面静候时机，联宁之敌以倒宁；（二）如宁局顺利，则伊等以外交工作再与宁合作。今伊等到欧，适值战事顺利进展，故取第二策。

得到李石曾的密报后，蒋介石更坚定了联合胡汉民的决心。

除上述政治原因外，汪精卫、胡汉民二人的性格也是蒋介石考虑的一个重要因素。在蒋看来，"展堂之短不过度量狭隘，言语尖刻，辞色之间往往予人以难堪。然其自励清苦，则比其他书生之可贵，尚足称也。"① 而汪精卫在政治上反复无常，不仅令胡汉民与之绝交，② 也令蒋介石感到同汪合作，今后难以把握。"蒋以汪之为人，不可捉摸，而胡汉民乃一定型人物，故宁愿联胡。"③ 因此，蒋介石最终选择了胡汉民。

---

① 毛思诚编《民国十五年前之蒋介石先生》第7编第6册，第17页。
② 据同胡汉民一起出洋考察的傅秉常回忆："旅法之日，精卫亦在巴黎，欲与展堂复好，而展堂旧嫌未释，避而不见。精卫屡央余为之设法，亮畴（王宠惠）于彼等之复交亦热心，然不敢面劝展堂，亦嘱余从中转圜。故余尝数次苦劝展堂，陈以利害，且尝数次力争，然展堂终不肯谅解精卫。许崇智亦屡求得一见展堂，未获。后于归国前夕，余嘱许购票与展堂等同舟返国，终得晤展堂于舟中。"见《傅秉常先生访问记录》，第67页。
③ 桂崇基：《中国现代史料拾遗》，台北：台湾中华书局，1989，第255页。

李济深

李宗仁

白崇禧

　　蒋桂战争前，新桂系势力空前强盛，自两广（李济深、黄绍竑）、两湖（李宗仁）到华北（白崇禧），形成对南京政府的三面包围

二　蒋胡合作的基础

蒋胡合作的基础，主要表现在二人都坚决主张统一全国，实行国民党一党专政。

1928 年 1 月，蒋介石复职北伐军总司令后，因汪精卫被党内元老指责与中共广州暴动有染，而被迫出洋，蒋立刻电邀胡汉民入南京相助。当时，胡汉民正准备出国考察，虽然他对蒋汪合作反对特委会表示不满，[①] 但对蒋还是抱有一定的期望。1 月 6 日，他致信蒋介石表示："今日最重要之任务，仍不外完成北伐与肃清共党二事。前者弟无能为役，而兄与诸武装同志已优为之。"[②] 胡汉民希望依靠蒋介石指挥下的军事力量，消灭共产党和北洋军阀，实现他"以党治国"的理想。因此，他尽管对蒋有所不满，但对蒋努力完成统一中国的行为还是予以支持。他于旅途中致函两广实力派领袖李济深、黄绍竑表示："盖革命事业，其始必以军事为政治之核心"，当军事取得胜利后，应"以互让互助精神移之于政治方面，则分工合作，斯为建设时期之必要原则"。[③] 他希望两广实力派能够支持蒋介石统一，而反对李石曾等人倡导的"联省自治"。

随着北伐的胜利，国民党成为全国性的执政党。但军事上的胜利并没有带来政治上的统一，各军事集团间的明争暗斗仍在不断加剧。因此，蒋介石心里十分清楚，只有争到国民党的

---

① 《蒋介石抵制胡汉民孙科在欧活动函电选》，《历史档案》1982 年第 2 期，第 67 页。

② 《致蒋中正先生书》（1928 年 1 月 6 日），《胡汉民先生文集》第 2 册，台北：中国国民党中央党史委员会编印，1978，第 720 页。

③ 《胡汉民致李黄函》，《民国日报》1928 年 2 月 28 日，第 1 张第 4 版。

领导权，才意味着真正取得对全国的统治权。而胡汉民所标榜的"以党治国"，正是他此时所最需要的。

1928 年 8 月 8 日，蒋介石在南京主持召开国民党二届五中全会。为了取得胡汉民的支持，全会接受了胡汉民自欧洲寄来的《训政大纲》提案。① 胡汉民也于同日启程回国。

胡汉民回国后的去向，自然引起国民党内各派政治势力的极大关注。8 月 28 日，胡汉民抵达香港，广东军政要人陈铭枢、陈济棠等百余人到港迎候，劝胡留驻广东主持广州政治分会，与南京"分治合作"。胡汉民为了实现自己"以党治国"的理想，坚持予以拒绝。他明确表示反对地方分权，力主取消各地政治分会，并公开声明："余在粤组织政府说，全非事实。政治分会为过渡办法，现已入训政时期，无存留之必要。"② 这颇像辛亥革命后孙中山自海外返国，过香港时不愿在广东主持小局面，径直北上的情景。

胡汉民的政治主张正好符合蒋介石实行中央集权的愿望。此时蒋介石羽翼未丰，还需要胡汉民这块"党"的招牌，为他实行武力统一"正名"；而胡汉民选择同蒋介石合作也并非盲目之举，他需要依仗蒋介石的军事实力，来真正实现自己倡导的"党权"高于一切的政治目的。于是双方一拍即合。其实在胡汉民的心中，早已对国内政治人物进行过反复比较，在他看来也只有蒋介石能够做到武力统一中国。他曾对友人讲道：

---

① 《第五次全体会议决议案》，《中央党务月刊》第 2 期，1928 年 9 月，第 6 页。

② 《国闻周报》第 5 卷第 34 期，1928 年 9 月 2 日，"一周间国内外大事述评"，第 1 页。

国内军人中，能对用兵、练兵及带兵三者具备者，只蒋氏一人，比较任何当时军人为优，自是不可多得的人才。只要他不过于独裁及作越轨行为，而又能为国效力，未始不可拥戴之。①

9月3日，胡汉民抵达上海，许崇智、居正、谢持等国民党元老极力反对胡去南京。他们诚恳地表示："胡先生，以你这样的历史地位，竟到南京去帮助蒋介石吗？"胡汉民回答说："中国需要统一，统一需要建设，实行建设，需要一个健全的中枢。我到南京，并不是帮助个人，我是想帮助中华民国……退一步，假如我到南京是帮助介石个人，则我希望这所谓个人，是凯末尔不是袁世凯。如果这所谓'个人'是袁世凯，我必首先反对他。"②

为了表示诚意，蒋介石也于同日亲自赶往上海迎接胡汉民，并对胡提出的各项主张表示赞同。9月20日，国民党中常会加推胡汉民为常委，负责制定训政纲领，筹划国民政府的组织结构。

蒋胡再度合作后，孙科也回国出任国民党中常委，并兼任南京政府考试院副院长、铁道部长。于是，胡、孙出国考察前命"再造派"等人在上海出版的刊物也就没有再办下去的意义了。③而陈公博等组织的国民党改组派，因蒋胡合作的关系，开始受到蒋政权的打击。汪派所办的刊物，自然也就寿终

---

① 《程天固回忆录》，第 231 页。
② 胡汉民：《革命过程中之几件史实》，《三民主义月刊》第 2 卷第 6 期，1933 年 12 月 15 日，第 103 页。
③ 周一志：《关于再造派》，《文史资料选辑》第 2 辑，第 135 页。

**1928 年 1 月，胡汉民、伍朝枢、孙科赴欧洲，
摄于"威尔逊总统"号轮船**

正寝了。但蒋介石还是通过宋子文给了陈公博两万元出洋费，为以后的合作保留些余地。①

　　10 月 3 日，国民党中常会通过《训政纲领》和《中华民国国民政府组织法》。新的国府组织法规定：国家最高权力平时在国民党中央执行委员会；国民政府由行政、立法、监察、司法、考试五院组成，并没有把权力完全集中在一个人手里。

---

　　①　陈公博对此曾回忆道："《革命评论》不能印，不能寄，不能卖，南京更来了一个利诱方法。一天宋子文先生找我谈话，说蒋先生希望我出洋。那时上海大概我已不能安居……我顺风扯帆答应宋子文，但我声明决不受蒋先生一个烂钱，如果宋先生以朋友的资格助我旅费，我还接受……宋子文送来旅费二万元，他声明是他的钱而不是蒋的钱，他怎么开账，我不得而知。"见《苦笑录》，第 185 页。

**1928 年 10 月，国民政府改组，胡汉民（右三）、
孙科（右一）重回中枢**

蒋介石此时集权的条件还不成熟，他的精力一时仍需要集中在军事方面，因此，他对这个规定也没有表示异议。不过他仍接替谭延闿出任国民政府主席，并兼陆海空军总司令，再次成为军政领袖。

10 月 8 日，国民政府改组，正式实行五院制，并通过新的国民政府主席、五院正副院长、国府委员人选，其名单如下：

国民政府主席兼陆海空军总司令：蒋介石

行政院院长：谭延闿　　　　副院长：冯玉祥

立法院院长：胡汉民　　　　副院长：林　森

司法院院长：王宠惠　　　　副院长：张　继

考试院院长：戴季陶　　　　副院长：孙　科

监察院院长：蔡元培　　　　副院长：陈果夫

国民政府委员共 17 名，除上述国府主席、五院正副院长11 人为当然委员外，还有何应钦（军事训练部总监）、李宗仁（军事参议院院长）、杨树庄（海军部部长）、阎锡山（内政部部长）、李济深（参谋部部长）、张学良（东北边防军总司令）6 人。① 以上 17 名国府委员中，除五院的 9 位正副院长外，其余 8 人均是手握重兵的军事将领。这是自广州国民政府成立以来，历届国府委员中从未有过的现象。对此，有美国学者一针见血地评论道：

　　实际上，此举仍是军阀政治的老套：中央政府依军阀的实力和地盘大小授予相应的职位，其结果是使军阀裂土为王合法化和制度化了。在中央担任要职的大军阀都委任自己的亲信为其辖区的省府主席，相当于过去的督军。再则，在广州、武汉、开封、太原等地设立国民党政治分会，分别以李济深、李宗仁、冯玉祥和阎锡山任主席，这也是在事实上承认诸军阀割地称雄的现状。总之，中国的军阀主义一仍其旧，仅仅是军阀变成了国民政府的高级官员而已。②

这同胡汉民所标榜的"以党治国"主张显然是不符的。但这一局面又充分体现了当时中国政治形势的真实状况。因此，蒋胡合作后都急于打破这一局面。最好的方法，就是利用新通

① 《东方杂志》第 25 卷第 23 号，1928 年 12 月 10 日，第 140 页；第 25 卷第 24 号，1928 年 12 月 25 日，第 119 页。

② James E. Sheridan, *Chinese Warlord, Feng Yu – hsiang*, p. 398.

过的《训政纲领》，来逐步消除地方军权，建立中央集权。

依照《训政纲领》的规定，国民党在国家政治生活中的地位和权力大为提高，它为国民党"以党治国"奠定了法律依据。[①] 为此，蒋、胡二人首先在政治上要求改变北伐后形成的新的军事割据局面，将地方政治分会的权力收归中央。二届五中全会在通过《训政纲领》的同时，决议"各地政治分会，限于本年年底，一律取消"；在政治分会未取消之前，全会对其权力也予以限制，规定各地"不得以分会名义对外发布命令，并不得以分会名义任免该特定地域内之人员"。[②] 此举就是借中央的名义，收回原本为各军事集团将领控制的各地人事任免权。与此同时，全会还通过《整理军事案》，宣称要"破除旧日一切以地方为依据，以个人为中心之制度及习惯"，强调"军政军令，必须绝对统一"。[③] 这实际上是为中央"削藩"做好政治上的准备。

1929年1月，蒋介石主持召开全国军事编遣会议，编遣计划主要针对北伐后期形成的冯玉祥第二集团军、阎锡山第三集团军、李宗仁第四集团军和李济深指挥的第八路军，而很少提到蒋氏自己掌握的第一集团军的编遣方案，自然引起众人的不满。阎锡山、冯玉祥、李济深等人先后不辞而别，"所谓编遣乃至无结果而散"。[④] 于是，蒋介石决定首先打击对他威胁最大的新桂系。

---

① 《中央政治会议暂行条例》，罗家伦主编《革命文献》第22辑，台北：中国国民党党史史料编纂委员会，第337—339页。
② 《政治分会存废案》，《中央党务月刊》第2期，1928年9月，第7页。
③ 《整理军事案》，《中央党务月刊》第2期，1928年9月，第8页。
④ 《胡汉民报告北伐及编遣经过》，《中央日报》1930年7月11日，第1张第3版。

2 月 21 日，武汉政治分会擅自下令免去湖南省政府主席鲁涤平的职务，并派军队进驻长沙。这一事件为蒋介石讨伐李宗仁提供了绝佳的借口。

为了获得胡汉民对他武力讨伐异己的支持，蒋介石在 3 月 18 日召开的国民党三全大会上，全力赞成胡汉民实行"一党专制"主张，否定了训政时期制定约法的要求。20 日，主席团又忽然变更会议程序，提出临时动议：对汪精卫等人酿成 1927 年 12 月中共广州暴动一事，请大会予以处分。蒋首先发言，促请与会代表"予以公正完满之决议"。胡汉民则发表演讲，强调此案之重要。[1] 全会最终通过《处分汪兆铭、陈公博、甘乃光、顾孟馀案》，[2] 将在国民党内地位同胡汉民不分伯仲的汪精卫排除在外，在"党权"方面巩固了胡汉民的地位。

对此，胡汉民自然全力回报蒋介石的支持。大会闭幕前决定授权国民政府武力讨伐在武汉称兵作乱的桂系。虽然党内部分元老最初并不赞成，但胡汉民强烈表示此举"势在必发"，他进一步说："这一次讨伐桂系，就党的立场说，是以革命的势力，消灭反革命的势力；就政府的立场说，是以中央讨伐逞兵作乱的叛将。"[3] 胡汉民还以大会主席的身份，提议开除李宗仁等桂系将领的党籍。[4] 这更

---

① 《中国国民党第三次全国代表大会会议速记录》(1929 年 3 月 20 日)，转引自蒋永敬编著《民国胡展堂先生汉民年谱》，第 447 页。

② 《处分汪兆铭、陈公博、甘乃光、顾孟馀案》，《中央党务月刊》第 10 期，1929 年 5 月，第 50 页。

③ 《中国国民党第三次全国代表大会会议速记录》(1929 年 3 月 20 日)，转引自蒋永敬编著《民国胡展堂先生汉民年谱》，第 449 页。

④ 《开除李宗仁、李济深、白崇禧党籍案》，《中央党务月刊》第 10 期，1929 年 5 月，第 50—51 页。

为蒋介石实行武力讨伐，打击异己势力，提供了合法的依
据。

在中央讨桂期间，胡汉民的另一大功绩就是帮助蒋介石稳
定广东的军事力量。正如陈公博所言"桂系的大本营在两广，
而两广的主力又在广东"。[1] 李济深当时拥有的武装力量主要
是陈铭枢、陈济棠两支军队。陈铭枢一向同蒋关系密切，而陈
济棠则是靠胡汉民、古应芬等人的提拔才有今日，对胡、古等
人言听计从。蒋在讨伐桂系前，先通过吴稚晖将李济深骗到南
京，扣押于汤山。当时粤省军政人员多为李之亲信，对此深表
不满，纷纷致电中央质问。而蒋则利用胡汉民、王宠惠、古应
芬等粤籍元老，暗中疏通陈济棠，"嘱其保境安民，勿预战
乱"。3 月 30 日，陈济棠、陈铭枢联名通电中央表示："吾粤
为中央统治下一省"，"粤省军队为党国所有，不以供一派一
系之指挥驱策。"凡"有谋不利于吾粤而牵入战事旋涡者，皆
粤人公敌"。[2] 二陈的转变，使桂系失去了依靠，加速了桂系
军事上的崩溃。

蒋桂战争爆发后，蒋介石又起用曾反对过他的唐生智前
往华北离间白崇禧的部队。白崇禧所率领的第十二路军，主
要是由桂系在宁汉合作后讨伐唐生智时所收编的。尽管唐氏
当时通电下野，交出兵权，但他对旧部仍有一定的影响力。
唐生智一到华北即对旧部说他"已奉蒋总司令的命令前来接
收第四集团军驻平各部队"。[3] 于是，唐氏旧部纷纷反白投
唐。同时，蒋又利用同李、白矛盾颇深的俞作柏，游说桂系

---

① 陈公博：《苦笑录》，第 190 页。
② 《粤中将士拥护中央》，《中央日报》1929 年 4 月 1 日，第 1 张第 1 版。
③ 《李品仙回忆录》，第 107 页。

在武汉的主力第七军第一师师长李明瑞（俞之表弟）倒戈。当中央军同桂系军队的战争一触即发之时，李明瑞突然于阵前宣布服从中央，回师武汉。于是桂系在两湖的部队很快就瓦解了。①

在此后的一年多间，蒋介石控制的南京中央以统一全国为名，同李宗仁、白崇禧、黄绍竑、冯玉祥、阎锡山、唐生智、张发奎、石友三等大大小小的地方实力派的不同组合或共同联合，展开了无数次的内战，打得天昏地暗。在近代中国这个大舞台上，各路"豪杰"纷纷出场，正可谓是你方唱罢，我又登场。有时甚至是你尚未下场，我已登台，令人眼花缭乱、啼笑皆非。例如，1929 年 10 月蒋桂战争后，蒋介石将矛头指向冯玉祥。担任讨冯先锋的则是宁汉分裂时反蒋最烈的唐生智。唐生智刚刚遵从蒋的旨意收回了旧部，即想迎汪反蒋，但他又不可思议地决定先讨冯再反蒋。他曾对部下李品仙说道：

> 现在本路军已奉蒋总司令之命将向洛阳冯军进攻，但是汪精卫先生也是我们所要拥戴的。目前汪、冯之间还没有合作，我的主意是先将冯军击败占领陕西后，请你在关中主持一切，我则率本路军在河南宣布独立，请汪先生回国主政。②

同样可笑的是奉蒋之命策反李明瑞的俞作柏，事后被蒋委

---

① 黄旭初：《记民十八年的武汉事变》，香港《春秋》第 183 期，1965 年 2 月 16 日，第 12—15 页；《李宗仁回忆录》，第 401 页。

② 《李品仙回忆录》，第 109 页。

以广西省政府主席。俞部自两湖返回广西后，马上树起了反蒋的旗帜。等俞作柏失败后，张发奎又在宜昌反蒋，而同他联合的则是当年的夙敌桂系黄绍竑。① 既然都是反蒋，却要先替蒋打击同样反蒋的"友军"，难怪蒋介石能各个击败。阎锡山在蒋对抗冯玉祥时接受了其委任的海陆空军副总司令之职，并将战败的冯玉祥软禁于山西。但仅仅过了不到两个月，阎又树起反蒋大旗，于是酿成了更大规模的中原大战。正如有美国学者所称："总之，中国的军阀主义一仍其旧，仅仅是军阀变成了国民政府的高级官员而已。"② 而军阀彼此之间的相处模式，亦如国际政治的"博弈论"（The rules of the game），彼此结盟与分裂的动机，大多出于势利的考量，对自己则处处以"保全实力"为第一要务。③

而此时唯有胡汉民始终无条件地站在蒋介石一边。每次战事一起，胡汉民都毫无例外地通电斥责声讨。战争过程中，蒋在前线指挥作战，胡则在南京主持党务、政务，维持后方。蒋、胡配合得相当默契，使蒋介石没有后顾之忧。桂崇基曾对胡汉民的作用有如下一段评价："那几年正是国家多事之秋，胡先生每每借这种机会对于称病抗命之徒，义正词严，予以声讨。对于一切邪说，亦引经据典，指出其谬误，其对全国人心之向背，发生极大影响。"④ 所有这一切都说明：蒋胡合作，颇见成效。蒋介石自己也承认："国府成立以来，各种设施，

① 陈公博：《苦笑录》，第 212—219 页。
② James E. Sheridan：*Chinese Warlord*，*Feng Yu - hsiang*，p. 398.
③ Lucian W. Pye，*Warlord Politics*：*Coalition in Modernization of Republican China*（New York：Praeger，1971），pp. 777 - 797.
④ 桂崇基：《立法院长时期之胡汉民先生》，台北《传记文学》第 28 卷第 6 期，1976 年 6 月，第 20 页。

百分之九十九悉依汉民之主张。"① 那时如果没有胡在南京替蒋支撑，蒋一个人是难以在军事和政治上如此得心应手的。在蒋介石武力扫除异己的这段时期，胡汉民的作用正如吴稚晖所说："在于征桂，则功超言论之外；对待阎冯，则功居后防之先。"②

但从深一层来看，蒋胡在这个时期的合作，并不真是像蒋介石口头上常说的"精诚团结"，而是各有各的想法，各有各的打算，其实质仍是彼此相互利用的合作。

三　党权和军权的较量

蒋介石和胡汉民自 1928 年以后的两年间，曾经建立过密切的合作关系。但当蒋介石击败了一个又一个对手、统治力量大大加强时，胡汉民却偏偏在这个时候公开出来同蒋介石唱对台戏。这又是什么原因？细细考察起来，他们之间的根本矛盾在于南京政府究竟应该怎样来统治中国。

胡汉民一贯以党国元老自居，倡导"以党治国"，强调"党权"高于一切；蒋介石则依靠所掌握的军权削弱异己的同时，逐步侵蚀胡汉民所标榜的"党权"，以期建立个人集权。这一矛盾随着蒋介石对全国统治走向相对稳定而愈演愈烈。

如前所述，蒋、胡在两个重要问题上是一致的，即反共与以武力统一全国，这是他们合作的基础。对于前一点，用胡汉民的话来说：

---

① 《国府纪念周蒋主席报告胡辞职经过》，《大公报》1931 年 3 月 6 日，第 1 张第 3 版。

② 桂崇基：《立法院长时期之胡汉民先生》，台北《传记文学》第 28 卷第 6 期，第 20 页。

当时的情势，是一个逼到个个同志非反共不可的情势，尤其是非跑到南京、上海去反共不可的情势。诚然，维护军阀不见得是件好事，但是与其把中国国民党断送在共产党手上，还不如先设法消除了共产党，再求补救。①

从后一点可以理解，为什么直到 1930 年中原大战结束前，胡汉民对蒋介石发动的一系列内战始终采取支持的态度。

但是，胡汉民与蒋介石的政治主张毕竟是有所不同，特别是在如何行使政权、建设民国的问题上存在着明显的分歧。胡在参加南京政权后始终抱有这样的信念："训政时期，由党握得政权，以治权交诸国府，而立法院实握有治权一大部分，因其制定各种法规也，故必遵守党之意旨与总理之遗训。"② 胡汉民一贯坚持"党权"高于一切，强调党治下的法制观念。当国民党以武力夺取政权后，他就主张："所有军政训政，皆为本党建国时期之工作，一切权力皆由党集中，由党发施，政府由党负责其褓姆之责，故由党指导，由党拥护。"③

实行五权宪法，是胡汉民党治思想的集中体现。"必先以革命的武力扫除建设之障碍，而彻底表现革命之主义，则尤在于立法。"④ 为此，胡汉民心甘情愿地出任立法院长，对立法

① 胡汉民：《党权与军权之消长及今后补救》，《三民主义月刊》第 1 卷第 6 期，1933 年 6 月 15 日，第 19—20 页。
② 《胡院长报告立法方针》，《民国日报》1928 年 12 月 10 日，第 2 张第 1 版。
③ 胡汉民：《训政大纲提案说明书》，《中央日报》1928 年 9 月 16 日，第 2 张第 3 版。
④ 胡汉民：《社会生活之进化与三民主义的立法》（1930 年 8 月 20 日），胡汉民：《革命理论与革命工作》第 4 辑，民智书局，1932，第 27 页。

表现出异常的热心。立法院成立后，立法速度之快殊足惊人，有时在一天内竟能通过法律 250 余条，通常在百条左右。有人因此怀疑立法院在闭门造车，斥之谓"法令如毛"。① 但胡汉民并不以为然，他还曾在国民党三全大会上公开宣誓："汉民追随同志，并且追随总理，始终抱持的是总理在世，汉民以总理为党，总理去世，汉民便以党为总理。"② 从这个意义上讲，胡汉民强调"党权"高于一切，既是其始终一贯的政治主张，也暗含着以此提高自身地位的目的。特别是将汪精卫排挤出国民党统治圈外，党内以他地位最高，"汉民以党为总理"，多少有些胡即是党的化身，是"党权"的唯一合法代表的言外之意。

胡汉民一心期待着帮助蒋介石消灭异己、统一中国，并最终实现他的"以党治国"理想。他相当自信地说："自古武人只能马上得天下，没有文人就不能马下治天下。"只要国家统一以后，"做到不打仗，就可以用法治的力量来约束住枪杆子"。③ 他希望用"党权"来约束"军权"，曾在立法院总理纪念周演讲中说：

> 在以党治国的意义之下，党务是一切建设的先驱，政治是实施党义的枢纽，至于军事，则仅仅是政治中的一部。所以在理论上，只有政治可以左右军事，而军事不能

---

① 蒋永敬编著《民国胡展堂先生汉民年谱》，第 465—466 页。
② 胡汉民：《第三次全国代表大会的使命》（1929 年 3 月 18 日），《革命理论与革命工作》第 2 辑，第 25 页。
③ 孟曦：《关于"非常会议"和"宁粤合作"》，《文史资料选辑》第 9 辑，中华书局，1960，第 104 页。

左右政治的。①

　　为此，胡汉民牢牢控制着立法院，甚至希望将立法院凌驾于国民政府和中央政治会议之上。他一度表示："立法院是最高立法机关。便是国民政府和政治会议的组织，也得由我们审查一下。"② 在实际工作中，立法院也确实有几次对行政院的决定提出质询，并对蒋介石交议的有关事项因不满而拖延不办。此外，胡汉民对于党务、政务也表现得相当热衷。他曾佯装谦虚地表示："兄弟的性情，不大愿意管不当管的事，因而对于当管的事，便不敢放松。凡关于党务，目前有在兄弟职分以内的，兄弟不能不负责任。所以无论大小，总勉力去做。"③

　　但胡汉民的治国主张同蒋介石的最终目标是完全不一致的。他既然为蒋推行武力统一助了一臂之力，实际上就不可能遏制蒋介石借"军权"来抗衡他所倡导的"党权"。面对强悍的"军权"，胡汉民所倡导的"党权"显然不是对手。为此，他曾无奈地表示：自入南京以来，"以军权高于一切之故，形成以军驭政"，"政治以军权为中心，训政固无从开始，建设亦莫由进行……而以个人为中心之劳力，则日见其扩张"。④胡的"以党治国"理想，常常被蒋的行动所打破。这就使他

---

① 胡汉民：《同志们自己一切的检查》（1930 年 9 月 22 日），《革命理论与革命工作》第 5 辑，第 135 页。
② 胡汉民：《法律与自由》（1928 年 12 月 10 日立法院纪念周演讲词），《胡汉民先生文集》第 4 册，第 812 页。
③ 胡汉民：《党员无自由》（1928 年 11 月 5 日中央党部总理纪念周报告词），《胡汉民先生文集》第 4 册，第 943—944 页。
④ 胡汉民：《军治与党治》，王养冲主编《三民主义与中国政治——胡汉民先生政论选辑》，中兴学会编印，1935，第 13—14 页。

们之间的矛盾不断扩大。

至于用"党权"来约束"军权",更是一句空话。对于军权,蒋介石是牢牢抓住不放的。蒋不断提高黄埔系军人的地位,以此加强对军队的控制。虽然,表面上党有权决定军事计划,但蒋介石常常以保密为借口,很少将军事计划拿到党内讨论。蒋介石的亲信陈立夫曾评论说:

> 只有最重要的军事情况,才在每周的中央政治会议上由蒋先生以主席和陆、海、空三军总司令的身份提出报告……对蒋先生所报告的军事行动,政治会议都会支持,如果有不赞同时,那么情况就很严重,因为如果反对军事行动就意味着战争……军事在党之下,这只是手续。严格地说,党要控制军事是很困难的。中央政治会议下是没有机构掌理军事事务,虽然有一个军事委员会,但力量是有限的,因为主管的人没有权力。①

对于胡汉民一向标榜的"党权",蒋介石也深知不可轻易放弃,不断予以蚕食。早在 1929 年 3 月,国民党三全大会后,蒋便逐步建立起以陈果夫、陈立夫为首的 CC 系统。陈果夫以国民党中常委身份代理蒋介石的中央组织部长一职,陈立夫则一人身兼中央党部、中央政治会议秘书长,他们凭此控制中央和地方党部,打击异己力量。陈氏兄弟还创办《政治评论》,喊出"一个主义""一个领袖"的口号,目的就是"使蒋先生

---

① 陈立夫:《成败之鉴》,台北:正中书局,1994,第162—163页。

成为党的名实相符的领导者"。① 蒋的亲信陈诚在晚年的回忆录中曾对"扩大会议"期间汪精卫所标榜的"党统"讽刺道："当时的党统，和春秋时代的周天子一样，本身虽是一个空架子，但那些强大的诸侯，要想诛除异己，一定要托他的名行事，然后才觉得应天顺人，而不是穷兵黩武。汪兆铭从宁汉分裂之时起，就拿着党统的神主，招摇撞骗，教猱升天，唯恐天下不乱。"② 此话同时亦可用在蒋介石的身上。

在行政用人方面，蒋与胡之间的矛盾也不断扩大。蒋介石为消除异己，置法制规定于不顾，以自己所控制的中央政府的名义，到处封官许愿，也引起胡的极度不满：

> 十八年三月武汉事起，介石拉拢冯焕章，说是共同合作，给冯焕章位置了几个部长委员之类，我当时即反对。后来冯焕章也反对南京了，阎百川（阎锡山）没有响应，又把阎百川委做陆、海、空军副司令；赵戴文的监察院长、赵丕廉的内政部部长，也因此有了着落。

虽然胡汉民曾当面向蒋介石详陈利害，坚决反对，但他自己也无奈地表示："终于反对不来，这是行政院的事，我也无从深问。"③ 而在职权范围内，胡汉民则坚决予以抵制。二陈把持党务，唯蒋意志行事，曾多次遭到胡的嘲弄。蒋的亲信杨

---

① 陈立夫：《成败之鉴》，第166页。
② 《陈诚先生回忆录——北伐平乱》，台北："国史馆"编印，2005，第111页。
③ 胡汉民：《革命过程中之几件史实》，《三民主义月刊》第2卷第6期，1933年12月15日，第106页。

永泰想在立法院谋个委员，胡汉民坚决拒绝，并公开表示：
"杨某昔曾反对孙总理及陷害同志，吾焉能用之？"①

当时在南京国民政府中，地位仅次于蒋、胡的是行政院
长谭延闿。谭一度出任国民政府主席，后来又将主席的职位
让给蒋介石。从表面上看，在国民党内"党权"似乎以胡汉
民为最尊，"军权"完全由蒋介石控制，"政权"则由谭延闿
负责。

谭延闿出身官宦世家，深谙中国官场的尔虞我诈。辛亥革
命时，他在湖南响应革命，被推举为都督。但在此后孙中山领
导的反对袁世凯和北洋军阀的斗争中，他并没有进入核心参与
机要，因此在国民党内始终是地位高而权力微。当蒋介石权位
尚未达到巅峰时，他对蒋的专断也一度流露出不满。随着北伐
的胜利，他渐渐认清蒋介石已成为国民党内最具实力的人物。
数十年官场经验告诉他，实力永远是第一位的，从此他便放弃
了反蒋。谭氏处世圆滑，善于察言观色而后动。北伐期间，当
蒋同武汉方面因迁都之争闹得不可开交之时，陈公博曾焦虑地
请求谭延闿设法弥补，双方有如下一段对话，颇能显示谭氏的
"经世之道"：

"谭先生，我们所虑的危机已到了！这样怎么得了
呢？"我在判断之后，忍不住叹气，以为他经验深，或者
可以给我一个内心的解救。

"你说怎么得了，又怎么才算得了呢？"谭先生虽然
有些着急，但或者这是他的一种经验。

① 蒋永敬编著《民国胡展堂先生汉民年谱》，第435页。

"不是这样说，不得了，应该想出些办法。"我真急极。

"得了也就这样了，不得了也就这样了，难道得了真就这样了吗？不得了真就不能了吗？"谭先生提出他的经世哲学，末后更叹说："公博，你到底还是年轻，中国的事往往到了不得了的时候，终归会了的，若勉强想去了，反而不能了。"①

正是基于"实力"的考虑，北伐胜利后，谭氏甘愿将国府主席一职让给蒋介石。面对新一轮的蒋胡合作，他更深知无论"军权"还是"党权"，他都无法超越蒋、胡，于是他就利用自己"辉煌"的历史周旋于"军权"与"党权"之间，从而始终保持着自己"崇高"的地位，并赢得了"善于调停党内纠纷"的美名。当蒋、胡发生冲突时，谭氏成了不可缺少的调停人。陈立夫评论胡、谭两位中常委时说道：

胡先生是位忠诚的党员……他是个很严肃的人，任何人在他看起来都应该严正。他的缺点是言语刻薄，喜欢批评和责备人，因而一些朋友都对他很疏远；同时，胡先生又喜欢自夸及居功，当他对某件事不赞同时，他会在中央党部纪念周中公开指摘，因此容易得罪人……

谭先生的个性和胡先生完全相反。他非常聪明而且雍容大度……谭先生发现一件时事有重大关系时，他总写信

① 陈公博：《苦笑录》，第107页。

给蒋先生提供一些建议，至于采纳与否，完全由蒋先生来决定，他从不居功及自夸。[1]

在国民党内有这种看法的并不只陈一人，据齐世英回忆："当他看到蒋先生和胡先生要有争执的时候，他就请蒋先生吃饭，跟胡先生吟诗，化不少的事端为乌有。"[2] 有谭延闿在，蒋、胡之间尽管矛盾重重，还有办法疏通，不至于引起公开的对抗。

1930 年 9 月 22 日，谭延闿病逝。不久，蒋介石即兼任行政院长。失去了这个在蒋、胡间起着缓冲作用的人物，陈立夫不无担忧地表示："蒋先生接掌行政院后，我开始担心一种情况会发生，因为如今没有一位能在蒋先生和胡汉民先生之间居中协调的人了。而胡先生一向是敢于批评任何一位他认为做错事的人，如今当胡先生批评指责行政院时，他一定会直接责备蒋先生了。"[3]

陈立夫的担心马上变成了现实。蒋介石依靠张学良的支持，最终赢得了中原大战的胜利。作为回报，蒋介石又将陆海空军副总司令的职位给了张学良，还准备对张学良的部属封官许愿，这又一次引起胡汉民的极度不满。胡汉民曾回忆道：

十九年冬，汉卿（张学良）到南京，大家喜欢得了不得，要简某人做国府委员，又要简某人做××部部长。

① 陈立夫：《成败之鉴》，第 142—144 页。
② 沈云龙、林泉、林忠胜：《齐世英先生访问记录》，台北：中研院近代史研究所，1990，第 126 页。
③ 陈立夫：《成败之鉴》，第 162 页。

事先介石、季陶、稚晖一流人来说："现在要与汉卿合作，非这样办不可，胡先生以为如何？"

我仍旧反对，并说："在一个政府的立场，不应该用这种拉拢凑合的卑劣手段，我们不能自己做郑庄公，把人家当共叔段。在过去把这种手段施之于冯、阎，我已经反对，现在又施之于汉卿，我也当然反对。我以为合作，并不在分配官职，国家的名器，也不应这么滥给人。而且既然是一个中央政府，在'中央'的意义下，对于国内的任何个人，都谈不到什么'合作'。"

"胡先生向来看功名权力的事，不是很平淡吗？何以对几个国府委员和部长之类，竟这么隆重起来？"介石站起身说。

"把功名权力之事看得平淡，这是我对于我自己；把国府委员和部长之类看得隆重，这是我对于国家的名器。前者是个人的立场，后者是国家的立场，这期间显然不同，我不是无政府主义的标榜者。因此看重国家，看重政府，不肯随个人好恶，把名器滥给人。尤其不能把国家名器做拉拢人的手段……"

这一场谈话，没有结果而散。过了几天，亮畴来谈天，他说："为了胡先生反对把几个委员、部长给汉卿，介石发愤要辞职了。"①

蒋介石"发愤要辞职"，无非是表明他对胡汉民的不满。

① 胡汉民：《革命过程中之几件史实》，《三民主义月刊》第 2 卷第 6 期，1933 年 12 月 15 日，第 107 页。

事实上他并没有辞职，更不会主动辞职。正如陈立夫所说：
"不可否认，行政院在蒋先生任院长时地位非常重要，新闻记者都注意到了这点。当然这一情形，主要是一个强有力的领导者，无论他走到那里，权力就会跟到那里，权力就掌握在最后的决定人手中。"[1]

胡汉民原以为蒋介石"独裁专制，专制于党，并不算错误，而且还绝对的合理，因为'以党训政'，必须使整个中国政治的领导权集中于党，才能由党去实行主义与政策"[2]。但是，蒋所实行的专制并不是胡所希望的"党治"，蒋无非是借"军治"为名，以达到控制党权和政权的目的。胡汉民眼看着自己几年来的努力渐渐付诸东流，被迫承认：

> 我在南京的时候，职司立法，原期借党治的掩护，完成法治，再由法治过渡到民治，使训政的工作，能确实建树起来。可是我的企图完全失败了。我所立的法，能实行的是那几种？我不能说，能稍稍压抑枪杆子的威权，使有枪阶级有所慑伏的，则可断言其绝无。[3]

他还用讽刺的口吻说：

> 过去所表现出来的，主义是一橛，党是一橛，军队又

---

[1]　陈立夫：《成败之鉴》，第 162 页。

[2]　胡汉民：《主义纪律与手段》，王养冲主编《论所谓法西斯蒂——胡汉民先生政论选辑》，第 70 页。

[3]　胡汉民：《辟谬——法西斯蒂与立宪政治之检讨》，《三民主义月刊》第 2 卷第 2 期，1933 年 8 月 15 日，第 5 页。

是一概。党与主义固没有联系，军队与党也没有关系。因此主义是主义，党是党，军队是军队，党固不是奉行主义的一个组织，军队尤其不是党推行主义的一种工具……

党是有了，然而党的统治权，不属于主义而属于个人。所以党的一切，并不在推行主义，只是依傍个人，为个人发展野心的工具；党的同志不是决心革命，奉行主义的同志，只是阿附军阀，为个人求出路的同志，党在根本上已经丧失其本质的意义……

北伐的结果，只是以暴易暴，完成了军阀治权之转移……

我们不能为目前的新兴军阀，曾贪天之功，打倒过北洋军阀，便容许他一切反革命的行动。[①]

谁都看得明白，胡汉民在这里口口声声所说的"个人""新兴军阀"，指的就是蒋介石。他极力鼓吹"以党治国""军队党化"，就是要限制蒋介石的权力，公开对蒋介石的集权表示不满，并且发牢骚说："其实什么机关都可以不要，只存一个海陆空军总司令部便可以了。"他竭力反对的就是"在政府、党部之外，又有一个太上政府和太上党部总持一切"。[②]

当蒋介石用武力削平国民党内各种异己军事势力后，在他看来，胡汉民已不再是需要借重的旗号，相反却成了他实行个人集权的障碍。两人的冲突已到一触即发的地步。其实，蒋介

---

① 胡汉民：《党权与军权之消长及今后之补救》，《三民主义月刊》第 1 卷第 6 期，1933 年 6 月 15 日，第 12 页。

② 胡汉民：《革命过程中之几件史实》，《三民主义月刊》第 2 卷第 6 期，1933 年 12 月 15 日，第 108 页。

石并不是绝对要反对党治，在蒋看来无论是党治，还是军治，关键的问题是这个"治"的核心是谁？以谁为主，这才是蒋、胡之争的焦点。

　　果然，他们两人间的这种权力之争，很快就因是否制定训政时期约法问题而迅速公开化了。

第三章 约法之争与胡汉民被扣

中原大战的结束，标志着蒋介石击败了国民党内几乎所有敢于公开同他对抗的军事集团，南京国民政府看起来已经实现全国统一的局面。踌躇满志的蒋介石为进一步加强自己的统治，主张召开国民会议，制订训政时期约法。这件事却引起胡汉民的强烈反对，终于导致国民党统治集团的再次分裂。此次事件的演变过程，充满着戏剧性的场面，接连出现许多人们意料之外的转折。

一 约法问题之由来

为什么制定训政时期约法会成为蒋、胡破裂的导火线？要说清楚这个问题，需要先做一点简单的回顾。

国民党统一全国后，决定实施训政源于孙中山早年提出的"约法之治"。1906 年孙中山制定《中国同盟会革命方略》时，曾经将革命进程分为军法之治、约法之治和宪法之治三个阶段。[①] 军法之治的目的是推翻皇权，宪法之治的目的是建立民权。不过这里存在着一个矛盾："革命之志在获民权，而革命之际必重兵权，二者常相抵触。"怎样才能做到"解除兵权以让民权"呢？孙中山认为，这中间需要经过一个约法之治。"军政府与人民相约，凡军政府对于人民之权利义务，人民对于军政府之权利义务，其荦荦大者悉规定之"，以此来防止军

---

① 《中国同盟会革命方略》，《孙中山全集》第 1 卷，中华书局，1981，第 297—298 页。

权的膨胀，不致抑制民权的发展。①

孙中山原本希望通过颁布约法，逐步提高国民自治的能力，最终确立民权立宪政体。但在军权向民权过渡期间，究竟依靠什么力量来实行约法之治，孙中山并没有说清楚。1914年，孙中山建立中华革命党。在党章中，又将革命进程分为军政、训政、宪政三个时期。它同《革命方略》规定的三个阶段其实是一致的，只是鉴于辛亥革命失败的教训，规定从革命军起义到宪法颁布前的那段时期，"一切军国庶政，悉归本党负完全责任。"② 这就是近代中国"以党治国"思想的由来。

此后10年间，孙中山领导的革命活动，常因受制于军阀而失败。1924年，孙中山改组国民党。他寄希望于提高党权来约束军权，最终实现民权。国民党一大通过了孙中山起草的《国民政府建国大纲》，仍将革命程序分为军政、训政、宪政三个时期，并且规定："凡一省完全底定之日，则为训政开始之时，而军政停止之日。"③ 但训政时期是否需要约法，《建国大纲》只字未提，这就为以后党内派系之争留下了口实。

1928年6月，国民党完成二次北伐，全国统一基本实现，军事行动告一段落。依照孙中山遗教，国民政府理应结束军政，进入训政。但是训政时期是否需要一部约法，在党内始终没有形成统一的解释。8月，国民党二届五中全会在

---

① 《与汪精卫的谈话》，《孙中山全集》第1卷，第289—290页。
② 《中华革命党总章》，《孙中山全集》第3卷，中华书局，1984，第97页。
③ 《国民政府建国大纲》，《孙中山全集》第9卷，中华书局，1986，第127页。

接受胡汉民《训政大纲》提案的同时又提出："训政时代，应遵总理遗教，颁布约法。"① 于是，五中全会正式通过中常会提交的"训政时期，应遵照总理遗教，颁布约法"案。② 正在这时，胡汉民自欧洲返国，9 月 18 日抵达南京。③ 10 月 3日，国民党中常会正式通过《训政纲领》和《中华民国政府组织法》。它标志着国民党实施训政的开始。二届五中全会通过的准备颁布约法的决议，因《训政纲领》的制定而暂行搁置。

1929 年 3 月，国民党第三次全国代表大会再次对胡汉民提出的《训政纲领》予以追认，并正式确定以"总理主要遗教为训政时期中华民国最高根本法"的原则，明确指出"三民主义、五权宪法、建国方略、建国大纲及地方自治开始实行法，为训政时期中华民国最高之根本法"。这也就是说，在训政时期有"总理遗教"就够了，不再需要制定什么约法。大会为了强化这一观念，更附加说明："总理遗教，不特已成为中华民国所由创造之先天的宪法，且应以此为中华民国由训政时期达于宪政时期根本法之原则。其效力实较中国以前所见之约法为更大也。"④

这个决议案既决定以总理遗教为国家根本大法，则训政时期自然就无须再讨论是否要制定约法了。

---

① 《中国国民党中央二届五中全会会议记录》，转引自胡春惠等《中华民国建国史》第 3 篇《统一与建设》第 2 册，台北："国立编译馆"，1989，第 929 页。
② 《中央党务月刊》第 2 期，1928 年 9 月，第 6 页。
③ 蒋永敬编著《民国胡展堂先生汉民年谱》，第 432 页。
④ 《中国国民党第三次全国代表大会决议案》，《中央党务月刊》第 10 期，1929 年 5 月，第 20—21 页。

二 胡适挑战"党治" 鼓吹约法

国民党三全大会正式确定以"总理主要遗教为训政时期中华民国最高根本法"的原则后,在党内当权派的眼中,约法已无必要。但三全大会关于一党专政的主张,引起了部分社会舆论的不满。其中最早公开挑战国民党一党专政体制的,就是当时担任中国公学校长的胡适。

胡适原来对国民党的北伐持肯定态度,希望国民党能够创造一个新中国。北伐时,他就曾对友人说过:他原本反对暴力革命和一党专政。但是革命既爆发,便只有助其早日完成,才能减少战争,从事建设。目前中国急需的是一个近代化的政府,国民党总比北洋军阀有现代知识,一般知识分子应该予以支持。①

1927年4月,蒋介石实行"反共清党"之时,胡适正由美国途经日本回国,当时一位哈佛大学教授向他询问国民党"清党"真相,胡适回答说:"蒋介石将军清党反共举动能得着一班元老的支持,你们外国朋友也许不认得吴敬恒、蔡元培是什么人;但我知道这几个人,很佩服他们的见识与人格。这个新政府能得到这一班元老的支持,是站得住的。"②

胡适回国后,因他的朋友和学生中有许多人在国民党内担任要职,因此在南京政府初期的两年间,他同国民党要人的往来相当频繁,并对国民党的革新寄予了颇多的希望。

---

① 胡颂平:《胡适之先生年谱长编初稿》第2册,台北:联经出版公司,1990年校订版,第664—665页。
② 吴相湘:《胡适"但开风气不为师"》,吴相湘:《民国百人传》第1册,台北:传记文学出版社,1982年再版,第153页。

　　但自国民党决定实施训政和"党治"后，胡适对国民党便渐感失望。特别引起胡适反感的是，在国民党三全大会上，上海代表陈德徵提出《严厉处置反革命分子案》。陈德徵在该案中抱怨："过去处置反革命分子之办法，辄以移解法院为唯一之归宿"，而法院又常以"证据不足"为由，不予惩处。因此陈氏建议今后"凡经省及特别市党部书面证明为反革命分子者，法院或其他法定之受理机关应以反革命罪处分之"。按照陈氏的提案，国民党省市党部有权认定谁是反革命，即使"证据不足"，只要有国民党中央党部的一纸"书面证明"，法院即可作为终审判决，认定罪名。① 这对一贯主张自由主义的胡适来讲，是绝对无法接受的。为此，胡适致函国民政府司法院长王宠惠说："先生是研究法律的专门学者，对于此种提案，不知作何感想？在世界法制史上，不知哪一世纪哪一个文明民族曾经有过这样一种办法，笔之于书，立为制度的吗？我的浅陋寡闻，今日读各报的专电，真有闻所未闻之感。中国国民党有这样党员，创此新制，大足以夸耀于全世界了。"② 胡适更讽刺地说：审判既无须经过法院，处刑又何必麻烦法院，不如拘捕、审问、定罪、处刑、执行"皆归党部"，完全"无须法律"，"无须政府"，"岂不更直截了当吗？"

　　胡适还将这封致王宠惠函送交各报，但均被国民党的新闻检查官扣留。于是胡适在自己主编的《新月》杂志上，连续发表文章，严厉批评国民党的一党专政。他在《人权与约法》

① 《陈德徵之提案：严厉处置反革命分子》，《民国日报》1929 年 3 月 25 日，第 1 张第 3 版。

② 《胡适致王宠惠》，中国社会科学院近代史研究所编《胡适来往书信选》上册，中华书局，1979，第 509 页。

一文中列举种种事实，指责国民政府保障人权命令的虚伪，他还说：

> 我们要一个约法来规定政府的权限，过此权限，便是"非法行为"。我们要一个约法来规定人民的"身体、自由及财产"的保障，有侵犯这法定的人权的，无论是一百五十二旅的连长或国民政府主席，人民都可以控告，都得受法律的制裁。

最后他向社会呼吁："快快制定约法以确定法制基础！快快制定约法以保障人权。"① 不仅如此，胡适此后更进一步将矛头指向孙中山的遗教。他在《我们什么时期才可以有宪法》一文中，首先对孙中山的《建国大纲》提出质疑。他认为：民国十三年的孙中山，已不是十三年以前的孙中山了，他在《建国大纲》中完全取消了他以前主张的"约法之治"。不但训政时期没有约法，直到宪政初期也无须有宪法。在胡适看来，孙中山之所以一再将宪政时期延期，其原因在于孙认为，中国人民知识程度不足，需要训练。胡适对此批评道："人民初参政的时期，错误总不能免的，但我们不可因人民程度不够便不许他们参政。"胡适进一步指出，人民固然需要训练，但党国诸公何尝不需要训练呢。胡适对《建国大纲》的质疑，不仅是对孙中山遗教的批评，也是对国民党三全大会刚刚通过的一党专政国策的否定。他的一系列文章自然受到南京政府的

---

① 胡适：《人权与约法》，《新月》第 2 卷第 2 期，1929 年 4 月 10 日，第 7 页。

严厉查禁，国民党中央训练部还要求对胡适予以"严惩"。[1]
但他的言论获得了许多知识分子的支持。张謇之子张孝若致函
胡适说：

> 时局搅到这地步，革命革出这样子，谁都梦想不到
> 的。而事实一方面，确是愈趋愈下。防民之口，甚于防
> 川。现在政府对老百姓，不仅仅防口，简直是封口……最
> 痛心的，从前是官国、兵国、匪国，到了现在，又加上党
> 国，不知中华几时才有民国呢？[2]

连国民党元老、一贯主张思想自由的蔡元培也盛赞胡适的
"大著"："《人权与约法》，振聩发聋，不胜佩服。"[3] 为了替
胡适开脱，蔡元培还特意致函吴稚晖表示："胡适之因发表
《知难行亦不易》《人权与约法》等文，经上海区党部提议干
涉。闻市党部已加以意见转中央，中央最好以大事化小事，小
事化无事之态度对之。否则现在各方面跃跃欲试，不免形成导
火线也。务请向中央诸公疏通为要。"[4]

但从此以后，胡适同国民党的关系越来越坏。1931 年 7
月，国民党中政会在讨论太平洋国际学会即将在杭州举行年会
问题时，余井塘就在会上指责胡适"平时常作反对本党的宣
传"，提醒中央注意该会代表人选。最后还是因为有蔡元培从

---

① 《中央周报》第 69 期，1929 年 9 月 30 日，第 1 页。
② 《张孝若致胡适》，《胡适来往书信选》上册，第 523—524 页。
③ 《蔡元培致胡适》，《胡适来往书信选》上册，第 515 页。
④ 《蔡元培致吴稚晖函》（1930 年 8 月 26 日），台北中国国民党党史馆藏
　　"吴稚晖档案"，毛笔原件，"吴"字 7913。以下均简称"党史馆"，并
　　径注档案号。

中为胡氏开脱，才未遭限制。^①尽管此后胡适的言论大都遭到国民党的查禁，但他已发表的文章，很快引起了社会各界的共鸣，形成了对训政时期是否需要约法的一场大讨论。

三 《太原约法》的真实意图

胡汉民在国民党三全大会上力主提高"党权"的最大受益者，无疑是蒋介石。蒋通过二陈控制的中央党部，借"党权"扩大"军权"，打击异己，引起地方军事实力派和暂时被排斥于统治核心圈外的党内反对派的强烈不满。三全大会尚未闭幕，以汪精卫为首的二届中央委员 13 人就联名发表《关于最近党务政治宣言》，指责这次大会"将近百分之八十之代表，为中央所圈定与指派"，借此公开否认三全大会的合法性。^②

汪精卫等人的指责并非无的放矢。据国民党中执会秘书处内部刊印的《中央党务月刊》统计，此次大会代表共 466 人，其中除 54 名上届中央委员为当然代表外，选举产生的代表仅 87 人，其余 325 人都由中央圈定（116 人）或中央指派（209 人）。^③直接选举产生的代表不到总数的 19%。河南省党部为此曾指责"中央争指派为选举"，并说"中央主张指派，违反了民主精神"。胡汉民却理直气壮地表示："中央是由健全的民主产生的集权机关，难道对于下级还未能民主的机关反而不

---

① 《中国国民党中央执行委员会政治会议第 280 次会议速记录》（1931 年 7 月 15 日），党史馆藏，毛笔原件：00.1/124。

② 查建瑜：《国民党改组派资料选编》，湖南人民出版社，1986，第 155—156 页。

③ 《中国国民党第三次全国代表大会代表及中央委员出席一览表》，《中央党务月刊》第 10 期，1929 年 5 月，第 1—31 页。

能指派代表吗?"①

　　胡汉民主张一党专政、中央集权,反对训政时期颁布约法,虽被三全大会所通过,却引起社会各界人士的反对,即使在国民党内也存在着众多的反对声音,加之蒋介石借统一"党权",排除异己,更加激化了原有的矛盾。在不满南京中央的情绪下,尽管国民党内其他各派势力之间矛盾重重,仍在反蒋这一共同目标下最终结成同盟,在军事上演变成中原大战,在党政方面出现同南京中央对立的"中国国民党中央党部扩大会议"(简称"扩大会议")和北平"国民政府"。

　　参加"扩大会议"的各派力量,既不承认三全大会,当然更不会承认三全大会的一切决议。为了打击蒋介石自我标榜的正统地位和胡汉民所捍卫的"党权","扩大会议"就需要找寻一面新的旗帜以资号召。国民党这块金字招牌是不能丢的。于是他们便抓住孙中山的遗嘱,号召尽快召开国民会议,颁布约法。

　　1930 年 7 月 24 日,汪精卫首先同他原来的政敌西山会议派达成和解,公开表示同意西山会议派谢持、邹鲁等提出的取消一党专政、国民党为政党之一、召开国民会议、制定宪法等主张。② 31 日,"扩大会议"决定先行起草约法。

　　9 月 18 日,张学良率东北军入关,支持南京政府,实际上是等于宣布"扩大会议"的失败,但在北平的约法起草委员会并未立刻解散,而随阎锡山等一同迁入太原继续工作。10 月 27 日,起草委员会在太原正式公布《中华民国约法草案》,

---

① 胡汉民:《怎样免除一切纠纷及怎样进行一切建设》(1929 年 3 月 11 日),《革命理论与革命工作》第 2 辑,第 12—13 页。
② 《汪发表对党政意见》,《新闻报》1930 年 7 月 25 日,第 4 版。

世称《太原约法》，共 8 章 211 条。在《太原约法》的起草过程中，军事反蒋实际上已宣告失败，因此起草委员深知该法根本不具备实施的可能，之所以继续完成起草工作，是希图在政治上收买人心，借此打击南京中央政权。因此《太原约法》包含了许多中国法制史上从未有过的民主思想和还政于民的内容。①

"扩大会议"虽然很快失败了，但它颁布的《太原约法》，不但推翻了南京三全大会制定的将全部总理遗教作为训政时期国家根本法的议案，而且对国民党是否有权实行"以党治国"的根基也加以否定。这在国民党内掀起一场争辩训政时期是否需要约法的轩然大波，也是对胡汉民一党专政主张的巨大挑战。

参加"扩大会议"且为《太原约法》主要起草人的邹鲁更从孙中山遗教中引经据典，驳斥胡汉民道：

> 训政时期，须有约法：（一）可于同盟会宣言中见之，其言曰："第二期为约法之治，凡军政府对于人民之权利义务，及人民对于军政府之权利义务，悉规定于约法。"（二）可于革命方略见之：其言曰："第二为过渡时期，在此时期，施行约法，战争停止之日，立即颁布约法，以规定人民之权利义务，与革命政府之治权。"（三）可于孙文学说见之，其言曰："训政时期，须颁布约法，以之规定人民之权力义务，与革命政府之统治权。"总上

---

① 《太原约法》全文及宣言见《大公报》1930 年 10 月 29 日，第 1 张第 2 版。

所言，可知"训政时期不须约法"之言为不当，而扩大会议所以根据此理由，制定本约法者也。①

这是国民党统治集团内部对立派系之间，在训政时期是否需要制定约法的一次公开争论。国民党三全大会确定孙中山遗教为训政时期根本大法。而汪、邹等人的言论，都在"遗教"的范围内。因此他们主张颁布约法，不仅使南京中央难以自解，更赢得了社会各界的赞同。当阎、冯等在中原大战失败后，天津《大公报》仍针对《太原约法》发表社评说：

> 北平所谓扩大会议，在今日国民政府统一之局面下，当然无政治地位可言，其草拟之法案，以效力论，殆与私人之意见书相等。虽然，训政时期中是否需要约法，实为国民党执政后党内外一大悬案。首都党国要人近亦有人表示及之者。社会方面，则谈之者尤多。可知此事不是党的问题，而是国的问题……国府当局近来迭表宽大之政见，对此昔为同志，今为政敌者所提之法案，今后其有恢阔容纳之机会乎。多数受治之国民，盖不胜其企盼之情矣。②

甚至连张学良因受社会舆论的影响，也于9月初向蒋介石表示愿与其联合发表宣言，"以开国民会议与定约法"二事为合作前提，以此对抗"扩大会议"。对张氏此举，蒋在日记中

---

① 《邹鲁全集》，台北：三民书局，1976，第363页。
② 《汪精卫等约法草案》（社评），《大公报》1930年11月1日，第1张第2版。

斥之为"是其不知党与革命为何事，诚可叹也"。①

正当训政时期约法问题闹得沸沸扬扬，成为社会各方面共同注目的热点时，原本对约法不以为然的蒋介石却于中原大战胜利之初，突然翻过脸来，转手接过反对派主张的"召开国民会议，制定训政时期约法"这面旗帜。这样一来就把胡汉民置于十分尴尬的境地。这究竟是什么原因呢？

四　国民党四中全会上的交锋

翻手为云，覆手为雨，这在蒋介石本是常有的事情。中原大战胜利后，"军权"牢牢在握的蒋介石，这时不再需要借胡汉民所标榜的、高高在上的"党权"来制约异己，便开始对妨碍他集权的胡汉民发起挑战。特别是在对付"扩大会议"的过程中，蒋介石发现用倡导"民权"、颁布约法来对抗胡汉民所标榜的"党权"，是再好不过的借口。而且，"扩大会议"在颁布约法时早已从孙中山遗教中找到了足够的理论依据，使他可以不致背上背叛"党国"的罪名。这可以说是一举两得。

1930 年 10 月 3 日，蒋介石刚刚在前方击败阎锡山、冯玉祥的军队后，便踌躇满志地从开封致电国民党中常会表示："此战之后，决不至再有军阀复敢破坏统一，与叛乱党国。故本党于此乃可征询全国国民之公意，以备以国家政权奉还于全国国民。"他要求提前召集第四次全国代表大会，"确定召集国民会议之议案，颁布宪法之时期，及制定在宪法颁布以前训

---

① 蒋介石日记，1930 年 9 月 2 日；另见《蒋中正总统档案·事略稿本》（以下简称《事略稿本》）第 8 册，台北："国史馆"，2003，第 517 页。

政时期适用之约法"。① 该电报韵目为"江",故又被称之为"江电"。"江电"公开发表后,一时赢得部分社会舆论的赞许,被视为"制度上之重要改革","开政治解决之端"。②

蒋氏此举还有一个奢望,就是想借民意,将他推上中华民国总统的宝座。按国民政府组织法规定,国民政府主席和五院院长原本是由国民党中常会选出。如若按照孙中山所定《国民政府建国大纲》第23条规定,"宪法未颁布以前,各院长皆归总统任免而督率之。"③ 如此一来,另行编订约法后,五院院长则将由总统"任免而督率之"。据孙科回忆:当时"咸传蒋氏欲得一方法为自行制造约法之类,用以为其独裁保障;又有人则谓彼欲自选为大总统者。盖彼之官衔为国民政府之主席,似觉未甚满意,而欲以总统自居。悬此目的,彼乃欲产生一所谓临时约法"。④

蒋氏此举自然遭到立法院长胡汉民的坚决反对。胡绝不能忍受在五院之上再有一个握有绝对权力的大总统。当他接到蒋的电报后,便立刻面嘱中央通讯社不要把蒋电公开发表,并且指示:要等到中常会讨论决定后,才可公开。⑤ 对此,蒋介石只能无奈地慨叹:"江电上中央与国府者,为胡、吴诸先生不赞成,故搁置不发表,以为如此,无异自认政治主张之失败

---

① 《中央党务月刊》第27期,1930年10月,第38页;《民国日报》1930年10月7日,第1张第3版。

② 《蒋请开国民会议之江电》(社评),胡适存剪报,《胡适的日记》第10册,台北:远流出版公司,1990年手稿影印本,1931年10月7日。

③ 《国民政府建国大纲》,《孙中山全集》第9卷,第127页。

④ 孙科:《倒蒋的理由与趋势》,《中央导报》第3期,1931年7月15日,第56页;李宗仁也曾回忆说:"当时盛传,蒋先生将利用约法,出任总统。"见《李宗仁回忆录》,第417页。

⑤ 程思远:《政坛回忆》,广西人民出版社,1983,第43页。

军事上的胜利使蒋介石信心满满，以为可以为所欲为，却
令他和胡汉民之间的矛盾迅速激化。图为中原大战胜利后，
蒋在南京凯旋会上接受各界赠旗"党国干城"

也。书生意气用事，固执己见，必使他人绝望无路，不顾国
家，因此更乱也。"① 10 月 9 日，当中常会提出讨论蒋氏"江
电"中要求召开国民会议确定约法提案时，胡汉民立即发言
表示："蒋先生提议召集国民会议的意思很好。不过此事关系
重大，非慎重不可。我们为慎重起见，似应先开第四次全体会
议，让第四次会议去决定此重大问题。"②

召集国民会议，是孙中山遗嘱中的明确主张，并且要求
"尤须于最短期间促其实现"。对此胡汉民并不反对。但对蒋
介石要求颁布约法一事，胡汉民在一次立法院纪念周的演讲中
公开斥为"更是胡闹，因为总理临终的遗嘱，明白要我们大
家'务须依照予所著建国方略、建国大纲、三民主义及第一

---

① 蒋介石日记，1930 年 10 月 6 日。
② 《中国国民党中央执行委员会第 112 次常务会议速记录》，党史馆藏，铅
笔原件：3. 3/15。

次全国代表大会宣言'。我们在第三次全国代表大会中且已议决将总理所著的这种主要遗教定为效力等于约法的根本大法，如果于此之外再要有所谓约法，那岂不是要把总理的遗教，一齐搁开，另寻一个所谓约法出来吗？"①

对于胡汉民的这些言论，蒋介石是不以为然的。为了最终达成目的，蒋介石尚能暂时容忍胡汉民的反对言行，并在日记中提醒自己："此时应牺牲一切成见，赴其全力以达成统一之一点，其他只要不越出本党主义之外，与不称兵破坏统一，则一切要求皆可允纳也。"②

11 月 12 日，国民党三届四中全会在南京召开。会前两天，蒋介石曾担心自己的计划"恐被人疑有偏私"，但最后仍决心"我尽我心，是非则听之于后世而已，时人之议论亦何必顾哉"。③ 于是，蒋将召集国民会议、制定训政时期约法为内容的"江电"作为主席团提案，提交大会审议。"但大会对国民会议问题空气不佳"，"制定约法亦有少数人反对"。④ 胡汉民在第一次会议上就提议"所有议案应先付审查再行提会公决"。⑤ 其实在大会召开前的提案审查会议上，胡汉民就力持异议，只同意召开国民会议，反对制定约法。因此当该案在

① 胡汉民：《国家统一与国民会议之召集》，《国民会议丛刊》之一，中国国民党浙江省执行委员会宣传部编印，1931，第 64 页。
② 蒋介石日记，1930 年 10 月 11 日。
③ 蒋介石日记类抄，《省克记》卷 4，1930 年 11 月 10 日，台北"国史馆"藏"蒋中正总统档案"之"文物图书"，毛笔原件。以下简称"蒋档"，"蒋介石日记类抄"亦略。
④ 《大公报》1930 年 11 月 14 日，第 1 张第 2 版。
⑤ 《中国国民党第三届中央执行委员会第四次全体会议第一日速记录》，党史馆藏，毛笔原件：3.2/36。

审查委员会送回大会之前，已做了颇多修正。① 当蒋介石拿到戴季陶主持的修正案后，无奈地感慨道：

> 其所改者，全无关系，等于不改。而于余提案，则搪塞敷衍，皆出于展堂之责。呜呼！展堂书生之见，终不能改。其于国家政治，只求苟安，消极防人，以期不反，而又不能自立奋起。可悯！可叹！②

此后，全会对"约法案审查时辩论甚烈。反对者谓约法虽政府根本大法，但现在政府已组成，人民权利义务，总理遗教上已明白记载，勿庸约法；赞成者谓政府与人民间之权力义务必须明文规定。结果决留付国民会议讨论。"③ 这一争论很快即传到社会上，引起了更大的关注。为此，于右任专门向记者解释道：

> 国民会议原非本党建设程序中所有，系中山北上后为政治关系有此主张。其后列入遗嘱，势非实现不足以重遗训。从前时机未到，延未办理。今大局已定，故由大会主席团提案通过。至约法乃党对国民之公约性质，本可由党径行宣布。今将由党起草，交国民会议议决。此事因蒋有江电，已向中央建议，故无人提案，但日内仍当提议。④

---

① 蒋永敬编著《民国胡展堂先生汉民年谱》，第 493 页。
② 《困勉记》卷 16，1930 年 11 月 12 日，"蒋档"。
③ 《约法案激辩留交国民会议》，《大公报》1930 年 11 月 17 日，第 1 张第 3 版。
④ 《于右任对国民会议与约法之谈话》，《大公报》1930 年 11 月 17 日，第 1 张第 3 版。

11 月 15 日，蒋介石的盟弟、政学系骨干、刚刚进京出席会议的张群再次向全会提议从速召开国民会议制定约法。张群的提案长达万言，详细陈述了制定约法的五大理由，其要旨为：

（一）速开国民会议及制定约法，均属总理遗教，徒为倡乱者所阻挠，转以归罪中央。今吾人既于排除障碍之后，立召国民会议与制定约法，与倡乱者所假借之政治主张，截为两事。纵接纳反对者之意见，于政府之威信与尊严，并无所损。

（二）党为救国治国之工具，今日通称党国，乃指党治的国家而言，固非党高于国，或党即国之解释；党与国的机关不能混合。

（三）国民会议与建国大纲上之国民大会根本不同，国民会议的目的，在将本党建国的主义政纲，提出公认，期得国民彻底的明了与赞助，实为增进党与国民团结的方法。

（四）总理毕生一贯之主张，三十年有如一日，故不能仅限于遗嘱及建国大纲。

（五）各种遗著，所涉方面至广，其中阐明立法原理及立法政策者固多，不含法律性质者亦复不少。确定根本法之目的，非备妆饰，原期实行，一条一项，一字一句之中，必须确切简明，始易于共习共守。尤须严格固定，以保法的权威。

该提案最后明确表示："为实现总理遗教应付今日时局

计、为收揽全国人心巩固革命基础计，似非采纳江电之提议。"该案联署人有吴铁城、张继、陈布雷、王伯群、丁惟汾、于右任、朱培德等。① 张群的提案是否出自蒋介石的授意不得而知，但提案的核心内容就是针对胡汉民标榜的"党权"提出挑战。接到张群提案后，大会主席于右任当即宣布将该案交付全会讨论。胡汉民立即表示反对，他说："张委员所提之案用意很好，但关于案中解释各点，不免有些不对的地方……照本席意思看来，本案照审查报告通过，该提案可不必发表。"②

胡汉民的发言，立即遭到吴稚晖和李石曾的反对，双方发生了激烈的争执。吴稚晖反复强调张案很有参考价值，特别是"第五点"，虽然三全大会已有决议，但并没有什么抵触，极具参考价值。吴稚晖在发言中进一步说：

> 现在要请各委员宽容本席讲几句话，本席觉得总理主张开国民会议，最大的意义就是要把他的主义、方策介绍给全国国民，拿来作为治国的唯一方法。所以总理生时，是以国民会议来介绍他的主义政纲，以供国民采择。后来竟不能如愿，乃在临终的时候，又叮嘱党内同志遵守。至于约法究竟要不要，就应在国民会议中去表决。如果表决了应该有约法，就把总理的根本大法约一约，我们四中全会自然不能规定。

---

① 张群：《应否采纳蒋同志江电之提议及采纳后应有之进行办法案》，党史馆藏，油印件：3.2/20.43。

② 《中国国民党第三届中央执行委员会第四次全体会议第三日速记录》，党史馆藏，铅笔原件：3.2/36。

李石曾在会议上也表示：

> 在党内各种问题已经有了决议，固然只能服从。而在没有决议以前，就不能禁止人家自由讨论。如果说甲的意见同乙的意见不合，就可把甲的意见撤销，岂不是剥夺人的言论自由权吗？故本席以为张委员的提议案可供参考的地方很多，只要不在外界发表就可以了。

但胡汉民仍坚持己见，他说：

> 平时有意见，固然可以随便发言，如党内已决议，就应绝对遵守，所以做文字的时候，应该非常留意，不能抄了人家许多话，食而不化……张委员的意思很好，如果作为报告和提案均无不可。但不能抄了《大公报》的批评，就来拼凑成文。所谓自由言论，也一定有一个范围，如果党内已有决议，当然要遵守的。①

在胡汉民的坚持下，四中全会最后仅决议"于民国二十年五月五日召集国民会议"，并没有将制定约法列入其中。②胡汉民在这一回合的较量中，暂时取得了胜利，但他也明显感到在党内缺少同盟者，事实上已无力阻止蒋走向独裁。胡汉民在四中全会的开幕词中，曾不点名地指责蒋介石企图垄断政

---

① 《中国国民党第三届中央执行委员会第四次全体会议第三日速记录》，党史馆藏，铅笔原件：3.2/36。
② 《主席团提召开国民会议原案》，《中国国民党第三届中央执行委员会第四次全体会议记录》，中执会秘书处编印，1930，第24页。

权。他说:

> 每个同志应该尽其所能,把所有的聪明才力贡献给党,这原是总理的遗训。但断断不可以某人为万能,希望一切事情都由他一人去担负。以为如此,便是把所有的聪明才力都贡献给党了。可是目前却深犯这个毛病,因此兼职之风一时大盛……目前的现象,如果不图挽救,则长此以往,已足亡党亡国而有余,更不必再言训政了。①

胡汉民所说的"某人"指谁,大家都十分明白。他把事情"如果不图挽救"提到要"亡党亡国"的高度,说明矛盾已达到无法调和的地步。但胡汉民这样大声疾呼,并没有达到预期目的。蒋介石则因胡的"政治掣肘",在日记中愤慨道:"余之天性强果不屈,而乃必欲强余委曲牵就,任彼一人把持,展堂之强人所难,终有使余宁愿独善其身,置天下人类于不顾之一日也。"② 为此,蒋介石在四中全会上主持通过了新的《国民政府组织法》,进一步提高了国民政府主席和行政院院长的职权。蒋更是当仁不让地以国民政府主席亲兼行政院院长。③

胡汉民对此仍不甘心,在大会闭幕当天临时提议:"常务委员任务繁重,以后各部部长可不必由常务委员兼任。"④ 他

---

① 胡汉民:《第三届中央执行委员会第四次全体会议开会词》,《中国国民党第三届中央执行委员会第四次全体会议记录》,第543—547页。
② 《困勉记》卷16,1930年11月21日,"蒋档"。
③ 秦孝仪总编纂《总统蒋公大事长编初稿》卷2,第77页。
④ 《胡委员汉民临时提议常务委员任务繁重以后各部部长不必由常务委员兼任案》,党史馆藏,油印件:3.2/18.26。

希望通过这个办法限制蒋在党内的权力，并得到全会原则通过。可是，蒋介石最后仍以国民党中央常务委员的名义继续兼任中央组织部长。① 这样一来，蒋不仅在"政权"和"军权"上无人抗衡，还不断挑战胡所标榜和依赖的"党权"。

五　汤山事件

这一切，使胡汉民越来越无法忍受。从此他更加公开地同蒋介石唱对台戏，坚持反对制定约法。

1931 年 1 月 5 日，蒋介石在国民政府纪念周上做报告，再次提出要在本年内召集国民会议，制定一部约法。社会舆论一时也多持赞同态度。《大公报》在四中全会期间就曾发表《中全会何以慰吾民》的社评，呼吁国民党"应即励行蒋主席江电所陈，迅速筹备国民会议，以决定颁布宪法日期，并先制定约法以保障人民公私权利"。②

胡汉民却在同一天立法院纪念周上抬出孙中山的遗教唱起反调："近来有很多人故意把国民会议与国民大会混为一谈，想借以遂其捣乱的诡谋，破坏本党党治的基础。"根据国民党的"法理"，国民会议无权制定约法。在胡看来，国民大会才是"人民行使政权的最高权力机关"，他坚持主张："关于国民会议的一切，无论是会议前的召集，会议中的讨论，必须完全遵依总理的遗教。"③ 此前，胡汉民还坚决表示："你们不照

---

① 《中央党务月刊》第 40 期，1931 年 11 月，第 2499 页。

② 《中全会何以慰吾民》（社评），《大公报》1930 年 11 月 12 日，第 1 张第 2 版。

③ 胡汉民：《遵依总理遗教开国民会议》，《民国日报》1931 年 1 月 12、13 日，第 2 张第 2 版。

主义去做，就是反革命；凡反革命的，便是应该打倒的军阀。"①

**1931 年元旦阅兵典礼上，国府要人与外宾合影，
一个多月后，发生汤山事件。一排右起何应钦、
胡汉民、蒋介石、宋美龄**

其实，胡汉民反对的并不是约法本身，而是蒋介石借制定约法之名在五院之上增设一个大权独揽的总统，他始终强调在训政时期要"以党治国"，反对蒋借制定约法削弱党的权威。他说：

现在各项法律案还未完备。已有的，又因为军权高于一切，无从发挥其效用。徒然定出大法来，有而不行，或

---

① 《总理伦敦蒙难纪念大会纪事》（1930 年 10 月 11 日），《中央党务月刊》第 27 期，1930 年 10 月，第 38 页。

政与法违，不但益发减低了人民对党的信用，法的本身也连带丧失了价值。所以我不主张马上有约法或宪法，不但是为党计，为法的本身计，甚至也为了目无法纪者的军阀自身计。①

在蒋胡合作之初，蒋介石尚需要借助胡汉民在国民党内的领袖地位，增强他排除异己力量时的政治筹码，以此显示南京中央的合法性。为此，他可以对胡表示十分尊重。不料胡这次在约法问题上对蒋寸步不让，而且据 CC 派往各地党部特务的调查，支持胡的人还相当多。1931 初国民党各省区改选，"结果，胡汉民系占优势"。② 陈立夫就曾回忆道："胡先生的势力很大，只要党能控制局面，他是党的领袖，就能保有很大的势力。"③ 在这种情况下，胡汉民已成为蒋介石实行集权统治的阻力。蒋的忍耐是有限度的，特别是自 2 月以来，蒋对胡的所作所为，已到了无法忍受的地步，蒋氏在 2 月 10—16 日这一周的日记中，几乎天天留下对胡汉民愤怒的"控诉"：

（2 月 10 日）胡专欲人为其傀儡，而自出主张，私心自用，颠倒是非，欺妄民众，图谋不规，危害党国，投机取巧，妄知廉耻，诚小人之尤也。惟余心暴躁发愤，几忘

① 胡汉民：《革命过程中之几件史实》，《三民主义月刊》第 2 卷第 6 期，1933 年 12 月 15 日，第 115 页。
② 许锡清：《福建人民政府》，《广东文史资料选辑》第 1 辑，政协广东文史资料委员会编印，1961，第 102 页。
③ 陈立夫：《成败之鉴》，第 168 页。

在身矣，戒之。①

（2月13日）彼借委员制之名而把持一切，逼人强从，此对中央全会与国民会议诸决议案之能显而可见者，至其挑拨内部，诋毁政治，曲解遗教，欺惑民众，一面阻碍政治之进行，凡有重要之案，皆搁置不理，使之不能推行；一面则诽谤政府之无能，政治之迟滞，不知其恶劣卑陋至此，是诚小人之尤者。贪天之功，侵人之权，总理对胡汪之所以痛恨者，此也。阻碍革命，谋危倾党国，其罪不可恕也。②

（2月14日）自彼加入政府之后，政府即行不安，党部因之内讧。二年来，内战不息者，其原因固不一端，而推究总因，实在其政客私心自用，排除异己之所致。吾人不察，竟上其当，且受不白之冤，年来牺牲部下与人民损失如此之多，痛定思痛，莫能自己，而彼不自悟，仍用旧日手段，挑拨我内部，卖好我属部，使我成为怨薮，必欲推倒政府，而其身取以代之为快。如其果有此能力，则我求退不得，而此实万难之事也，奈何？③

---

① 蒋介石日记，1931 年 2 月 10 日；《事略稿本》同日摘录了这段日记，但对文字做了一定的修饰，内容大体一致。见《事略稿本》第 10 册，台北："国史馆"，2004，第 55 页。

② 蒋介石日记，1931 年 2 月 13 日；蒋介石日记类抄《困勉记》卷 17 将此段文字修饰为："展堂借委员制之名，把持一切，逼人强从。此次中央全会与中常会、中政会之国民会议诸决议案，乃其显而易见者也。至于其他重要之案阻碍之，使不得施行，多不可算。一面则诽谤政府之无能，挑拨内部，曲解遗教，欺惑民众，以售其私。呜呼！此总理对胡、汪之所以痛恨者也！贪天之功，侵人之权，阻碍革命，谋倾党国，其罪诚不可恕矣。"（"蒋档"）

③ 蒋介石日记，1931 年 2 月 14 日；另见《事略稿本》第 10 册，第 112 页。

（2 月 15 日）（胡）破坏党国，阻碍革命，阴险小人，终不自觉，为之奈何？继以"司大令"（即斯大林）自居，而视人为"托尔斯基"（即托洛茨基），故对中外人士皆称余为军人，而不知政治，并诋毁政治之无能，而其一面妨碍政治，使各种要案不能通过执行，其用心之险，殊堪寒心。余以国民会议之议案，必须自由提案，自由决议，不加限制，并议定训政时期之约法也。各省党部选举绝对自由，不宜再圈定，而一切议案亦绝对公开，此方足以平乱。不贯彻江电之主张，决不能杜绝乱源也。①

（2 月 16 日）彼阻碍四中全会之提案，明既签字，暗又反对，今又把持国民会议，人为其名，彼受其实，此诚小人之尤者也。②

从以上引述的这几段日记中，不难读出蒋氏内心对胡的强烈愤慨。此时，蒋已经下了"能恶人"的决心，并以此"自勉"。

2 月 24 日，蒋介石约集戴季陶、吴稚晖、张群同胡汉民再次商讨约法问题，希望做最后的妥协和努力，但胡在谈话中仍坚持反对制定约法，他说："我并不是不主张约法和宪法，我自信是真的为约法、宪法而奋斗者。实在说一句，当开始反对满清，提倡民权主义的时候，我还不知道你们何在？而且也

---

① 蒋介石日记，1931 年 2 月 15 日；另见《事略稿本》第 10 册，第 132—133 页。《事略稿本》中加入一段日记原稿没有的话："余誓必贯彻主张，以救国家。彼辈虽百端挠之，吾亦不暇顾也。呜呼！孔子曰：云惟仁者能好人，能恶人。吾自勉为仁者而已。"

② 蒋介石日记，1931 年 2 月 16 日；另见《事略稿本》第 10 册，第 134 页。

无处认识你们。"① 当晚，蒋介石开始考虑使用非常手段解决胡汉民，他自叹道："孔子之于少正卯，孔明之于马谡，其皆迫于责任乎？然吾则制止其作恶之机，而保全其身可也。"②

但胡汉民根本没有意识到危险已经迫近。25 日他公开对《中央日报》记者发表谈话，更是倚老卖老地声称："我追随总理数十年，总理之重要著作，我亦曾参加若干意见，从未闻总理提及'国民会议应讨论约法'一语。"③ 仍坚持反对制定约法，力图保持"党权"高于国府主席这一政体形式。在胡氏谈话见报当天，蒋介石在日记中愤恨地写道：

> 为胡事，又发愤怒。回汤山休息。彼坚不欲有约法，思以立法院任意毁法、变法，以便其私图，而置党国安危于不顾，又言国民会议是为求中国之统一与建设，而不言约法。试问无约法，何能求统一，何能言建设。总理革命不欲民国之元年参议院之约法，而主张重订训政时期之约法，重订革命之约法，而非不欲约法也……彼既以随侍总理数十年自命，此固世人所皆知为我总理之左右手也。但民国元年本党所既得之革命政权，而彼等人必欲强总理让于袁贼，终总理之世，使本党革命卒无一成者，无非为若辈所把持劫夺，使总理孤立无援，有志之士皆欲随总理革命，而不可得。其阻碍革命，破坏革命之罪恶，不自知悔

---

① 胡汉民：《革命过程中之几件史实》，《三民主义月刊》第 2 卷第 6 期，1933 年 12 月 15 日，第 114—115 页。

② 《事略稿本》第 10 册，1931 年 2 月 24 日，第 167 页。

③ 胡汉民：《谈国民会议意义》，《中央日报》1931 年 2 月 25 日，第 1 张第 3 版。

悟。以总理伟大勇决之精神，卒为彼等褊狭刻薄者所断送。迨我北伐成功，革命稍有希望，而彼以深悔前非，辅助革命，以求归本党。不料其一入本党，前病复发，野心渐萌，两年以来，欲反原定之和平政策，挑拨播弄。全国将士与国民之牺牲之苦痛，滴滴血泪之痛史，皆不值其一顾，呜呼！摧残革命之罪莫过于是矣，可不痛哉。①

2月26日，蒋介石送请柬邀胡汉民和全体中央委员于28日到总司令官邸晚餐。当日晚"八时顷，同人毕集，展堂至，介石独令高秘书长凌百、吴警厅长思豫招待之于别室。旋介石出一致展堂函示诸同人，中历陈展堂操纵党权，把持立法院、抗言国民会议不应讨论约法等罪过，累累十九页，由介亲签名，且有亲添注之处。"② 蒋在信中将两年来对胡汉民的所有不满，不论是否有事实依据，全部痛快淋漓地倾泻出来：

展堂先生尊鉴：

自民国十七年冬，先生于北伐完成之后翩然返国，迄今两年余矣。中正以先生虽未参加北伐，究为追随总理最久、在党历史最深之人，其所以尊敬先生爱护先生者，仍无微不至，以不忍先生弃绝革命，更不忍本党旧日同志稍有损失，以减少本党革命历史之价值也。中正自审对于先生之爱护尊敬始终如一……先生对于中央诸同志及中正本人，从未有所纠正，而惟阴为掣肘，或漫肆讥评，甚至设

---

① 蒋介石日记，1931年2月25日；另见《事略稿本》第10册，第169—171页。
② 《邵元冲日记》，1931年2月28日，第170页。

为政不成政、教不成教之蜚语，若必欲使中央信用丧失、革命无由完成而后快者。时至今日，匪共未清，人心浮动，内忧外患相逼而来，先生只存私见，不顾大局，中正终觉为党为国，不安于心，故不能不为先生质直言之。

……今约法固为先生始终所不愿闻，即第四次全国代表大会提前召集又为先生所反对……先生必预欲剥夺国民会议提及约法之权，是直欲限制国民会议，压迫国民会议，使国民会议之真意全失，仅预为捣乱者再留一为约法而战之题目而已。

先生如因躬为立法院院长，必欲包揽立法大权于一身，不许国民会议之置喙，其害犹浅，倘惟恐天下无事，不欲和平统一之确有保障，则害之中于党国者将不可思议矣。为党为国以求革命完成之政治家，固如是乎？先生尝对中正等自诩政治手腕惟史太林差可比拟，其不欲第四次代表大会早为召集，是否以强迫中正辞退组织部未遂乃致。先生个人之布置尚未周妥，所以模仿史太林者，尚须逐渐准备。中正不欲轻相揣测，但本党果能有史太林，则中正自愿为托罗斯基。惜先生无为史太林之可能，总理生平信任先生之专，甚于列宁之信任史太林，而总理不能如列宁之亲见革命之成功，先生实应负其责。

……先生之主持立法，全以个人利害为重，故于党国大法，不愿他人之提及，而惟欲总揽立法大权于一己，通过否决，惟所欲为，将使法律成为个人之法律，不复为党国之法律……先生扪心自问，将何以对死者，又何以对后世？

先生即不为党国前途计，岂能不为本身历史计，而乃自昧若此？同时且尝欲引用许汝为（许崇智）以反对中正，且于谋害中正，如陈某、温某，其罪犯有案可据者，先生亦以接济老同志之名义接济之，岂先生欲学曹孟德所为，宁使我负天下人，毋使天下人负我乎？此固司马昭之心，路人皆知矣⋯⋯

先生如因中正此次之忠告而能深悔前非自新，则先生仍不失为本党元老，以恢复革命之历史。中正当于匪共肃清军事大定以后，请先生重出执政。届时中正亦可引咎辞职，以让贤路而谢天下。倘先生以为现时无需于中正，而先生已至执政之时期，则只须中央赞同先生提议，允许中正礼让，中正固无时不以辞职为快，且惟恐求之不得也。①

对于蒋介石所罗列的这一系列罪状，胡汉民当面一一予以驳斥。蒋介石则说话不多，有时还被胡驳得"哑口无言"。这场交锋持续了近两个小时，胡汉民深知此时任何抗辩都无济于事，便赌气地说："去年组庵在世时，我已说过'不干'了。从今天起我什么都可以不问。"蒋介石盼的就是这句话，他立即接口道："胡先生能辞职，很好。但不能不问事。我除总理以外，最尊敬的便是胡先生。今后遇事，还要向胡先生请教。"就是到了这种败局已定的时候，胡汉民仍不肯服输地向蒋表示："你不对，只有我教训你。除我以外，怕没有人再教

---

① 全文见中国第二历史档案馆编《中华民国档案资料汇编》第5辑第1编政治第2册，江苏古籍出版社，1994，第720—725页；秦孝仪总编纂的《总统蒋公大事长编初稿》仅摘录数语；《事略稿本》（第10册，第175—189页）1931年2月28日收录了该函全文。

训你了。你不当以为我不敢教训你，如果我畏死，也不至今日才畏死，早就不出来革命了。我现在已经五十多岁，妻子老了，女儿也大了，也已出嫁，我更脱然无累。"其实，胡汉民心里十分明白，蒋介石所以要在此时彻底摊牌，问题的焦点就是约法之争。他最后向蒋表示：

> 不过我要忠告你：为你个人计，约法并不能再增高你的声价，反只能减低你的信用。做总司令，做主席，做行政院长，而国事至此！进一步说：你操纵一个国民会议，通过约法，再选举你做总统，你能做得好，我也许可以相当赞成，但你万不能怀疑我会和你争总统，因此而以去我为快。①

事态发展到这一地步，已无法转圜。当晚，失去自由的胡汉民向受蒋之命前来征询意见的邵元冲表示："中所列举乃悉无故实。余二载来以维持中枢，始终黾勉支持，若同人中犹有不满因而毁谤者，余亦惟有自行引退。然是非不可诬也。"②

这一夜，胡汉民被扣押在总司令部。蒋介石仅在日记中平淡地记下一句："本晚宴客，留胡汉民在家，勿使其外出捣乱也。"③ 第二天胡汉民写了两封信，一封是声明辞职的，称："因身体衰弱，所有党部、政府职务，概行辞去。"另一封是写给蒋介石的，称：

---

① 胡汉民：《革命过程中之几件史实》，《三民主义月刊》第 2 卷第 6 期，1933 年 12 月 15 日，第 117—120 页。
② 《邵元冲日记》，1931 年 2 月 28 日，第 710 页。
③ 蒋介石日记，1931 年 2 月 28 日。

我平生昭然揭日月而行，你必有明白的时候……去年我亦早已提出辞职之议，且自去年与组庵、湘勤（古应芬）等唱和以还，竟自审我非政治中人，而发现自己有做诗的天才，实可为一诗家。当十五年自苏俄返国，避居上海，从事译述著作生活者年余，以维生计，以遣长日，竟颇有成就。今后必将以数年之时间，度我诗人之生活也。

这封信倒是颇符合胡汉民的书生性格，就是不肯服输。他不愿人们将他视为失败者，因此致信蒋以示是他主动辞职，而不是被赶下台的。胡在信尾还附上一句："留居此间，室小人杂，诸多不便，能往汤山亦好。"① 没想到这两封信被蒋介石再度利用，借以表明蒋并未监禁胡。胡汉民的迁居要求自然得到了满足。但蒋介石仍在当天日记中愤愤不平地写道：

今日之胡汉民即昔日之鲍罗廷。余前后遇此二奸，诚一生之不幸也。鲍使国民党受恶名，而共产党享实惠；胡则使国民党受害，而彼自取其利；鲍使国民党革命破坏，而不能建设；胡则使国民党阻碍，而不能进取；鲍使国民党制度法律陷于散漫割裂，而不能运用；胡则使国民政府与行政院隔断，而欲以五院牵制政府，且使各种法律随时更改，以便其私图。两人之象，实无异也。但鲍为异党，

---

① 胡汉民：《革命过程中之几件史实》，《三民主义月刊》第 2 卷第 6 期，1933 年 12 月 15 日，第 120—121 页。

又为外人。胡则自相摧残，其存心、其人格，更不容诛焉。①

同一天，胡汉民由邵元冲和蒋介石的侍卫长王世和押解至南京郊外汤山总司令部俱乐部监禁。②

胡汉民被扣一事，史称汤山事件。

---

① 蒋介石日记类抄，《困勉记》卷 17，1931 年 3 月 1 日，"蒋档"。美国斯坦福大学胡佛研究院藏蒋日记，此段原文字迹模糊难辨，故直接引用《困勉记》。而《事略稿本》（第 10 册，第 194 页）在叙述同一段内容时的文字又与《困勉记》有所不同。
② 《邵元冲日记》，1931 年 2 月 28 日、3 月 1 日，第 711 页。

第四章　国民会议的本质

一　国民会议的召集

1931 年 2 月 28 日，胡汉民被扣当晚，蒋介石就在全体中央委员晚宴中，力陈国民会议应讨论约法。当时吴稚晖、李石曾、蔡元培、叶楚伧诸人都表示附和。吴稚晖并提议："此事既破裂，则已无法弥缝，惟有力图减少困难及误会。展堂既主辞职，则以静居双龙巷寓次为宜，立法院事作为请假，而由子超副院长代理之，较为不着痕迹。"蒋当场表示："诸同志既一致同意，明日即照此办吧。"①

3 月 2 日，国民党中央常务委员会在胡汉民缺席的情况下，通过两项决议案。一是：

> 胡汉民同志因积劳多病，又值国民会议即将开会，不足膺繁剧之任，辞国民政府委员、立法院长本兼各职案。决议：通过并选任林森同志为立法院院长，邵元冲同志为国民政府委员兼立法院副院长。

二是通过蒋介石等人提议的国民会议制定约法案，并指出：

> 此种约法，为中国民族整个的生命所寄，负训政责任

---

① 《邵元冲日记》，1931 年 2 月 28 日，第 710—711 页。

之本党，不得不予再三郑重考虑之后，定坚卓不移之决
心，并应排除一切困难与谬见，根据总理所指示，以确定
其性质范围与产生之方法，俾于国民会议，树久安长治之
宏规。①

会议推定吴稚晖、李石曾、于右任、丁惟汾、王宠惠、蔡元
培、叶楚伧、邵元冲、刘芦隐、孔祥熙、邵力子等 11 人为约法起
草委员，吴稚晖、王宠惠为召集人，负责立即起草约法条文，供
国民会议讨论。据出席会议的孙科回忆：当蒋提出议案后，会场
"半句钟之久，无一发言。后蒋作默认，糊涂通过"。②

蒋、胡约法之争，最终以蒋介石的胜利而告结束。从此，
国民会议就完全按照蒋的意图发展。对此，蒋曾在日记中愉快
地写道："为胡汉民事积搁公事至两星期之久，一旦清理，为
之一快。"③

早在 1930 年 11 月国民党三届四中全会决议召开国民会议
时，国民党中常会即推定蒋介石、胡汉民等 14 人为委员，负
责草拟召集国民会议之方案。④ 12 月 29 日，中常会通过《国

① 《中国国民党中央执行委员会第 130 次常务会议记录》，二档馆藏，油印
　件：七一一（5）62；另见中国第二历史档案馆编《中国国民党中央执
　行委员会常务委员会会议录》第 14 册，广西师范大学出版社，2000，第
　263 页。
② 孙科：《胡展堂先生被扣事件发生之经过》，《为什么讨伐蒋中正》，中国
　国民党广东省党部执行委员会宣传部编印，1931，第 100 页。
③ 《困勉记》卷 17，1931 年 3 月 13 日，"蒋档"。日记原文为："二星期余
　之公事，为胡案而积搁，其数百件，一旦理清，岂不快哉。"
④ 《中国国民党中央执行委员会第 116 次常务会议记录》，二档馆藏，油印
　件：七一一（5）61；另见《中国国民党中央执行委员会常务委员会会
　议录》第 13 册，第 103 页。

民会议代表选举法》，交国民政府于 1931 年元旦正式公布。①

　　根据《国民会议代表选举法》规定，会议代表总额为 520 人，其分配情形：各省 450 人，各市 22 人，蒙古代表 12 人，西藏代表 10 人，海外华侨代表 26 人；选举采用职业代表制，各地代表应按照定额，由农会、工会、商会及实业团体、教育会、国立大学、教育部立案之私立大学及自由职业团体、中国国民党等团体选出。同时规定，上述"农会、工会、商会、教育会各团体以依法设立者为限"。②

　　1 月 23 日，国民会议选举总事务所成立。国民政府任命戴传贤为主任，孙科为副主任，陈立夫为总干事，具体负责国民会议代表选举和会议筹备事项，并于各省市设立国民会议选举总监督。3 月 2 日，戴传贤等三人宣誓就职。③ 同日，戴氏在中央纪念周报告，称："各地选举总监督已就职者，计十六省二市，共十八处。各地党部同志努力筹备，定能如期开会。各同志所应特别注意者，即国民会议之任务是也。此种问题甚为重大，全国人民对于此事大多仍不明了，即党部同志亦在研究之中。"④ 从戴氏的报告中，不难读出他的无奈。

　　根据《国民会议代表选举法》第 14 条"中国国民党国民

---

① 《中国国民党中央执行委员会第 121 次常务会议记录》，二档馆藏，油印件：七一一（5）61；另见：《中国国民党中央执行委员会常务委员会会议录》第 13 册，第 328—335 页。

② 《国民会议代表选举法》，国民会议选举总事务所编《国民会议关系法规汇编》，编者印行，1931，第 35、38 页；《国民政府公报》第 663 号，1931 年 1 月 1 日，第 1—5 页。

③ 中国国民党中央执行委员会宣传部编《国民会议宣言决议案宣传集》，编者印行，1931，第 307、310 页。

④ 《戴传贤报告约法事》，《国闻周报》第 8 卷第 9 期，1931 年 3 月 9 日，"一周间国内外大事述评"，第 2—3 页。

会议代表之选举由中央党部另定之"的规定，1 月 29 日国民党中常会第 125 次会议又通过了《中国国民党出席国民会议代表选举施行程序》，共 21 条，规定各省市国民党员按该省市分得之名额，就中央提名中选出半数或过半数，其余者由党员自由选举。[①]

4 月 24 日，国民政府正式公布了《国民会议组织法》，共 28 条，分别对国民会议的组织、会期、表决方式、会场纪律、秘书处和警卫处的设置等做了具体规定，其中最值得注意的是第 2 条："中国国民党中央执行委员会、中央监察委员会各委员，及国民政府委员，得出席国民会议。"此外，国民党中央候补执、监委员，各院所属部长、委员长，以及主席团特许人员，可"列席"会议。[②] "因之，中国国民党对于该会议可说有绝对的支配能力。"[③]

1931 年 5 月 5 日上午 9 时，国民会议开幕典礼在南京国立中央大学新建的国民会议议场举行，出席者除会议正式代表、主席团特许人员外，还有中外来宾千余人。

国民政府主席蒋介石致开幕词，他首先回顾了召集国民会议的历史渊源、召集经过及其职能，特别强调制定训政约法一事。他说："中正认此事为国民会议之重要使命，历次坚持，致不谅于平日敬爱之友，言之实心有余痛！"并表示"俟（约法）确立以后，尤须政府国民同立山岳不摇之心，秉化日光

---

① 《国民会议关系法规汇编》，第 69—74 页；《国民政府公报》第 696 号，1931 年 2 月 12 日，第 4—5 页。

② 《国民会议组织法》，《国民会议宣言决议案宣传集》，第 270—275 页；另见《国民政府公报》第 756 号，1931 年 4 月 25 日，第 1—3 页。

③ 陈之迈：《中国政府》第 1 册，商务印书馆，1946，第 14 页。

天之态度，一致遵守，以致中国于治平"。①

5月6日，国民会议召开第一次预备会议，出席会议的正式代表435人，国民党中央执、监委员和国府委员29人。会议首先接受国民党推定的中央委员于右任、国民政府委员张学良为大会主席团成员，并选举张继、戴传贤、吴铁城、周作民、林植夫、陈立夫、刘纯一共同组成主席团。②

5月7日召开第二次预备会议，任命主席团提名的叶楚伧为秘书长，并通过主席团特许列席会议名单，共70人。③

国民会议主席团成员。前排左起叶楚伧、于右任、刘纯一、戴季陶、林植夫，后排左起周作民、张继、张学良、吴铁城、陈立夫

① 蒋中正:《国民会议开幕词》，程天放主编《国民会议实录》正编，国民会议实录编辑委员会编印，无出版时间、地点，中国社会科学院近代史研究所图书馆藏，第12页。
② 《国民会议预备会议记录》（一），《国民会议实录》正编，第1—15页。
③ 《国民会议预备会议记录》（二），《国民会议实录》正编，第22—25页。

　　自 5 月 8 日起，正式开会，共开大会 8 次，通过提案 20
余件。在国民会议通过的所有提案中，最重要的是 12 日第四
次会议通过的《中华民国训政时期约法》，除前言外，共 89
条，分为 8 章：第一章"总纲"，对中华民国领土、主权、国
体、国旗、国都，都有规定；第二章"人民之权利义务"，对
人民的权利采取法律保障主义，而不是直接保障；第三章
"训政纲领"，仍强调训政时期由国民党行使中央统治权；第
四章"国民生计"，所昭示的两大原则为奖励生产和劳资协
调；第五章"国民教育"，规定男女教育机会平等，学龄儿童
应受义务教育，失学成年人应受补习教育；第六章"中央与
地方之权限"，规定采均权制度；第七章"政府之组织"，又
分中央制度与地方制度二节；第八章"附则"，规定约法解释
的方法和宪法制定的程序。①

　　国民会议通过的另一项重要决议，是 5 月 13 日发表的
《废除不平等条约宣言》，郑重宣告：

　　　　（一）中国国民对于各国以前所加于中国之不平等条
约概不予以承认。

　　　　（二）国民政府应遵照总理遗教于最短期内实现中华
民国在国际上之完全平等与自由。

　　　　右之决定，不仅为捍卫中华民族生存之必要，实亦足
以消除世界和平之障碍而湔涤近世文明之污点。深信世界
各国对此坚决之表示，必能与以深切之认识，而我全国同

---

① 《国民会议第四次会议议事记录》附件三，《国民会议实录》正编，
第 92—99 页；《国民政府公报》第 786 号，1931 年 6 月 1 日，第 6—11
页。

胞自必一致拥护此项之决定，不辞任何之艰难与牺牲。谨
此宣言。①

5月17日，大会一致通过《国民会议宣言》，再次强调上
述两项主张为"本会议代表国民一致决议"，并要求"全体国
民当下最后之决心作最大之努力，拥护国民政府以完成此项使
命"。②

5月16日，国民会议第八次会议还一致通过林叠等111
名代表提出的临时动议"请大会函国民政府从速制定国歌，
在国歌未颁行以前暂以党歌代国歌案"。③

6月1日，国民政府正式颁布约法，并发表《约法宣言》，
称："国民会议最重要之工作，为制定中华民国训政时期约
法。政府依照国民会议决议，于本日以约法公布全国，约法亦
即于本日发生效力。"④

召集国民会议和废除不平等条约，是孙中山遗嘱中明确提
出的两项"最近主张"，"尤须于最短期间促其实现"。国民会
议算是开完了，《废除不平等条约宣言》也昭告于世。但如何
废除、具体步骤以及何时"促其实现"，无论国民会议还是国
民政府均无具体规划。九一八事变后，国民会议留下的《废
除不平等条约宣言》更是形同一纸空文。列强在华所拥有的
特权依然如故。

---

① 《国民会议第五次会议议事记录》（1931年5月13日），《国民会议实录》
正编，第117页。
② 《国民会议宣言》，《国民会议实录》正编，第4页。
③ 《国民会议第八次会议议事记录》（1931年5月16日），《国民会议实录》
正编，第181页。
④ 《国民会议宣言决议案宣传集》，第113页。

国民会议秘书长叶楚伧在报告会议经过时曾自豪地表示：

> 这次大会的代表，可以说是照组织法规定的人数，全都到会了。出席列席的代表中间，包括蒙、藏、回各族，又另有数位女性代表，所以此次的国民会议，是整个的中国民族的国民会议，无一族一界无代表参与的。
>
> 至大会的议事经过和一切议决案，无不根据总理遗教，讨论通过的。如实业建设程序案，是根据建国方略的；教育实施趋向案，是根据心理建设的；中华民国训政时期约法案，是根据训政纲要及建国大纲的。此外所有比较重要以及其他的议案，都无一不是根据总理遗教而决定的。提案方面，计共有四百五十余件，经大会决议通过的约二十余件，其余的四百余案，都在末了一天的下午，通过解决了。①

但是国民会议是否真如叶氏所称的"是整个中国民族的国民会议"呢？首先，我们从国民会议的选举机关来看，由国民党中央派往各省市的 31 位国民会议代表选举总监督，如陕西省为杨虎城，山西省为商震，浙江省为张难先，上海市为张群，南京市为魏道明，② 这些人都是国民党大员，根据国民会议代表选举法的规定，他们对参选人民团体有认定资格的权力。③ 也就是说他们可以代表"党"或"个人意愿"来认定

---

① 叶楚伧：《国民会议的经过》，《国民会议宣言决议案宣传集》，第 195 页。

② 中国国民党浙江省执行委员会宣传部编《国民会议丛刊》之一，编者印行，1931，第 276—278 页。《国民政府公报》第 697 号，1931 年 2 月 13 日；第 701 号，1931 年 2 月 18 日。

③ 《国民会议代表选举法》，《国民政府公报》第 663 号，1931 年 1 月 1 日，第 1—5 页。

参选代表的资格。我们不妨看看当时在鄂豫皖"剿共"的十三师师长万耀煌在其日记中关于湖北选举情况的真实记录：

> 国民会议选举事，由民厅主办，每县派一指导员，民政厅长吴醒亚电令各县长接受指导。闻各指导员到达各县后，对县长兼任选举监督曰："如何办理，你是明白的，我们心照不宣，惟一事必须迅速完成的，就是制造选民名册。"前些时各军师有人来电，要交换选票，如樊崧甫、周磊要我们选赵观涛，他们选夏斗寅。最后仍由总司令圈定，可说是选举与圈定并用，施之于军队原无不可，若民众选举，由党部先行决定人选交民厅办手续，除大都会尚有形式举行，至各县则关门制造，层层转报与报纸公布而已，老百姓根本不知此事。[1]

主持湖北全省选举的吴醒亚，正是国民政府任命的"国民会议代表湖北选举总监督"。[2] 由此可以想见叶楚伧所言"无一族一界无代表参与"的真实性。难怪万耀煌在日记中不满地表示："军阀时期选以贿成，为后世诟病，还经过了选，还有人（得了钱）来投票，今日根本连投票形式都没有。主办地方选举作为如此，难怪外人对本党之不谅也。"[3]

此外，我们再从参加国民会议的代表分配来考察，出席会

---

[1] 《万耀煌将军日记》，台北：湖北文献社编印，1978，1931 年 3 月，第 71—72 页。
[2] 《国民会议丛刊》之一，第 276 页；《国民政府公报》第 697 号，1931 年 2 月 13 日，第 1 页。
[3] 《万耀煌将军日记》，1931 年 3 月，第 72 页。

议的代表名额共 520 人，由各省市选举的国民党代表有 84 人，加上当然出席的 84 人（国民党中央执监委员、国府委员）；而当然列席的代表亦有 50 人（国民党中央候补执监委员、各部会首长），另外还有军队党部特许列席代表 15 人。以上共计 233 人，已近大会人数一半。此外，国民党党员参加选举，并未限定不可参加国民党配额以外的职业团体的选举。这就造成国民党员不仅可以参加国民党的选举，也可以参加职业团体的选举，甚至有国民党员在地方党部选举失败后，再参加其他职业团体选举而当选的情况。当时在江苏省就不乏这样的例子。① 由此可见所谓国民会议，无非是"扩大"的国民党代表大会而已，而且其中还排斥了国民党内的反对派（如两广代表和改组派等）。可见，南京国民党中央对大会有绝对的支配权。

国民会议选举的代表如此而已，会议通过的决议无论从内容到质量，也很难想象可以代表全体国民了。难怪会议能在最后半天不经过讨论即能"迅速"通过全部提案的 95%。而真正经过大会决议通过的 20 余件提案中，最关键的正如蒋介石所言："国民会议中间，就是废除不平等条约和训政时期约法为唯一的要案。"② 前者在于显示蒋介石致力完成孙中山的遗愿，以此表明蒋在"党国"的正统地位，至于何时实现，则另当别论。后者则从法理上满足了蒋介石个人独裁的愿望。

---

① 陈之迈：《民国二十年国民会议的选举》，《清华学报》第 11 卷第 2 期，转引自张天任《宁粤分裂之研究——民国二十年至二十一年》，中坜：宏泰出版社，1992，第 56 页。

② 蒋中正：《纪念革命先烈的感想》，《中央党务月刊》第 32 期，1931 年 3 月，第 677 页。

二 历次修订《国民政府组织法》之比较

胡汉民早在 1928 年 10 月中央党部的一次演讲中，清楚地表明："训政时期最要将党、国民、政府三方面的关系、地位搅清楚。至于法，事实上所需要的，是所谓约法或宪法中最要紧的一部分——政府组织法。"[①] 胡汉民的这句话倒是讲到了问题的实质。蒋、胡二人间的矛盾，其实质是"党权"与"民权"的较量，还是"党权"同"个人独裁"之间的斗争？我们不妨细心地比较一下蒋介石自 1928 年 10 月当选国民政府主席后，在历次修订的《国民政府组织法》中，是如何一步一步地将"党国"大权集于一身的。

最早的《国民政府组织法》，是 1925 年 7 月 1 日广州国民政府颁布的。这个组织法极其简单，全文不过 10 条。"其组织要点如下：（一）国民政府以委员若干人组织之，并于委员中推定一人为主席；（二）国民政府设常务委员五人，于委员中推定之；（三）国务由委员会议执行之。"[②] 根据该组织法，选举汪精卫为国府主席，胡汉民、廖仲恺等 16 人为国府委员。蒋介石此时还未当选国府委员。虽然汪精卫为国府主席，但按该法规定，处理国务时"由委员会议执行"，实际上采取的是委员合议制，国民政府主席没有实权。

1927 年 3 月 11 日，国民党二届三中全会在武汉举行，全会修正了《国民政府组织法》，它同原来最大的不同是取消国

---

① 胡汉民：《腐化足以销蚀革命性》（1928 年 10 月 15 日），《革命理论与革命工作》第 5 辑，第 38 页。

② 《国民政府组织系统表》（1925 年），中国第二历史档案馆编《中华民国史档案资料汇编》第 4 辑（上），江苏古籍出版社，1986，第 34—35 页。

府主席一职，并选举汪精卫、谭延闿、孙科、徐谦、宋子文5
人为常务委员，蒋介石等23人为国府委员。① 武汉政府时期
的国民政府，合议制精神比广州政府时期还要明显。

同年4月18日，蒋介石在南京成立的国民政府并未颁布
组织法，只是推举胡汉民为国民政府委员会主席。宁汉合作
后，由特别委员会推举产生了新的国民政府。这一时期
（1927年9—12月），国民政府的组织系统大致延用二届三中
全会修正的《国民政府组织法》，不设国府主席一职。

1928年2月，国民党二届四中全会再次修订《国民政府
组织法》。该法大致同1925年颁布的第一个组织法相同，内容
仍很简单，仅有11条，并恢复设置国府主席一职，其职权仅
是"代表国民政府接见外使，并举行或参与国际典礼"，以谭
延闿为主席。该法第3条规定："国民政府委员处理政务以会
议行之，日常政务由常务委员执行之。"② 从此条中不难发现
国府主席和常务委员权力相当，处理政务时仍采取委员合议
制。

8月，国民党二届五中全会接受了胡汉民提出的《训政大
纲》，表面上结束了军政统治，进入训政时期。按胡汉民设想
的政府组织形式是："以五院委员为政府委员，以政府常务委
员五人，分任五院之主席。合五院之组织，而总称之曰国民政
府。常务委员五人中指定一人为政府主席。政府主席除对外为

---

① 《中国国民党第二届中执会第三次全体会议速记录（第二日速记录）》
（1927年3月11日），《中国国民党第一、二次全国代表大会会议史料》
（下），第820—821页。

② 《中华民国国民政府组织法》（1928年2月13日），《国民政府公报》第
32期，1928年2月。

国家代表外，其权力地位，莫不与其他常务委员同。"①

　　10 月 8 日，蒋介石接替谭延闿出任国民政府主席，并于同日通过了新的《国民政府组织法》，共 48 条，涉及的内容已相当完备。按该法规定：国民政府主席、五院正副院长都是国府委员，国府主席仅在外交礼仪上代表国民政府；"公布法律、发布命令，经国务会议议决，由国民政府主席及五院院长署名行之"；行政院各部正副部长、各委员会正副委员长，"均由行政院院长提请国民政府分别任免之"。"国民政府以国务会议处理国务"，当出现"院与院间不能解决之事项，由国务会议议决之。"② 此时国府主席的实际职权，大体同五院院长相当，仍采取委员合议制。这同胡汉民的设想基本一致。唯有一点值得特别注意的是，在涉及有关军事方面依该法第 9 条规定：国府主席"兼中华民国陆、海、空军总司令"，而第 2 条所定"国民政府统率海、陆、空军"的职权，似乎无人能限制国府主席的"军权"。此时，从法律的角度来看，国民政府主席的权力已较以前为大；由事实上看来，蒋介石以国府主席同时兼任国民革命军总司令，掌握实权，实已改变过去的委员合议制，而为一种首领制。③

　　1930 年 11 月，国民党三届四中全会再次通过新的《国民政府组织法》修正案。修正后的《国民政府组织法》最主要的变更有两项。一是删去了原法第 11 条"国民政府以国务会

① 胡汉民：《训政大纲提案说明书》，《中央日报》1928 年 9 月 16 日，第 2 张第 3 张。
② 《中华民国国民政府组织法》（1928 年 10 月 8 日），《国民政府公报》第 99 期，1928 年 10 月，第 13—18 页。
③ 谢振民：《中华民国立法史》，正中书局，1948，第 248 页。

议处理国务"一句，并将国务会议改为"国民政府会议"，而
以原"行政院会议"取代"国务会议"。新成立的"国民政府
会议"的职权，仅是议决"院与院间不能解决之事项"，而不
再是处理国务的最高机构。此项修改的实质，是彻底否决了自
国民政府成立以来所采取的委员合议制。此后，国家行政完全
由行政院长负责。

第二项大的修订是第 13 条，规定："公布法律，由国民
政府主席署名，以立法院院长之副署行之。发布命令，由国民
政府主席署名，主管院院长之副署行之。"① 根据该条规定，
五院院长对于国家的行为（颁布法律及命令），不再负有共同
的连带责任，而只对其主管事项负责。由此不难发现，此时的
国府主席职权已高于五院院长。公布法律、命令，无需经国务
会议议决，署名形式也改为主席署名，相关院长副署。特别是
蒋介石还兼任了行政院长，此后行政院各部委首脑，可直接由
院长蒋介石提名，主席蒋介石任命，而不受立法院等其他各院
的干涉。当时即有学者评论道："严格地说起来，经此修正而
后，国民政府的组织，已自形式上的合议制成为行政院院长总
揽行政权之制。"② 但尽管如此，国府主席蒋介石还不能做到
随心所欲。公布法律，仍需立法院院长副署方能生效。

胡汉民被囚后，1931 年 4 月 15 日，国民党中常会第 137
次会议基本按照蒋介石的意图，通过了约法草案，在该法有关
中央制度一节中，虽然没有设立总统，但赋予国民政府主席以

---

① 《中华民国国民政府组织法》（1930 年 11 月 24 日），《国民政府公报》第
631 号，1930 年 11 月 25 日，第 2—6 页。
② 王世杰、钱端升：《比较宪法》第 2 册，商务印书馆，1937 年增订版，
第 184 页。

无限的权力。其中最为彻底的就是，草案第 69 条明文规定："各院及各部会长由国民政府主席依法任免。"[①] 根据该条，国民政府主席同五院院长之间已由原来相对平等的关系演变为上下级关系，五院院长都可以由国民政府主席"依法任免"，其他各级官员就更不消说了。国民政府主席已处在至高无上的地位，与总统只是名称上的不同而已。

此后，国民会议通过的《中华民国训政时期约法》，虽将草案第 69 条改为"各院院长及各部、会长，以国民政府主席之提请，由国民政府依法任免之"，[②] 但所赋予国民政府主席的权力同原草案大体无异。15 天后，根据《约法》重新制定的《中华民国国民政府组织法》经国民党三届五中全会通过。

新的《国民政府组织法》共分 10 章 52 条，它同前一次的组织法最大的不同有两点。其一，国民政府在组织形式上彻底放弃了委员合议制，国府主席权力大大提高。此前，五院院长还是由国民党中央执行委员会选任，各部会长官及各院委员由院长提请国民政府任命，任命权在国务会议。新法则将原设于"国民政府"一章中的国府主席职权，单独设立一章，明确规定："国民政府五院院长、副院长、陆海空军司令及直隶于国民政府之各院、部、会长，以国民政府主席之提请，由国民政府依法任免。"国民政府主席也由最初仅在外交礼仪上对

---

① 《中国国民党中央执行委员会第 137 次常务会议记录》，二档馆藏，油印件：七一一（5）63；《中国国民党中央执行委员会常务委员会会议录》第 14 册，第 40 页。

② 《中华民国训政时期约法》，《国民政府公报》第 768 号，1931 年 6 月 1 日，第 10 页。

外代表国民政府，改为"对内对外代表国民政府"；立法、监察两院委员的任命也由原各院"院长提请国府任命之"，改为由"院长提出人选，由国民政府主席提请国民政府依法任免"。① 不仅五院院长须由国府主席提请任命，立法、监察两院委员也须由国府主席提请"依法任免"，只要国府主席拒绝"提请"，就永远不能获得任命。

其二，国民政府委员人数成倍增加。此前的组织法规定国府委员仅有 12—16 人，其中 10 人由五院正副院长兼任。新法规定国府委员人数增至 16—32 人，且五院正副院长则为此数以外的当然委员。其中许多国府委员身兼数职，常不在南京，不易参加国民政府会议。而国民政府公布法律、发布命令，可由国府主席署名，关系院院长副署行之，也无须经过国民政府会议议决通过。在新的组织法中，国民政府会议实际上已流于形式，无任何实权，而国民政府委员则成为一种徒拥虚名而无实权的职位。

这就为蒋介石掌握国民政府最高权力确立了法律基础，并使得国民党体制内的其他反对力量难以对蒋构成真正的威胁。

新组织法通过后，三届五中全会选任蒋为国府主席，张静江等 32 人为国府委员。随后，蒋以国府主席名义提请蒋介石、林森等分任五院院长，蒋以主席而兼任行政院长。从此大权独揽。

这就是蒋介石坚持要制定约法的真实意图，也是胡汉民坚决反对制定约法的原因所在。

---

① 《中华民国国民政府组织法》（1931 年 6 月 15 日），《国民政府公报》第 798 号，1931 年 6 月 16 日，第 3—8 页。

三　国民党内外对《约法》的反应

国民会议一致通过了蒋介石梦寐以求的《中华民国训政时期约法》。蒋介石在国民会议闭幕式上发表了题为《努力完成训政之大义》的闭幕词，他信誓旦旦地表示："国民会议之目的，在谋中国之统一与建设。"然而"确认统一与建设之需要为一事，辨明统一与建设必由何道以求得之，又为一事"。为此他"愿恳切开陈于各地父老昆季之前，而蕲求一致之努力"者，"曰巩固统一与尊重法治"。如何"巩固统一"呢？蒋称："今后全国同胞，只须以全力维护约法之尊严，则统一之基础自固。"又如何"尊重法治"呢？蒋言："在积极方面，凡法律之规定，其应为者，必须尽其事，而不可放弃职责；在消极方面，凡法律所限制其不应为者，必须绝对遵守而不可丝毫衅越。今后全国国民，以至政府官吏与军人，必须皆知守法为立国立人之要则，不可再蹈放纵恣肆之错误，以陷国家于凌乱不安。"①

然而单就法理上讲，训政约法还是遭到社会上的众多指责。孔祥熙在实业部的一次演讲中，谈及"约法上之疑点"时，曾把社会上的这种指责归纳为五点："（一）'依法律'或'以法律'等语，在约法上规定至四十一处之多；（二）约法中规定五院院长及部会长，由主席提出，外间颇不谓然；（三）委员之任期，约法未有规定，外间亦以为疑；（四）副署问题，约法未经明定，外间亦以为言，不知各院部长对于政

---

① 蒋中正：《努力完成训政之大义》（1931年5月17日），《国民会议实录》正编，第1—4页。

务，既有专责，当有副署法律命令之必要；（五）训政年限，未经订明，外间亦颇不满。"①

时任武汉大学校长、著名法学专家王世杰对约法评论道：约法既欲保障民权，但是"对于人民的权利未采直接保障主义，而采法律保障主义。换言之，人权的保障有赖于法律，而法律亦可限制人权"。② 在《约法》第三章"人民之权利义务"中，尽管开列了诸多条人民应拥有的种种自由，但每条后均添加一句"非依法律不得停止或限制之"。③ 这种法律间接保障制同所谓直接保障制最大的不同就是，政府可以依据法律随时停止人民的种种自由。在现代民主国家，法律的修订必须经过人民代表机构，也就是说限制人民的权利，是通过人民代表决定的。但制定《约法》的国民会议代表并非是由全民直接选举产生的，而在训政时期国民党又有至高无上的权力，换句话讲，国民党可随时单独制定法律，依法"停止或限制"人民之自由。

同样，当时舆论对这部《约法》就公开表示不满。在约法草案刚刚公布时，《大公报》社评曾写道：

> 如何使人民纳税及服兵役工役，政府可以随时自由规定之矣。是以就约法言，关于民权之实际保障，殊不充分。将来能否收预期之效果，其责任仍全在党及政府。此

---

① 孔祥熙：《训政约法的要旨及特色》（1931 年 6 月 15 日），《国民会议宣言决议案宣传集》，第 215—216 页。
② 王世杰、钱端升：《比较宪法》，第 632 页。
③ 《中华民国训政时期约法》，《国民政府公报》第 768 号，1931 年 6 月 1 日。

大可注意之一点也……

训政并无年限。自一种意义言，即可解释为无限之延长。盖自治完成无限期，则训政之终了，亦因而无限期也。从前本有训政六年之党的决议，去年蒋主席江电用意，似在缩短之，今乃得一无限延长之结果乎，抑六年终了之，党的决议尚有效乎。吾人纵不必空言求缩短，但亦绝对反对更延长。国议诸君，对此点果作何解也。①

然而约法草案中规定的人民诸多权利依法律保障等一系列条文，在国民会议讨论时，并未引起与会代表的任何异议，相反地却将原草案第79条规定的"约法之解释权由约法委员会行使之"，改为"本约法之解释权由中国国民党中央执行委员会行使之"。②尽管《约法》规定了今后颁布法律与之相抵触者无效，借以显示其在宪法产生前为中华民国根本法之地位，但《约法》的解释权并不是由代表所谓民意的国民会议所授予，而属于国民党中央执行委员会，且"训政年限，未经订明"。如此这般，嗣后基于"党权"而颁布的法律若与《约法》相抵触时，孰为合法，孰为违法，也唯有执政的国民党才有权加以评判。何况排除了胡汉民的国民党中央执行委员会已完全为蒋介石所掌控，因此也可以说对这部《约法》的解释权，最终是操在蒋介石一人之手。

---

① 《制定约法之完成》（社评），《大公报》1931年5月14日，第1张第2版。孙中山在《建国大纲》中，对于训政期限并未有明确规定，但在其早年所撰《军政府宣言》中则有三年完成县自治、全国平定后六年结束训政颁布宪法的希望。因此《大公报》社论中有六年完成训政说。
② 《国民会议第四次会议议事记录》附件三《约法草案修正理由》，《国民会议实录》正编，第92页。

　　这种冲突很快就表现出来。国民会议结束不到一个月召开的国民党三届五中全会通过了新的《国民政府组织法》。在立法程序上该法须经立法院审查通过才能合法生效。

　　立法院讨论时，众多立法委员对该法不满。部分立法委员"以为（该法）内容与约法有不尽吻合之处，宜先付审查，再行提会讨论"。更有立法委员指责五中全会"不讲法理，不尊重其主张，今乃提至本院，若吾人为尊重立法职权，应将此案内容加以修改，或则退回国府，否则徒为工具"。主持会议的立法院代理院长邵元冲心里非常明白，大家争论的焦点实际上是：经中央全会决议修正通过的法案，立法院是否仍有权审议。他发现该法"已无通过希望，乃折衷众说，以为此案既经全会修正通过，可径由国府公布，无庸经立法程序，遂散会"。但他私下也无奈地承认"然在立法史上实开一不幸之例，殊足影响于将来"。①

　　照理讲，蒋介石派下的政学系是欢迎约法的，因此才有张群在国民党三届四中全会上的提案，借此挑战胡汉民派倡导的"党权"，并一度引起胡汉民同党内元老的矛盾（见前章）。陈立夫曾对张氏的这一举动分析道："临时约法的施行将会提高人民的地位而降低了党的地位，政学系自然赞成利用人民的地位去直接减低国民党的权力，间接用以和胡汉民对抗。"② 但当约法尚未起草完毕，政学系即从胡汉民被扣这一事件中明白，蒋介石要的约法并非他们希望的约法。据黄郛日记载：3月25日，"畅卿由宁归，谈国民会议及约法两事已早失去精

---

① 《邵元冲日记》，1931 年 6 月 15 日，第 743—744 页。
② 陈立夫：《成败之鉴》，第 168 页。

神，将来必有名无实。"①"畅卿"即杨永泰，政学系领袖，他的评论颇耐人寻味。

平心而论，孙中山在《建国大纲》中所规定的训政方式，是由下而上，由县而省，最后至中央，是以民治为基础的。而"国民党在北伐后所实施的训政，是由上而下，而且只在中央，不到省、县，是以党治为构想，与《建国大纲》的精神，颇不相同"。② 更有台湾学者指出：此种训政"是空中楼阁没有基础，是本末倒置、有名无实"。③

胡汉民原本想借训政来提升"党权"，推行"党治"，以此消除"军权"及改变既成的"军治"局面。这在蒋介石羽翼尚未丰满时，正是他们合作的基础。但当蒋介石借"党权"之名消除异己，实现武力统一，大权独揽后，胡汉民再想以"党权"压制"军权"，则只能是幻想。正如孙中山早年所言："既借兵权之力，取政府之权力以为己有矣，则其不能解之于民者，骑虎之势也。"④

孙中山想还政于民深感难矣，胡汉民想还政于党，同样是不可能的。对此，有学者评论道："北伐之际，未行《建国大纲》中的训政工作，造成军权独大的既成事实，事后要其既得之权力，让之于党，已不可能；要其让之于民，更是不可能了。国民党实施训政之挫折，只是军权与党权的较量下，党权

---

① 《黄郛日记》第 6 册，中研院近代史研究所郭廷以图书馆藏，原稿影印件，1931 年 3 月 25 日。
② 蒋永敬：《国民党实施训政的背景及挫折》，《百年老店国民党沧桑史》，第 197 页。
③ 李时友：《中国国民党训政的经过与检讨》，张玉法主编《中国现代史论集》第 8 辑"十年建设"，台北：联经出版公司，1982，第 27 页。
④ 《与汪精卫的谈话》（1905 年秋），《孙中山全集》第 1 卷，第 290 页。

为军权所败。至于民权更非军权和党权的对手了。"① 胡汉民后来也曾被迫承认，自 1928 年以来同蒋介石两年多的合作，"是没有党治，只有军治"，并愤愤不平地表示："既然是军治，便非民治，更非党治，军治的账不能写到党治的账上来。"②

国民会议"顺利"召开了。最能代表国民会议使命的《中华民国训政时期约法》也经会议一致通过了。此时，蒋介石的权力似乎牢不可破。但事情并不像蒋介石料想的那样简单。因囚禁胡汉民而触发的国民党内的不满，使蒋介石意想不到地面临着另一场更大的挑战。

---

① 蒋永敬：《百年老店国民党沧桑史》，第 197—198 页。
② 胡汉民：《军治党治与同志对中国政治应有的自觉》，王养冲主编《三民主义与中国政治——胡汉民先生政论选辑》，第 50 页。

第五章　"非常会议"与广州开府

一　扣胡引起的风波

　　蒋介石囚禁胡汉民的消息一传出，社会舆论顿时哗然。这件事在国内引起如此强烈的反响是不奇怪的：以胡在国民党内地位之高，又担任着立法院院长，只因为政治主张和蒋不同，便可不经任何法律程序剥夺自由，一夜之间成为阶下之囚。胡尚且如此，其他人如果对蒋持不同意见，其命运更可想而知。这件事自然引起社会各界的强烈公愤，纷纷谴责蒋，要求恢复胡的自由。即使在国民党内，也引起众多要人的不满。据蒋的亲信陈布雷回忆："此事几引起政潮，党外人士尤资为讥刺口实。"①

　　胡汉民被扣当晚，陈立夫为了不使事态恶化，于晚宴结束后拉着叶楚伧同见蒋介石，陈氏恳请蒋"就此罢手，千万不要走极端"，"再予监禁是不妥的"。但蒋并未接受陈的意见，只是轻描淡写地说道："已经做了，就没有办法再掩饰了。"②与此同时，孙科也找到同蒋介石十分亲近的戴季陶设法营救。出席当天晚宴的马超俊（时任国民党中央训练部部长）回忆道：

　　　　十二时散会，我步出军事委员会，警卫森严，如临大

---

①　《陈布雷回忆录》，台北：传记文学出版社，1967，第82页。

②　陈立夫：《成败之鉴》，第174页。

敌。孙哲生在我身后，两人相约同车至鸡鸣寺考试院访戴院长季陶，探讨胡先生被扣原因，并请其设法营救，戴氏泪涔涔下，谓："今日之蒋先生，非民国十三年前之蒋先生，我纵有所陈述，亦恐不易见听。"言下颇有伤感。三人再三商讨，并无办法，乃联袂往中山东路中央建设委员会招待所，拜见吴敬恒、张静江、蔡元培、李石曾诸先生，大家在客厅见面。我们刚入座，吴稚老深知来意，乃大谈汉高祖忌元勋功高震主，大事屠戮，现代历史，似难例外，因将此类故事，古今中外，缕举历三小时，而对胡先生事，如何挽救，毫无主张。①

其实，吴、张、蔡、李"四老"对扣胡一事，并非"毫无主张"。如此大的举动，如没有得到党内元老的支持，蒋介石是很难做此独断的。2月24日，蒋即与"四老""洽商展案"，并称赞吴稚晖"之见甚当"，"实有政治见解"。② 蒋介石计划用中央监察委员会弹劾胡汉民的方式对外解释此事，并于扣胡当天先"往汤山与吴稚晖、李石曾、蔡元培等议事"。③ 会谈内容不得而知，但明显是蒋得到了这四位中央监察委员的支持。会谈当晚，蒋即扣胡于总司令官邸。随后，蒋向其他在座的党国要人解释时，"吴、李、蔡、叶、戴诸君皆附其说。"④

---

① 郭廷以、王聿均、刘凤翰：《马超俊先生访问记录》，台北：中研院近代史研究所，1992，第141—142页。
② 蒋介石日记，1931年2月24日。
③ 《事略稿本》第10册，1931年2月28日，第175页。蒋介石在当天日记中写道："终日在汤山修正致胡函，与吴、李、蔡等议事。"
④ 《邵元冲日记》，1931年2月28日，第710页。

当时，最令蒋介石不安的是广东省政府主席陈铭枢及其所控制的十九路军和第八路军总指挥陈济棠的态度。为此，蒋于扣胡第二天致电时在广东的国民政府文官长古应芬并转二陈，内称：

> 中央昨日密提弹劾展堂案，其大意谓本党遵奉总理遗教召集国民会议，意义重大……乃胡汉民同志以立法院院长之地位独持异议，对于国民会议之职权妄欲有所限制，尤坚不欲有训政时期之约法……是直欲总揽立法权于一己，借便任意毁法，遂行之私图，而置无数国民与同志之牺牲于不顾……倘再不加检举，何以谢党国而安人心等语。对于此事中无法处理，惟有从保全耆硕，消弭纠纷方面以谋妥善。①

此后，蒋发觉以胡汉民自动辞职对外解释更为妥当，3月4日，蒋再次致电古应芬等人，即改口表示：

> 胡展堂先生因对于国民会议坚决主张不得议及约法，中恐引起党国无穷之纠纷，俭晚特与详细讨论。胡先生自以政见不合，愿辞本兼各职。故于东日往汤山暂住。②

同日，蒋介石晚宴立法院全体委员，也以同样方式解释，

---

① 《蒋主席致古文官长并转真如伯南二兄东电》（1931年3月1日），《两广政潮卷·统一时期》第11册（以下简称《两广潮卷》），台北"国史馆"藏"蒋中正总统档案"之"革命文献拓影"，以下简称"蒋档·革命文献"。

② 《蒋主席致古应芬等支电》（1931年3月4日），《两广政潮卷》，"蒋档·革命文献"。

不再提及监察委员弹劾案了:

> 此次胡汉民同志辞职事，各位或有不了解真相者。故本晚邀各位同志来此略述大概：……不料胡同志竟不顾一切，突于上星期由宣传部以胡同志个人名义，正式发表国民会议不当议及约法问题之言论。中央同志于此甚觉不满，监察院某君欲提弹劾案。余负有政治之责，不得不从中调解，免启政治纠纷，并对该委员声明政治问题由余负责解决，请君不必提起弹劾。故于上星期六日，邀集全体中委讨论约法问题。余谓：凡我中央同志尊重胡同志，固无事不可迁就，独于此大政方针，关于中国祸福与存亡问题，则不能不以去就力争。昔者总理常言：吾对汉民之主张事事可迁就到十分之八九，但对于主义与大政方针有关者，则决不迁就。此总理在日对中正与诸同志屡言之。中正视此约法大问题，决不能以私情迁就，故当时声明：如胡同志以为中正约法之主张不对，则中正可辞职引退。胡同志因自认其主张与中央同志相反，乃表示自愿辞职。①

但蒋氏此举并没有得到党内元老的一致赞同。3 月 7 日，原本一贯支持蒋介石的戴季陶即借口为超度阵亡将士诵经，离京赴宝华山暂居，以示消极。② 8 日，国府文官长古应芬致电

---

① 《事略稿本》第 10 册，1931 年 3 月 4 日，第 212—215 页。
② 《戴院长诵经超度》，《民友》第 1 卷第 1 号，1931 年 4 月 6 日，第 16 页；郭廷以：《中华民国史事日志》第 3 册，台北：中研院近代史研究所，1984，第 18 页。一次，戴氏对前来向他请教营救胡汉民方法的马超俊表示："'胡先生所居双龙巷，为最大不吉之处.'一语双关，意指两雄相争。而其无意斡旋，亦由此可见。"见《马超俊先生访问记录》，第 146 页。

南京请求辞职，立法院秘书长李文范也借口养病留粤不归。①甚至连蒋介石的亲信陈立夫对此也不得不承认："从胡先生的观点来看，蒋先生只是一名中央执行委员会的委员。以党的风纪角度来看，胡先生是没有错的。假如我是一个法官的话，就法律上来看，我要说胡先生是对的。"②

胡汉民被囚后，当时仅有数人特许前去探视，据胡氏回忆：

> 这时可以看我的，只有邵元冲、孔祥熙两人。立法院秘书李晓生，则为办理家务，由邵元冲特许出入，不过出入必须受驻守兵警的检查。亮畴、哲生诸人都不能来。一次，亮畴以司法院长的衔头，硬冲入来，谈了半小时才走。但从此以后，这些兵警把双龙巷两头都堵塞起来，交通都断绝了。此外，除邵元冲外，可以来去的有三名诗友，在考试院服务的。③

四个月后，孙科在广州接受德国记者采访时曾谈道：

> 现在胡同志仍是一个囚犯，如同初被捕时一般，除非得蒋氏亲自许可，没有人能去看他，甚至戴季陶和余两人初亦需请求蒋氏。直至被捕后的第四天，蒋才下谕给监视

---

① 《古应芬呈辞李文范留粤养病》，《大公报》1931 年 3 月 8 日，第 1 张第 3 版。
② 陈立夫：《成败之鉴》，第 170 页。
③ 胡汉民：《革命过程中之几件史实》，《三民主义月刊》第 2 卷第 6 期，1933 年 12 月 15 日，第 122—123 页。

胡同志的狱吏，许我们到汤山去看他。胡同志个人原有的
卫士都被解除武装，所有勤务都被驱逐，即公馆的电话线
亦全被割断，直至今日仍是如此。①

蒋介石最初还想对外封锁消息。胡汉民被扣后，"自一日
晨起，电报与京沪长途电话，皆严密检查，消息无法传出。"②
"蒋介石二日在国府纪念周宣布胡汉民罪之演说词"，也由总
司令部通知各报"不许登载"。③ 为了掩人耳目，一周后蒋介
石又命人将胡汉民迁回南京胡氏原宅关押，④ 并以中央执行委
员会的名义发表加急通电，称：

> 急！限即刻到。各省市政府、省市党部钧鉴：此次胡
> 汉民同志之辞职，积劳多病，不胜剧繁，固其一因；同时
> 因关于国民会议之约法起草问题，胡同志之讨论与中央同
> 志相殊，愤而辞职，中央经再三郑重考虑之后，为完成依
> 三民主义确定本党与全民共同遵守之约法计，决准其辞
> 职。因此二日中央常会临时决议，将起草约法与准胡辞职
> 两案同时决定。深恐各地未知其详，请即依斯旨，切实简

① 孙科：《倒蒋的理由与趋势》，《中央导报》第 3 期，1931 年 7 月 15 日，
  第 56 页。
② 《胡辞职经过》，《大公报》1931 年 3 月 6 日，第 1 张第 3 版。
③ 蒋氏之演讲词后经修改发表，见《华字日报》1931 年 3 月 3、4 日，第 1
  张第 1 页。
④ 据《国闻周报》载："胡宅前及双龙岗口均已易警察守卫。吴思豫特派
  手枪队二十名到宅保护。"见《胡汉民下山返京邸》，《国闻周报》第 8
  卷第 10 期，1931 年 3 月 16 日，"一周间国内外大事述评"，第 1 页。据
  蒋介石 3 月 2 日记载："令交通部禁止京沪电话与电报。""令各报不准
  登载中央未发表之消息。"

单说明，同时须以中央制订约法之决心，努力宣传，以遏谣诼，而示大公。中央执行委员会。齐（8日）。①

但纸里是包不住火的。蒋的结拜兄弟黄郛在3月2日的日记中写道："访畅卿兄，得悉廿八晚介石以请客为名已将展堂看管……本日公债大跌，或系受展堂事之影响。"② 当时上海《时事新报》驻京记者金雄白为此事采访知情的邵元冲，在邵宅见到胡汉民被关押期间亲笔所赋的两首诗，内容充满着讽刺和牢骚：

集曹全碑字

山居尚有三间屋，字报平安慰妇心。

幽谷起为云造雨，阙泉烈若土流金。

身闲拟续清凉赋，地远曾无故旧临。

有病要从方药理，儒生修养事难禁。

忆组庵

太傅冲和未易师，灌兰锄艾尚无诗。

拟从吏部谎棋癖，肯学君虞有妒痴。

风景不殊君逝后，江山无恙我忧时。

---

① 《中执会通电述胡辞职经过》（1931年3月8日），《大公报》1931年3月9日，第1张第3版。据胡汉民回忆："第二天（3月1日）早上，我写了一封辞职书，内容很简单，只说：'因身体衰弱，所有党部、政府职务，概行辞去。'后来报纸刊布，听说有'况国民会议开会在即，尤不胜繁剧'等语，是吴稚晖等冒我的名，私自添加上去的。我不能承认。"见胡汉民《革命过程中之几件史实》，《三民主义月刊》第2卷第6期，1933年12月15日，第120页。

② 《黄郛日记》第6册，1931年3月2日。

去年今日经风雨，正是回章索和诗。①

金雄白当即将原稿拿走，并连同在胡汉民寓所外拍摄的"奉令修养，概不见客"的招牌一同以锌版刊于《时事新报》。南京《民生报》《新民报》等相续转载。3月6日下午，蒋"见展堂诗报甚愤激"。② 为此，上述两报旋即被首都警察厅"报处罚停刊一星期"。③ 当晚，蒋在日记中对扣胡一事慨叹道：

今日各报转载中央通信社消息，以展堂晕厥二次病重之说谣惑人心，一面使余畏惧，对展堂不敢有所主张，令其回寓自由。文人书生用意之拙劣，诚为可笑。殊不知党员与官吏皆无自由，何况展堂，处于嫌疑，有被检举之道。党中文人重于私情，忘却公义，以余今日为对不起展堂，有伤友朋之情。若展堂擅离首都一往上海，或各方受人包围煽惑，使国家人民大受损失与牺牲，不知其公私利害则何如。故余宁受负友之名，而不愿余以朋友个人，而负党国与人民也。况乎其文字登报皆有自由，并未拘束也。④

---

① 《胡汉民诗重录》，《华字日报》1931年3月10日，第1张张1页。
② 蒋介石日记，1931年3月6日。
③ 沈云龙：《广州非常会议的分裂与宁粤沪四全代会的合作》，张玉法主编《中国现代史论集》第8辑"十年建国"，第130页；金雄白：《记者生涯五十年》（下），台北：跃升文化公司，1988，第22—23页。汪精卫在3月14日发表的《为胡汉民被囚重要宣言》中，也提到此事，他说："登载胡之七律诗，复令停版。"见《反蒋运动史》，第282页。
④ 蒋介石日记，1931年3月6日；另见《困勉记》卷17，"蒋档"，文字略有修饰。

最先公开反蒋的是国民党海外党部，据报载："海外党部对胡颇有信仰，此次胡被监禁消息传出后，新嘉坡党部与其他三海外党部，于五日发出反蒋通电。"①

胡汉民的被囚，竟会在国内外掀起如此巨大的波澜，这是原来充满自信、以为可以为所欲为的蒋介石没有料想到的。他急忙于3月9日发表谈话，诡称囚胡于南京是"胡同志因为避嫌止谤，打算此后长住南京，不赴别处，中央各同志也希望如此"。蒋介石还引用胡汉民曾提出过的"党员无自由"一语，作为扣禁胡的根据，他说：党和政府因需要"随时可以限制党员与官吏个人的自由。一个革命党员，不管他在党的地位如何，不管他在党的历史久暂，也不管他负党的责任轻重，都一样要受党的约束，限制个人的自由"。"我们实在不忍见胡同志几十年的历史毁于一旦，所以我们为公为私，都要为他设法，保全他。因此胡同志实在以不离开南京为是。中央各同志都是这样想。胡同志本人也是这样想。所以胡同志虽然辞去政府的职务，然而仍是不会离开南京的。"② 蒋氏此举等于公开表明扣胡不放的决心。

胡汉民被囚后，社会上盛传蒋介石要利用《约法》选举他本人为中华民国总统。③ 据上海报纸载："此次国会会议，除通过约法外，并将讨论大总统问题。"④ 香港《华字日报》也载："此间盛传民国将恢复总统制，且闻各中央委员多数赞

---

① 《反蒋运动史》，第271页。
② 《蒋主席国府纪念周报告》，《中央日报》1931年3月10日，第1张第3版。
③ 《李宗仁回忆录》，第417页；《马超俊先生访问记录》，第40页。
④ 金雄白：《记者生涯五十年》（下），第22—23页。

成，所需讨论者只实现之时。"① 甚至有好事之徒于一夜间将中央军校的砖墙全部刷成黄色。当时总司令官邸就设在中央军校内。蒋介石手下的"天之骄子"们纷纷开玩笑说："陈桥兵变了，我们都要封王了。"② 胡汉民的被囚，显然又同此事有关，从而引起更多社会舆论的不满。3月8日，各省公团驻沪联合办事处公开发表通电，指出：

> 自蒋中正非法逮捕胡汉民之事发生，蒋之专横凶残，完全暴露。胡之主张如何，姑不具论，而此次反对蒋为总统，则事实昭然。以立法院长而突遭监禁，古代专制君主时代，容或有之；在今日开明之时代，则不能不引为奇闻了。③

面对社会舆论的指责，蒋介石不得不暂时有所收敛，被迫于3月16日国府纪念周演讲中公开表示："在国民会议里面，只应制定约法，不必而且不应该提出总统的问题……最近外面传说，本人要在国民会议里面提出自己要做总统，实行独裁制，这种谣言实在太没有意义。"④

蒋氏此言明显言不由衷。他在当天的日记中写道："国府

---

① 《国民会议将讨论大总统总问题》，《华字日报》1931年3月6日，第1张第1页。

② 张朋园、林泉、张俊宏：《于达先生访问记录》，台北：中研院近代史研究所，1989，第46页。

③ 《反蒋运动史》，第273—274页。

④ 蒋介石：《国民会议只应制定约法》，《中央日报》1931年3月23日，第1张第3版。

纪念周想声明一生不做总统，以无暇，故未言也。"① 但此后他特赴浙江莫干山拜访盟兄黄郛，双方"畅叙"三小时，"皆关于大局问题"，其中一项主要内容就是涉及"五院性质及总统问题"。② 不过蒋在纪念周演讲时，并没有把话说死，他进一步表示：

> 总统要不要的问题不是那一个人所能主张，所能决定。中国目下有无总统完全要由革命的环境和革命的需要而决定……如果为统一中国，实行训政促进建设完成革命计，有总统的必要时，本人一定不顾一切荣辱成败，毅然就任总统，以努力于革命的完成。③

正是在这样的背景下，国民会议召开前夕"国议将提总统制"的话题又热闹起来，"到京代表多数主张将提出临时动议"。④

二 胡汉民为什么选择在广东发难

胡汉民被囚汤山后，并没有向蒋介石屈服。他只是向蒋要

---

① 蒋介石日记，1931 年 3 月 16 日。
② 《黄郛日记》第 6 册，1931 年 4 月 14 日。
③ 《蒋主席之谈话》，《国闻周报》第 8 卷第 12 期（1931 年 3 月 30 日），《一周间国内外大事述评》，第 4 页；蒋介石：《国民会议只应制定约法》，《中央日报》1931 年 3 月 23 日，第 1 张第 3 版。蒋介石在《中央日报》发表他的演讲词当天的日记中写道："余发表不做总统之谈话，必有影响，否则至友亦将疑我有虚荣也。用人不患其专权，且欲其专权，惟恐其不负责，存私心以捣乱耳。"
④ 《天津冬日特讯》（1931 年 5 月 2 日），《杂派民国二十年往来电文录存》，台北"国史馆"藏"阎锡山档案"，微缩胶卷，48/1164。以下简称"阎档"，并径注档案号。

求允许常为自己看病的铁道部医官邓真德前来照顾。① 他选择
要邓来治病，自然是有其深意的。邓真德是铁道部部长孙科的
亲信，通过邓，胡汉民先后同孙科、古应芬等取得联系，嘱咐
他们一定要在两广形成反蒋局面。在胡的授意下，古应芬便积
极策划驻防广东的第八路军总指挥陈济棠发难反蒋。

为什么胡汉民要选择广东作为首先发难的地区？

首先，胡汉民同广东有着特殊的关系。他是广东人，民国
成立后担任第一任广东都督，并多次主持广东省政，同广东各
界人士有着广泛的联系。此次策动反蒋的核心人物是古应芬，
也是广东人，长期担任广东要职，同广东当地军、政、财界关
系密切。"陈炯明长粤，古湘芹曾任政务厅长……与邓铿、朱
执信两人过从最密，朱、邓先后遇害，两人之部属均归依湘
芹，故颇获军人之支持……李济深得湘芹之助，接统所部，陈
伯南、张向华（张发奎）、陈铭枢等均属之。"②

其次，陈济棠是依靠胡汉民、古应芬的提携才得以控制广
东军事大权的，尤其同古应芬关系密切。"1922 年，陈济棠是
粤军第一师第二旅的一个团长，滇桂军东下，陈炯明败退东江
后，古曾向孙中山保举陈济棠为旅长；以后，陈济棠奉派赴苏
联考察，回国后重任第十一师师长，古也与有力焉。"③ 1929
年 3 月蒋桂战争前，蒋介石囚禁李济深，正是经古应芬的力
荐，陈济棠才得以接替李济深担任第八路军总指挥，控制广东

---

① 《邵元冲日记》，1931 年 3 月 2、3 日，第 712 页。
② 《傅秉常先生访问记录》，第 125 页。
③ 罗翼群：《西南反蒋的回忆》，广州市政协文史资料研究委员会编《南天
岁月——陈济棠在粤时期见闻实录》（《广州文史资料》第 37 辑专辑），
广东人民出版社，1987，第 83 页。

全省的军权。他们间有着不同寻常的关系。①

第三，中原大战结束后，除张学良外，陈济棠在不受蒋介石直接控制的武装势力中力量最为雄厚。由于他不是蒋的嫡系，难以受到蒋的信任。当各派反蒋武装被击败前，蒋对他无力顾及，暂时采取安抚态度，但仍实行牵制政策，任命另一名粤军重要将领陈铭枢为广东省政府主席，主持政事，以分陈济棠的权力。这自然使陈济棠难以自安。他自掌握广东军权后，积极扩充实力，利用蒋急于消灭桂系的心理，并乘中原大战之机，向蒋多要军费，扩编军队，仅两年间便把军队发展到15万人。对于此事，蒋介石曾在南京中央党部的报告中愤怒地说道：

> 中央在广东每月的收入，完全提给他（指陈济棠）做军费，这还不够，还要在广东省收入项下提款。他的军队，一共只有五师人，照中央规定的军费算，不到一百五十万，每月便可发清全饷。现在陈济棠每月却要领四百三十万之多。以中央军队比较起来，差不多已在三倍以上。这四百三十万的中央军费和地方经费之外，还有在广西所占领的地方，亦有八十万，也不由中央支配，不报告中央，合起来大概有五百多万。②

特别是"陈指挥下还有海、空军，尤其是空军，实力仅

---

① 《马超俊先生访问记录》，第122页。
② 《蒋委员中正在中央党部总理纪念周对粤事之重要报告》，中国国民党广东省市党务特派员办事处编《粤变文件汇编》，编者印行，1931，第39—40页。

次于南京，比张学良的东北空军实力还强，更是陈济棠手上的一张王牌。"① 1930 年，他又乘陈铭枢所控制的十九路军离粤北调参加江西"剿共"的机会，逐步巩固了在广东的统治。

古应芬到广州后，一面暗中同孙科联系，利用孙科是孙中山儿子的声望，借以扩大反蒋派的声势；同时派人会晤已率军队攻入广西的陈济棠，希望他能与桂方息兵，共同反蒋。这时不属于蒋介石嫡系的地方实力派中只有陈济棠能够独立控制广东这样重要的省份，并且拥有比较强大的军事力量，但他内心总是惴惴不安。特别是当时亲蒋的省政府主席陈铭枢，一直对他构成重大威胁。尽管此时十九路军已奉命北调江西参加"剿共"，但二陈之间的矛盾并没有得到缓解。胡汉民的被囚，使陈济棠更清醒地意识到自身的危险处境，如不反蒋迟早也会被蒋吞掉。为此，他于 3 月 5 日致电南京表示：请爱护胡汉民，以免内忧。②

胡汉民的另一重要亲信、立法院秘书长李文范这时也来到广州，力劝陈济棠反蒋。"他是扣胡前以南京中央党部广东党务视察员的身份来的。在这一次广东省党部的集会上，李就提议电蒋质问何故扣胡，反蒋空气逐渐到了表面化阶段。"③

在古、李的影响下，陈济棠的反蒋态度逐步明朗。他明白此时没有其他力量可以单独举起反蒋大旗，他如果能率先反蒋，对蒋不满的各派政客和军事势力定会拥他充当盟主，从而

---

① 罗翼群：《西南反蒋的回忆》，《南天岁月》，第 84 页。
② 《陈济棠电京请加爱护》，《大公报》1931 年 3 月 6 日，第 1 张第 3 版。
③ 罗翼群：《西南反蒋的回忆》，《南天岁月》，第 83 页。3 月 11 日，李文范还同古应芬分别致电南京国民政府辞职。见郭廷以《中华民国史事日志》第 3 册，第 19 页。

扩大他的政治影响。因此,他决定先同正在对垒的张、桂联军停战,从广西撤军。他还亲自同张发奎会商合作,① 并派心腹林翼中到南宁会晤李宗仁、白崇禧,表示愿意捐弃前嫌,联合反蒋。

李、白、张在屡次战败之后实力大为削弱,已有岌岌可危之势,获此良机得以重整,自然是求之不得的事情,"因此峰回路转,两广化干戈为玉帛,又由敌对之局转而为合作了。"②

陈铭枢虽然一贯亲蒋,但对蒋介石扣押胡汉民也曾表示不满。不过他同陈济棠之间的矛盾颇深,特别是此次反蒋的核心人物古应芬同陈济棠关系密切,他自知无法成为领袖,遂于4月28日潜往香港。为了取得陈铭枢的支持,陈济棠先后三次派金曾澄、黄季陆赴港邀陈铭枢回粤合作,但都遭到拒绝。③

这样,广东的军政大权便完全落入陈济棠的手中。

三 党内各派联合反蒋局面的形成

孙科当时担任着国民党中常委、国民政府铁道部部长。他一向与胡汉民合作,并同西山会议派关系密切。1928年孙科随胡自欧洲返国后,尽管被增选为中常委,但在南京政权中并没有什么实际发言权,同宋子文、孔祥熙也有着利害冲突。胡汉民的被囚对孙科震动很大,自然引起孙科对蒋氏的不满,更使他产生兔死狐悲之感。

通过自己的下属、铁道部医生邓真德的联络,孙科立即着手策划救胡反蒋。在孙科的基本干部中,文人有马超俊、傅秉

---

① 郭廷以:《中华民国史事日志》第3册,第29页。
② 《李宗仁回忆录》,第418页。
③ 《粤挽留陈铭枢》,《大公报》1931年5月4日,第1张第3版。

常、梁寒操，武人有陈策、张惠长等，又通过梁寒操吸引了
"再造派"的王昆仑、周一志、钟天心等一批居于国民党中层
地位又比较年轻的干部。[①] 据周一志回忆：

> 大约是扣胡后的第四、五天，马超俊、梁寒操、王昆
> 仑、钟天心、陈剑如、麦朝枢及我共七人，奉孙命秘密计
> 议。由马出面，代孙写了几封密函，决定王昆仑先去上
> 海，钟天心回广州，麦朝枢同我去沈阳见吴铁城，叫他准
> 备拉张学良反蒋。并且叫我同麦路过天津时会见扩大会议
> 失败后在津闲住的邹鲁、覃振、傅汝霖等人，告以反蒋时
> 机又到，请他们务必转达汪派人士，不必再骂胡，以便大
> 家一同反蒋。[②]

4月中旬，孙科、马超俊不辞而别，潜往上海。甚至连约
法起草委员会召集人并具体负责制定约法的王宠惠、南京特别
市市长刘纪文等人，也随孙科跑到上海，表示同蒋不合作的态
度。此时，胡汉民被扣，汪精卫被排斥，国民会议的开幕日期
已近，这一切明显增加了孙科在国民党统治集团内政治天平上
的分量。他的离去对蒋构成了一定的威胁。

蒋介石觉察到孙科等人有反蒋活动后，曾慨叹道："王宠
惠、孙科皆受展堂主使，改组派离间，希望在粤另组政府以倒
中央，故其赴沪不回，余以镇静处之……粤方谣盛，余仍以小
事视之。"无论蒋是"以镇静处之"，还是"以小事视之"，但

---

① 孟曦：《关于"非常会议"和"宁粤合作"》，《文史资料选辑》第 9 辑，
　　第 105 页。
② 周一志：《"非常会议"前后》，《文史资料选辑》第 9 辑，第 85 页。

其内心绝对不敢轻视这股势力。为此，他于 4 月 28 日派吴稚晖、张静江、孔祥熙赴沪立图劝说孙科等人返京，29 日再请吴稚晖"警告展堂，属其慎思，不可致粤叛离"。其实，蒋介石深知"此事症结仍在胡也。"①

此时的孙科已不肯对蒋介石的逼迫轻易就范。他感到在这次反蒋救胡的党内斗争中，定能大大提高自己的政治地位。为此，孙科对吴稚晖等人"提议以恢复胡先生自由为前提，然后再谈其他"。②"果然从那时起，国民党的政治市场中就在'胡先生'、'汪先生'之外，又加了一位'孙先生'了。"③

由于胡汉民长期支持蒋介石而同汪精卫不和，汪精卫一派最初得知胡汉民被囚的消息后，曾表现出幸灾乐祸的态度。汪本人蛰居天津租界发表谈话时曾说："胡数年来为武人专政之拥戴者，获此结果诚不足惜，惟蒋对立法院长之失职，不在中央党部及国民政府提出弹劾，而竟敢在私寓宴会之际拘押，形同绑票，毫无法纪，以如此之人，而言制定约法，更属厚颜。"④ 汪的这种各打五十大板的态度，一度引起胡派人物的厌恶。"古应芬、黄季陆等反对最烈，以为与汪合作，则必须屈伏于汪氏之讨蒋主张，而粤方反蒋反居被动地位。"⑤ 亲胡

---

① 蒋介石日记，1931 年 4 月 28、29 日；另见《困勉记》卷 17，"蒋档"。

② 《马超俊先生访问记录》，第 151 页；郭廷以：《中华民国史事日志》第 3 册，第 30 页。

③ 孟曦：《关于"非常会议"和"宁粤合作"》，《文史资料选辑》第 9 辑，第 104—105 页。

④ 罗翼群：《西南反蒋的回忆》，《南天岁月》，第 86 页；《汪精卫对扣胡案谈话》，《华字日报》1931 年 3 月 6 日，第 1 张第 1 页。

⑤ 《某致潼关顾祝同元电》（1931 年 5 月 13 日），《蒋方民国二十年往来电文录存》，"阎档"：79/2205－6。

的驻美公使伍朝枢也极力反对联汪反蒋策略，并以国民党驻美总支部名义致电陈济棠表示："汪精卫等皆叛党国，久为全国民众共弃，更不应受其利用，自绝党国。特此忠告，惟慎择焉。"①

而此时陈济棠因感力量不足，且"既联桂，即不能拒汪"，故"力主迎汪"。"但古（应芬）及各将领以羊城浩劫由汪造成，迎汪何以平民愤。故开会时均不发言，示与汪不能合作。余（汉谋）、香（翰屏）旋谓余等无主张，惟总指挥是听。陈因大愤，遂发表只任军事，其意以为迎汪系政治问题也。"②

此时已加入反蒋行列的桂系和西山会议派的邹鲁等人，原本在"扩大会议"时就同汪派合作，当然欢迎汪精卫参加。同时，邓泽如等粤派元老也支持陈济棠的主张，③ 甚至连胡汉民都欲同长期政见不合的汪精卫合作，曾表示："目前舍汪无足与蒋对抗。"④

这样一来，古应芬等在考虑各方面的意见后，最终说服了胡派中的反汪人士，促成胡、汪两派之间的政治休战。不过，双方的休战不是无条件的。"虽迎汪，但却阻有不得带公博、孟馀、乃光等极左派人物条件。"⑤ 胡派只是希望联合汪精卫

---

① 《国民党驻美总支部致陈济棠电》，《国民党胡蒋内斗材料》，二档馆藏：七一一（6）134。

② 《天津有日特讯》（1931年5月25日），《杂派民国二十年往来电文录存》，"阎档"：48/1208。

③ 《某致潼关顾祝同元电》（1931年5月13日），《蒋方民国二十年往来电文存》，"阎档"：79/2205-6。

④ 陈公博：《苦笑录》，第265页。孙科亲信周一志在《关于再造派》一文中，也记下了同样的内容。见《文史资料选辑》第2辑，第137页。

⑤ 《天津俭日特讯》（1931年5月28日），《杂派民国二十年往来电文录存》，"阎档"：48/1212。

个人，而排斥改组派其他成员。古应芬、李文范等人在复伍朝枢的电报中，讲得很明白：

> 汪已声明彻底觉悟，与改组派脱离，而服从公意，共同倒蒋，故公意以为倒蒋则有联汪之必要，弟等亦以联汪倒蒋服从公意，非个人有所成见也。[1]

"扩大会议"失败后，汪精卫已走投无路。他自山西出逃，途经雁门关时，面对长城古迹不禁感慨万端，曾赋诗一首，以示其心中的伤感与苦闷：

> 残峰废垒对茫茫，塞草黄时鬓亦苍。
> 胜欲一杯酬李牧，雁门关外度重阳。
> 一抹残阳万里城，更无木叶作秋声，
> 谁知猎猎西风里，鸿雁南来我北行。[2]

因胡汉民被拘而引起的这场轩然大波，再次给了进退失据的汪精卫以重整旗鼓的机会。他明知亲胡的广东军政当局不会真心替自己捧场，但也要抓住这个机会，捞回一些政治资本。"孙科到上海后，派梁寒操赴香港与汪接洽，汪正在无出路中，当然一拍即合，以孙亲来一同到广州下海为条件。"[3] 在

---

① 《古应芬李文范林直勉致国民党驻美总支部电》，《国民党胡蒋内斗材料》，二档馆藏：七一一（6）134。

② 汪精卫：《过雁门关》，《双照楼诗词稿》，香港：国粹学社印行，无出版日期，第47页。

③ 周一志：《"非常会议"前后》，《文史资料选辑》第9辑，第85页。

这样的形势下，汪到广东有孙科互相依托，也并不孤立。但在孙科尚未公开反蒋前，汪精卫先留驻香港，公开发表谈话称："不赴广州，只局外接应。"① 汪精卫深知此次广东方面不可能推他当主角，但在反蒋这一点上，双方的利益是一致的。为此，他致电（"扩大会议"期间的同盟军）李宗仁、白崇禧、张发奎等，谓"目标愈简，则用力愈专，而纠纷亦愈少"，主张首先在"军事上同粤方合作，党务政治，则依次进行，将来再以会议方法共同解决"。②

经过这样一番四面八方的奔走联络，胡汉民派、孙科派、汪精卫派、西山会议派、两广地方实力派以及其他反蒋势力便又联合起来，形成一股很可以同蒋介石相对峙的不可忽视的力量。公开打出反蒋旗号的条件，已经成熟了。

四　四监委弹劾通电的反响

打响第一炮的是：1931 年 4 月 30 日，邓泽如、林森、萧佛成、古应芬等四人以国民党中央监察委员名义发出弹劾蒋介石通电，历数蒋的罪行：一是起用政学系杨永泰之流；二是陷害许崇智；三是非法扣押胡汉民。其罪行"无一不以个人地位为前提，久置党国大计于不顾"，并披露胡被囚事件的真相，指出："胡汉民同志以国民会议不应议及约法，与蒋主张不合，被其监视。蒋犹出席纪念周演讲党员自由问题，且公然指胡同志不能出京，其非法捕禁，已为中外人士所共知。"

---

① 《粤拟组机关在酝酿中》，《大公报》1931 年 5 月 14 日，第 1 张第 3 版。
② 《天津佳日特讯》（1931 年 5 月 9 日），《杂派民国二十年往来电文录存》，"阎档"：48/1178；《汪精卫致李白张冬电》（1931 年 5 月 2 日），《大公报》1931 年 5 月 9 日，第 1 张第 3 版。

"蒋氏与胡同志为同列,究以何职权而得逮捕监禁中央重要人员。""夫以一国之元首,不惜躬身毁法,乃以约法号召天下,其谁信之?"通电号召"爱护党国诸同志,急起图亡",要求将蒋撤职查办。①

邓泽如等四人是在国民党内有着相当地位的元老,又都是中央监察委员,林森还是胡汉民囚禁后被南京举为代替胡做立法院长的人选。由他们四人联名提出弹劾,其影响自然远非一般人的意见所可比拟。受此影响,当日上海公债市场价格暴跌。②

第二天,汪精卫首先通电响应,并表示:"此仍讨蒋之最后一着,吾人惟有相与戮力,以期得最后之成功"。③

引起更大震撼的是,四监委通电后三天,以陈济棠为首的广东将领十数人在5月3日联名发表的反蒋通电。他们声称:"今蒋氏罪恶贯盈,神人共愤,四海之内,愿与偕亡。""如蒋中正不亟引退,仍欲负固以暴力维持其地位,则济棠生性恬澹,权力意气之争,向所不屑,耿耿此心,只为党国争存亡,为天下留正气,正义所在,义无反顾。"④ 陈济棠还调集军队,沿边界布防。广东是国民革命的策源地,又是重要的财赋之区,陈济棠手握重兵,这一通电发出,全国为之震动。

5月11日,李宗仁、白崇禧、张发奎等也发表讨蒋通电,宣称:"蒋中正包藏祸心,自盘踞南京中央以来,窃党祸国,

---

① 《邓林萧古之卅电》,《民国日报》1931年5月4日,第1张第3版。
② 《黄郛日记》第6册,1931年4月30日。
③ 《汪精卫先生通电》,《民友》第1卷第5号,1931年5月4日,第4页。
④ 《陈济棠等粤军将领讨蒋通电》,《民友》第1卷第6号,1931年5月11日,第19页。

无恶不作。""粤方友军已仗义继起通电讨贼,揭破蒋氏历年祸国祸党种种罪恶。本军业经下令动员,尤望全国民众、党中同志及各方革命袍泽,乘时奋起,会师长江,底定金陵。"①

这样一来,两广连成一片,反蒋运动声势大振,在政治上形成了对蒋介石很不利的局面。

蒋介石收到四监委弹劾电后,曾感慨道:"通电对余声罪致讨,余始以其非军阀,为监委,故辞职引咎,以为自白之地。继思剿匪将士与国民会议二事,如余辞职,必受影响,国即绝望矣。"故决定坚不辞职,呈请中央监察委员会审查。②

5月1日,针对四监委弹劾电,蒋介石致函中央监察委员会,"请求中央彻底查办",并表示:"如中正果有应得之罪,即请决议处分,提请中央执行委员会公决执行。中正理当静候查办,服从党命,绝不稍有恋栈。"③ 为了尽快平息反蒋势力,顺利举行国民会议,蒋介石于同日主持召开国民党中央执、监委员临时会议,决议通过训政时期约法草案。"关于两粤事,因重要问题仍在展堂之自由问题……结果决定请展堂出席国民会议,并电粤解释误会。"④ 次日,吴铁城奉命致电粤方古应芬,称:

展公与介公间知好,偶有违言,朝夕不难如故。现介

---

① 《李宗仁等桂军将领讨蒋通电》,《反蒋运动史》,第303—304页。
② 蒋介石日记,1931年4月30日;另见《事略稿本》第10册,第491页;秦孝仪总编纂《总统蒋公大事长编初稿》卷2,第98页。后两种资料均对日记原文有较多文字润色,但意思大体一致。
③ 《反蒋运动史》,第289—290页;《事略稿本》第11册,台北:"国史馆",2004,第33页。
④ 《邵元冲日记》,1931年5月2日,第729页。

公及中央同志，均决坚请展公即日出席国民会议，共商国事，外间谣诼，当可不辩自解……凡所陈报，弟负全责，望即释除误会，安定人心，共维大局。①

当天，古应芬复电吴铁城表示只要释放胡汉民，"则南方决无乱事"。② 而此时孙科仍滞留上海，尚未决心同蒋决裂。孙的态度对蒋至为重要。5 月 4 日，吴铁城又奉蒋命到沪劝说孙科，"谓公（指蒋）对粤变决从党中解决，不用军事政治手段，并以科与党关系至深，于危急关头，不当消极相督责。"③ 从吴铁城转述的蒋介石态度中，孙科顿感身价倍增，一时又想充当宁粤间的调解人，缓和双方的紧张局势，于是电蒋表示："科意今日第一急着，即在先恢复展公之完全自由，则此后各事，自易解决。"同时，他也对蒋发泄了不满：

> 历代各国元首罪己事本寻常，况属革命党员自讼自劾，尤丈夫光明磊落之事。国难方殷，无任何一人所能独荷，必赖全党忠实同志本昨死今生之义，精诚团结，分工合作，共同负责。然后党国前途、统一建设，庶乎有豸……鄙意倘蒙鉴纳，则后此奔走斡旋之劳，苟有驱策不敢辞也。④

---

① 《吴铁城复古应芬冬申电》，《中央日报》1931 年 5 月 4 日，第 1 张第 3 版。
② 蒋介石日记，1931 年 5 月 2 日；另见《事略稿本》第 11 册，第 31 页。
③ 《孙科关于"粤变"及恢复胡汉民自由等事致蒋介石电》（1931 年 5 月 5 日），二档馆藏孙科个人档案：三〇〇四·41。
④ 《孙科关于"粤变"及恢复胡汉民自由等事致蒋介石电》（1931 年 5 月 5 日），二档馆藏孙科个人档案：三〇〇四·41。

古应芬

邓泽如

陈济棠

萧佛成

张发奎

汤山事件之后，首先
起来打出反蒋旗号的
部分重要人物

随后，孙科致电古应芬、陈济棠表示："弟思之再四，当此祸迫眉睫，苟利党国，汤火不辞，调停之责，再不容卸……务乞兄等在粤力持静默，安定人心，勿使时局急趋横决，至难收拾，是所盼祷。"① 然而，就在吴铁城赴沪的当天（5月4日），以吴稚晖、张静江、蔡元培、李石曾为首的中央监察委员会复函蒋介石称："邓泽如等三十日电，其语皆摭拾浮意，任意指斥，深可骇诧，且未合正式弹劾手续，业经本会集议，请蔡元培、张静江、吴稚晖等同志电复邓等，问是否失于检点，公暂勿深究。"②

由于有了中央监察委员会的明确支持，蒋介石对于四监委的弹劾案就可以有了交代。于是，"介石对于恢复展公（自由）又有变计"。对于此事，作为蒋氏亲信的邵元冲也无奈地感叹道："百尔君子，不恒其德，或承其羞，其何能淑？"③ 而蒋则在当日国府纪念周演讲时信心十足地表示：

> 有许多反动分子也许想以广东一隅之地反抗中央，而形成其割据形势。他们以为本党自民二以后，都是以广东为革命的根据地，继续革命工作与军阀奋斗，所以也想拿着广东来反抗中央。殊不知现在的情形和以前完全不同。当年总理之所以能以广东为革命的，实在有许多原因……第一，过去的事实都证明，一切反动分子无论是桂系、改组派，都是为怎么自利而捣乱，绝对没有甚么主义；第

① 《孙科关于调停宁粤之间矛盾给古应芬陈济棠的电报底稿》（1931年5月8日），二档馆藏陈友仁个人档案：三〇〇五·25。
② 秦孝仪总编纂《总统蒋公大事长编初稿》卷2，第98页。
③ 《邵元冲日记》，1931年5月3日，第729页。

二，过去叛逆都是在互相矛盾、互相冲突的分子，因一时利害，共同暂时联合起来，一旦利害冲突，立刻就会火并。我们试看他们过去的行为，时聚时散，忽合忽离，就可知他们无组织；第三，反动分子绝对没有像总理这样伟大的革命领袖。固然他们的行动全然是反革命的，不能算是革命。但是连反革命的领袖，反动分子也可以说寻不出一个。我们看看他们既无主义，又无组织，更无领袖。在这种情形之下，他们要以广州一隅来反抗中央，绝对是不可能的，绝对是站不住的……即使或有人想利用这个机会阴谋叛乱，我相信他们不出数月也必会自己消灭的。[1]

5月4日当晚（即国民会议召开前夜），蒋介石在吴稚晖的劝说下主动登门"拜访"胡汉民，请胡出席国民会议，但并未言及恢复其自由和职务。胡汉民深知在这种情况下出席会议，无非只是为蒋粉饰太平，自然表示决不参加，并对蒋说："国事非同儿戏，我更不是三尺童子，岂能听人吩咐。国民会议我要出席，用不着请，我不愿出席，虽请亦徒然。今日尚有我说话余地吗？"[2] 双方会晤仅15分钟。事后蒋在日记中写道："始见似甚不悦，中则互相含泪，终则似甚勉强也。但为党国统一计，不能不刎颈以交也。但余未有请求其私语，亦不必要也……访胡一事，为余一生之至难能的事，但访后自觉欢

---

[1] 《蒋主席五月四日在国府纪念周讲词》（1931年5月4日），《两广政潮卷》，"蒋档·革命文献"。

[2] 《国内一周大事述评》，《民友》第1卷第6号，1931年5月11日，第14页。

慰，忍人之所不能忍，耐人之所不能耐也。"①

蒋碰了这个钉子后，仍按自己原定计划在 5 月 5 日召开国民会议，通过《中华民国训政时期约法》，以此加强他对政权的垄断。蒋还借国民会议作为打击反蒋各派的武器，痛骂陈济棠"不服党的命令，借题违反中央，想联合张桂军、改组派、盘踞广东，以谋反抗，丧心病狂，势将为陈炯明第二"。② 他原以为不需要花费多少力气就可以将事态平息下去，很有把握地说：

> 古应芬等通电，似以监委资格劾本人，而手续不合⋯⋯故本人对此电绝不计较。如仅用监委资格讲话，当不起其他纠纷。如有武人弄兵，相信中央可不用一兵，在最短期内平乱，不虞动摇时局。③

在蒋的授意下，何应钦、何成濬、何键、鲁涤平四将领也致电陈济棠，要他"悬崖勒马""舍刀成佛"。④ 蒋还利用国民会议先后通过《拥护和平统一案》《严重警告陈济棠促其悔悟以保和平统一案》《慰勉国民政府蒋主席中正案》，假借民意巩固自己的政治地位，打击异己势力。《拥护和平统一案》宣称：

> 本会敢代表全体国民昭告中外：自今以后，凡个人或

---

① 蒋介石日记，1931 年 5 月 4 日；另见《困勉记》卷 18，"蒋档"。
② 《蒋主席在中央纪念周报告》，《民国日报》1931 年 5 月 12 日，第 1 张第 4 版。
③ 《蒋对粤事之报告》，《大公报》1931 年 5 月 5 日，第 1 张第 3 版。
④ 《何应钦等诰诫陈济棠电》，《中央日报》1931 年 5 月 12 日，第 1 张第 3 版。

团体消极或积极谋破坏和平与统一者，即为违背国家根本大法之民贼。国民政府……当行使全体国民所授予之权力，用最迅捷妥善之方法，执行严厉之制裁。①

从表面上看，反蒋各派已多次被蒋介石打败，蒋的地位似乎已很牢固。但蒋只是依靠武力和分化收买手段挫败他的政治对手，并没有赢得人心；相反，他在铲除异己方面无所不用其极，虽然奏效于一时，却使更多人感到寒心，造成人人自危的局面，从而集结起一股更加强大的反蒋暗流。各派代表人物仍然散处各地，窥测风向，伺机再起。他们彼此间虽然存在着种种矛盾冲突，但在反对蒋介石集权，希望保持或夺回权力这一点上却是一致的。

孙科

陈友仁

---

① 《国民会议第六、七、八次会议记录》，《国民会议实录》正编，第144、214页。

5 月 18 日，吴稚晖等人再次奉命赴沪劝说孙科、王宠惠回京。① 此时，国民会议已经闭幕，约法已经通过，胡汉民的自由却没有恢复，这一切也使孙科对蒋介石有了更清醒的认识。对于孙科此时的态度，吴稚晖曾亲笔致函蒋介石称：

> 今与石曾、静江、亮畴自五时同往哲生宅谈至八时半……亮畴默不作声，看来彼知调停甚难，决计远离……哲生言中央制度，最好主席当如卡列宁，绝对不问事，责任在行政长官，主席不兼总司令，应设军事会为公平支配。大家言事实相去甚远……看彼情形知道粤方联汪已变了骑虎之势，彼亦感觉十分困难毫无结果而散。
>
> 看到一点情形：彼虽未积极拉拢汪之事，仿佛联汪亦所与闻；第二，彼亦有不满意中央组织之处；第三，彼尚知开战无把握，故正在踌躇，未毅然赴粤。弟等来时亦不想在哲身上有何调停之结果，不过姑一探真相而已。现在真相未必即如此，或亦不无可供参考之处。②

就在吴稚晖等人劝说孙科返宁的当天，邓演达、陈友仁也"力劝孙不可上蒋的圈套"，"主张坚决反蒋"。于是孙科不再犹豫，同陈友仁、许崇智三人秘密离沪赴粤。③ 据天津报纸载：

> 孙科之赴港，系在二十一日晚，几无人知晓。李、吴

---

① 郭廷以：《中华民国史事日志》第 3 册，第 36 页。
② 《吴敬恒呈蒋主席函》（1931 年 5 月 18 日），《两广政潮卷》，"蒋档·革命文献"。
③ 周一志：《"非常会议"前后》，《文史资料选辑》第 9 辑，第 86 页。

诸人对新闻记者虽屡称孙氏之去粤曾对彼表示，系为调停，然既属调停而往，何以行时无人知晓？最后所闻，孙之行，直是借某国人之力，保送上浅间丸。因孙前曾有过两次图乘轮赴港，均因租界某种有力人之阻，未能成行。故此次不能不借重某国人以收一帆风顺之功。①

从孙科所乘的"浅间丸"看，报载所说的"某国人"，似是日本人。但据马超俊回忆：孙科"由沪启程时，杜月笙派专轮护送孙氏由法租界登轮"。② 而此时的孙科不但自己反蒋，又叫听他话的张惠长（时任国民政府航空署署长）带走宁方一批战机飞往广州。③ 据说，"南京方面飞机近闻逃走四十余架，训练部长马超俊亦走"。④ 当蒋介石得知孙科出走的消息后，立即电令在香港的欧阳驹："此间只知哲生养（22 日）晨由沪到港，未知其到港后之言行如何？请详告。"⑤ 蒋对孙科加入粤方的行为，极为愤慨，曾叹道："生子莫生阿斗也。可叹。"⑥

除了孙科等人投入粤方阵营外，甚至连一贯支持蒋介石的戴季陶也于国民会议开幕前一周请假半年，⑦ 以示消极。戴氏原

---

① 《反蒋运动史》（上），第 319 页；《粤事已图穷匕首见》，《国闻周报》第 8 卷第 20 期，1931 年 6 月 2 日，"一周间国内外大事述评"，第 1 页。
② 《马超俊先生访问记录》，第 152 页。
③ 周一志：《"非常会议"前后》，《文史资料选辑》第 9 辑，第 86 页。
④ 《开封戎纪五致周口梅达夫养电》（1931 年 5 月 22 日），《蒋方民国二十年往来电文录存》，"阎档"：80/0043。
⑤ 《"欧阳驹致蒋主席五月养电"批语》（1931 年 5 月 22 日），《两广政潮卷》，"蒋档·革命文献"。
⑥ 蒋介石日记，1931 年 5 月 23 日；另见《事略稿本》第 11 册，第 220 页，其文为："何我总理竟生此阿斗也。可叹！"
⑦ 沈云龙编著《黄膺白先生年谱长编》上册，台北：联经出版事业公司，1976，第 433 页。

计划到外地休养，据说"戴季陶、魏道明三次均未能走脱"。①
直到国民会议结束后的 5 月 18 日才成功离京。戴氏此举，颇令
蒋氏寒心。蒋感慨道："季陶悲观消极，见之心伤。本党分子非
积极争权利，则消极悲观，而欲求一中和坚忍者，未之得也。
此总理所以辛苦一生以长逝也。如此党之干部焉得不败也。"②

5 月 24 日，孙科、陈友仁、许崇智自上海到香港后，会
合汪精卫等同赴广州。③ 25 日，由国民党元老唐绍仪领衔，邓
泽如、古应芬、林森、萧佛成、汪兆铭、孙科、陈济棠、许崇
智、李宗仁、陈友仁、陈策、林云陔、李文范等联名通电，列
举蒋介石篡党窃国罪状后，以最后通牒的方式限令蒋"四十
八小时以内，即行引退"，并称："如执事置若罔闻，仍欲凭
借暴力以遂私图，则执事一人实为破坏和平之戎首。何去何
从，惟执事图之。"④

汪精卫、孙科等人抵达广州的当日即出席广东省党部纪念
周，并针对南京中央和蒋介石个人分别发表了措辞强硬的演
讲。汪精卫的演讲以推翻南京独裁政权为中心，而孙科更在演
说中指责蒋介石为"疫鼠"，正式公开他同南京的对立，并号
召粤方武装反蒋：

　　　　和平方法，欲蒋觉悟，无异对牛弹琴；欲蒋下野，又

---

① 《开封戎纪五致周口梅达夫哿电》（1931 年 5 月 20 日），《蒋方民国二十
　年往来电文录存》，"阎档"：80/0016。
② 蒋介石日记，1931 年 5 月 19 日；另见《事略稿本》第 11 册，第 217 页。
③ 《孙科态度渐明其意不在调解》，《大公报》1931 年 5 月 25 日，第 1 张第
　3 版。
④ 《汪精卫唐绍仪等限蒋四十八小时下野电》，《民友》第 1 卷第 9 号，1931
　年 6 月 1 日，第 15—16 页。

无异与虎谋皮。兄弟以为和平已不可能，则不当投鼠忌器。因蒋不是寻常老鼠，而是一个疫鼠，传染甚速，倘我们不忍些痛，急扑杀之，举行大扫除，则非全国皆亡不可。故我们要认定正是大举扫除的时候，不是投鼠忌器的时候。广东方面的同志能举义声讨，决心努力进行，所以兄弟特由上海跑回参加。惟有一点重要者，则望各位同志对于以前之相左离合，概视为旧账不算，从新结合起来，一致倒蒋，重建党国。①

至此，双方的对峙已无回旋余地，到了一触即发的地步。

五　广州开府

密云不雨的局势，终于明朗化了。

1931 年 5 月 27 日，粤方责令蒋介石引退的期限一到，各派立刻在广州宣布成立国民党中央执监委员"非常会议"，规定：凡是国民党第一、二、三届中央执监委员，只要愿意前来反蒋的，一律为"非常会议"当然委员，并公开发表《中国国民党中央执监委员非常会议成立宣言》：

> 现在南京之中央党部，从前表示反对之同志，固不认其存在；曾经参加者，亦以此党部已为蒋中正个人势力所劫持，实无存在之价值。当此存亡绝续之际，唯有以革命之手段……一心一德，以戡大难，以为党国谋长

---

① 《孙科在广东省市党部扩大纪念周之报告》（1931 年 5 月 25 日），《为什么讨伐蒋中正》，第 102 页。

治久安。①

第二天，反蒋派又在广州成立国民政府，同南京政府相对峙。在他们联名发表的就职通电中，进一步申明粤方的政治主张：反对武力统一、中央集权；当以建设求统一，以均权求共治；不主张以武力解决时局，如有以武力相压迫者，亦所不畏。② 宁粤分裂的局面至此正式形成。

这一次广州组府反蒋的办法，大致沿用了前一年北平"扩大会议"的老路，即"集合各届中央执监委员、对党有历史宿著忠诚者，相与组织非常会议，以为本党之领导机关"。③ "嗣后凡本党中央委员莅粤，均一律请其出席非常会议，共策进行。又谓扩大会议亦在谋本党精神团结，此次非常会议为再次之扩大，故扩委均为当然之参加者。惟因各方任务重要，暂不能完全来粤耳。"④

不过，这次集合的反蒋派却有明显的地域色彩。国民党元老中，一向以广东人为多，而视浙江籍的蒋介石为"新进"。这次中央执监委"非常会议"设常务委员五人：邓泽如、邹鲁、汪精卫、孙科、李文范，秘书长梁寒操，都是广东人。"非常会议"下设四个委员会：（1）组织委员会，委员为孙科、古应芬、邓泽如；（2）宣传委员会，委员为汪精卫、邹鲁、李文范，并任命王昆仑为"非常会议"机关报《中央导报》主编；（3）海

① 《中国国民党中央执监委员非常会议宣言》（1931 年 5 月 27 日），《中央导报》第 1 期，1931 年 7 月 1 日，第 1—2 页。
② 《国府委员就职通电》（1931 年 5 月 28 日），《为什么讨伐蒋中正》，第 49—52 页。
③ 《非常会议宣言》，《中央导报》第 1 期，1931 年 7 月 1 日，第 2 页。
④ 《反蒋运动史》，第 336 页。

外党务委员会，委员为萧佛成、陈耀垣、刘纪文、邓青阳、陈树人；（4）军队政治训练委员会，委员为黄季陆、林翼中、黄公度等。其成员大都为广东籍。广州国民政府同样设常务委员五人：唐绍仪、古应芬、邹鲁、汪精卫、孙科，秘书长陈融，国府下设外交、财政二部，分别任命陈友仁、邓召荫为部长，傅秉常、吴尚鹰为次长。他们也都是清一色的广东人。

广州国民政府部分委员合影。左起伍朝枢、汪精卫、李文范、孙科、陈友仁、邹鲁

与"扩大会议"不同的是，广州国民政府不设主席，依照组织大纲的规定，国民政府委员会议，由常务委员轮流主席。除外交、财政两部外，广州国民政府又设立军事委员会和政务委员会，任命许崇智、陈济棠、李宗仁、唐生智四人为军事委员会常务委员，主持军事；指定李文范、刘纪文、麦焕章三人为政务委员会常务委员，负责办理军事、外交、财政以外的一切事宜。

广州四总司令就职典礼。左起李宗仁、
陈济棠、张惠长、陈策

广州国民政府成立后，第一件事就是整顿并扩充武装力量。6月2日，国务会议决定将两广各军队番号定名为国民革命军，任命陈济棠为第一集团军总司令，李宗仁、白崇禧为第四集团军总司令、副总司令。此外又任命张惠长为空军总司令，陈策为海军总司令。陈济棠旋即将所部扩编为3个军150个团，分别任命余汉谋为第一军军长，香翰屏为第二军军长，李扬敬为第三军军长；李宗仁也将张桂联军扩编为4个军72个团，任命张发奎为第四军军长，廖磊为第七军军长，李品仙为第八军军长，黄旭初为第十五军军长。① 为了表示两广合作诚意，粤方主动"接济桂军子弹五百万、军费每月廿五万至

---

① 《反蒋运动史》，第401—402、405 页。

卅万"。① 而广西则表示愿代广东招募新兵。为此陈济棠特致电李宗仁表示： "募兵事此间颇感困难，兄允代募甚为感激。"②

在外交方面，陈友仁于 6 月 1 日就任广州国民政府外交部长后，首先致电北平各国驻华公使表示：

> 请贵国政府撤回对于南京政府之承认，并停止与该政府商洽一切。此后凡与南京各机关订立任何合同或条约……均一律不生效力，中华民国国民政府概不承认。③

6 月 10 日，广州政府财政部又强行收回粤海关，此后粤海关税收每月 250 万两悉数解交广州政府；④ 同时发行 1000 万两公债扩充军费。⑤ 16 日，广州政府针对南京政府公开发行 8000 万元公债一事，⑥ 致电上海金融界，表示："自本府在广州宣告成立之日起，蒋氏如再以政府名义，用任何方式名目，

---

① 《某致潼关顾祝同元电》（1931 年 5 月 13 日），《蒋方民国二十年往来电文录存》，"阎档"：79/2205 – 6。

② 《广州陈济棠致南宁李宗仁佳午电》（1931 年 5 月 9 日），《蒋方民国二十年往来电文录存》，"阎档"：79/2187。

③ 《陈友仁致驻平各公使通告》，《民友》第 1 卷第 11 号，1931 年 6 月 15 日，第 16 页。

④ 《反蒋运动史》，第 387 页。

⑤ 《陈济棠发库券千万充军费》，《民国日报》1931 年 5 月 24 日，第 1 张第 3 版。

⑥ 5 月 30 日，南京政府立法院审议通过"中央政治会议交议之发行统税公债八千万元"。（《邵元冲日记》，第 738 页）宋子文在中政会上解释之所以要发行 8000 万，主要就是为对付广东和石友三。见《中国国民党中央执行委员会政治会议第 281 次会议速记录》（1931 年 7 月 22 日），党史馆藏，毛笔原件：00.1/125。

举借内债外债，一概认为无效。""如敢故违，不特甘受损失，且系有意助逆，一经查出，定当依照反革命论罪。"① 粤方希望借此破坏宁方的财政收入。特别是自唐绍仪领衔通电反对南京政府后，上海"公债票等均奇跌"。② 对此，宁方也以行政院名义发表通告："以后凡粤方所发公债及其他收入，行政院概不承认。"③

为了扩大反蒋同盟，广州"非常会议"还发表《致全国各党部各同志书》，称目前主要任务，一是在蒋管区"立即秘密组织，从事活动"；二是"共（产党）借蒋为掩护，蒋挟共以自重，故剿共必须倒蒋，倒蒋必须剿共"；三是在军事上应与北方各省"亟谋合作，以竟成功"，"务使党务之发展与军事之发展同时并行"；四是各省反蒋党部无论是公开还是秘密机关，都要"取精神之团结，在合法的第四次全国代表大会未开以前……加入共同工作，以期收群策群力、同心同德之效。"④

此时已就任广州国民政府军事委员会常务委员的唐生智，也四处积极活动。"唐生智在粤收购枪二万另成部队，并派人携款回湘召集旧部，运动部队。"⑤ 唐一面积极拉拢湖南省政府主席何键（原唐氏部属）投入反蒋阵营，电何键谓："粤反

① 《反蒋运动史》，第 387 页。

② 《蒋作宾日记》，1931 年 5 月 28 日，江苏古籍出版社，1990，第 326 页。

③ 《中国国民党中央执行委员会政治会议第 282 次会议速记录》（1931 年 7 月 29 日），党史馆藏，毛笔原件：00.1/125。

④ 《中央执监委员非常会议致全国各党部各同志书》，《中央导报》第 1 期，1931 年 7 月 1 日，第 60—61 页。

⑤ 《长沙周维致汉口何成濬梗西电》（1931 年 5 月 23 日），《蒋方民国二十年往来电文录存》，"阎档"：80/0073。

蒋精神团结，各方同志均皆莅此，北方必有义举。介石已成独夫，为湘中利害及保爱革命历史计，希诸兄即日商决，派曹伯闻兄迅速秘密来粤接洽为妥。伯南兄对湘事甚关切，对兄等极表亲善。盼兄等速下决心秘密进行。"① 一面又派其弟唐生明到湘南宝庆一带活动，何键"因唐生明到宝，即派代表往返接洽四次，均无结果而回"，为防万一，遂"将贵重物品搬运益阳"。②

广州国民政府成立后，宁粤双方在军事准备尚未周全之时，便不停地相互口诛笔伐。5 月 27 日，蒋介石在日记中写道："余对唐等之电置之，以其无置复价值，但对科电，以其为总理之志〔子〕，不能不忍痛诫勉之。"当晚，蒋"修正致哲生电至晚一时方搁笔告成，甚感伊尹训太甲，周公戒成王，诸葛表阿斗处境之难，古今同慨也。"③ 蒋在复孙科的电报中首先强硬声称：

> 中正尽瘁革命，系受总理付托，所任本兼各职，均奉党国命令。既非赵孟之所贵，亦非赵孟所能贱。兄以为中正有负总理付托之重，应去职以谢党国，得以合法之手续向党部建议可也。党果决议令中正去职，中正决不敢稍须恋栈……中正个人之进退不足惜，其如党国之纲纪何？至谓中正平日对于政事独断自专，更不知何所指而云然。数

① 《广州唐生智致长沙何键刘建绪陶广有电》（1931 年 5 月 25 日），《蒋方民国二十年往来电文录存》，"阎档"：80/0094。
② 《凤凰陈渠珍致廿五军司令部转王秘书恍岩文参电》（1931 年 5 月 12 日），《蒋方民国二十年往来电文录存》，"阎档"：79/2203。
③ 蒋介石日记，1931 年 5 月 27 日；另见《事略稿本》第 11 册，第 24 页。

年以来，国家重大兴革，无不受命于党，且无一不为兄等
所共同主张。兄等既躬亲参加于前，奈何横加訾议于后，
今昔矛盾，宛若两人，诚可异也。兄若以为前事应有更
张，尽可以合法手续修正，凡党有令，谁敢不从。至少川
先生等，不知以何种资格要求中正去职，惟有以一笑置
之。

蒋介石在此电中明确向粤方宣示："攘夺固所不许，放弃
亦所不敢。"此时，他还对孙科仍抱有一线希望，仍向孙表
示：

惟念兄为总理之子，而去粤之时，迭对吴、李、蔡
诸先生声言以调解斡旋为志，今抵广州，乃有此变，度
必为环境所逼，非出本怀……尚希望吾兄顾念总理创业
之艰难，同志奋斗之努力，恪遵总理和平统一之遗训，
一秉在沪时调解斡旋之初心，继续努力，共同完成革命，
幸勿为一时之诱惑，误入歧途，毋为仇者所快而为亲者
所痛。①

此时孙科的地位已是今非昔比，他在广州 "党政方面的
发言权比汪精卫都大"，② 自然不会再买蒋介石的账。5 月 30

---

① 《蒋主席昨复孙科电》，《中央日报》1931 年 5 月 29 日，第 1 张第 3 版。
② 据周一志回忆，此时孙科在 "非常会议" 中地位相当高，孙的亲信梁寒
　操做了 "非常会议" 的秘书长，钟天心做宣传部主任秘书，王昆仑做
　《中央导报》的主编。甚至连汪精卫都不得不对孙科的这批手下表示
　 "十分客气"，"把我们捧得很高"。见周一志《关于再造派》，《文史资料
　选辑》第 2 辑，第 137—138 页。

日，孙复蒋电，指责道："今日南京之中央，实已为兄一手劫持。"并表示："欲谋统一和平，必先去统一和平之障碍，实非请兄引退不可，所以毅然南下，正期与诸同志共同奋斗，以谋真正之统一和平耳！"[1]

面对孙科的强硬态度，蒋也不再客气，在他的指使下何应钦等九将领联名致孙数千言长电，指责孙科"不忠、不孝、不敬、不仁、不智"，并借孙中山之口教训孙科：

> 总理在时，同志中有劝以假兄较优之事权，俾资历练者，总理恒以兄下驷，不克重荷为言。或疑为示谦避嫌所应尔，不免为兄抱屈。及今思之，实佩总理之公明。知子莫若父，益信而有征矣。兄问世为日尚浅，然其行谊，则富感情而缺理智，好货利而昧大义，翻云覆雨，胸无主宰，乃其生平最大之毛病。[2]

而广东方面则以党国元老萧佛成出面，致电蒋介石，攻击南京国民党中央，称：

> 以现状而论，今日之所谓统一者，不过独夫之专政统一，非民主政治之统一……望公听纳忠言，将党权交还党人、庶政交还国人，即日自动下野，当可保存数年来之革

---

① 《孙科痛斥蒋介石电》，《反蒋运动史》（上），第 331 页。
② 《何应钦等电箴孙科》，《民国日报》1931 年 6 月 3 日，第 1 张第 3 版。6 月 1 日，何应钦电请示："转呈唐绍仪等十四人以伪国府委员名义电湘鄂赣剿匪各军将士，拟电各总指挥勿庸置复。可否？乞示。"蒋即批示："请由兄处拟稿驳复为宜。"见《"何应钦呈蒋主席六月东电"批语》（1931 年 6 月 1 日），《两广政潮卷》，"蒋档·革命文献"。

命历史。若贪恋大位，必效莽操之所为，则其结果有非弟所忍言矣。①

蒋介石面对这些元老的指责，则威吓说：

吾人对本党老同志确系忠实者自应尊敬。若以老同志而反对新进同志，并违反总理主义，吾人惟有以叛逆看待，消灭之而后已。②

对这一轮宁粤双方的电报战，当时持中立态度的天津《大公报》评论称："尤以何应钦等九将领致孙科之冬（2日）电，毒骂丑诋，不留余地，电报之战，至此实叹观止！"③ 蒋介石自己曾在日记中反思道："此次粤变之来，其祸因当不能避免，但胡事发生后，如果即亲往江西剿共，使陈济棠、古应芬无所借口，则其变或可暂缓。否则坐守京都，不回乡扫墓，则逆谋或亦可防止。又孙哲生夫妻辞行时，如能察言观色，留其在京，则其祸或亦可止。是皆大意玩忽之咎，不能不自责。然事已至此，既往不追，惟有努力奋斗而已。"④ 在蒋介石看来，最好的"补救"方法，即是他对付异己一贯使用的收买分化手段。5月15日，蒋分别密电陈济棠所部的三个师长封官许愿。致香翰屏电称：

---

① 《萧佛成痛诋蒋介石函》，《民友》第2卷第1号，1931年6月29日，第17页。
② 《蒋在纪念周之重要报告》，《大公报》1931年5月26日，第1张第3版。
③ 《反蒋运动史》，第417页。
④ 蒋介石日记，1931年6月10日；另见《省克记》卷4，"蒋档"。

目前伯南已陷孤立，不惜以广东奉之张桂及改组派。故中正已决定免除其八路总指挥之职，请兄继任，以挽救大局而巩固党国。①

致李扬敬、余汉谋电则表示：

陈炯明当时以一念之差身败名裂，永为耻笑。其部下叶举、洪兆麟、林虎等亦随之陷入泥犁。今日亦为兄等成败存亡之关头，亟宜晓以大义，陈以利害……君子爱人以德；小人爱人以姑息。自应即日脱离伯南，与之断绝关系，以促其最后之觉悟。而兄等之所以效忠党国，自保令名，厚爱伯南者，实无逾此。②

但香翰屏等人不为所动，香率先将蒋介石致他的密电公布，并复电嘲笑道："取伯公之位而代之，用心虽工，而计亦拙矣。""执事仍欲用其分化政策，亦多见其不知自量而已！翰屏……誓当随党国诸先进之后，统率所部，与执事周旋。"③蒋的这一打算归于落空。

但蒋并未停止分化粤方的行动。当他得知潜往上海而尚未公开反蒋的马超俊有意赴海外休养，立即派人送给马超俊

---

① 《蒋主席致蒋总指挥转香师长墨林五月删电》（1931 年 5 月 15 日），《两广政潮卷》，"蒋档·革命文献"。
② 《南京蒋中正致蒋光鼐蔡廷锴李扬敬余汉谋删电》（1931 年 5 月 15 日），《蒋方民国二十年往来电文录存》，"阎档"：79/2233 - 2237。
③ 《香翰屏揭破蒋中正挑拨离间电》，《为什么讨伐蒋中正》，第 65—68 页。香翰屏公布的《蒋中正致香军长电》同原电内容有一定出入，见《为什么讨伐蒋中正》，第 70 页。

两万元出洋费，名目是请马考察国外劳工状况。① 7月，蒋的心腹智囊杨永泰"奉命赴香港秘密工作，对西南加以分化运动。不单派了畅卿，同时四面八方进行对西南的分化"。② 其中就有"蒋派前广州公安局长欧阳驹携款三十万赴港组织反宣传及暗杀机关"。③ 而当蒋得王伯龄情报称："粤干事张觉时接近薛岳，近又来电称张发奎返桂数日，现又来港称病，辞四集团前敌总指挥，态度消极，并请示薛岳意欲反正，准否？"④ 当即复电王伯龄："薛岳等如能反正，必优予奖借也。"⑤ 此后，得陈立夫情报，知张发奎有望分化，蒋亦立即电复陈立夫指示："拉拢张发奎部一节可以进行也。"⑥

但是，此次蒋介石的分化瓦解工作，在初期并未取得明显效果。继香翰屏之后，陈济棠的又一重要军事将领余汉谋于7月7日公开"向报界痛斥蒋介石分化伎俩，并将蒋致伊亲笔密

---

① 马超俊：《发难讨蒋之回溯》，《中央导报》第 10 期，1931 年 9 月 2 日，第 5 页。

② 周佛海：《盛衰阅尽话沧桑》，《陈公博周佛海回忆录合编》，香港：春秋出版社，1971 年再版，第 210 页；另据刘叔模回忆：杨永泰"到香港的任务，是收买余汉谋的"。见刘叔模《一九三一年宁粤合作期间我的内幕活动》，《文史资料选辑》第 17 辑，第 128 页。

③ 《一周间国内外大事记》，《民友》第 2 卷第 2 号，1931 年 7 月 6 日，第 15 页。据陈铭枢的亲信许锡清回忆陈氏 4 月底出走广州时，"陪他出走的只有欧阳驹一人"。（许锡清《福建人民政府》，《广州文史资料》第 15 辑，第 103 页）欧阳驹在蒋陈之间到底扮演了什么角色，还是一个谜。

④ 《王伯龄呈蒋主席七月宥电》（1931 年 7 月 26 日），《两广政潮卷》，"蒋档·革命文献"。王伯龄又为王柏龄。

⑤ 《蒋介石复王伯龄电》（1931 年 7 月 28 日），《事略稿本》第 11 册，第 450 页。

⑥ 《蒋介石复陈立夫电》（1931 年 8 月 23 日），《事略稿本》第 11 册，第 559 页。

函交报披露，借寒奸胆"。① 马超俊 8 月中旬返国后，则直接加入粤方，并被增选为"非常会议"常务委员和国府委员。②

此后，双方电战不绝，继之以动武。

六　陈铭枢态度的转变

当时，广东省政府主席陈铭枢控制的第十九路军的政治倾向，对宁粤双方来讲都是至关重要的。

陈铭枢，粤军名将，北伐战争期间同张发奎分领国民革命军第四军两个师南征北战，同被誉为铁军。军长李济深则率陈济棠的十一师、徐景唐的十三师留守广东。随着北伐凯歌高奏，陈铭枢、张发奎两师不断扩编，张师继承了四军番号，陈师发展为十一军。

宁汉对峙之初，武汉政府所依靠的主要武装力量就是唐生智、张发奎和陈铭枢的部队，陈还兼任武汉卫戍司令。在武汉政权的联共反蒋斗争中，唐、张两人都服从武汉中央，唯有陈倾向蒋介石。他在回忆录中曾记下当时的心态："在反蒋浪潮中，我对蒋介石虽有不满之处，但一考虑到全局和前途，我就是不愿公开附和反蒋。此外，我对当时中共领导下的工农运动，也认为越轨过火。"③ 为此，陈铭枢放弃武汉卫戍司令之职，投奔南京，出任政治部副主任（主任吴稚晖，但不到部，实由陈负全责）。

1927 年 8 月，宁汉合流，蒋介石下野，陈铭枢也随之辞

① 《一周间国内外大事记》，《民友》第 2 卷第 3 号，1931 年 7 月 13 日，第 10 页。
② 《马超俊先生访问记录》，第 154 页。
③ 《陈铭枢回忆录》，中国文史出版社，1997，第 47 页。

职出洋。陈铭枢的基本部队第十师虽参加了中共领导的南昌起义，但不久即由蔡廷锴率领脱离起义部队，南下福州，重建十一军。陈铭枢得知后立即由日本回国，重掌军队，仍归李济深统率，并联合桂系黄绍竑部击败了返粤争夺地盘的张发奎的第四军。此后，李济深升任第八路军总指挥，下辖陈济棠第四军、徐景唐第五军和陈铭枢的十一军。

1929 年蒋桂战争爆发前，蒋介石先将与桂系关系密切的李济深骗到南京，扣押于汤山。此种手段与两年后囚禁胡汉民如出一辙。而李济深的主要部属陈铭枢自北伐以来一直同蒋关系密切，陈济棠则对亲蒋的胡汉民、古应芬言听计从。蒋介石利用二陈的支持很快打败了桂系。战后，为了奖赏两人的忠诚，蒋介石分别任命陈铭枢为广东省政府主席主持省政，而由陈济棠接任李济深的第八路军总指挥一职（支持李济深的徐景唐部大都被陈济棠接收）。可以看出，蒋介石的这一布置，很大程度上对二陈带有相互牵制的作用。

1930 年中原大战爆发。陈铭枢立即致电蒋介石表示忠心，并称所部蒋光鼐、蔡廷锴两师"已作好准备，随时可听候调遣"。不久，张桂联军乘机再起反蒋，直入湖南，企图出武汉与冯玉祥、阎锡山相策应。当时武汉空虚，南京震动。蒋介石急调陈铭枢部出韶关抗击。结果，张发奎部几乎全军覆灭；黄绍竑、白崇禧的桂军也被迫退回广西。湖南战事刚一结束，蒋光鼐、蔡廷锴即率部南下津浦线与晋系阎锡山作战，出奇兵克济南，扭转了蒋介石军事上的败局。随后蒋、蔡两师又调往平汉线，再与西北军冯玉祥作战，大获全胜。[①] 为了表彰陈铭枢

---

① 《陈铭枢回忆录》，第 66—67 页。

的战功，蒋介石将陈部扩编为第十九路军，任命蒋光鼐为总指挥、蔡廷锴为军长，并犒赏全军 100 万元。① 中原大战结束后，蒋介石将十九路军调往江西"剿共"。这支由粤军演变而成的能征惯战的部队，在此次宁粤对峙期间刚好夹在双方中间，它的政治倾向，自然成为双方关注的焦点。

自中原大战结束后，拥有军权的陈济棠同主持省政的陈铭枢之间矛盾不断。陈济棠借口中央要他对付广西，拼命扩充实力。而陈铭枢则以省政府名义组建"保安队四团，分驻各县负地方绥靖之责"。陈铭枢对陈济棠"总揽军权，且不断扩充实力，野心勃勃，因此更加不满其所为"。② 然而在汤山事件前，对于二陈之间的矛盾，蒋介石是偏向陈济棠的。这主要是由于广西善后事宜未了，蒋还要利用陈济棠的武力对付逃往广西的李宗仁残部。为此，蒋多次致电陈铭枢请其"忍辱负重"。2 月初，蒋即电劝陈铭枢："为国惟有相忍，不可泄一朝之忿，以忌所负责之大。内部事终有妥商办法，好在伯南极明事理也。共匪未清，隐忧尚多，务请忍辱负重为要。"③ 15 日，蒋介石再次致电陈铭枢，主动表示愿调解陈铭枢同陈济棠之间的误会：

> 私事固不可发愤，公事更应相忍。此时当无万难隐忍之事。如为军费，则可平心讨论，由中居间公评；若为党

① 《蔡廷锴自传》，黑龙江人民出版社，1982，第 228 页。
② 《陈铭枢回忆录》，第 65—66 页。
③ 《蒋中正电陈铭枢以共匪未清隐忧尚多请相忍为国并询邓铿后人见复》（1931 年 2 月），《筹笔》第 55 册，台北"国史馆"藏"蒋中正总统档案"，毛笔原件，档案号 03 - 2301。以下简称"蒋档"，并径注档案号。

事，则可直告以兄之意，当由中设法斡旋。诸事可由中正负责，任怨勿辞，无须兄自受过为难也。兄意究何？请详复办法或即派最亲信者来京面详。俾中有所裁择也。①

蒋介石此时对陈济棠的态度则明显不同。同样是为了钱，蒋对陈铭枢用的是一个"拖"字，对陈济棠的要求则迅速满足。2月14日，蒋介石即请在广州的古应芬转告"伯南欠饷允另发公债……请勿念"。② 第二天，当蒋再次接到陈济棠"电称军费困难"时，立即复电，痛快地表示："由财部昨直接汇去七十五万元，由特派员转交外，并于日内再凑二三十万元交兄带去。"③

胡汉民被扣后，蒋介石仍希望二陈能向扣李济深时一样，继续效忠中央。3月1日，蒋即电请黄居素转告陈铭枢事件原委，旨在争取陈的支持：

国民会议约法案与庇护廖案嫌疑犯事，中央对胡展堂同志已提弹劾。中正在负责调解。刻胡已自动辞职，中央当可照准。中对此事力主勿使扩大。请转告真如兄亦照此进行。④

---

① 《蒋中正电陈铭枢愿居间公评斡旋军费与党事希派亲信来京面详》（1931年2月15日），《筹笔》第55册，"蒋档"：03-2308。
② 《蒋中正电古应芬中央允代陈济棠解决欠饷与公债并询戴传贤归期》（1931年2月14日），《筹笔》第55册，"蒋档"：03-2306。
③ 《蒋中正电张难先转陈济棠询抵沪日以托其携款至穗济军费》（1931年2月15日），《筹笔》第55册，"蒋档"：03-2310。
④ 《蒋主席致黄居素三月东电》（1931年3月1日），《两广政潮卷》，"蒋档·革命文献"。

最初，陈铭枢的态度是相当暧昧的。自 1927 年宁汉分裂后，陈铭枢在政治上一直追随蒋介石，而同胡汉民、古应芬等粤派元老的关系远不如陈济棠密切。特别是陈济棠掌握广东军权后，每当二陈出现矛盾时，元老派明显袒护陈济棠。因此陈铭枢对广东胡派势力极其不满，他曾回忆说：

> 其时，最使我伤脑筋的倒是留在广东的胡派人物。自张发奎、黄琪翔在广东失势后，汪派在粤已无立足余地。胡派在粤势力最雄厚，党政军各界都有。其代表人物为古应芬、邓泽如、萧佛成、林云陔、李文范、刘芦隐、胡毅生（胡之胞弟）等人，都以国民党元老自居，奉胡汉民为正统。①

因此，当他最初得知胡汉民被扣消息后，先是站在蒋的立场上密电蒋介石表示："京政情变动，诸要员似不可离京。哲生准七日来粤，请止之。"② 蒋立即复电表示赞同："中央要员一致团结，对展堂辞职皆以为理应如此也。哲生暂准不回粤也。"③ 同时，蒋还命令下关戒严，限制党国要人擅自离京。据马超俊回忆：3 月 2 日中常会"散会后，我返训练部，当时秘书史维焕向我报告：'下关现已戒严，凡自京乘车赴沪者，

---

① 《陈铭枢回忆录》，第 67 页。
② 《陈主席铭枢呈蒋主席三月冬电》（1931 年 3 月 2 日），《两广政潮卷》，"蒋档·革命文献"。
③ 《"陈主席铭枢呈蒋主席三月冬电"之批示》（1931 年 3 月 2 日），《两广政潮卷》，"蒋档·革命文献"；《蒋中正电陈铭枢准其意进行》（1931 年 3 月 3 日），《筹笔》第 55 册，"蒋档"：03–2319。

须受检查。据闻孙哲生与部长，非有主席手令，不准离京'"。①

此时，尽管陈铭枢同广东胡派元老派不合，与陈济棠矛盾重重，但在形势尚未明朗之前，还不愿意公开同粤派分裂。为此，他仍同陈济棠联名电蒋表示："连日报载展堂先生病剧，又言汤山距城稍远，医药不便，将迁私第疗养。现已否迁移，甚为悬念。"② 这封电报实际上是二陈在道义上对胡汉民的支持。因此，粤方最初还是积极争取陈铭枢参加反蒋。古应芬、陈济棠并表示愿以陈铭枢为军事委员会委员长，同蒋政权对抗。而当时在广东，论地位、论资历，陈铭枢都在陈济棠之上，所以他也没有公开表示反对，任由古应芬四处联络，而他则借口视察地方暂时离开省城广州。③

据陈公博观察："广东的省政府主席陈真如是蒋先生拿得稳的，而总指挥的陈伯南则非靠胡先生和古襄勤先生，不容易拉住他替蒋先生卖力。"④ 因此，当蒋介石得知陈铭枢外出视察，任由古应芬等人四处活动后，立即致电陈铭枢，请其速返广州："近因真兄离省视察，反动派又大造谣言。请真兄暂回省城，以待国民会议后再行视察可也。"⑤ 4 月 27 日，蒋介石再电陈铭枢，要求其"留粤镇摄，不必来京参加中央委员全

① 《马超俊先生访问记录》，第 146 页。
② 《陈铭枢陈济棠呈蒋主席三月阳电》（1931 年 3 月日），《两广政潮卷》，"蒋档·革命文献"。
③ 陈铭枢：《"宁粤合作"亲历记》，《文史资料选辑》第 9 辑，第 48—50 页。
④ 陈公博：《苦笑录》，第 190 页。
⑤ 《蒋中正电陈铭枢因反动派造谣请陈铭枢暂回省城待国民会议后再视察》（1931 年 4 月 18 日），《筹笔》第 56 册，"蒋档"：03 - 2385。

体临时会议"。① 同时，为了保证国民会议的顺利举行，蒋还特意电陈询问："粤省国议代表选出分子，是否纯粹能受兄指导，其各人关系请告大略。"② 此前，蒋还致电陈铭枢、陈济棠二人表示："改组派近日皆纷纷离津赴港，并声言两广已有把握于国民会议前发动等语，请兄等特别注意。"③ 这一信息引起了他的警惕。

最终令陈铭枢放弃与粤方合作的主要因素是，古应芬等人暗中联络汪精卫。粤方确定的"联汪反蒋"方针是陈铭枢所不能接受的。④

陈铭枢同汪精卫之间的矛盾始于宁汉对峙。他是第一个提出"打倒汪精卫"口号的。此后数年他一直助蒋打汪。最初，当陈铭枢得知胡、陈等人有联汪意图时，曾竭力反对，想以此"挽回局势，但古、陈等已与汪精卫拉拢，情况极为复杂，且已到箭在弦上，有不得不发之势"。这与陈铭枢的初衷不合，因此"悄然离开了广州"。⑤ 陈铭枢的亲信许锡清对陈氏当时的心境及出走的影响曾有一段颇为精彩的评论：

> 这次陈铭枢出走，在他的内心是恐汪，在主观上是表示不拥蒋，但在行动上则表明了在广州受着陈济棠、古应

---

① 《蒋中正致陈铭枢电》（1931 年 4 月 27 日），《事略稿本》第 10 册，第 483 页。
② 《蒋中正电询陈铭枢粤省国议代表能否受其指导并从速来京》（1931 年 4 月 27 日），《筹笔》第 56 册，"蒋档"：03－2399。
③ 《蒋主席致陈铭枢陈济棠四月删电》（1931 年 4 月 15 日），《两广政潮卷》，"蒋档·革命文献"。
④ 许锡清：《福建人民政府》，《广州文史资料》第 15 辑，第 102—103 页。
⑤ 陈铭枢：《"宁粤合作"亲历记》，《文史资料选辑》第 9 辑，第 50 页。

芬等反蒋压力而出走的。也就是说，他这次出走在客观上又是一种拥蒋的表现。他出走是冲动的，仓卒的，不仅远在江西的十九路军的领导将领事先不知，就是近在广州他的保安部队将领也不得而知。①

陈铭枢的出走，使古应芬、陈济棠等人也同感愕然。第二天陈济棠即派他的哥哥陈维周追到香港劝他回广州。但陈铭枢表示即离开了广州就不能再回，并表示出对古应芬的不满。②

正如许锡清所言，陈铭枢的出走"客观上又是一种拥蒋的表现"。29日一早，陈铭枢抵港后即致电蒋介石表示："两月以来苦心消弭祸乱，不图事至于此，惟有离粤以明真相，冀可挽回危局已。"③ 有趣的是陈铭枢到香港后直接住进了黄绍竑的寓所。④ 而此时的黄绍竑已同桂系分裂，接受了蒋介石委任的广西善后督办一职，随时准备李宗仁、白崇禧出洋后，入广西收拾残局。而蒋介石得知陈铭枢出走的消息后，心中也为之一安。他在当天日记中记道："真既到港则公私皆得转危为安，表示粤中内部不一致，则伯南当亦不能附和叛逆也。"⑤

当天，蒋致电陈铭枢："请兄暂留香港，忠告伯南，俾其

---

① 许锡清：《福建人民政府》，《广州文史资料》第15辑，第103页。
② 《陈铭枢离省后之粤局》，《华字日报》1931年5月1日，第1张第3页。
③ 《蒋主席致何应钦等四月艳电》（1931年4月29日），《两广政潮卷》，"蒋档·革命文献"。
④ 《粤中忽有种种传说》，《国闻周报》第8卷第17期，1931年5月4日，"一周间国内外大事述评"，第2页。
⑤ 蒋介石日记，1931年4月29日。

临崖勒马。""如其为权利或为中央不信任故计，则兄可推其代主省政，而兄自来京就军政或实业一部之职，先安其心，以挽党国之危局。"① 蒋同时致电陈济棠表示："真如兄既离省，不必招其急回，以免外人造谣多着痕迹。请兄先将通电代列其名，共同发出，则外谣立止。真如即有误会亦可解释也。通电似因简单明了，不必冗长也。"②

陈铭枢接蒋介石电后，立即复电向蒋建议道："出京来粤之同志，应即召其回京，即可挽救危局。枢于今晨抵港，决计远游，粤事请任伯南继任，以全公私。"蒋则完全接受其建议，密电陈济棠：

> 中意真如既不愿回粤，当成全其志，故不必强留，拟即内调长"军政"或"训练"之一部，决于星二国务会议……务希力促劝（指古应芬）离粤来京，不惟于公有益，而且于私为避嫌之地，亦应如此。③

然而，就在这一天，以古应芬为首的四监委终于公开发表了对蒋介石的弹劾电。此时，蒋介石对陈济棠还没有最后死心，仍想挽回被动的局面。5 月 1 日，蒋再电陈济棠，称：

> 此时挽救危亡之道，只在兄不为邪说所动，毅然拥护

---

① 《蒋主席致陈铭枢四月艳电》（1931 年 4 月 29 日），《两广政潮卷》，"蒋档·革命文献"。
② 《蒋中正电陈济棠不必急召陈铭枢回省先将通电代列其名谣言立止》（1931 年 4 月 29 日），《筹笔》第 56 册，"蒋档"：03 – 2410。
③ 《蒋主席致陈总指挥四月卅电》（1931 年 4 月 30 日）；《两广政潮卷》，"蒋档·革命文献"。

中央，以保党国一线之生机。①

蒋同时电陈铭枢，请其继续努力调解：

> 兄暂勿来京之意甚是，请即在港设法以图补救。刻接邓泽如、林森、古应芬、萧佛成四监委通电，而未列入伯南等之名，其后当另有续电响应也。好在伯南未列名，请兄再告其公私是非与利害之别，勿为少数政客之故，以乱党国之大谋。且挽救危亡之道，亦只有伯南不附和邪说，毅然拥护中央，以挽狂澜而定国基也。②

陈铭枢接蒋电后立即复电表示："广州已发出弹劾通电，此必古等见伯南动摇为先发制人之计。闻附和该电续有省市党部，最后乃为伯南。"③ 但蒋此时还试图做最后的努力，并指示何应钦："对伯南来电，仍以正言善导复之，使其悔悟时有斡旋余地也。如其果能临崖勒马，则粤政真如本已力辞，当委其继任也。"④

事态发展正如陈铭枢所料，5月3日，陈济棠率第八路军全体将领通电反蒋，这才彻底浇灭了蒋介石的希望。当

---

① 《蒋主席致陈济棠五月东电》（1931 年 5 月 1 日），《两广政潮卷》，"蒋档·革命文献"。
② 《蒋中正电陈铭枢在港设法补救并告陈济棠不附邪说拥护中央》（1931 年 5 月 1 日），《筹笔》第 56 册，"蒋档"：03－2418。
③ 《陈铭枢致蒋主席五月东电》（1931 年 5 月 1 日），《两广政潮卷》，"蒋档·革命文献"。
④ 《蒋中正电何应钦正言善导陈济棠若其悔悟则粤政当委其继任》（1931 年 5 月 2 日），《筹笔》第 56 册，"蒋档"：03－2425。

晚，蒋得报告知陈济棠已抽调驻桂军队集中韶关后才无奈地
承认："乃知粤事已绝望矣。"① 而此时的粤方也还抱着一个
希望，就是想劝说陈铭枢回粤共同反蒋。为此，陈济棠再派李
文范、陈策赴港劝说。但据陈铭枢左右云："陈绝不出此一
说"。②

此时，原属陈铭枢掌握的十九路军正在江西"剿共"，
距广东省境最近，它的动向至为关键。尽管"蒋（光鼐）、
蔡（廷锴）两师态度尚未表，显然亦必以环境为转移"。③
自陈铭枢出走香港后，宁粤双方都把焦点集中于十九路军身
上。

4月29日，当蒋介石"闻伯南派何掌以劳军为名来赣说
项"的消息后，立即致电蒋光鼐、蔡廷锴表示："伯南果有其
事，请兄严词峻拒，则逆谋不难消灭，党国前途即可转危为
安。"④ 为安蒋、蔡军心，蒋介石还请何应钦及时转告："第十
九路军饷项如粤方不解，则自五月份起全由中央发给。请兄等
专心剿匪，勿必分心，免致功亏一篑也。"⑤ 此时，十九路军
的军费仍由粤方按月供给，"其后方司令部，尚照常存在。颇
闻蒋、蔡对陈军感情尚佳，对联桂则颇多微词，与张发奎部，

---

① 蒋介石日记，1931年5月3日。
② 《天津冬日特讯》（1931年5月2日），《杂派民国二十年往来电文录存》，
　　"阎档"：48/1164。
③ 《某致潼关顾祝同元电》（1931年5月13日），《蒋方民国二十年往来电
　　文录存》，"阎档"：79/2205－6。
④ 《蒋主席致蒋光鼐廷锴四月艳电》（1931年4月29日），《两广政潮
　　卷》，"蒋档·革命文献"。
⑤ 《蒋主席致何应钦等四月艳电》（1931年4月29日），《两广政潮卷》，
　　"蒋档·革命文献"；《蒋中正致何应钦并转蒋光鼐蔡廷锴艳申电》（1931
　　年4月29日），《蒋方民国二十年往来电文录存》，"阎档"：79/2072。

感情最恶"。①

每当出现危机，为了分化对手，蒋介石是从来不惜财力的。4月30日蒋介石收到四监委弹劾电后，为稳住十九路军，即于5月1日电告陈铭枢："蒋、蔡之部已先发其本月饷五十万元。"原电稿中最初写的数额是"卅"万元，后改为"五十"万元，不知是蒋笔误，还是有意又增加了20万。②第二天，蒋介石又电告蒋光鼐："贵路军五月份饷项五十万元即日汇到南昌行营，请兄派员在南昌领取，不足之数补发可也。弹药应否补充？盼复。"③此时粤方并没有断绝十九路军军饷，但处理这类问题，蒋介石是绝对不会拖泥带水、讨价还价的，而且他所付出的往往会超过对方的期望值。6日，蒋介石再电蔡廷锴表示："前电本定先换新枪五百杆，兄处既需急用，准提前发一千杆，并发步弹廿万颗，解交南昌行营转发。"④

在稳住十九路军的同时，蒋尽全力争取陈铭枢的支持。5月2日密电陈，称"事既绝望，则兄无在港之必要，请速约同季宽（黄绍竑）兄入京，以筹划进行"。⑤ 3日，再电陈铭枢："兄如不便入京，则请先来沪与中相晤后，再定行止，万

① 《粤传蒋蔡先发部队昨迫南雄》，《大公报》1931年6月19日，第1张第3版。
② 《蒋中正电陈铭枢在港设法补救并告陈济棠不附邪说拥护中央》（1931年5月1日），《筹笔》第56册，"蒋档"：03-2418。
③ 《蒋中正电蒋光鼐派员至南昌行营领取该军五月份饷五十万元》（1931年5月2日），《筹笔》第56册，"蒋档"：03-2428。
④ 《蒋介石致蔡廷锴电》（1931年5月6日），《事略稿本》第11册，第79页。
⑤ 《蒋中正电陈铭枢事既绝望速约黄绍竑入京以安蒋蔡各部之心》（1931年5月2日），《筹笔》第56册，"蒋档"：03-2423。

勿即行出洋。"①

出人意料的是陈铭枢离开香港后，并没有直接去南京投蒋，而是去了日本。陈铭枢的亲信刘叔模对此评论道："因为他这次离开广州，不肯参加非常会议，已经得罪了广东人，而他又不肯，也不敢过分得罪广东人的，因此故意做出姿态来，以挽回广东人的观感。"② 从陈铭枢出走香港后致蒋光鼐的一封电报中，颇能反映陈氏的此种心态。陈电嘱蒋光鼐"非至万不得已"，对粤方"总以免决裂为上策。伯南政治全无立场，恐不免投汪之帜下，张桂乘机得志，可虑在此耳"。"伯南恐弟在港主持兄部与抗，兹决于庚（8）日东渡，以免迁怨。"③

陈铭枢临行前，还曾秘密拜访了蒋介石派在香港的代表欧阳驹。据欧阳驹报告："真如拟到日本考察，到后绝无秘密。彼意此时为大局计不必谒见。"陈铭枢并提醒欧阳驹："粤乱可考在汪耳，料伯南必投汪。闻汪有将赴粤组织军委会消息。"④ 陈氏临行前并指派孙希文晋京向蒋报告一切。⑤ 蒋介石得欧阳驹的报告后即电命欧阳驹："汪之香港住址请速探密告港政府，必可下驱逐令也。近日粤港要闻及重要每日

① 《蒋主席致陈铭枢五月江电》（1931 年 5 月 3 日），《两广政潮卷》，"蒋档·革命文献"。
② 刘叔模：《一九三一年宁粤合作期间我的内幕活动》，《文史资料选辑》第 17 辑，第 119 页。
③ 《香港陈铭枢致赣州蒋光鼐鱼未电》（1931 年 5 月 6 日），《蒋方民国二十年往来电文录存》，"阎档"：79/2145。
④ 《欧阳驹呈蒋主席五月庚电》（1931 年 5 月 8 日），《两广政潮卷》，"蒋档·革命文献"。
⑤ 《南京王式辉致南丰朱绍良寒电》（1931 年 5 月 14 日），《蒋方民国二十年往来电文录存》，"阎档"：79/2223。

电告。"①

与此同时，粤方也在极力拉拢十九路军，陈济棠密派香翰屏赴江西，希望说服蒋光鼐、蔡廷锴支持粤方反蒋。蒋介石得知消息后，立即致电蒋光鼐，谓：

> 陈伯南将派李扬敬或香翰屏来赣说项。如其果来时，请兄照龙云与何敬之（何应钦）等通电严词驳斥，令伯南觉悟。如其果有悔过之意，则准其自动辞职，且可由其自荐一人，以接八路总指挥事。否则即由中央免其总指挥职，而以香墨林（香翰屏）继任。至省主席于真如兄未回任之前，暂由许崇清代理。如此则可免除战争……而伯南亦不致陷于叛逆之例。②

而陈济棠为了巩固自己的后方，趁陈铭枢赴日本期间，先后动用海陆空军围缴原陈铭枢组建的省保安队，分别将驻扎广州、惠州、黄埔、琼州的保安队数千人全部缴械。③ 此举虽然加强了其对广东的控制，但同时又引起正在极力争取支持自己的十九路军将领的极大不满，据蔡廷锴回忆：

> 时粤既驱逐陈铭枢，复围缴省保安队枪械，一面却派香翰屏为代表，欲与我军联络，此种矛盾举动，诚难

---

① 《蒋中正电告欧阳驹速探汪兆铭香港住址并每日电告粤港要闻》（1931 年 5 月 12 日），《筹笔》第 56 册，"蒋档"：03 - 2439。

② 《蒋主席致蒋光鼐五月寒电》（1931 年 5 月 14 日），《两广政潮卷》，"蒋档·革命文献"。

③ 《国议闭幕后之广东问题》，《大公报》1931 年 5 月 19 日，第 1 张第 3 版。

使我军同情。香君与我在私人友谊上，确甚密切，但我不能因私而有所偏袒……及抵兴国，即同往晤蒋（光鼐）总指挥，公开谈判，商讨两日，均无结果。当时我虽不知蒋、戴（戟）心里如何决定，但我始终表示反对内争，投粤更属不能。香君不得要领，知无可联络，旋归去。当时大局如是，我们均心灰意冷，对于剿赤任务，亦只得放弃。我与蒋总指挥即决心回师赣州，静观时局之演变。①

尽管十九路军表面上决定"回师赣州"，"静观时局之演变"，实际上在他们内心深处存有强烈的无所适从感。而蒋介石对十九路军的去向也是担忧之至。5 月 26 日，蒋介石截获蒋光鼐致陈济棠电后，曾自叹道："阅哲生致季陶电及蒋憬然（蒋光鼐）致陈济棠电，皆中反叛之毒计，岂人心真死乎!?"第二天，当他得到蒋光鼐、蔡廷锴来电时，又不禁喜曰："蒋、蔡久不来电，正疑虑间，忽得其一电，胜值千金矣。"② 为此，蒋介石复电蒋光鼐指示今后方略道：

此时对伯南暂勿表示态度，应设法促其不疑，如能多保持一日常态，即于大局多得一日之益。如能得到下月饷糈更好。至友已起程回来。请兄或贤初（蔡廷锴）兄秘密来京面商一切。③

---

① 《蔡廷锴自传》，第 241 页。
② 蒋介石日记，1931 年 5 月 26、27 日。
③ 《蒋中正电蒋光鼐对陈济棠暂勿表态并设法使其不疑来京面商》（1931 年 5 月 27 日），《筹笔》第 56 册，"蒋档"：03－2457。

同日，为了保证十九路军的安全，蒋还电示何应钦：

> 吉安附近已闻炮声，是赤匪必犯吉安。中意第十九路应速移泰和、吉安附近，免失联络，致陷孤立之地位。且汪与陈友仁到粤，其惟一外交政策为联俄，因之其不能不容共，虽不明显表露，亦必暗中收容。若十九路孤立赣南，则必腹背受敌，其势至危。中意令十九路迅速北移，待十八军到后与十九路合为一路，归憬然指挥。如此无论剿匪、回粤，皆有十分把握也。请与憬然兄详商即复。①

但蒋光鼐同何应钦会商时态度十分消极。蒋介石得知后，尽管在内心自我安慰道："蒋、蔡部下或有异心附逆，此在意中事，失马不足忧也。"② 但同日又急电何应钦表示："接憬然兄致何部长电，不胜骇异"，并请何转告"憬然兄切勿消极，务望主持一切，以安党国"。③

蒋光鼐、蔡廷锴的无所适从，很重要的一个原因就是陈铭枢的态度不明。蔡廷锴曾直接电蒋介石，称"请转真如来赣，否则恐军心涣散"。④ 因此，获得陈铭枢的明确支持对蒋介石来讲是十分重要的。自5月下旬以后，蒋介石几乎天天电催陈铭枢回国。24日蒋电陈云："梗（23日）电悉，请兄速回国

---

① 《蒋主席致何应钦五月沁电》（1931年5月27日），《两广政潮卷》，"蒋档·革命文献"。
② 蒋介石日记，1931年6月3日。
③ 《蒋中正电何应钦等陈铭枢来赣面谈仍请蒋光鼐主持一切》（1931年6月3日），《筹笔》第57册，"蒋档"：04-0023。
④ 《蔡廷锴呈蒋主席六月支电》（1931年6月4日），《两广政潮卷》，"蒋档·革命文献"。

运用。"① 25 日电云："电悉。诸事待兄到方能商决，请即速回。何日命驾盼复。"② 26 日电云："有（25 日）电悉，请兄与季宽兄提早回国。"③ 27 日电云："感（27 日）电悉，宥（26 日）电意见与中主张全同，但惜情形复杂，非面商莫决也。请即回。"④

从以上电文可知陈铭枢对蒋是有电必复，可惜笔者未能查到陈致蒋的电报，尚不知陈对蒋所提出的条件。但蒋介石的努力终于有了回报。正当十九路军无所适从之际，陈铭枢决定秘密返国。蒋介石获得陈回国的消息后，立即要求陈的代表孙希文"速乘飞机赴赣，勿迟延。恐粤方来人太多，被其摇动"，并请孙转告："请憬然或贤初即密来京"。⑤ 由此可见蒋的焦虑心情。6 月 3 日，蒋再电十九路军谓："真如兄已到，即日来赣，请兄等勉为其难，诸事必有办法，当不使兄等为难也。"⑥ 4 日，蒋介石确认陈铭枢第二天即到南京的消息后"甚慰"。因为蒋介石有一基本判断："蒋（光鼐）之部队虽变，但其本人必不负真如，如真如果来，必有把握，仍能指挥也。"⑦

---

① 《蒋中正电陈铭枢速回国运用》（1931 年 5 月 24 日），《筹笔》第 56 册，"蒋档"：03 - 2452。
② 《蒋中正电陈铭枢诸事待商速回国》（1931 年 5 月 25 日），《筹笔》第 56 册，"蒋档"：03 - 2453。
③ 《蒋中正电陈铭枢黄绍竑提早回国》（1931 年 5 月 26 日），《筹笔》第 56 册，"蒋档"：03 - 2455。
④ 《蒋中正电陈铭枢彼此意见相同因情形复杂非面商莫决请即回国》（1931 年 5 月 27 日），《筹笔》第 56 册，"蒋档"：003 - 2456。
⑤ 《蒋中正电孙希文速飞赣并请蒋光鼐蔡廷锴密来京》（1931 年 5 月 31 日），《筹笔》第 56 册，"蒋档"：03 - 2464。
⑥ 《蒋中正电蒋光鼐等陈铭枢即日来赣请其勉为其难诸事必有办法解决》（1931 年 6 月 3 日），《筹笔》第 57 册，"蒋档"：04 - 0024。
⑦ 蒋介石日记，1931 年 6 月 4 日。

而此时粤方也在积极酝酿迎陈返省，但因古应芬公开反对,① 陈铭枢"即应蒋召入京"。据陈回忆：

> 抵南京后，蒋见我欢喜异常，当天即将他悬而待决的腹案告我，即要我到江西重领十九路军，将部队集中吉安，并要我担任"剿赤"右翼军总司令官。他并对我说："共匪不是短期所能消灭的，到进剿到一定阶段时，就要你担负起打回广东的任务。"不难看出，他要我到江西的主要目的，还在于图粤。②

蒋介石当天上午与陈铭枢"商谈甚欢"，晚又与陈长谈。③ 为进一步拉拢陈铭枢，蒋还主动向陈表示愿结拜为异姓兄弟。陈却当场对蒋言道："总司令，你现在是国家元首，又是军队的最高统帅，只要你能开诚心、布公道，政策方针昭示得正确，自然是四海归心……倘若不然，单凭极少数人的恩情结合，将示人心不广，反杜塞了贤路。因为现在是民主时代，人人都在看你的所作所为来决定对你的向背。"④ 对陈铭枢的反应，蒋介石非但不以为忤，还难得地在当天日记中自谦道："晚与真如长谈，彼规我在客观上注意与思想上领导，甚有理也。"⑤

为了保证陈铭枢迅速有效地掌控十九路军，蒋介石于陈抵

① 《广东酝酿迎陈铭枢》，《大公报》1931 年 6 月 8 日，第 1 张第 3 版。
② 《陈铭枢回忆录》，第 70 页。
③ 《事略稿本》第 11 册，1931 年 6 月 5 日，第 240、242 页。
④ 《陈铭枢回忆录》，第 71 页。
⑤ 蒋介石日记，1931 年 6 月 5 日。

京前一日，即电示何应钦："真如兄拟二三日内来南昌，即飞
赣州。请电蒋、蔡即在赣州速设水陆飞机场。"[1] 电宋子文要
求："速电汇南昌五十万元交真如收，并请汇香港廿万元由陆
文澜转交欧阳驹。"[2] 蒋介石要求宋子文汇给欧阳驹的 20 万元
并没有说明用途，但 5 天后蒋曾电陈铭枢表示："妥抵赣州甚
慰。佳（9 日）电已转惜白照办矣。"惜白，即欧阳驹。这 20
万元明显是因陈铭枢的要求而汇港。至于此款转交何人，用途
如何，可惜在"蒋档"中并未寻见陈致蒋的"佳电"，所以无
从考证，但从中可以断定陈从蒋处获得了不小的财政支援。[3]

　　蒋光鼐、蔡廷锴得知陈氏回国消息后，对粤态度也立即明
朗起来。6 月 6 日，蒋、蔡联名致电粤方，表示"本军亟须回
粤休养，请让出潮梅防地"，并"对粤设施多不满，对古应芬
尤指摘，陈济棠接电颇焦急"。[4] 蔡廷锴在得知陈铭枢回国的
消息后，还曾致电蒋介石表示："最近观察将士归粤心切，攻
粤极有把握。"[5]

　　陈铭枢一到赣州重领部队后，立即通电拥护中央统一，并
责问汪精卫等人："试问蒋公即下野，公等以何术统一时局，
弭消祸乱？""又试问公等此时杂凑之内容与形势，以何术能

---

① 《蒋中正电何应钦谓陈铭枢即飞赣州请电蒋光鼐等在赣速设水陆飞机场》
　　（1931 年 6 月 4 日），《筹笔》第 57 册，"蒋档"：04 - 0030。
② 《蒋中正电宋子文速汇南昌陈铭枢五十万元香港欧阳驹二十万元》（1931
　　年 6 月 5 日），《筹笔》第 57 册，"蒋档"：04 - 0035。
③ 《蒋中正电陈铭枢来电已转欧阳驹照办》（1931 年 6 月 10 日），《筹笔》
　　第 57 册，"蒋档"：04 - 0047。
④ 《大公报》1931 年 6 月 10 日，第 1 张第 3 版。
⑤ 《蔡廷锴呈蒋主席六月支电》（1931 年 6 月 4 日），《两广政潮卷》，"蒋
　　档·革命文献"。

求得本党之真正的民主政府之实现?"① 13 日，陈铭枢再致电陈济棠，要求："一、古应芬交出政权；二、恢复保安队。""自陈铭枢抵赣，蒋、蔡态度陡变，匪特无合作可能，且恐粤赣战祸一触即发"。② 对此，陈济棠只好针锋相对，于 18 日下令财政厅"停发十九路军饷月百二十万，令宪兵及公安局解散该路后方办事处及募兵处"。③ 蒋光鼐、蔡廷锴则复电陈济棠，指责其"不应煮豆燃萁，甘为共匪张目"，并威胁道："全军将士为义愤所激，环请回师靖乱，惟本人不忍糜烂桑梓，望善为自处"。④

如前所述，陈铭枢从广州出走时的心态是复杂的。陈自日本回国后，第三党领袖邓演达积极联络陈铭枢反蒋。他向陈表示："反蒋的主要关键应从黄埔军内部着手，外面的力量只能作为一种辅助作用"，并声称蒋介石的黄埔系有五个师与他有联络，对山西阎锡山他也有办法。⑤

邓演达曾任黄埔军校学生总队队长、教育长，同黄埔学生关系密切。他在组织第三党时，介绍过多位留学生在陈诚部下做事，"邓演达原来打算以陈诚的部队作为'第三党'的实力基础，布置严密"。⑥ 因此，邓信誓旦旦地对陈铭枢表示"陈诚是他的人"。陈铭枢同邓演达"计议好后，即同蔡元培联

---

① 《陈铭枢电汪精卫等》，《中央日报》1931 年 6 月 14 日，第 1 张第 3 版。
② 《张继到京报告粤事》，《大公报》1931 年 6 月 15 日，第 1 张第 3 版。
③ 《陈济棠停发蒋蔡两师月饷》，《大公报》1931 年 6 月 19 日，第 1 张第 3 版；《十九路人员离粤》，《民国日报》1931 年 6 月 19 日，第 1 张第 3 版。
④ 《广东局势混沌》，《国闻周报》第 8 卷第 25 期，1931 年 6 月 29 日，"一周间国内外大事述评"，第 5 页。
⑤ 许锡清：《福建人民政府》，《广州文史资料》第 15 辑，第 105 页。
⑥ 杜伟：《我所知道的陈诚》，《文史资料选辑》第 12 辑，第 143 页。

系，立得同意"，蔡并派其秘书杨铨到吉安陈铭枢军中密商。据陈铭枢回忆，他的计划是"决定利用蒋要我出兵图粤的机会，另开局面……占领东港和闽南一带，然后推蔡元培领衔，我与择生（邓演达）共同署名，发表对时局宣言，呼吁和平，以停止内战，一致对外相号召；对宁粤双方则采武装调停办法，建立第三势力，以图控制整个局势"。"其时，我认为蔡元培有政治威望，择生有群众基础，我有军事力量，我三人合作计划实现，定可另开一新局面。"① 陈铭枢的表白即充分显示了他对宁粤双方的不满，也暴露出他个人的领袖欲望。

陈铭枢的计划后因邓演达的被捕②和九一八事变的爆发而被迫中断。但蒋介石在得到陈铭枢的表面支持后，信心大增。6 月 12 日，蒋在思考如何处理粤变时慨叹道："每念粤事，阿斗病狂，不胜愤激，夜难安眠……见真如通电颇是自慰，以托人不负我也。"③ 此后，蒋对十九路军更是不惜本钱，可谓"关怀备至"。7 月 2 日，蔡廷锴谒见蒋介石后，蒋在内心对蔡赞道："是人可以国士待之，以良心中之人也。"④ 当蒋得知蒋光鼐赴沪就医的消息，即电宋子文告以"蒋憬然兄在沪病况

---

① 陈铭枢：《"宁粤合作"亲历记》，《文史资料选辑》第 9 辑，第 55 页。
② 8 月 18 日，邓演达在沪被捕。在审讯过程中，蒋介石获知邓演达在十八军中秘密安插人员，为此特电陈诚指出："黄琪翔与邓演达介绍到十八军工作人员并与邓黄有关系者，望切实注意。获邓致黄函，其证据中有：'已找出极好能手在十四师大规模的进行'语，望详查速复。"见《国闻周报》第 8 卷第 34 期，1931 年 8 月 31 日，"一周间国内外大事述评"，第 8-9 页；《蒋中正电陈诚注意黄琪翔邓演达介绍到十八军人员活动》（1931 年 9 月 15 日），《筹笔》61 册，"蒋档"：04-0451。
③ 蒋介石日记，1931 年 6 月 12 日。
④ 蒋介石日记，1931 年 7 月 2 日。

如何至深悬念。请兄代为问视，并送医药费一万元为盼"。①
粤方停发十九路军军饷后，蒋再电示宋子文："增加十九路之
五十万元，此月请仍由财部筹发，经费虽困难不可减少也。"②

7月9日，是蒋介石誓师北伐五周年纪念日，他摆脱了几
个月来的忧虑，在日记中又一次自信地写道：

> 本日为我誓师之纪念日，誓师五年而广东反叛，赤匪
> 枭张，国家分裂，不能统一，上对总理与已死之将士，下
> 对民众，实不自安，心之焦灼未有若此之甚。但觉精神较
> 佳，自信亦深，有我中正，则必有中国完成独立之日，三
> 民主义实行之日也。③

---

① 《蒋介石致宋子文电》（1931年7月25日），《事略稿本》第11册，第
441页。
② 《蒋介石致宋子文电》（1931年7月13日），《事略稿本》第11册，第
371页。
③ 蒋介石日记，1931年7月9日；另见《省克记》卷4，"蒋档"。其文字略有
润色："本日为余北伐誓师之纪念日，时渝五年，而广东又叛，赤匪枭张，国
家分裂，不能统一。上对总理与已死之将士，下对民众，实不自安。心之焦
灼，未有若此时之甚者。但自觉精神较佳，自信亦有我蒋中正在，必有中国
完成独立之日、三民主义实行之日也。努力前进，勿躁急伤神。"

第六章　北方反蒋的再次兴起

一　石友三率先反叛

广东国府在对宁方口诛笔伐的同时，不断四出活动，联络各派反蒋势力，取得了较好的效果。为了扩大反蒋同盟，"非常会议"发表的《致全国各党部各同志书》，称目前主要任务之一就是：在军事上应与北方各省"亟谋合作"，以竟成功，"务使党务之发展与军事之发展同时并行"，"以期收群策群力、同心同德之效"。① 为此，"两广军政同志，均主张武力解决"，于是共推邹鲁"北上和阎、冯及北方诸部联络"。

中原大战结束后，尽管阎锡山、冯玉祥被迫宣告下野，脱离了自己的部队，但细细看来，两人的处境却有很大不同。首先，阎锡山有着一块精心经营近二十年的根据地：晋、绥两省；而冯玉祥在他曾控制的陕、甘、豫等省却没有很深的根基，无法赖以生存。其次，晋军在中原大战中一直注重保存实力，没有受到毁灭性的打击，大多较完整地撤回山西；而冯玉祥部在陇海线和平汉线的激烈战斗中，受到很大损伤。三是阎锡山在晋军中仍拥有较高的威望和凝聚力，各将领间尚能保持大体团结，没有出现大规模的叛阎投蒋行动；而西北军内部却早已出现离心离德的倾向，战败后更是四处逃散，七零八落。

此时，蒋介石对阎、冯两部的态度也是完全不一样的。对

---

① 《中央执监委员非常会议致全国各党部各同志书》，《中央导报》第 1 期，1931 年 7 月 1 日，第 60—61 页。

晋系，除以国民政府的名义通缉阎锡山，使其脱离部队外，对整个晋系军队，则命张学良完整地予以整编。而对冯玉祥部，则用的是一个"拆"字。大战刚刚结束之时，蒋即命令何应钦："对西北军，如其各个来接洽者，请切实进行收容。若整个来接洽者，拒绝之。"①

1931 年初，蒋介石在考虑战后全局布置时，在日记中写道：

> 广西之桂军，江西之共匪，山西之叛部，山东之冯部，四川之劣军皆须处置妥备，不使生变，牵一发而全身动，可不慎欤？冯部之孙仿鲁（孙连仲）军能遵命开往江西，则共匪与冯部可以妥贴。对桂军，只要其解散张发奎所部，李、白迅即离桂，则可安置矣。山西急于四川，亦应速办也。②

此后，蒋即照此意图重整北方势力。除在战前即降蒋反冯立有战功的韩复榘获委山东省政府主席，独立拥有一省地盘外，其余西北军均被拆得四分五裂。石友三尽管在大战期间降蒋，也仅得到河南北部顺德府一地。其他如宋哲元部奉命暂驻晋南绛县，吉鸿昌部驻豫南信阳，孙殿英部驻山西东部晋城。蒋介石随后又将暂驻山东的孙连仲部调往江西"剿共"。从此，作为一个完整军事系统的西北军，基本上成为一个历史名词。3 月 13 日，当蒋介石确认孙连仲部已开到江西后，欣慰

---

① 《蒋介石致何应钦电》（1930 年 10 月 23 日），《事略稿本》第 9 册，台北："国史馆"，2004，第 78 页。
② 蒋介石日记，1931 年 1 月 27 日。

地表示："孙连仲既到江西，南北二方之局势已形稳固，今当着手调哲元部入湘与催黄绍竑入桂，从事于山西与广西问题矣。"①

此时，最不满现状的就是石友三。石是吉林人，原属冯玉祥的西北军。他所统率的军队训练严格，具有较强的战斗力。石友三又是个野心勃勃、反复无常的军人。1929 年 5 月冯玉祥第一次举兵反蒋时，他和韩复榘、马鸿逵突然率部叛冯投蒋，导致西北军几乎全面崩溃。战后，蒋介石委任他为第十三路军总指挥和安徽省政府主席。同年 12 月，蒋介石调石部南下，石友三担心蒋对他下手，在途经浦口时炮轰南京，并同唐生智联手反蒋，以后退到豫北新乡一带。1930 年春，中原大战爆发后，石友三再次依附冯玉祥，被委任为第四方面军总司令，南渡黄河，参加作战。蒋介石一度险象环生。同年 9 月，张学良发出拥蒋通电，率东北军入关，阎、冯失败。而石友三则利用东北籍的关系，投靠张学良，再次背叛冯玉祥。大战结束后，蒋介石责成张学良处理华北军事善后，所有阎、冯旧部均归张节制整编。1931 年初，张学良派员到石友三驻地顺德（邢台）点检部队。石部共编为"甲种师二师、乙种师四师、骑兵一旅及特务团、炮兵团、工兵团、铁甲车大队，共约六万余人"，② 仍安置在河北顺德府。

此时王树常做河北省主席，刘峙做河南省主席，韩复榘做山东省主席，商震做山西省主席，李培基做绥远省主席，石友三认为他一无所得，十分不满。且石部"饷项月需六十余万，

---

① 蒋介石日记，1931 年 3 月 13 日。

② 于学忠：《东北军讨伐石友三的战争》，《文史资料选辑》第 6 辑，中华书局，1960，第 119 页。

实际因中央及东北财政困难，每月只能筹给维持费二三十万"。对此，张学良"主张与其多兵受饿，不如实行缩编，石则以部下均系多年共患难之袍泽急切不便裁减"。① 为此，他向张学良要求获得一省地盘，河南、绥远均可。当时张学良患病住院，由参谋长戢翼翘负责处理副司令北平行营事务。据戢翼翘回忆：

> 这使我很难解决，河南是刘峙的，怎么肯让，李培基是老国民党，也不能让，何况傅作义部驻绥远，也不会让他去。这时中央派张群到北平来和我商量，我说："有一个办法，在黄河以北划彰德（安阳）、卫辉（汲县）、怀庆（沁阳）三府做他的防区。"张群说："刘峙怎么肯答应！"此案搁浅。提到绥远，我说："李培基、傅作义二人都不会答应的，而且绥远在我后面，我也不肯。"中央希望石往北边来，我们希望石往南边去，而此时石已准备发动叛变。
>
> 石友三想张汉卿得病，指挥无人，而且他和孙殿英、韩复榘、宋哲元等有联系，这些人敷衍他、骗他，让他去碰碰东北军，胜败对他们都无不利。而中央方面怕他往河南打，还给他一些钱，要他往北打。②

当时社会上还有谣传说张学良欲将石友三部调往黑龙江垦

① 《北方或不致被波及》，《国闻周报》第 8 卷第 21 期，1931 年 6 月 2 日，"一周间国内外大事述评"，第 4 页。
② 李毓澍、陈存恭：《戢翼翘先生访问记录》，台北：中研院近代史研究所，1985，第 79 页。

殖，《大公报》记者为此事采访张学良，张称："此中有误会，石部原系六师，缩编后为三师。日前编余徒手兵若干，调往黑省补充……实非全部移防。"① 张学良的回答虽非调石部"全部移防"，但要把石裁撤一半，把编余的三个师人员远调黑龙江补充东北军，已是明白无误的事实。这自然引起石友三更大的不满和猜疑。从戢翼翘的话中也不难看出，无论是蒋介石还是张学良都对石友三缺乏信任。"中央希望石往北边来，我们希望石往南边去。" 双方均想借对方之手处理掉这块难缠的石头。

石友三看到自己的命运岌岌可危，不能不另做打算。恰在此时，宁粤对峙发生，国民党内再次分裂。粤方积极联络北方原有的反蒋势力，希望借此扩大反蒋同盟。正是在这一背景下，石友三看到了机会。他想借蒋介石全力对付粤方、无力北顾之机，进一步扩大自己的势力。如果没有宁粤对峙这个新出现的局势，他即便心存疑虑和不满，也不敢拿自己有限的实力同蒋硬拼，否则他就不会在中原大战后期为了保存实力而再一次降蒋。

此后，石友三四处活动，联络原西北军同僚和晋军准备倒张。最先响应石友三的是孙殿英。5 月 17 日，孙即电石明确表示："兄与弟生死与共，弟胜即是兄胜，兄败即是弟败。荣辱所关全赖我弟擘画。"② 就在此后 10 天，广州"非常会议"宣告成立。

---

① 《张学良谈一般问题》，《国闻周报》第 8 卷第 12 期，1931 年 3 月 30 日，"一周间国内外大事述评"，第 5 页。
② 《晋城孙殿英致顺德石友三篠辰电》（1931 年 5 月 17 日），《杂派民国二十年往来电文录存》，"阎档"：48/1284。

广东开府后积极酝酿北方反蒋，立即赢得阎锡山、冯玉祥的回应。二人纷纷召集旧部布置。阎锡山首先通过贾景德转告孙殿英："对方如攻汉章（石友三），晋军应以重兵援助，否则大家应推韩向方（韩复榘）为领袖，则北方方能大成。"①此后，双方往来不断。"阎派续鹤亭到石友三处，石派何民魂同续某来并（太原），向各将领接洽。"② 据阎的亲信徐永昌回忆："在此一段时间内，阎先生与各将领的信，都是教帮石友三驱逐张汉卿，各将领亦均同意。"③ 阎锡山还密"派卢丰年回晋，携有给五台将领之款项及密令"。④ 晋方将领得阎指示后即派代表孙楚"正式与宋（哲元）、庞（炳勋）接洽，商议大体计划，并派代表赴济晤韩，表示推戴。向方与石均极努力"。⑤

此时，冯玉祥也主动致电孙科，对其"仗义粤中，誓除独夫，调和各方意见，建设革命政府"深表钦佩，并向孙表示："派唐悦良同志代表赴粤，报告一切"，"关于全军应商各

---

① 《晋城孙殿英致顺德石友三沁电》（1931 年 5 月 27 日），《杂派民国二十年往来电文录存》，"阎档"：48/1300。

② 《太原史春生致南京总部转何成濬寒电》（1931 年 6 月 14 日），《蒋方民国二十年往来电文录存》，"阎档"：80/0366。

③ 《徐永昌将军求己斋回忆录》，台北：传记文学出版社，1989，第 224 页。

④ 《太原史春生致南京总部转何成濬养电》（1931 年 6 月 22 日），《蒋方民国二十年往来电文录存》，"阎档"：80/0440。

⑤ 《冯玉祥复孙殿英电》（1931 年 6 月 27 日），《冯玉祥发电稿本》。冯玉祥往来电报抄件共两册，其中一册为发电抄件，共 80 件，时间自 1931 年 6 月至 1932 年 5 月，以下引文均简称《冯玉祥发电稿本》，二档馆藏冯玉祥个人档案，全宗号三〇〇一·382；冯玉祥收电抄件一册，共 216 封，时间自 1931 年 8 月至 1932 年 5 月，全宗号三〇〇·383，以下简称《冯玉祥收电稿本》；另有一册冯玉祥发函抄本，全宗号三〇〇一·381，以下简称《冯玉祥发函稿本》。

事，亦希又文同志能就近随时襄助办理"。① "又文"即简又文，时任冯玉祥驻广州代表。唐悦良抵广州后于 6 月 25 日公开向记者发表谈话，"谓此来系代表冯玉祥与粤方协议讨蒋军事，现西北已准备妥当，只待政府下令，即可开始军事行动"。② 简又文在其所著《冯玉祥传》一书谈及此事时，说法有所不同，他写道：

> 回溯民国二十年夏，国民党一部分执监委员，因胡汉民在南京被软禁于汤山事，提出抗议，与中央分流，召集党代表于广州开"非常会议"另组织"国民政府"……冯氏远居北方，未加入是役。（他们有意要我代表他并列冯名，以壮声势，但我为着个人道德人格之完整，受着良心理性之驱策，坚辞说："我前蒙中央派去当'政治工作委员'，任务早已完成，与冯氏政治关系久已绝缘，此时未奉冯将军明文，那敢'冒充，他的代表以自贻伊戚呢？"乃作罢论。）后来，冯氏派唐悦良来粤，只是观察接洽，仍未代表其正式加入此运动。③

从冯玉祥给孙科的电文看，简又文确曾作为冯玉祥的代表参与了广州"非常会议"。唐悦良到广东后，曾有一电致

---

① 《冯玉祥复孙哲生电》（1931 年 6 月 12 日），《冯玉祥发电稿本》。
② 《一周间国内外大事记》，《民友》第 2 卷第 1 号，1931 年 6 月 29 日，第 11 页。
③ 简又文：《冯玉祥传》下册，第 349 页。美国学者 Sheridan 是西方学术界研究冯玉祥的权威，但他在述及上述内容时，对此几乎只字未提，或因资料缺乏所致。见 James E. Sheridan, *Chinese Warlord: The Career of Feng Yu—hsiang.*

冯玉祥，称："查简又文同志与本军关系甚密，将来我方如派遣代表时，可否派简出席。"① 另据孙殿英派往广州的代表周沅称："冯之代表先为黄中汉，后为唐悦良，阎之代表为傅汝霖。"② 可见简又文的上段记述，或因政治关系而言不由衷。

北方政局不稳，一度令蒋介石十分紧张。5 月 15 日 "晨未明"，蒋就起床考虑 "南北战局，甚为踌躇"：

> 以我如取守势观变沈机，则主动不能操自我也。以敌方计划必得我军进攻广东时，则北方乃乘机敢动。而我甚欲先解决石、孙杂部，平定北局，然后再攻广东也。然此时犹不便对石、孙取攻势，以诱起其他部队之误会。故粤如不设伪府，则取放任态度，以得北局之开展，对粤使粤桂内讧，对北使石、孙速变。而一面剿匪，一面准备以待时机之成熟也。③

为此，蒋介石趁张学良赴京出席国民会议之机，极力拉拢，希望利用东北军的力量安定北方。张学良返平前，蒋一次性馈赠现金 300 万元，并亲自到机场送别。④ 张学良一回

---

① 《广州唐悦良致汾阳冯玉祥佳电》（1931 年 10 月 9 日），《宋哲元部民国二十年往来电文录存》，"阎档"：72/1255。
② 《天津丁春膏致南京孔庸之皓二电》（1931 年 7 月 13 日），《宋哲元部民国二十年往来电文录存》，"阎档"：72/0993。
③ 蒋介石日记，1931 年 5 月 15 日；另见《事略稿本》第 11 册，第 164 页。
④ 《汉口致鸿致吉安罗霖号申电》（1931 年 5 月 20 日），《蒋方民国二十年往来电文录存》，"阎档"：80/0023；《张副司令自京北旋》，《国闻周报》第 8 卷第 20 期，1931 年 5 月 25 日，"一周间国内外大事述评"，第 4 页。

到北平即借口东北军换防，于 6 月中旬起由关外调入大批军队。① 同时，蒋还密电张群："据确报：阎有手令，且委徐次辰（徐永昌）代总司令。晋将领须待次辰回晋，方能决定态度，请设法制止之。"② 并指示王树翰："最好留次辰在平，暂勿返并。"③

东北军突然于此时调大军入关，立即引起阎、冯旧部的紧张。孙殿英向石友三分析道："东北军进关原因，欲解决石、孙两部，并委于学忠为前敌总指挥，即日率第一军出发平汉路。望弟严加戒备勿惧为要。"④ 于是，石友三加紧联络部署。27 日，孙驻石部代表金一山密电孙表示：

> 张钫派员来邢，据称河南各部队已联络妥协，决趁老蒋攻赣之际，实行解决刘（峙）、顾（祝同），肃清河南，并恳石公同时收拾豫北。又鲁韩（复榘）来电恳诚表示实力援助，决以有力部队驱逐津南各部。此间所得消息，张（学良）已在杨柳青、静海一带屯驻重兵，并有于必要先弃北平之计划云。石公以机会已到，时不可失，决于最短期内率师北上，惟仍拟与我部先行会取豫北，以实行联络，借资团结。此间南取新乡，命我部出去怀庆，准备

---

① 《东北军队换防》，《国闻周报》第 8 卷第 24 期，1931 年 6 月 22 日，"一周间国内外大事述评"，第 1 页。
② 《蒋中正电张群等设法制止阎锡山委徐永昌代总司令》（1931 年 6 月 10 日），《筹笔》第 57 册，"蒋档"：04－0050。
③ 《蒋中正电王树翰请与李煜瀛张群协商留徐永昌在平暂勿返晋》（1931 年 6 月 10 日），《筹笔》第 57 册，"蒋档"：04－0051。
④ 《晋城孙殿英致顺德石友三寒午电》（1931 年 6 月 14 日），《杂派民国二十年往来电文录存》，"阎档"：48/1509。

妥协，同时发动。①

　　孙殿英立即复电石友三，谓："兄一生好作险事，主义拿定，毫无顾忌。弟如将讨贼通电发出，兄即率部出动，绝不能负心、负友，稍涉迟延。"② 24 日，已脱离西北军的马鸿逵向蒋密报："一，于学忠部已集保定，对石取包围势；二，石电韩请示办法，韩去电嘱坚固拒守，能支持两月即有办法；三，如东北决消灭石部，韩即率三路援石，令职部开济；四，晋军助石抄东北归路……职意韩向来谈话不一致，拟请电副座对石暂取监视。"③ 为防止韩复榘助石，蒋急电驻韩部代表蒋伯诚转告韩："中可保证东北绝无攻击汉章之理，请向方兄属其安心。"④ 同时急电在北平的李石曾征询其意见："如韩果为石后盾，确可虑。应如何安置与防范，请与维宙（王树翰）兄等详商示复。"⑤ 为确保通讯安全，蒋还指示东北军参谋长戢翼翘："以后与副司令通要电，由水路转，不经济南发妥。"⑥

　　而此时韩复榘的态度的确令人捉摸不定。他同石友三有着很深的历史关系。中原大战后，韩复榘的实力不但没有受损，

---

① 《顺德金一山致晋城孙殿英沁电》（1931 年 6 月 28 日），《杂派民国二十年往来电文录存》，"阎档"：48/1515。

② 《晋城孙殿英致彰德石友三艳电》（1931 年 6 月 29 日），《杂派民国二十年往来电文录存》，"阎档"：48/1519。

③ 《马鸿逵致蒋介石敬电》，《事略稿本》第 11 册，1931 年 6 月 26 日，第 321—322 页。

④ 《蒋中正电蒋伯诚保证东北绝无攻击石友三之理嘱韩复榘安心》（1931 年 6 月 25 日），《筹笔》第 57 册，"蒋档"：04-0090。

⑤ 《蒋中正电李煜瀛与王树翰详商如何安置防范韩复榘与石友三结合》（1931 年 6 月 26 日），《筹笔》第 57 册，"蒋档"：04-0092。

⑥ 《蒋中正电张学良注意获津致石友三两电文》（1931 年 6 月 18 日），《筹笔》第 57 册，"蒋档"：04-0073。

反而因助蒋有功而获委山东省政府主席，他是阎、冯两部众将领中唯一独占一省地盘的封疆大吏。但此时的韩复榘只是口头上敷衍石友三，并不想改变现状。6月20日，韩电石道："时局不靖，各方情形极为复杂。吾辈必须力持极稳重镇静之态度，方可应付环境。以兄所知，北方局势并无若何变更……吾辈在相当时期，惟有顺应潮流，对于各方多说好话，委曲求全，不可举止不定，致贻后悔也。"① 韩的电报实际上是明确表示不愿出兵助石。蒋介石对这段时间韩复榘的表现也是捉摸不透，曾在日记中写道："接韩向方各电，安危无从捉摸。"②

对韩复榘此举，石友三深感不满，回电表示：

> 弟在外廿余年，认为痛痒相关、相爱过于手足者，仅兄一人而已。凡吾兄有言，弟必奉行惟谨。但以现在环境困难，而兄我二人大有不同，虽无天堂地狱之甚，确有云泥之别。兄处蒋、张之间，蒋信张托，可谓进退自如，擒纵随意；而弟之动辄得咎，又适得其反，其困苦艰难较甘棠东进（指1929年韩、石叛冯）时我兄之苦况，有过之无不及也。此时弟但有一线希望，决不如此作，事实止之逼迫至于如此也。③

7月1日，"非常会议"为团结北方各派反蒋力量，"而收

---

① 《济南韩复榘致顺德石友三号巳电》（1931年6月20日），《杂派民国二十年往来电文录存》，"阎档"：48/1478。
② 蒋介石日记，1931年7月1日；另见《事略稿本》第11册，第344页，文字修改为"韩向方之存心令人无从捉摸，则北方安危亦无从捉摸矣"。
③ 《顺德石友三致济南韩复榘篠电》（1931年7月17日），《石友三部民国二十年往来电文录存》，"阎档"：50/1766。

一致之效",决议:"设立中央执监委员天津执行部,代表中央,指导一切。""嗣后所有北方党政军各种进行方案,本执行部当负责办理。"并任命冯玉祥、阎锡山、柏文蔚、王法勤、谢持为天津执行部常务委员。①

此时,北方各派势力中以韩复榘最强,天津的《国闻周报》就曾评论道:"现时握华北治安枢纽者,厥为山东省政府主席韩复榘。"② 因此阎、冯二人均想以韩为反蒋主力。据程伟儒7月4日电韩报告:"今日接得天津密电谓阎、冯二公均以现下局面无吾兄领导北方将领共同的干,不能解决,已密令驻晋各军一致拥护我兄。徐(永昌)、杨(爱源)均极同意。阎并电粤政府请给兄一较当名义。广东复电拟任为北方各省联军总司令,致电汉章征询吾兄同意。"而石友三已知道韩此时并不准备公开反蒋,故建议:"以兄现下立场恐不便予揭开,请兄暗中帮助汉章,干的有眉目,再请兄来就职。"③ 但石友三对韩复榘并不死心,仍授意原西北军同僚电劝韩一致行动,该电称:

兄所主张干的时期有四点:一,蒋与共党接触后;二,鲁豫督办发表后;三,小张已死或病危时;四,或奉方先来攻击,兄即将预定之通电发出,并出全力帮助汉章。弟已源源本本向汉章说明。现下奉方扣车,并派骑兵

① 《冯玉祥致宋(哲元)庞(炳勋)孙(殿英)张(自忠)冯(治安)刘(汝明)等电》(1931年7月22日),《冯玉祥发电稿本》。
② 《鲁韩信使往还》,《国闻周报》第8卷第29期,1931年7月27日,"一周间国内外大事述评",第2页。
③ 《顺德程伟儒致济南韩复榘支电》(1931年7月4日),《石友三部民国二十年往来电文录存》,"阎档":50/1726。

来扰乱，奉方态度已明白，而其余三点均已实现。请兄照
前言办理。如果环境有碍，亦必须暗中帮助，从中和泥，
方可对得起老友。况汉章弟有损失，就是兄的损失。①

冯玉祥获知韩复榘的态度后，却夸大事实致电粤方汪精
卫、孙科称："拟将敝部暂分为三个集团军暨两个独立部队。
以宋哲元任第二集团军总司令，石友三任第五集团军总司令，
韩复榘任第八集团军总司令。至孙连仲、吉鸿昌拟俟发动时，
任为独立部队司令官。"冯还向粤方表示：其一、"惟各部官
兵困苦异常，倘发动后，对于给养一层，尚有多少顾虑"；其
二、"至于北方党政事务，仍请诸先生筹商进行"。②

为了打消冯玉祥等人的顾虑，粤方立即"派李汉魂为代
表来顺德对石友三进行联络，许以国府委员和第五集团军总司
令，随后又汇来款五十万元"。③ 得到粤方的明确支持后，冯
即踌躇满志地电告广州："此间各将领经数度磋商，已趋一
致，晋方亦表示同情。石（友三）若发动，晋军决取一致行
动。（孙）殿英部现正准备出发。"④

7月18日，石友三正式就任广州国民政府委任的第五集
团军总司令，截断北平、郑州间的电报电话线，扣留列车，
阻断南北交通。20日石在顺德誓师，公开发表讨蒋通电，指

---

① 《顺德仲扬致济南韩复榘删亥电》（1931年7月15日），《石友三部民国
二十年往来电文录存》，"阎档"：50/1759。
② 《冯玉祥致精卫先生并许（崇智）孙（科）陈（济棠）李（宗仁）古
（应芬）诸先生电》（1931年7月3日），《冯玉祥发电稿本》。
③ 黄广源：《反复无常的石友三》，《文史资料选辑》第52辑，文史资料出
版社，1964，第222页。
④ 《冯玉祥复邓仲知电》（1931年7月17日），《冯玉祥发电稿本》。

责蒋介石、张学良"先用军阀手段，瓜分冀豫察各省地盘，对于冀晋各军完全视为征服之残部，压迫挑拨，饥寒困顿，必欲其自溃而后快"；并表示："友三等以身许国，宁敢后人，为整师旅，同申讨伐，沉舟破釜，义无反顾，成败利钝，在所不计。"① 随后，石友三部"开始沿平汉路北进，第一作战目标是占领石家庄，第二作战目标是占领保定，然后进军平津"。②

石友三此时之所以敢单独发动，还有一个重要原因就是东北军将领于学忠有倒奉之意，并暗中同石接洽。于学忠原为吴佩孚的部下，吴失败后，于率部投奉张，并得到张学良的重用。此时张因病住院，有不治之说。③ 而避居四川的吴佩孚久静思动，曾密电石友三拟"集川中将领，宇内袍泽，组织救国同盟军，讨伐蒋逆"。④ 因"佩孚通电入陕，与学忠有结合"，故"奉将领会议，意见不睦"，结果"发生奉军干部不信任于氏之传说"。⑤ 于学忠也"因张病危，态度突变"，而张作相、荣臻等东北将领商讨后有"调于军赴后方，并监视其

---

① 《石友三等讨蒋通电》，《民友》第2卷第5号，1931年7月27日，第16页。

② 唐邦植：《回忆石友三倒张之战》，《文史资料选辑》第52辑，第202—203页。

③ 这一时期有关张学良病危、病故的消息多来自日本人的造谣，见《天津铣日特讯》（1931年6月16日），《杂派民国二十年往来电文录存》，"阎档"：48/1422。6月15日，"驻济日领事告向方，曰张学良文（12日）晚病逝。"见《事略稿本》第11册，1931年6月15日，第298页。

④ 《顺德石友三致晋城孙殿英微电》（1931年7月5日），《石友三部民国二十年往来电文录存》，"阎档"：50/1727。

⑤ 《天津篠日特讯》（1931年7月17日），《杂派民国二十年往来电文录存》，"阎档"：48/1555；《天津邓虑远致大兴庄石友三养电》（1931年7月22日），《石友三部民国二十年往来电文录存》，"阎档"：50/1812。

行动"的计划。①

于是，石友三极力拉拢于学忠一同反蒋。7月19日，石得情报称："一，汉卿虽未死，其病转成肠结核，恐不治；二，奉军虚张声势，外强中干，其各部均有恐慌之色；三，此间对于孝侯（于学忠）仍继续接洽。本日北平有代表来，颇有希望。"② 当天于学忠代表同石接洽后表示："其意俟战一二次，奉方不利始表示真意。但伊未表示前，必以全力对之，方免受累也。"③ 有了于学忠的保证，石友三信心大增，第二天即公开通电反蒋。

7月21日，石部占领石家庄，继续向北推进至保定以南地区，28日同东北军发生激战。广州国府得知石友三反蒋的消息后异常兴奋，汪精卫通过天津执行部转电石友三，封官许愿，为其鼓气：

一，我兄已就第五集团总司令职，所部将士应如何分别任命，敬祈详示，以便提议国府；

二，此间同人拟推我兄为国府委员；

三，殿英兄被任为第六方面军总指挥，请我兄就近与殿英兄商量，如编在第五集团军内固佳，独立亦可。惟为军事动作统一起见，以归我兄指挥为宜；

四，国府日前已汇交我兄卅万元，日内拟再汇卅万以

---

① 《天津铣日特讯》（1931年6月16日），《杂派民国二十年往来电文录存》，"阎档"：48/1422。

② 《天津邓虑远致石友三皓电》（1931年7月19日），《石友三部民国二十年往来电文录存》，"阎档"：50/1787。

③ 《天津某致石汉章马电》（1931年7月21日），《石友三部民国二十年往来电文录存》，"阎档"：50/1799。

济急需。①

　　冯玉祥更是积极联络旧部，希望他们能够及时响应，支援石友三。冯致电宋哲元，称："方今蒋逆已陷于四面楚歌，无暇北顾，而张逆则有心腹之患，无力难（南）犯，此诚讨蒋以来未有之机会。"他竭力鼓动宋哲元等"即日全体联名通电响应友三"，"促其讨张倒蒋之大联合"。② 宋哲元的部属刘汝明也急电宋，请其尽快响应，"当机立断，誓师讨逆"。③ 冯还致电韩复榘，要求其"即日发动，协助汉章"，"万不可稍有观望，致陷汉章于不利，而吾弟亦有孤势之危"。为了打消韩复榘等人的顾虑，冯还向韩表示："晋境各军，皆已准备响应汉章。"④

　　然而事态的发展完全不是他们预期的那样。地方实力派口头表示是回事，实际行动又是一回事。中原大战失败后，冯、阎旧部不再像以往那样听从他们的指挥。各将领为保存实力，各存异志。他们大都只是为了顾及冯、阎面子而口头表示赞同，并不愿付诸实际行动。尽管冯玉祥多次密电与石友三有过节的庞炳勋，苦口婆心地劝道："吾弟于此时应不顾一切，出

---

① 《广州汪精卫致天津胡宗铎王懋功等俭电》（1931 年 7 月 28 日），《杂派民国二十年往来电文录存》，"阎档"：48/1654。

② 《冯玉祥致宋哲元电》（1931 年 7 月 23 日），《冯玉祥发电稿本》。所谓张有心腹之患，指张学良叔伯兄弟张学成暗中同石友三联络反对张学良。此时，张学良已得知此事，并破译了张、石间的电报密码。见于学忠《东北军讨伐石友三的战争》，《文史资料选辑》第 6 辑，第 120 页。

③ 《解县刘汝明致宋明轩箇电》（1931 年 7 月 21 日），《宋哲元部民国二十年往来电文录存》，"阎档"：72/1007。

④ 《冯玉祥致韩复榘电》（1931 年 7 月 19 日），《冯玉祥发电稿本》。

师应援，非曰助石，实乃讨张；非仅对张，实乃讨张而倒蒋也。尤望吾弟进而号召于大众曰，为讨蒋计，一切之害不能避，一切之利不能趋，只知讨蒋不顾其余。""石部既已首动，讨贼各军势应一致，存亡所系，大义攸关，弟必不以彼之往事介介也。"冯甚至还恳求宋哲元转商庞炳勋，表示："如更陈（庞炳勋）弟不欲联名通电，即单独通电，亦未始不可，惟不宜再缓耳。"[①] 其实冯氏自己对石友三也缺乏信心，他在日记中写道："石之为人，众人皆知。如不为大众，只为自己，必吃大亏。"此时，西北军各部的心态，正如冯氏在日记中所发的牢骚："接来电，知×将动，亦知×的情形，全为利害而已，果有真理哉？"[②]

此时众人的首要目的就是保存实力，大都采取观望态度：如果石友三有成功的希望，到时再抓住机会跟随在后也不迟；如果石友三没有把握，则尽可敷衍了事；如果石友三出师不利，可以立刻改变态度，甚至落井下石。而石友三却完全错误地判断了形势，自以为蒋介石受粤方打压，无力他顾，而张学良又将一病不起，此刻自己登高一呼，北方将领必定会蜂起响应。下面一组西北军将领之间的往来电报，颇能反映出当时众人的心态。

吉鸿昌在南京的代表王慈博密电告吉："表面上鲁韩似与石不无携手之嫌，然实际上韩亦有送石于破败，而收其势力之谋。不过石设占胜利，于韩亦无害也。晋宋现取观望，出首者

---

① 《冯玉祥致庞炳勋电》（1931 年 7 月 21 日）、《冯玉祥致庞炳勋电》（1931年 7 月 20 日）、《冯玉祥致宋哲元电》（1931 年 7 月 23 日），《冯玉祥发电稿本》。

② 《冯玉祥日记》第 3 册，1931 年 4 月 10 日、7 月 14 日，第 400、448 页。

为石与高桂滋、孙殿英三人。"①

宋哲元的总参议萧仙阁则建议宋道:"此次汉章所联各方多怀二志,如发动将必败。吾军必须沉静观变,不可表示。晋方代表在京云宋如与石同举动,必乘此消灭吾军等语。无论如何不出山西为主义,以便将来有所作为。"②

据孙殿英的代表向他报告,庞炳勋的态度是:如果"北方大家都干,并有把握,他就干。若少数人干,他决不干"。③

孙连仲得到的情报则是:"阎确有命令怂恿晋将领,伊等不以为然,因中央月给百万,纵得平津,亦为石所有,于晋无利也。冯公亦欲活动,宋、庞为吃饭问题,亦不以为然。"④

7月23日,蒋介石、张学良分别通电讨伐石友三。同日,华北各军将领由张作相领衔通电响应,商震、徐永昌等76人响应。同时,南京国府任命张学良为北路集团军总司令,于学忠、王树常为第一、二军团总指挥,刘峙为南路集团军总司令,并调中央军顾祝同部"率第一、二、三师部队,经由平汉路北上进击石部,与张学良指挥的部队,形成南北两路钳形的攻势"。⑤蒋还密电刘峙:"我军以速灭石部为利,且速进一步则多得一步之益……一俟顺德占领后,主力再向前推进,

---

① 《南京王慈博致横川吉鸿昌巧电》(1931年7月18日),《杂派民国二十年往来电文录存》,"阎档":48/1582。

② 《南京萧仙阁致太原宋哲元巧未电》(1931年7月18日),《宋哲元部民国二十年往来电文录存》,"阎档":72/0989。

③ 《太原李之朴致晋城孙殿英删寅电》(1931年5月15日),《杂派民国二十年往来电文录存》,"阎档":48/1278。

④ 《南京李汉辉致孙连仲养电》(1931年7月22日),《杂派民国二十年往来电文录存》,"阎档":48/1690。

⑤ 顾祝同:《墨三九十自述》,台北:"国防部史政编译局",1981,第100页。

可不失夹击之机……晋军如无整个计划必不敢侧击我军也。"①

　　此时，稳住晋系、鲁韩，不与石同反，对蒋来讲至关重要。除了武力威慑外，蒋介石更不忘使用他最擅长的银弹攻势，且手笔远远大于他的对手广东政府。7 月 20 日，蒋连发两封"万急"电致宋子文：一电"速筹交岳军（张群）兄洋卅万元，先汇商震为开拔之用"。②二电"请筹备五十万元汇山西调兵之用，务请从速"。③22 日，又电宋"请另准备五十万元为山东之用，并望速筹，约三日内用"。④24 日，再电宋："杨爱源廿万元请速交庸兄（孔祥熙，字庸之）即汇。"⑤同日还电告李石曾："次辰兄如需用款，请转询电告，以便汇上。"⑥随后，蒋致电山西将领表示："晋军饷准自六月起由京月助二十万。"⑦

　　而最令人诧异的则是韩复榘的表现。在石友三发动前一周，韩曾密电报告蒋介石，"称石部时机急迫，有箭在弦上之

---

① 《蒋中正电刘峙有关攻击石友三逆军之作战计划》（1931 年 7 月 21 日），《筹笔》第 59 册，"蒋档"：04 - 0218。

② 《蒋中正电宋子文张群请宋速筹三十万元交张群即汇商震为开拔之用》（1931 年 7 月 20 日），《筹笔》第 58 册，"蒋档"：04 - 0205。

③ 《蒋中正电宋子文速筹五十万元汇山西为调兵之用》（1931 年 7 月 20 日），《筹笔》第 58 册，"蒋档"：04 - 0207。

④ 《蒋中正电询宋子文三十万元给商震事另三日内筹五十万元为山东用》（1931 年 7 月 22 日），《筹笔》第 59 册，"蒋档"：04 - 0234。

⑤ 《蒋中正电宋子文汇杨爱源二十万元请速交孔祥熙》（1931 年 7 月 24 日），《筹笔》第 59 册，"蒋档"：04 - 0243。

⑥ 《蒋中正电询李煜瀛如徐永昌需款可电告以便汇寄》（1931 年 7 月 24 日），《筹笔》第 59 册，"蒋档"：04 - 0246。

⑦ 《晋军将领态度》，《国闻周报》第 8 卷第 30 期，1931 年 8 月 3 日，"一周间国内外大事述评"，第 3 页。

势"。蒋为此急电张学良、刘峙："请从速准备，勿误。"① 当
然，韩的举动自然会有回报。19 日，蒋指示王树翰："下令免
石职时，兼叙该部准归韩指挥，以安韩心，而坚其志也。"②
20 日石友三通电后，蒋电邵力子转告韩："石既通电叛变，政
府不能不明令讨伐。请向兄即照前电从速进行，将石改编。石
部以及其番号归向兄全权办理可也。"③ 24 日，蒋再电韩表示：
"对于石部之收编解决，较节制指挥为妥……至应如何改编，
则由向兄决定。"④ 蒋的用意是彻底取消石部番号，既可预防
石之再起，也可限制韩部过于庞大。

晋系将领中商震因非属阎锡山五台派嫡系，不为阎所信
任，故于中原大战投蒋后，对蒋颇表衷心，而受任为山西省政
府主席。"当石友三发难之前两周，已有人知商启予（商震）
与中央密洽，要带军队离晋助张。"⑤ 为此，晋系将领多对商
震投蒋表示不满。傅作义甚至在一次晋军会议中要求徐永昌将
商震扣押。至此，商震萌生彻底脱离晋系的念头。7 月 16 日，
商将此意密电蒋介石，并报告晋方内情曰："晋军将领受阎秘
密指使，日夜密议响应石部办法，惟内部复杂，迄无一致结
果。最近期内当不至有何举动。震受钧座知遇，只有竭智尽
力，消弭伊等反动计划。如实不可能，即率领职指挥之军队，

① 《蒋介石致张学良刘峙电》，《事略稿本》第 11 册，1931 年 7 月 13 日，
第 373—374 页。
② 《蒋中正电王树翰下令免石职时兼叙该部准归韩复榘指挥请转商张学良》
（1931 年 7 月 19 日），《筹笔》第 58 册，"蒋档"：04 - 0189。
③ 《蒋中正电邵力子石友三已叛应明令讨伐石部番号饷项由韩复榘处理》
（1931 年 7 月 21 日），《筹笔》第 59 册，"蒋档"：04 - 0224。
④ 《蒋中正电邵力子谓韩复榘部暂不移往德州之因及石部解决仍归韩部》
（1931 年 7 月 24 日），《筹笔》第 59 册，"蒋档"：04 - 0252。
⑤ 《徐永昌将军求己斋回忆录》，第 224 页。

至相当地点。敬候驱策。"①

蒋自然是喜出望外，立即复电示商震："请兄统率所部……出石家庄，侧击石逆侧背……款已设法筹措勿念。如能同时对晋将领声明，省主席先派员代理，以安晋军之心情更好。"②此前，蒋得情报显示："次辰对主座固甚感激，但彼绝不背阎，将来万一有变，徐是否终能留平，尚存疑问。然徐果能不返并，晋军似无人堪以领率者。"③ 此时，蒋既令"商启予率其所部出晋讨逆，且辞省主席"，不得不利用徐永昌在晋系中的威望安定晋方，以免其内部疑惧，故蒋电王树翰令徐代理晋主席，④ 并电告李石曾："如其本人不愿承乏，则请其推人自代。"⑤

蒋介石不仅依靠自己手中丰厚的财力来收买反对派，还利用其控制的中央政权封官许愿，以便进一步分化瓦解各派。

经过蒋介石这样一番软硬兼施的公开和暗地活动，石友三、阎、冯、广州"非常会议"所期望的北方反蒋势力大联合，完全化为泡影，石友三的反蒋举兵成了势孤力单的独角戏，他的前途命运可想而知。

整个局势于是急转直下。从 28 日起，东北军主力同石友

---

① 《商震致蒋介石铣（16 日）电》，《事略稿本》第 11 册，1931 年 7 月 18 日，第 392 页。
② 《蒋中正电商震率部由晋中袭冯部或石部侧背所需款已筹措请速行动》（1931 年 7 月 20 日），《筹笔》第 58 册，"蒋档"：04 - 0194。
③ 《天津丁春膏致南京孔庸之元二电》（1931 年 7 月 13 日），《宋哲元部民国二十年往来电文录存》，"阎档"：72/0970。
④ 《蒋中正电王树翰有意令商震率部出晋讨逆且辞省主席而令徐永昌自代》（1931 年 7 月 20 日），《筹笔》第 58 册，"蒋档"：04 - 0203。
⑤ 《蒋中正电李煜瀛令商震辞山西省主席率兵侧击石逆另派员代署主席》（1931 年 7 月 24 日），《筹笔》第 59 册，"蒋档"：04 - 0255。

三在保定一带激战三日。商震率部"从山西沿正太线，经娘子关出井陉到石家庄，自其左翼侧击"；中央军"刘峙、顾祝同自河南沿平汉线，经郑州过黄河北来，击其后路"。[①] 于学忠部不但没有响应，而且成为东北军讨伐石友三的主力。这一变化大出石友三的意料，同样也令冯玉祥颇为难堪。29 日，冯特电广州向汪精卫等人解释："晋境各军，早经一致，嗣因有人从中挑拨，以故稍有出入。然讨蒋之决心，则始终无二也。"[②] 当天冯氏还致电南京新任命的晋省主席徐永昌，希望徐能再次投入反蒋阵营。电称：

> 讨蒋各军，皆以此间为重心，而视此间之态度为转移也。反之，若待石部不敌东北，则此已成之倒蒋局面，将从此冰消瓦解，北方大局，更不堪问矣……务请我弟排除目前之困难，决定即时发动。我弟众望所归，同人咸服，纵意见各有稍异，立场各有不同，经我弟之排难解纷，剖析利害，各同志定可捐除己见，勉为其难，而趋于一致也。[③]

但大局已定，冯玉祥的努力不可能取得任何效果。31 日，石友三部在三面围攻中被迫撤向山东，依附韩复榘。石率残部逃到山东时仅剩四千多人。张学良命令韩复榘收容后改编为四个团。冯玉祥对韩的前后言行则深表不满，他在日记中写道：

---

① 《戢翼翘先生访问记录》，第 80—81 页。
② 《冯玉祥致汪精卫电》（1931 年 7 月 29 日），《冯玉祥发电稿本》。
③ 《冯玉祥致徐永昌电》（1931 年 7 月 29 日），《冯玉祥发电稿本》。

> 韩之说话实不明白，其意在石动后，宋、晋等即刻应
> 之。而过八、九日后又以平等之言责说双方。论事系韩所
> 发起，论交情石、韩又曾共患难，今竟如此滑头，诚非人
> 心大变之时所不能有也。[1]

但冯玉祥对韩复榘仍抱有一些幻想，希望韩收容石友三残
部后，扩大力量再行举事。8 月初，他收到情报显示"石军已
到鲁德州、武城二万以上，归韩收容。韩声明石之基本队伍愿
收容"。"韩在德州成立收容所，石部手枪队、骑兵，业运来
军装五六千套、面六千包，指定高唐为扎地。收容所为韩、石
两部人员合组。入鲁境奉军不再追击。"[2] 冯玉祥即将这些不
可靠的情报转报粤方。因此，李宗仁在广州宣称："虽然蒋中
正命令各军任何部不能收容石部，可是韩复榘已极力保护，使
石部到德州整顿……东北方面也不敢扰入山东一步，恐防韩可
借口出兵，而再形成一个反蒋新局面。"[3] 但据蒋方的情报显
示："我军俘获石部确数在三万五千人以上，其孙、米二师主
干、所有枪炮完全缴获。据蒋伯诚本（9）日电告，石残部到
鲁者实不足万人。"[4]

曾经拥兵 6 万、横行一时的石友三部从此土崩瓦解。

在蒋介石统治中国 22 年的历史中，中央政府和地方实力
派的关系一直是一个重要问题。从石友三 1931 年反蒋到失败

---

[1] 《冯玉祥日记》第 3 册，1931 年 7 月 28 日，第 455 页。

[2] 《邓仲芝致冯玉祥电》（1931 年 8 月 6、7 日），《冯玉祥收电稿本》。

[3] 李宗仁：《北方反蒋新局面》，《中央导报》第 8 期，1931 年 8 月 19 日，
第 5 页。

[4] 《蒋介石致宋子文电》，《事略稿本》第 11 册，1931 年 8 月 9 日，第 517
页。

这一个案中，不难发现这样一种现象：地方实力派在同蒋介石
为首的中央政权周旋中，最看重的是如何保存并发展自己的实
力，他们口头上常常表示效忠中央，实际上各有怀抱，对蒋介
石的统治也并非忠心不二。一旦力量对比发生微妙变化，或蒋
介石对他们的生存构成威胁时，他们中的一部分势力就会冒险
一搏，以求获取更大的实力或生存空间。由此也可以看出，蒋
的南京政权始终没有建立起牢不可破的权威，地方实力派的反
蒋活动从没有停止过。

在地方实力派同中央政权之间的互动中，尽管对蒋介石的
统治有着各自不同的不满或不服，但在一波又一波最初看起来
声势浩大的反蒋抗争中又不能团结一致，而是各有打算，彼此
相互猜疑，甚至口是心非。他们之间有时相互拆台，未必都是
出于主观上助蒋，而是希望利用蒋所处的被动地位，同中央政
府讨价还价，以此追求更大的利益。这些弱点，自然便于为蒋
提供机会分化收买，各个击破，并最终瓦解反蒋派的挑战。

蒋介石掌握着中央政府，又为他打击地方实力派的反抗提
供了一些别人无法获得的优势：一是拥有中央名义，师出有
名。这在中国社会长期存在"名不正则言不顺"的传统习惯
下，是非常重要的；二是可以通过交换部分权力，以封官许愿
的方式，重新分配中央资源，以此分化对方；三是掌握着无人
能够比拟的中央财政，利用银弹，为收买中间派提供经济上的
有力保障。蒋介石在打击石友三的反叛中，将以上优势运用得
淋漓尽致。

尽管如此，处在半封建经济条件下的中国社会，中央政
府的力量毕竟是有限的。蒋介石虽然控制了中国最为富庶的
江浙地区，财力最为雄厚，但也始终不可能完全消除分散的

各地实力派的全部势力。因此，中央政府和地方实力派的关系问题也就始终或隐或显、或起或伏地存在于这段历史的全过程中。

二 阎锡山返晋风波

对于北方阎锡山、冯玉祥的势力，蒋介石始终是想彻底解决的。中原大战后，阎锡山所部相对完整地撤回晋绥，蒋的策略是先收拾冯玉祥，而暂时逼走阎锡山，使其脱离所部，再将晋系军队交予张学良整编为四个军，分别以阎锡山旧部商震、徐永昌、傅作义、杨爱源为军长，以赵承绶、周玳为骑兵和炮兵司令。① 这样一来，晋系部队又得以成建制地完成整编，合法地回到自己老家驻防。这正是阎锡山日后得以重返政坛的本钱。

战后，蒋介石委任相对亲蒋的晋系将领商震为山西省政府主席。但是阎的旧部对其效忠程度，远高于西北军效忠冯玉祥。因此，蒋对阎的动向始终相当关注。当石友三反叛已露端倪之时，蒋介石就曾明确指示商震："现时工作，第一防止阎逆变装西返，第二密饬对晋南冯军严加戒备。"②

正在这时，阎锡山于8月5日由大连秘密返回山西。

尽管此时阎锡山仍受政府通缉，商震又投蒋离晋，但他此行绝非贸然之举。阎锡山历来精于计算。他主要基于两方面的考虑：一是他仍获得晋系将领的支持，即使是新代省府主席徐

① 赵承绶等口述《晋绥军的编遣》，山西省政协文史资料研究会编《阎锡山统治山西史实》，山西人民出版社，1981，第159页。
② 《蒋介石致程起陆电》，《事略稿本》第11册，1931年6月6日，第244页。

永昌，对蒋介石"固甚感激，但彼绝不背阎"。[1] 因此，阎返晋不会有任何危险。二是阎锡山得到粤方的支持。就在阎氏返晋当天，广州"非常会议"致电阎、冯及所部诸将领，恳请二人继续领导北方反蒋武装："蒋逆中正横行一时，非倒蒋势力之不足以制之……时机迫切，恳诸同志即起图之。"甚至连同他长期面和心不和的冯玉祥，根据对各方的实力判断后也不得不承认："事已至此，势非百川先生出而主持，决无其他良法。"[3] 同时，阎锡山的行动还得到日本军人的暗中支持。此时正值九一八事变前夜，日本侵略者正利用一切可能有用的力量来破坏中国的统一。正是在关东军特务机关长、九一八事变罪魁祸首之一的土肥原贤二的安排下，阎锡山乘日军飞机秘密返回山西。[4]

阎锡山返晋引起蒋介石、张学良的紧张。为此，阎指示周玳电蒋、张报告：阎"回省原因，确系老太爷于上月廿三、四、五等日连去三电，说有病。当时本拟即时回，因石部正在作战不便，俟退却后始起身"。[5] 但如何处置此事，蒋、张二人都感异常棘手。据孔祥熙提供的情报显示："五台系与石

① 《天津丁春膏致南京孔庸之元二电》（1931 年 7 月 13 日），《宋哲元部民国二十年往来电文录存》，"阎档"：72/0970。
② 《天津执行部致阎锡山冯玉祥徐永昌宋哲元庞炳勋孙殿英傅作义电》（1931 年 8 月 5 日），《冯玉祥收电抄本》。
③ 《冯玉祥致王（法勤）覃（振）柏（文蔚）邹（鲁）等电》（1931 年 8 月 1 日），《冯玉祥发电抄本》。
④ 《阎锡山日记》（1931 年 8 月 5 日），"阎档"：18/0221 - 0222；《民国阎伯川先生年谱长编初稿》第 4 卷，第 1651 页。
⑤ 《太原周总监玳致河边阎总座曷已电》（1931 年 8 月 7 日），《各方民国廿年往来电文原案》，"阎档"：21/0009；另见《各方民国二十年往来电文录存》，"阎档"：60/1523。

（友三）签字，占领平津，晋即出兵。某知友言阎借日款三千万元，广东助四百万，阎贴三百万，意在大局。"① 以上情报是否属实尚且不论，但阎的背后又多了一层日本人的关系，这就更令蒋、张不安。

早在石友三叛乱之初，蒋就获知"晋军背后仍受阎主持，闻大连太原间可直接通电，无线电台均设置日人家内"。② 据孔祥熙派往天津的代表丁春膏7月13日报告：

　　顷晤商震代表李镜容，谓近日谣言甚大，万一石部有变，不仅孙军有虞，即晋军亦必一致行动。春膏诘以背景尚有何人？李答晋军之指使者当然仍是百川。春膏复问外间有言阎氏在连颇受日人逼迫，倘不急进，便不再任保护是否属实？李答亦闻确有是说。③

此时，蒋介石的处境已不同于中原大战胜利之时，他的主要注意力正集中在粤系和"剿共"两方面，对北方，着重对付已被拆散的西北军，而将黄河以北地区作为酬劳交给张学良

---

① 《太原蒋守一致南京孔祥熙虞电》（1931 年 8 月 7 日），《蒋方民国二十年往来电文录存》，"阎档"：80/0770 - 1。

② 《天津丁春膏致南京孔祥熙敬电》（1931 年 7 月 24 日），《宋哲元部民国二十年往来电文录存》，"阎档"：72/1026。

③ 《天津丁春膏致南京孔庸之元二电》（1931 年 7 月 13 日），《宋哲元部民国二十年往来电文录存》，"阎档"：72/0970。据谭光《我所知道的孔祥熙》一文载，"在蒋冯、蒋冯阎战争时期，孔利用他北方籍贯，确实做了不少分化工作。冯系的何其巩（克之，曾任北平市长）、丁春膏就专在冯内部通消息，写报告。宋哲元二十九军的保全，是由丁介绍萧振瀛走了孔的门路的。"见全国政协文史资料委员会编《民国风云人物》（文史资料精华丛书第 6 卷），安徽人民出版社，2000，第 151 页。

处置。除对韩复榘无力调动、石友三公开反叛外，蒋介石拟将宋哲元、吉鸿昌南调"剿共"，以减轻来自粤方的压力（孙连仲部已调入江西"剿共"）。阎锡山返晋一下打乱了他的计划。

此刻张学良的日子也不好过，虽然他很想将阎锡山驱逐出境，但仅靠东北军入关部队，尚不足以对付山西。而日本侵华危机日甚，特别是自万宝山事件后，日本军人就一直企图在东北诱发军事行动。"初拟利用张宗昌，而宗昌无力，旋乃以飞机载阎锡山返晋。""如果东北军与阎、冯军队不免一战，则日本将乘共产党蜂起之际，使列强无容喙之余地。"① 石友三公开反蒋后，日人就不断地向阎表示："石已占保定，河南数部响应，鲁决援石，蒋对湘鄂赣匪亦无办法，平津为之震动，君再不归，恐错过时机。"阎信以为真，于是秘密乘日军飞机返大同，"下机后即以上述三条询赵承绶，谓石已缴械，阎颇不悦"。②

阎锡山返晋后，除已率部离晋的商震外，"山西将领均往谒"。③ 阎亲自致电商震表示"请以团体为重"，"望商回并"。④ 当得知商不为所动后，原同商震最接近的绥远省主席李培基即在"大同被赵承绶扣留，华北情况殊未可料也"。⑤

---

① 《日本外务省记录》，转引自梁敬錞《九一八事变史述》，台北：世界书局，1995年第5版，第62页。
② 《北平华觉明致重庆刘湘文电》（1931年8月12日），《蒋方民国二十年往来电文录存》，"阎档"：80/0841。
③ 《天津王懋功致广州昭佳电》（1931年8月9日），《杂派民国二十年往来电文录存》，"阎档"：48/1816—7。
④ 《最近山西局面》，《国闻周报》第8卷第32期，1931年8月17日，"一周间国内外大事述评"，第3页。
⑤ 《北平华觉明致汉口何成濬佳电》（1931年8月9日），《蒋方民国二十年往来电文录存》，"阎档"：80/0794。

8月9日，蒋介石在研究山西问题时自记道：

> 山西问题自阎递回后，应决定办法。一、积极进攻，二、消极不发饷，而第一则须征求汉卿与向方之意再决也。吉（鸿昌）部非解决则北方后顾堪虞也。[1]

而实际上蒋介石既没有力量对晋"积极进攻"，又不可能"消极不发饷"，那样做无异公开将晋方置于对抗地位。他只能继续采取分化手段，分散阎、冯旧有势力，以防止他们可能的再次联合。为此，蒋致电宋部总参议萧振瀛："明轩（宋哲元）兄部如愿调离晋南，则可否调来江西填已克复之地区，俾此间得以抽出部队对粤也。"[2] 并电东北军参谋长王树翰："启予既离晋出征，则省主席应派徐代理，以免其内部疑惧，此事应由汉兄提出为宜。至启予则乘此属其率领所部南来，先入岳州，以便随时策应。请与汉兄切商详复。"[3]

张学良此时则想将宋、商二部调至河北，这样一旦同晋军发生冲突，东北军不至于首当其冲。蒋对张此举甚为不满，曾电张表示："如宋部仍驻河北，则与晋南无异，不如不调。请速决调赣。"[4] 8月10日，蒋派往北平协调对晋关系的葛敬恩

① 蒋介石日记，1931 年 8 月 9 日；另见《事略稿本》第 11 册，第 516 页。

② 《蒋中正电询萧振瀛如宋哲元愿调离晋南可否调赣填防俾抽出部队对粤》（1931 年 8 月 11 日），《筹笔》第 60 册，"蒋档"：04 – 0325；另见《蒋方民国二十年往来电文录存》，"阎档"：80/0825。

③ 《蒋中正电王树翰等商震离晋出征应派徐永昌代理并与张学良切商》（1931 年 8 月 3 日），《筹笔》第 60 册，"蒋档"：04 – 0308。

④ 《蒋中正电张学良速决是否调宋哲元部至赣》（1931 年 8 月 11 日），《筹笔》第 60 册，"蒋档"：04 – 0327。

特电蒋报告华北军情，并向蒋建议道：

> 商震现仅其嫡系步兵四团，当不致为晋人诱归，亦不够剿匪实力，惟其自己不肯南开，而副部（张学良）亦欲利用其恨晋之心理，留之石庄，以对付晋人。次辰代主席已发表，惟尚无表示，大约数日内必有回音。观其就否，即可以判阎此后之态度也。至硬逼阎离晋，此时恐难做到……以职判断阎氏之归，即令纯为作乱而来，以晋军动员慢之故，亦在三星期后。而晋省地形彼既易于防守，我亦易于堵塞。窃以为目下大局，对北应以东北之刀，防晋外窜，以扶经（刘峙）之众镇摄豫、鲁，而在剿赤许可之范围内，尽管抽调精兵约五六师趁粤寇移动，即一举加以痛击，乘胜入广州，取消其伪政府。是时，如北方仍然安靖，则彻底平定桂、粤，如北方事变已起，则留相当之兵力制止桂军，于粤境之各军回师北指，晋、鲁无粤府煽惑资助，或可不动。若妄动，亦不难一鼓荡平也。[①]

孔祥熙也于是日电蒋报告晋阎与奉张的关系，并提出建议：

> 阎乘日机返晋，冯有赴五台之说，似与粤方有联络。闻东北老派亦曾有代表在（大）连接洽。渠（阎）之不

---

① 《北平葛敬恩致南京蒋介石蒸电》（1931 年 8 月 10 日），《蒋方民国二十年往来电文录存》，"阎档"：80/0806—7。

助石因双方目的俱在平津，利益冲突，故特坐视。现在突
然回晋，因晋军内部意志纷纭，非渠回晋无法统一……弟
意以为晋军将领拉拢甚为容易，如此次商启予之出兵讨
石……晋省现在反商甚剧，弟意立应商之汉卿以徐代商，
并将诸将请求随时酌予容纳，必生效力。[①]

蒋介石此时要想同时与南北两方作战，势难取胜。如
何选择，颇令他为难。8月16日，蒋在日记中慨叹道："阎
回晋后北方尚在酝酿中，江西赤匪未平，豫南吉部谋叛，
两广逆军思逞，湖南态度不明，此五者应研究而熟虑之。"[②]
在此处境下，稳定北方对蒋而言至关重要。因此，对张学
良的意见，他不得不暂时表示尊重。此后，蒋不再提调离
宋。19日，蒋在日记中又写道："近日最急者为吉鸿昌部处
置问题，其次为商震、杨爱源、孙楚之位置，决委商为冀
豫晋边区督办，杨爱源为绥晋清乡督办，孙楚为山西清乡
司令。"[③]

当时，驻防河南信阳的吉鸿昌部与粤方联络频繁，随时有
反叛的可能。如吉部异动，自信阳出鸡公山可直捣武汉，同两
广军队夹击两湖，形势相当危急。蒋一度拟"用武力解决
吉"，不承想"事机泄露太早，反生差误"，引起李鸣钟和吉
部两师长的怀疑。幸亏何成濬及时电告李鸣钟"绝无此事"，

① 《上海孔祥熙致蒋中正蒸电》（1931 年 8 月 10 日），《蒋方民国二十年往
来电文录存》，"阎档"：80/0804。
② 蒋介石日记，1931 年 8 月 16 日；另见《省克记》卷 4，而《困勉记》卷
18，原记有此段内容，后用毛笔将原稿删除，均见"蒋档"。
③ 蒋介石日记，1931 年 8 月 19 日；另见《困勉记》卷 19，"蒋档"。

才未导致该部"铤而走险"。① 为此，蒋急于安定北方。8 月 25 日，蒋再次电张学良指示："北方局势务须求一根本安定办法，勿使其受两广出兵之牵动。除使阎、冯离境出洋外，并将商震、杨爱源、孙楚三人从速委其名义为要。"② 蒋的意图很明显，就是想通过封官许愿，破坏对方内部团结，以达逼走阎、冯的目的。

对于驱走阎、冯一事，张学良的态度是同蒋一致的。张学良为此特电新上任的山西省政府主席徐永昌，谓："现在国家力求巩固，和平统一，先生（指阎锡山）应即速行放洋考察，以正各方视听。"③ 蒋也电令葛敬恩亲往山西视察，希望"能窥得其内情"。④ 据徐永昌日记载："今日山西之危运，可谓至极，某某日言阎回后之山西决不可靠。"⑤ 而此时"晋将领多主张留阎在晋，徐永昌如不能为之做到，本身即有问题，故徐日来极感痛苦"。⑥ 据孔祥熙驻太原代表蒋守一报告，徐为此"愿将权位给杨星如（杨爱源），伊当从旁协助。至对阎，关系已告一段落，如阎仍有活动野心，伊不能受命，今后只有拥护中央，完成和局云云。惟对阎、赵（戴文）自由问题似仍

① 《何成濬致南京蒋中正号西电》（1931 年 8 月 20 日），《蒋方民国二十年往来电文录存》，"阎档"：80/0939。
② 《蒋中正电王树翰北方局势务求根本安定办法及使阎冯出洋》（1931 年 8 月 25 日），《筹笔》第 60 册，"蒋档"：04－0348。
③ 《民国阎伯川先生年谱长篇初稿》第 4 卷，第 1652—1653 页。
④ 《蒋中正电询王树翰葛敬恩晋情并请葛前往视察内情》（1931 年 8 月 10 日），《筹笔》第 60 册，"蒋档"：04－0321。
⑤ 《徐永昌日记》第 2 册，1931 年 8 月 23 日，台北：中研院近代史研究所，1990，第 463 页。
⑥ 《北平华觉明致重庆刘湘艳电》（1931 年 8 月 29 日），《蒋方民国二十年往来电文录存》，"阎档"：80/1022。

关念。对商乱调军队，深表不满"。① 徐自己事后也曾回忆说：

> 八月十六日，中央派葛敬恩航空署长来察看阎回山西
> 后发生些什么情形，因葛与我是陆大同学，关系亦好，他
> 信任我的话，觉得阎先生不会有危害国家的行动，电报蒋
> 先生说阎不走亦可，但因蒋先生曾与张汉卿有约，黄河以
> 北归张主持，故张要阎走，蒋亦不肯留阎。②

葛敬恩自山西返回北平后确实曾向蒋介石建议道："弟意中央对阎若必逼令出国，倘彼走粤，是反助其势，益增纠纷。不如以新由粤分化者目之，以示宽大，务使有利中央。否则结怨树敌，循环报复，非计之得。"③ 徐永昌私下也曾致函阎锡山表忠心："如外方非逼先生走不可……则我直谓先生之归，是我发起，我承认起来。万一无办法时，我与先生同走。"④

有趣的是，此时"西北军旧部对冯出洋事坚持，或可成事实。阎出洋自感（27）日张约各将领话后甚沉寂"。张学良、韩复榘"均认阎、冯不去，华北即大受影响。仍催促甚急，即不出国，亦应在国内指定地点居住，不能留晋"。⑤ 尽管晋系将领杨爱源等表示"晋军决不能因阎断送国家"，但仍

---

① 《太原蒋守一致上海孔庸之麻电》（1931 年 8 月 6 日），《蒋方民国二十年往来电文录存》，"阎档"：80/0756。
② 《徐永昌将军求己斋回忆录》，第 224—225 页。
③ 《北平葛敬恩致上海张群宥电》（1931 年 8 月 26 日），《蒋方民国二十年往来电文录存》，"阎档"：80/0991。
④ 《徐永昌日记》第 2 册，1931 年 8 月 23 日，第 463—464 页。
⑤ 《北平华觉明致重庆刘湘艳电》（1931 年 8 月 29 日），《蒋方民国二十年往来电文录存》，"阎档"：80/1022。

坚持"阎留晋无甚关系"。除李石曾、葛敬恩认为阎留晋对时局影响不大，徐永昌因张、韩力促阎出洋无法进行，甚消极，而吴铁城、张继为谋华北安定计，也坚持阎非出洋不可。此问题一时出现僵局。①

此刻，蒋正煎熬于"近日以吉部未得解决，粤逆攻湘恐其不能实行，故忧虑倍至"之中。② 无奈的蒋介石被迫对吉部妥协，暂时放弃武装解决的计划。8 月 28 日，蒋下令调吉鸿昌为军事参议院参议，而以李鸣钟接掌吉部。③ 此后，蒋不得不将主要精力用来对付即将出兵湖南的粤方，而一时无法顾及阎锡山。29 日，蒋再电张学良、韩复榘讨论处理阎锡山问题时，口气明显软了许多，并全权交与张、韩处理，只是强调：

> 阎事须有一根本处理办法，务须公私兼顾，而于国家纪纲尤须注意。彼为国家通缉之人，而乃自由回晋安居，则国家与政府体面何存？……请杨（爱源）、徐（永昌）、傅（作义）诸同志在平期间，必求一解决之道。如其能保持国家体面，愿仍出国，则政府亦可与其相当体面，以留余地也。何如请与向方兄等详商。④

9 月 1 日，张学良同晋将领最后商讨的结果是："第一步

---

① 《北平华觉明致汉口何成濬陷电》（1931 年 8 月 30 日），《蒋方民国二十年往来电文录存》，"阎档"：80/1032。
② 蒋介石日记，1931 年 8 月 26 日；另见《困勉记》卷 19，"蒋档"。
③ 《蒋介石致刘峙电》，《事略稿本》第 11 册，1931 年 8 月 28 日，第 568 页。
④ 《蒋中正电张学良与韩复榘详商阎锡山事根本处理办法》（1931 年 8 月 29 日），《筹笔》第 60 册，"蒋档"：04 - 0371。

由张派大员随徐、杨返晋劝阎、冯早行或来平、津居住；第二步由各将领以电婉劝；第三步则停止给养，所有晋省杂牌军队不予调出。"① 就在这一天，两广军队开始进攻湖南。

阎返晋前，山西将领间的关系相当紧张。先是商震脱离晋系时曾"由省行提取现洋数拾万，致社会秩序金融益形惶恐"。② 徐永昌受命代理省主席后，又同杨爱源"暗争甚烈"。③ 蒋守一曾将晋系各派间的情况详细向孔祥熙报告道：

> 谨将晋将领之派别及各人主见分别呈报，仰乞参考：傅宜生、李生达是准奉派，希望主察甚力；荣甲三、李慕颜为中央派，因实力过小，难免被人挤下去。生迭电请助荣部，即此故也。杨星如、王治安、赵印甫、张会诏、周玳为阎之嫡派，惟杨、王二人欲离阎自主，野心不小。其余皆为己做，非为阎也。再余如龙泉、光甫、毅如、云青等皆可西可东，毫无主见。生此来查得孙、王二人于吃紧时急烈主张联石打奉，惟对中央尚无恶感。石逆解决后，中央对晋当有善后计划，否则祸根伏下，早晚准是麻烦。徐返并后，星如平日权衡，完全让渡，心中很不痛快。总

---

① 《北平华觉明致汉口何成濬东电》（1931 年 9 月 1 日），《蒋方民国二十年往来电文存》，"阎档"：80/1050。据徐永昌日记载，"张汉卿对我要求之条件"为："阎先生自动移北平，副（指张副司令）担保体面、安全、自由；晋将领对已往不听调遣事认过，并将尔后晋布防规定；晋饷不足由中央补足；冯出外由韩负责办理。"见《徐永昌日记》第 2 册，1931 年 8 月 23 日，第 464 页。

② 《蒋守一致孔祥熙歌电》（1931 年 8 月 5 日），《蒋方民国二十年往来电文录存》，"阎档"：80/0736。

③ 《太原蒋守一致上海孔庸之麻电》（1931 年 8 月 6 日），《蒋方民国二十年往来电文录存》，"阎档"：80/0756。

之，晋将领完全不能合作。①

所以阎锡山返回山西后，因石友三已失败，而内部意见分歧甚大，"故改变态度，主张晋绥将领暂应团结，不为人分化。以徐主晋政，杨爱源主军，即为团结表现"。② 正如蒋守一的分析，傅作义是"准奉派"，在阎返晋之前，即曾对南京"表示绝对服从，愿率所部讨逆"。③ 现在又有张学良撑腰，阎一时拿他无奈。而王靖国、赵承绶则是自己的嫡系，阎不能不有所安慰。绥远省政府主席李培基因亲商震被扣后，阎即有"易王靖国或赵承绶"之意。④

此时，粤方也拉阎甚力，"粤伪府派邹鲁来津组北方执行部，胡宗铎代桂，王东臣代汪，邓哲熙代冯，赵丕廉代阎为委员，全权处理"。⑤ 吴铁城甚至向南京报告："邹鲁在津应允阎代表每月由粤接济军饷百万元。"⑥ 还有情报显示："阎确领粤款二百万，日人允借千万。"⑦ 这都令蒋、张甚为紧张。但实

① 《太原蒋守一致上海孔庸之鱼电》（1931年8月6日），《蒋方民国二十年往来电文录存》，"阎档"：80/0748。
② 《北平华觉明致重庆刘湘真电》（1931年8月11日），《蒋方民国二十年往来电文录存》，"阎档"：80/0818。
③ 《苗培成呈蒋主席五月有电》（1931年5月25日），《两广政潮卷》，"蒋档·革命文献"。
④ 《北平华觉明致重庆刘湘真电》（1931年8月11日），《蒋方民国二十年往来电文录存》，"阎档"：80/0818。
⑤ 《天津丁春膏致南京孔祥熙微电》（1931年8月5日），《宋哲元部民国二十年往来电文录存》，"阎档"：72/1090。
⑥ 《北平吴铁城致上海张群皓电》（1931年8月19日），《蒋方民国二十年往来电文录存》，"阎档"：80/0926。
⑦ 《北平华觉明致重庆刘湘删电》（1931年8月15日），《蒋方民国二十年往来电文录存》，"阎档"：80/0879。

际上北方内部并不团结。邹鲁来天津之初，共携款 100 万元，以 40 万助冯玉祥，30 万元给石友三，20 万元付孙殿英，余 10 万元为平津活动之用。8 月中旬，粤府致电天津执行部："以冯、孙均未助石，令扣款不发"，而"胡、王、邓、赵等因分赃不均，暗潮甚烈"。[①] 阎返晋后又"欲军政由其一手包办，邹来颇感不快"。[②] 对此，王懋功曾有一电致汪精卫，对此时北方内部情形分析得颇为精彩：

> 阎回河边村，山西将领均往谒。判断其可能性有三：甲、联蒋；乙、友蒋；丙、团结内部，乘机观变。然证之徐次辰与李石曾之勾结，马福祥代表近日与阎来往之情形，绝对反蒋恐不可能。韩虽表示希望阎团结内部，彼仍团结华北旧部，结果如何，当视环境决定。现时尚难乐观。
>
> 海滨（邹鲁）到后，时以国府全权向外宣传，意欲借国府招牌压倒一切，以彼个人为北方重心，而代先生（指汪精卫）在北方之地位，并欲自任国府驻津主任，于其下设军事、政治分会，作改革华北政局之梦。故执行部同人无论何派，除谢持外，对之均不满。我辈只有抓住执行部与彼对抗，冀使北方政局隐然以先生为主，而本身不与发生冲突，以免使先生为难。老阎自海滨到后态度陡变，大约亦以海滨狂妄自大，惹起彼如此作法，不特惹起

---

① 《天津丁春膏致南京孔祥熙谏电》（1931 年 8 月 16 日），《宋哲元部民国二十年往来电文录存》，"阎档"：72/1124。

② 《天津丁春膏致南京孔祥熙微电》（1931 年 8 月 5 日），《宋哲元部民国二十年往来电文录存》，"阎档"：72/1090。

北人反感，恐中央威信亦将因此损失无存。

党务在长江、珠江均已失败，北方本有可为，但改组派虽有反对，而因津执行部辖区登记人员已由中央派定，西山派本无下层，故亦不利于登记选举，似有与胡张勾结之嫌，结果在北方恐将失败。如何补救？请速图之。①

通过上电可以看出，反蒋各派首先还是以自己的利益为出发点，很少有顾全大局者。王懋功虽贵为"非常会议"北方执行部委员，但处处考虑的都是汪派的利益。特别是阎锡山遇事狐疑，从不肯轻易冒险，以损失己方实力。阎返晋后尽管又同四川实力派刘存厚取得联系，准备反蒋，但双方均互相观望，希望彼方先动，而己方坐收渔人之利。阎、刘下面这组电报颇能反映出反蒋派当时各自的心态：

（8月16日，刘电阎）望公取和张图蒋主义，以主力监视张，并以一部牵制杨虎城，以便敝部北展较妥。

（8月18日，阎复电刘）现在蒋方剿共失利，损失甚巨，请即不失时机，迅速北展。此间当遵嘱照办。

（8月29日，刘电阎）吴蓬莱（佩孚）已赴甘纠合川、甘军图杨虎城，百帅（阎锡山）趁此和奉图蒋，迟恐两粤不支，则难为力也。存厚俟得百帅、焕帅（冯玉祥）朝夕之期即行北展，以相响应。

（9月3日，阎复刘电）蒋方剿共失力，两广大军已

---

① 《天津王懋功致广州昭佳电》（1931年8月9日），《杂派民国二十年往来电文录存》，"阎档"：48/1816—7。

动员入湘。兄处如能出兵三万，西北唾手可得。此间已准备妥当，静待大军进展出动情形。

（9月7日，天津转刘复阎电）粤桂出动自是良机，但据报该军尚未实进展。刘积之（存厚）部图杨虎城决无犹移，只待阎总座决定协动，届期即当北进。①

阎锡山抱着如此心态，自然难以成事。但南京方面也深知"粤如急速出兵，则阎自不长久沉寂"。②阎锡山返晋后，引发北方各派势力的躁动，始终是蒋介石的一块心病。

三　甘肃雷马事变

石友三反蒋失败后，冯玉祥自我反思道："石之事，我看是为自己的事。"同时，他对旧部之间毫不念旧的行为深表不满："知石部已到定州，各军忘了敌人，而报仇之念大起，同归于尽而已。"但冯玉祥并没有气馁，他在总结经验教训后表示："朋友们离开我是应当的，是心定的。我是摘了钩的火车头，车是摘了，而车头则行得更速更快，不问如何，我是要往前进的。"③继策动石友三反蒋后，冯玉祥再一次全身投入策

① 《绥定刘存厚致河边阎总座铣电》（1931年8月16日）、《河边阎总座致天津速转刘积之兄巧电》（1931年8月18日）、《天津转刘存厚致河边阎总座艳电》（1931年8月29日）、《河边阎总座致绥定刘积之兄江电》（1931年9月3日）、《天津转来刘积之致河边阎总座阳电》（1931年9月7日），均见《各方民国二十年往来电文录存》，"阎档"：60/1538、1542、1544。
② 《北平华觉明致汉口何成濬江电》（1931年9月3日），《蒋方民国二十年往来电文录存》，"阎档"：80/1075。
③ 《冯玉祥日记》第3册，1931年7月28、29日，8月6日，第455、453、460页。

动甘肃驻军雷中田部的反蒋行动，并使雷部一度控制了甘肃省政。

雷中田原是冯玉祥旧部吉鸿昌手下的团长，中原大战后被蒋介石收编。1931 年 2 月，蒋委任雷为中央陆军新编第八师师长，驻防兰州。但雷始终同冯玉祥、吉鸿昌等保持密切联系。[①]雷中田就职当月，即秘密派员向冯玉祥汇报。[②] 自石友三反蒋失败后，冯玉祥深感"吾人今后作法"，"应在边远区域，另找根据地，以为将来发展之策源"。[③] 于是"回到西北去"，重振西北军成了冯玉祥最大的希望。此后，他积极策反雷中田，并电召谙熟甘肃情况的李世军（甘肃人）从日本"即刻"回国，联络当地军队，配合雷中田夺取政权。[④]

中原大战后，原隶属冯玉祥的西北马家军大都投降蒋介石。此时的马家军大致分为两部，一部为驻防青海的马麟、马步芳；另一部为驻防甘肃的马鸿宾、马鸿逵兄弟。其中甘肃马家军势力最大。为了进一步分化马家军的力量，蒋介石将马鸿逵所部调驻河南，但因一时无法抽调嫡系部队入甘，只好利用当地各种政治力量，以收相互牵制之效。

蒋最初拟委顾祝同为甘肃省主席、马鸿宾为青海省主席。[⑤] 后因原南京中央警卫军军长冯铁裴病逝，为防石友三反叛，蒋急调顾祝同接任，而不得不暂时委任马鸿宾为甘肃省政府代理主席。同时，国民政府还任命马文车为驻甘肃视察员，

---

① 蔡呈祥：《"雷马事变"亲历记》，宁夏政协文史资料研究委员会主编《宁夏三马》，中国文史出版社，1988，第70—71 页。

② 《冯玉祥日记》第 3 册，1931 年 2 月 10 日，第 370 页。

③ 《冯玉祥致邓仲芝李炘函稿》（1931 年 8 月 19 日），《冯玉祥发函稿本》。

④ 李世军：《冯玉祥与"雷马事变"》，《宁夏三马》，第 59 页。

⑤ 《事略稿本》第 10 册，1931 年 3 月 23 日，第 315 页。

负责协调各方关系。但马文车并未得到蒋的信任，蒋曾电示顾祝同："甘政仍以马代主席主持，马视察员心竹（文车）不必与闻可也。"①

据陈立夫派往甘肃的谍报员报告，当时甘肃各种政治势力主要分为四派："（一）中央派马文车同志为领袖；（二）何应钦派以谭视察员克敏所勾结之禁烟总办王廷翰为领袖；（三）冯玉祥派民政厅长李朝杰为领袖；（四）骑墙派马鸿宾为领袖。"② 马文车虽然贵为中央视察员，但遇事常常受阻，他曾私下向友人发牢骚道："马代主席系回人，以种族关系激起汉回问题，情形复杂，各同事遇事又推弟首当其冲，应付深感困难，兼以谭视察员克敏系何敬之私人，一切秉承何之意志办理，且受人包围，不顾中央，不顾墨三（顾祝同），因对弟嫉妒，故意多方掣肘。"③ 而当时驻防甘肃的军事力量则以雷中田为最强，但雷中田同马鸿宾之间又"意见甚深，雷维持地方尚好，马除旧带之部队外，余均不听其指挥"。④

8月7日，南京政府改组甘肃省政，任命马鸿宾为省政府主席，而雷中田未能列名省府委员。马文车原以为可获厅长以上官职，结果仅为没有实权的省府委员。其他省府委员"均系马（鸿宾）派，闻皆系马福祥以金钱运动而得"。⑤ 雷中田

① 《蒋介石致顾祝同电》，《事略稿本》第10册，1931年3月11日，第265页。
② 《兰州某致南京陈立夫江电》（1931年7月3日），《蒋方民国二十年往来电文录存》，"阎档"：80/0511。
③ 《兰州马文车致上海徐圣禅敬电》（1931年3月24日），《蒋方民国二十年往来电文录存》，"阎档"：79/1692。
④ 《兰州刘秉粹致南昌何应钦寝电》（1931年3月26日），《蒋方民国二十年往来电文录存》，"阎档"：79/1723
⑤ 《雷中田致冯玉祥电》（1931年8月23日），《冯玉祥收电稿本》。

事先得知消息后，曾致电吉鸿昌，称："行政院已通过真除马鸿宾为甘肃主席兼省委，即日呈由国务会议通过发表之说……立赐转电中央力阻发表。"① 但雷的努力并未成功。为此，雷与马文车极为不满，秘密联合倒马鸿宾，并积极寻求冯玉祥的支持。

8 月中旬，雷中田的密使到山西向冯玉祥报告西北的军政情况，同时带来雷给冯玉祥的"报告及附表、照片等件"。冯玉祥得报后，立即致函雷中田，告之"阎总司令已由大连乘飞机返晋，正在秘密进行倒蒋事宜"，指示雷："北方各部一俟大规模之联合成熟，即当同时发动。"② 同日，冯玉祥还致函新任民政厅长李朝杰，要求其协助雷中田武装倒戈，函称：

　　现在北方大局，虽石部未能成功，而两广大军业经北进。阎总司令已返并，倒蒋局面不久将可实现。深望同志与雷师长用暴动手段行之。③

此后，雷中田在甘肃积极扩充军队，"收编民团已有数千，各予以游击队名义；纷来请愿收编者尚多"，现有军队"人数约两万，枪万余支，迫击炮百余门"。④

8 月 25 日，雷中田等人在兰州发动军事政变，"将马子寅（马鸿宾）扣押城内，缴械数百支。现由各界公推南京视察员

---

① 《兰州雷中田陈珪璋鲁大昌致横川吉鸿昌阳电》（1931 年 8 月 7 日），《蒋方民国二十年往来电文录存》，"阎档"：80/0777。
② 《冯玉祥致雷中田函稿》（1931 年 8 月 16 日），《冯玉祥发函稿本》。
③ 《冯玉祥致李朝杰函稿》（1931 年 8 月 16 日），《冯玉祥发函稿本》。
④ 《雷中田致冯玉祥电》（1931 年 8 月 23 日），《冯玉祥收电稿本》。

马文车代理主席，推职（雷中田）为全省保安总司令，并新编四师，以资扩充甘肃陆军"。雷并请求冯玉祥转告广州国民政府："汇款接济，以顾军需；西宁马麟、马步芳对我方极表好感，必要时请给以相当名义，将来可资臂助。"①

冯玉祥获此消息后，相当兴奋，立即复电雷中田等人、明确要求"甘省须与南京断绝关系，直属广东政府，并发出通电，明白表示"，并鼓励他们"进行一切事宜，应以革命的办法，当机立断，不可稍有迟疑……不可为谣言所惑"。②

但雷中田等人因青海马麟、马步芳"尚未联络巩固"，特致电冯玉祥表示"此时通电反蒋时机尚早"，"内地反蒋运动成熟后，请钧座通电甘、青、宁，并甘、青、宁实力派，加以名义，必皆翕然景从"。③ 与此同时，雷、马二人还分别致电南京中央表示因马鸿宾勾结土匪，他们扣马是不得已而为之。④ 冯玉祥无奈，只好接受现实，致函雷中田，称："如因环境关系，暂时不便向广东政府表示，暂缓亦可。"⑤

雷中田、马文车虽然暂时夺取了甘肃政权，但二人并没有公开宣示反蒋。这同他们的内外处境是有关的。此时甘肃内部"经济万分缺乏"，⑥ 外部青海"二马"的态度尚不明朗。为

---

① 《雷中田致冯玉祥密电》（1931 年 8 月 31 日），《冯玉祥收电稿本》。
② 《冯玉祥致兰州李朝杰高振邦电》（1931 年 9 月 2 日），《冯玉祥发电稿本》。
③ 《雷中田致冯玉祥电密》（1931 年 9 月 6 日），《冯玉祥收电稿本》。
④ 《兰州马文车致南京顾祝同宥电》（1931 年 8 月 26 日），《蒋方民国二十年往来电文录存》，"阎档"：80/0990。
⑤ 《冯玉祥致雷中田函稿》（1931 年 9 月 8 日），《冯玉祥发函抄本》。
⑥ 《雷中田致冯玉祥电》（1931 年 8 月 23 日），《冯玉祥收电稿本》。

了打破僵局，并进一步获得广东方面的财政支持，二人联名致
电冯玉祥转报广州国府表示反蒋决心，并汇报今后倒蒋计划：
"第一步肃清反动部队，统一甘肃；第二步宣布独立，拥护革
命政府；第三步会合义师直捣中原。"同时"为适应环境而资
联络起见"，他们恳请广东国民政府"任马麟为青海省政府委
员并代主席、马步芳为青海暂编第一师师长，以免观望"。①

三天后，广州国府第 21 次国务会议议决："特任雷中田
为国民革命军甘肃驻军总司令……马步芳为国民革命军甘肃陆
军第五师师长。"粤方并请冯玉祥转告雷、马："饷械困难，
请求接济等情，业经转国府"，"至于省府各人选，仍请即与
雷、马两同志征定示知，以便转达国府任命"。冯玉祥对雷、
马等人的财政要求，也尽其所能予以援助。为此，马文车复电
表示感谢，称"远蒙接济军需，全陇军民靡不感戴"。②

蒋介石获知此事后，深感"甘肃事颇难处置"。③ 这其中
主要原因是还掺杂着另一股势力——时任陕西省政府主席杨虎
城，也想染指甘肃省政。最初，蒋介石任命马鸿宾为甘肃省政
府主席时，即派人转告马文车："此事陕方绝未闻知，且主之
者系含对陕作用。"④ 因此，蒋对马文车的举动极为愤慨："马
氏（指马文车）实不知大体，只想作官，见之可恶。"⑤ 8 月

---

① 《雷中田马文车致（广州）国民政府密电》《雷中田马文车致冯玉祥密
电》(1931 年 9 月 11 日)，《冯玉祥收电稿本》。
② 《邓仲芝薛子长李炘致冯玉祥密电》(1931 年 9 月 14 日)、《北方军政委
员会致冯玉祥密电》(1931 年 9 月 20 日)、《马文车致冯玉祥密电》
(1931 年 9 月 15 日)，《冯玉祥收电稿本》。
③ 蒋介石日记，1931 年 9 月 3 日；另见《困勉记》卷 19，"蒋档"。
④ 《南京秉元致兰州马文车鱼电》(1931 年 8 月 6 日)，《蒋方民国二十年往
来电文录存》，"阎档"：80/0747。
⑤ 蒋介石日记，1931 年 9 月 11 日。

30 日，蒋电马文车严重警告道："速将马主席恢复自由，行使职权。""否则目无法纪，反抗中央，罪不容赦。"① 而杨虎城得知甘肃事变后，却想乘蒋力所不及之时控制甘省。9 月 2 日，杨致电于右任表示：

> 邓宝珊此次省亲来陕，恰值甘变发生。为事择人，可谓适逢其会。伊在西北方面久负物望，且因地方关系与甘肃各军多有渊源。城意拟由中央与宝珊以相当名义，由虎城就近拨给少数军队带往甘肃，负责结束军事，定可收事半功倍之效。②

随后，杨虎城又直接电蒋转达此意。③ 而蒋一方面电令甘肃省城公安局长高振邦："将马文车拿解来京，以肃法纪"；④一方面于 9 月 11 日，电杨虎城表示："冯玉祥电粤伪府请委雷中田、鲁大昌、陈珪章等为军长，是甘事，冯已有逆谋。此时属宝珊兄万勿参与甘事，免入旋涡。先将马文车事有一结束，马鸿宾行施职权后另定办法。"⑤ 当天，蒋在日记中记道："甘肃事恐难一时了结，冯玉祥又勾结雷中田，怂恿叛变；杨虎城

① 《蒋中正电责马文车反抗中央明令囚禁马鸿宾速负责处理恢复其自由》（1931 年 8 月 30 日），《筹笔》第 60 册，"蒋档"：04－0392。
② 《西安杨虎城致南京于右任冬电》（1931 年 9 月 2 日），《杂派民国二十年往来电文录存》，"阎档"：48/2026。
③ 《西安杨虎城致蒋中正寒电》（1931 年 9 月 14 日），《杂派民国二十年往来电文录存》，"阎档"：48/2045。
④ 《蒋介石致高振邦电》，《事略稿本》第 12 册，1931 年 9 月 8 日，台北："国史馆"，2004，第 56 页。
⑤ 《蒋中正电杨虎城冯电粤方委雷中田等为军长及嘱邓宝珊勿卷入甘事》（1931 年 9 月 11 日），《筹笔》第 61 册，"蒋档"：04－0442。

亦有推邓宝珊之意，其内情复杂，非由中央派员不能治平
也。"①

邓宝珊祖籍甘肃，当时住西安，为杨的上宾，中原大战时
参与反蒋，是阎、冯第八方面军副司令，同冯玉祥关系密切，
这也是蒋否决杨建议的一个重要因素。②

雷中田等人发动事变后，因内部矛盾日益尖锐，加上错综
复杂的回汉民族矛盾，始终没有公开打出反蒋的旗号。雷等人
虽然暗中接受粤方委派的职务，但对外则仍声称受命于南京中
央。他欲左右逢源，终因政治目的不明确，使地方势力无所适
从，从而导致缺乏号召力。而冯玉祥自中原大战失败后，元气
大伤，此时更是难以为雷、马等人提供足够的军事、财政支
持。

此时，蛰居四川已久的吴佩孚，在四川军阀邓锡侯的支持
下，也"声称假道甘、陕，前赴北平"，趁机入甘。③雷中田
等人因得不到粤方的有力支持，"欲利用吴在西北另开辟新局
面"。④当时"甘肃军政界盛传吴将去华北与张学良、冯玉祥、
阎锡山联合反蒋，由吴担任元帅"。⑤雷中田一面致电冯玉祥，
谓："此间对吴迷信过深，故此来各方均表欢迎……如我部即
表示反对，恐数日内即生战事，极盼钧座前备两师早日开甘，

---

① 蒋介石日记，1931 年 9 月 11 日。
② 李志刚：《回忆杨虎城将军和他与蒋介石的关系》，《民国风云人物》，第
419 页。
③ 《西安杨虎城致蒋中正哿电》（1931 年 9 月 20 日），《杂派民国二十年往
来电文录存》，"阎档"：48/2049。
④ 《平凉陈珪璋致西安杨虎城删电》（1931 年 11 月 15 日），《杂派民国二十
年往来电文录存》，"阎档"：49/0441。
⑤ 蔡呈祥：《"雷马事变"亲历记》，《宁夏三马》，第 74 页。

俾作后援";① 一面致电吴佩孚，表示欢迎其来兰州"调解甘、青、宁三省纠纷"。② 吴佩孚入兰州后，立即反客为主，先下令释放了马鸿宾，③ 继之公开打出反蒋的旗号。

这就更加剧了甘肃政局的混乱。青海马麟为救马鸿宾而出兵甘肃。马鸿宾获释后即投入马麟军中，其弟马鸿逵则多次致电蒋介石请求回师甘肃平叛。而马鸿逵的父亲马福祥则在南京暗中指使，希图重握甘肃省政，使西北马家军连成一片。这更进一步引起陕西杨虎城的不安，遂电令南京代表胡逸民"对马云亭（马福祥）活动鸿逵赴宁夏事请注意"。④ 而四川邓锡侯因同省内其他军阀常年内争，也想借此次事件壮大自己的势力。

蒋介石在反复权衡各派力量后，最终只好利用杨虎城来规复甘肃，以达到不使一方势力独大、各派相互牵制的目的。为此邵力子受蒋之命电询杨虎城："此时中央无兵可派，因探询兄处能否派一师前往。如兄能亲自一行尤妙。"⑤ 10 月 18 日，蒋更直接电令杨虎城："着即迅令孙师长蔚如率部赴甘。"⑥

---

① 《兰州雷中田致汾阳冯玉祥马电》（1931 年 10 月 21 日），《蒋方民国二十年往来电文录存》，"阎档"：80/1589。

② 《天水吴佩孚致绥定刘存厚朱汉阳篠电》（1931 年 10 月 17 日），《杂派民国二十年往来电文录存》，"阎档"：48/2115。

③ 马鸿宾获悉后电蒋介石称："虽经各方调解均未生效果，因吴先生子玉游历至兰，从中调解，纠纷方解，民心遂安。宾于本月蒸（10）日离兰暂驻新城。请钧座饬部严议处分以示惩戒，至甘肃省府主席职务应请另简贤能以资治理。"见《新城马鸿宾致南京蒋中正卅电》（1931 年 11 月 30 日），《蒋方民国二十年往来电文录存》，"阎档"：80/1926。

④ 《西安杨虎城致南京胡逸民冯钦哉鱼电》（1931 年 12 月 6 日），《杂派民国二十年往来电文录存》，"阎档"：49/0984。

⑤ 《南京邵力子致西安杨虎城宥电》（1931 年 9 月 26 日），《蒋方民国二十年往来电文录存》，"阎档"：80/1298。

⑥ 《蒋介石致杨虎城电》，《事略稿本》第 12 册，1931 年 10 月 18 日，第 185 页。

这就为杨虎城控制甘肃创造了条件。孙蔚如师入甘后，杨即明确向蒋介石提出条件：

> 吴子玉（吴佩孚）此次至甘暗中滥发司令、师长等名目。又据探报吴与川军勾结，居心叵测各等情。且雷中田亦擅增师长数人，助长声势。孙师长蔚如此次奉命入甘，若不恳加名义，诚恐阻滞进行，可否赐予甘肃宣抚使名义，俾得奉命西上早奠甘局。①

杨虎城的话虽说得冠冕堂皇，但实际目的是想俟"蔚如宣慰甘肃之命"发表后，"即行续请中央以蔚如为甘主席"。②同时，杨还指示驻四川代表傅剑目同刘湘商讨共同对抗邓锡侯之策。傅复电冯谓："本日与甫澄（刘湘）军长晤谈极洽。川省善后现无进行确期，惟彼极愿声援我方对甘及汉南之整理。吴佩孚在川并无实力，一般皆口头附和。我方对甘事尤可放手去作。"③

孙蔚如率部入甘后，军事进展极为顺利。为了获得甘省主席一职，杨虎城又亲赴南京同蒋介石"商甘政治问题"。但蒋并不愿看到杨虎城的势力坐大，又不愿西北马家军连成一片，故任命邵力子为甘肃省政府主席。对此孙很失望，拟辞去甘肃

---

① 《西安杨虎城致南京蒋中正冬电》（1931年11月2日），《杂派民国二十年往来电文录存》，"阎档"：49/0357。
② 《西安王一山致兰州杜彬丞王宗山文电》（1931年12月12日），《杂派民国二十年往来电文录存》，"阎档"：49/0997。
③ 《重庆傅剑目致西安秘书长冬电》（1931年12月2日），《杂派民国二十年往来电文录存》，"阎档"：49/0971。据曾任陕西省政府财政厅、民政厅厅长李志刚所撰《回忆杨虎城将军和他与蒋介石的关系》一文载，傅剑目为杨虎城部驻四川代表，胡勉民为驻南京代表。见《民国风云人物》，第418、426页。

宣慰使一职。而杨虎城则急电孙蔚如道:"省府我既无十分把握,此名义似仍为目前所需要,嘱转兄打消辞意。"在杨看来,邵力子终究是一文人,邵主甘政后依然要倚靠孙的军队,并提醒孙"此时应防子寅染指甘政"。①

雷中田、马文车的军事行动最终以失败告终。而西北政局经过一番重组之后,又暂时恢复到了一种平衡状态。

其间,还有一个有趣的现象值得一提,就是国民党对吴佩孚的态度。从国民党的正统观念判断,吴佩孚乃北洋余孽,自应为讨伐对象。1928 年,国民党北伐胜利后,吴佩孚因得四川军阀杨森的保护而躲入四川。当吴佩孚初入甘肃天水时,杨虎城曾电蒋介石表示:"据探报吴确有煽动甘方各将领希图反动情势。当此甘乱方殷之际,万一吴再参其中,则边疆多事,恐亦不可收拾。查天水系马廷贤防地。职拟利用马廷贤将吴押解来陕送京,请中央处理。事妥后委马以新编师名义暂酬其功。事关重大,可否之处,祈请示遵。"② 但蒋介石只是复电指示:"对吴可严密监视其行动,力促其来中央,不必用扣解形式为宜。"③

而当吴佩孚公开反蒋失败后,由高振邦保护,拟随马文车等人逃往宁夏时,马福祥同样电示马鸿宾:"雷既退陇南,宁夏可免纠纷,但如逃宁,必须堵截缴械。马文车、李克明或将逃宁,务须严拿,万勿漏网。致吴此次负国家、负地方,不应

---

① 《西安子坚致兰州孙蔚如寒电》(1931 年 12 月 14 日),《杂派民国二十年往来电文录存》,"阎档":49/0999。

② 《临潼杨虎城致南京蒋中正梗辰电》(1931 年 10 月 23 日),《杂派民国二十年往来电文录存》,"阎档":48/0028。

③ 《蒋介石致杨虎城电》,《事略稿本》第 12 册,1931 年 11 月 7 日,第 250 页。

如是，惟以私交论，如到宁仍可保护，惟彼不能再事煽惑也。"[①] 可见，国民党中央对吴佩孚等丧失实力的北洋余孽，其个人自由还是相当宽容的。

四　宁粤大战一触即发

尽管北方军事反蒋的努力一时都归于沉寂，但南方的军事部署则迅速展开。

就在石友三通电反蒋的第二天，7 月 21 日，广州国民政府正式颁布北伐讨蒋令，指责蒋"轻视共祸，而亟亟于摧锄异己军队"，并要求全国军民"剿共必讨蒋，讨蒋必剿共"。[②] 汪精卫对粤方的这一举措特意在国府纪念周中解释道：

> 六月间国府曾通电表示，蒋如切实剿共，绝不加以一兵一卒。无如蒋对剿共绝无诚意，致匪势蔓延浙闽，且使刘峙等压迫异己军队，因复引起石友三、孙殿英等之反抗，造成北方战局，故国府不得不下令讨伐。[③]

同日，军事委员会在广州开会议决出师计划："第四集团军集中桂林，全部入湘去武汉，第一集团军先调两军入赣策应。"[④] 25 日，汪精卫、孙科、唐生智、李宗仁、张发奎等又

---

① 《南京马福祥致宁夏马福寿并转马鸿宾文电》（1931 年 12 月 12 日），《杂派民国二十年往来电文录存》，"阎档"：49/0855。

② 《国民政府讨蒋北伐令》，《民友》第 2 卷第 5 号，1931 年 7 月 27 日，第 14 页；《反蒋运动史》（下），第 408 页。

③ 《反蒋运动史》（下），第 409 页。

④ 《一周间国内外大事记》，《民友》第 2 卷第 5 号，1931 年 7 月 27 日，第 11 页。

亲赴广西梧州出席广西军政会议，"决由粤助桂军饷、子弹、飞机，桂调兵一师入粤"。[①] 不久前，广西李、白部队刚刚"由港购运步枪四千枝，迫击炮四十尊，机关枪一百架及子弹一百万发赴梧"。[②]

针对粤方的讨蒋令，两天后，蒋介石发表《公告全国同胞书》，强硬表示：

> 中正百战余生，义无反顾……必期于最短期间，剿灭赤匪，保全民命，削平叛乱，完成统一……叛乱一日未平，即中正之职务一日未了。[③]

于是，双方成剑拔弩张之势。自 7 月 29 日起，粤方第四集团军第四军张发奎部及第八军李品仙部分别由广西全州、桂林入湘。8 月 2 日，李品仙部先头部队到达湖南永州，四军吴奇伟部开抵湖南东安，继续向衡州推进；第一集团军第一军余汉谋部、第三军李扬敬部由江北入湘北伐，同吴奇伟部会师，第二军香翰屏部则入东江兼顾闽、赣。粤方军事委员会还在韶州成立了总司令部行营。[④]

在军事布置的同时，粤方积极寻求外援。7 月 22 日，广州国府派外交部长陈友仁秘密出访日本。陈友仁在日期间先后

---

① 郭廷以：《中华民国史事日志》第 3 册，第 60 页；《民友》第 2 卷第 5 号，第 12 页。

② 《一周间国内外大事记》，《民友》第 2 卷第 3 号，1931 年 7 月 13 日，第 11 页；《李白购到军械一批》，《大公报》1931 年 6 月 27 日，第 1 张第 3 版。

③ 秦孝仪总编纂《总统蒋公大事长编初稿》卷 2，第 116 页。

④ 《反蒋运动史》，第 410 页。

三次会晤外相币原喜重郎，"表示愿以东北权益博取日本军火"。南京国府得知此事后，外交部紧急照会日使，要求否决"陈友仁到日购军火及聘军事顾问"。结果，当陈友仁要求日方"履行奉平公司供给广州政府军火合同"时，"币原表示困难"，予以拒绝。① 陈友仁在日本期间，还一度密访苏联驻日大使，企图寻求苏联的援助。刚从海外归来的宋庆龄曾对新任驻日公使蒋作宾说道："陈友仁至东京，要求俄大使转达其政府，接济粤方军械、经济等。俄未应允。"② 而蒋介石也一度"恳求宋庆龄向广东疏通"，希望依靠宋的影响，调停宁粤之争，遭到宋氏的"拒绝"。③

8月22日，蒋介石在思索应付两广对策时，原本计划"剿匪待击破其主力而复讨粤，只求赤匪消灭，则粤逆置缓图亦可，以不足为患也。如能得上帝保佑党国，双十节以前平定两广更好，否则亦唯有晚之"。④ 但三天后，蒋得到情报显示"两广已动员攻湘，约计下月初侵入湘境"。为此，他不得不重新考虑处置方法，特召何应钦、陈铭枢商讨"方略"："（一）叛逆攻湘，我仍专心剿赤；（二）尽撤剿赤之兵对付叛

---

① 在三次会谈中，币原代表日本提出的主要要求是：在广东政府成为中国被认可的政府之后，可以与日本缔结协定或条约，并以此结成同盟；该条约还必须包括赋予日本在满洲的诸多权益。陈友仁表示，日本的上述要求，在中国可以通过国民党等机关来实现，还可以通过全国大会批准此种条约。见《币原大臣陈友仁会谈录》，外务省编纂《日本外交年表及主要文书》，东京：原书房，昭和63年第6版，第172—180页；币原喜重郎《外交五十年》，东京：读卖新闻社，1951，第146-150页；郭廷以《中华民国史事日志》第3册，第60、63页。
② 《蒋作宾日记》，1931年8月20日，第350页。
③ 《冯玉祥致兰州雷中田电》（1931年8月29日），《冯玉祥发电稿本》。
④ 蒋介石日记，1931年8月22日。

逆，以求先灭叛逆再清赤匪；（三）维持剿匪现状至抽出主力
援湘，此三者决定其一也。"蒋并"预料时局开展，解决之
期，不出一月也"。[1]

蒋介石此时最大困难就是，军事力量主要用于"剿共"，
而一时无法派出大军对抗粤方。在这种状况下，最有效的方法
就是能够从内部瓦解粤方。为此，蒋多方入手，加紧对粤方的
分化拉拢，并取得了一定的成效。

先是9月2日蒋介石得王柏龄报告称："薛岳曾谓如总座
有危难，誓以血诚图报。至对付粤局，应如何步骤，唯命是
听。"[2] 当天又得杨永泰报告陈济棠手下师长李汉魂、邓龙光
表示效忠南京；次日又获徐桴报告，一批被策反的广东陆海军
团级干部愿"无条件归附中央"。[3] 蒋获知后，更是不惜本钱，
多次密电宋子文汇款给杨永泰等人抓紧分化工作，并进一步指
示杨：

> 对李、邓二兄如何联络及秘密通信，请兄设法妥办。
> 我军此时剿匪未成，主力全为赤匪牵制，只有固守武汉，

---

① 蒋介石日记，1931年8月25日；另见《困勉记》卷19，"蒋档"。
② 《王柏龄致蒋介石电》，《事略稿本》第12册，1931年9月2日，第34
　页。
③ 徐桴报告称："粤事发生后，经钧座派高汉鏊、黄珍吾等赴港工作，陈济
　棠部中觉悟分子均具拥护中央决心，惟以未经下令讨伐，尚未敢贸然发
　难。现在陈部第一军参谋长杨幼敏、参谋处长兼团长叶敏予、团长骆凤
　祥、王植南、邓子开、王定菠、邓辉等因系东江派，愿附中央，不愿拥
　陈；海军参谋长兼飞鹰舰长陈鼎因与陈策有隙，与东江警卫总队长梁贵
　平等相互联络，愿率所部陆军八团、军舰四艘、警卫队三营，无条件附
　中央。兹已公推前华侨议员沈质夫代表到沪，切实联络，并请钧座委派
　与粤无派别关系之大员赴港，商定进行办法。"见《徐桴致蒋介石电》，
　《事略稿本》第12册，1931年9月3日，第36页。

以待其来犯。逆军未到武汉附近以前，仍以全力剿赤，不顾其他，是非曲直，听诸公断。故发东电声明，但此意不必特示友人，而作普遍宣传可也。如李、邓到衡州后，其否再向长沙前进，能与兄以预约名词，如进攻长沙则为××二字，停止衡州则为××二字以告。而其向长沙进攻时，余（汉谋）、李（扬敬）、香（翰屏）部队分任何路，如能亦约代名词例如二为余，一为李，三为香，桂（广西李白）为四，唐（生智）为五，左路为上，右路为下，中路为先，湘东为叔，湘西为侄以代之则足矣。①

9月1日，粤方下总动员令，出师讨蒋。② 为了统一北方各派反蒋武装，广州国府国务会议同日议决：

北方党务已有天津执行部负责。关于军事政务应有统一机关，以专责成。着在天津设北方军事政务委员会，以阎锡山、冯玉祥、韩复榘、王法勤、邹鲁、覃振、王葆真、傅汝霖、徐景唐、刘维炽、张文、胡宗铎、王懋功为委员。阎、冯、韩三同志不在天津，请派代表出席。③

9月2日，邹鲁致电冯玉祥，称："两广军队业经出动，

---

① 《蒋中正电张群汇杨永泰一万元俾联络李邓及剿匪》（1931年9月2日），《筹笔》第61册，"蒋档"：04-0422。有关蒋汇款一事另可参考《蒋中正电宋子文张群请宋子文转款四万元交张群汇杨永泰》（1931年9月8日），《筹笔》第61册，"蒋档"：04-0439。
② 郭廷以：《中华民国史事日志》第3册，第71页。
③ 《汪精卫东电》（1931年9月1日），《冯玉祥收电稿本》。

半月之内可至湖南腹地,两湖并有相当办法。华北各军务请公力为催动。甘省之举,并可直举讨蒋之旗,以张声势。"① 第二天,李宗仁再电阎锡山指出:"两粤大军已动员入湘,请与焕公密饬各同志务须勉持数句,并积极准备,南北同时动作。蒋迭请张(继)、吴(稚晖)求和,此间业已拒绝。"② 阎锡山复电时明确表示:"自当坚持并积极准备,以待大军进展。焕公处已密达矣。"③ 这一切都鼓舞了粤方的斗志,为此,李宗仁在广州联合纪念周演讲中,踌躇满志地说道:"我们相信的反蒋运动,决不因北方军事而停止,反天天扩大,我们可肯定的便是蒋中正必定倒台,不过时间问题而已。"④

9月4日,处于宁粤对峙最前沿的湖南省政府主席何键急电蒋介石报告两广的军事动态:

(一)据确报粤伪府高级军事会议决以桂张之四、七、八、十五等递军江(3)日由平桂向永州犯湘;以粤一、二、三、独立师、独立旅及飞机以龚浩为攻湘总指挥,取道宜彬,声言于册(15)日会师犯衡;以顾、陈等匪部为先锋已于世东进陷宜彬;以李宗仁为总司令、白崇禧为前敌总指挥。

(二)本路军除陶师固守衡州外,仍照原定计划集中

① 《邹鲁致冯玉祥电》(1931年9月2日),《冯玉祥收电稿本》。
② 《李宗仁致阎锡山电》(1931年9月3日),《各方民国廿年往来电文原案》,"阎档":20/2164。
③ 《阎锡山复李宗仁电》(1931年9月4日),《各方民国廿年往来电文原案》,"阎档":20/2167。
④ 李宗仁:《北方反蒋新局面》,《中央导报》第8期,1931年8月19日,第6页。

长沙，以待决战。①

针对粤方的军事行动，蒋介石急令在江西"剿共"的何应钦："所有剿匪各军，除以一部就地监视匪军外，其余分别转进，主力向吉水、吉安、泰和、赣州集结，准备讨逆。"②当日，蔡廷锴、蒋鼎文、陈诚部即奉令移师，以阻粤桂军北进。③

9月7日，蒋介石在国府纪念周报告粤军入湘事，"略谓粤军犯湘，集兵郴州以南，已逾湘境二百余里。"④ 为此，蒋介石增调中央警卫军（新任军长顾祝同）"集中岳州、长沙、醴陵及萍乡等地"；"又手书致何键主席，令固守湘潭"；⑤ 并电宋子文"再汇发何键三十万元"，以安其心。⑥

何键原有三个师的兵力驻守衡州，得蒋命令后立即主动收缩。宁粤双方原本"均拟在衡州一战"，湘军主动放弃宝庆后，李宗仁信心十足地电告天津执行部："现在宝庆之敌已逃，自当由永丰直指长沙。"⑦

---

① 《何键呈蒋主席九月支电》（1931年9月4日），《两广政潮卷》，"蒋档·革命文献"。
② 何应钦将军九五记事长编编辑委员会：《何应钦将军九五记事长编》（上），台北：黎明文化公司，1984，第262页。
③ 郭廷以：《中华民国史事日志》第3册，第72–73页。
④ 《粤军侵湘情况》，《国闻周报》第8卷第36期，1931年9月14日，"一周间国内外大事述评"，第2页。
⑤ 秦孝仪总纂《总统蒋公大事长编初稿》卷2，第124页。
⑥ 《蒋中正电宋子文再汇发何键三十万元》（1931年9月11日），《筹笔》第61册，"蒋档"：04–0443。
⑦ 《天津贾秘书长致阎锡山静密篠二电》（1931年9月17日），《各方民国廿年往来电文原案》，"阎档"：21/0194。

9 月 13 日，粤桂军分五路向湖南进攻。① 据电通社报道："十三日以来，两广军与蒋军已在衡阳以南约三十华里，发生前卫冲突。其后两军之间，有相当之激战，蒋军不利，溃如山崩，两广之主力，趋胜向衡阳城进攻，十四日攻下衡州城。""李扬敬以战地政务委员会委员长名义，率其第一、第二两师，进驻衡州，唐生智亦在。左翼总指挥白崇禧，率其第四、第七、第八各师及张发奎军，进驻永州。"② 据何键急电蒋介石报告称："综计粤桂逆军兵力约在十万以上。"③

同日，蒋在南京首次公开宣称粤方为"叛军"，并表示"此一战是我国家民族生死存亡之关头"。④ 也是在 13 日，蒋得杨永泰"黄绍竑在桂方情势确与李、白异趣，力促分化桂军"的报告后，当即批复："所谈甚赞成。请属黄即进行。"⑤ 蒋一向重视情报工作，正所谓"知己知彼，百战不殆"。他又急电杨永泰，指示：

> 逆军密码有两种代名词表，请将此代名词表设法查抄一份，用最快方法寄来，或择要用密电立告以应用，甚急。此最紧要，如能办到，则最大成绩也。请竭力进行并

① 《何应钦将军九五记事长编》（上），第 262 页。
② 《反蒋运动史》，第 412 页。
③ 《何键呈蒋主席九月灰电》（1931 年 9 月 10 日），《两广政潮卷》，"蒋档·革命文献"。
④ 《蒋主席昨在中央纪念周报告》，《大公报》1931 年 9 月 15 日，第 1 张第 3 版。
⑤ 《杨永泰呈蒋主席九月元电》（1931 年 9 月 13 日），《两广政潮卷》，"蒋档·革命文献"。

须从速也。①

同时，蒋介石命令宁方负责军事布置的林蔚道：

> 密码代名词，须另制简单表颁发。凡发湘军之代名词密
> 本，亦须发中央各师。而中央各师已发之普通代名词，不必
> 分发湘军。到临战时只发芸樵（何键）本人一份可也。②

9 月 18 日，蒋介石亲自从南京前往南昌督师。行前，蒋还
连电张学良表示："对粤和平解决计划已绝望，现决武力讨伐，
惟械弹恐不足，请饬东北兵工厂加工赶造，以应急需。"③ 蒋并
指示张："据报粤要人邹（鲁）、谢（持）等多名匿居津日界，
希设法拿捕。"④ 但张学良复电时并没有正面答复是否接济军
火，而是趁此机会开口向蒋要钱："宋（哲元）、庞（炳勋）
两部军费甚缺乏，请速接济，否则恐为阎、冯利用。"⑤

此时，粤方在积极策划军事倒蒋之际，为保证胡汉民的生
命安全，还制定了一套秘密营救胡的计划。邹鲁、古应芬等人
托请党内元老熊克武、但懋辛等设法营救。而在南京具体负责

---

① 《蒋中正电张群转杨永泰速寄或电告逆军密码代名词》（1931 年 9 月 12
日），《筹笔》第 61 册，"蒋档"：04 - 0444。
② 《蒋介石致林蔚电》，《事略稿本》第 12 册，1931 年 9 月 14 日，第 65—
66 页。
③ 《天津贾秘书长致阎锡山静密巧二电》（1931 年 9 月 18 日），《各方民国
廿年往来电文原案》，"阎档"：21/0203—4。
④ 《天津贾秘书长致阎锡山达密篠电》（1931 年 9 月 17 日），《各方民国廿
年往来电文原案》，"阎档"：21/0189—0191。
⑤ 《天津贾秘书长致阎锡山静密巧二电》（1931 年 9 月 18 日），《各方民国
廿年往来电文原案》，"阎档"：21/0203—4。

看守胡汉民的卞稚珊原是熊克武手下的团长，同熊、但两人私交甚深，对胡也有敬佩之意。卞稚珊受托后制定了三项帮胡脱险的办法，经与胡商量，决定采取其中之一：先选择可靠心腹冒充监视胡汉民的警士，再利用值班机会，掩护胡化装脱身，坐上预先准备的汽车，直驱上海。随后，胡汉民通过亲信陈融、李文范介绍了两位精明强干的人给卞稚珊，并很快被分配至胡处充当监护警卫，实际变成了胡的侍从人员，准备随时寻求机会，救胡脱险。①

正当宁粤双方大规模的武装冲突一触即发之时，震惊中外的九一八事变突然爆发。这就迫使宁粤之间的对立冲突，再也无法沿着原有的轨道发展下去了。

---

① 卞稚珊：《蒋介石软禁胡汉民和召开国民会议内幕》，《中华文史资料文库》第 3 卷，中国文史出版社，1996，第 156—159 页。

第七章　上海和谈

九一八事变消息传来，整个中国为之震动，中华民族面临空前的危局。在国难当头的情势下，国民党内相互对峙的宁粤双方，谁也不可能再按照自己的意愿行事。面对全国民众要求团结御侮、共赴国难的呼吁，双方不得不由对峙走向缓和。

一　蒋为何始终坚持政治解决

早在九一八事变之前，蒋介石就深感粤变难以处理。

此次反蒋事件同以往历次反蒋事件最大的不同点，就是动员面之广，参与的派系之多，完全出乎蒋介石的预料。以往历次反蒋战争多是以地方实力派为主，附以国民党内个别派系的支持。而此次反蒋运动，则是党内各派系前所未有的大联合。而且先是由一批在党内有着深厚历史渊源的领袖发起，再带动地方实力派的加入。甚至连胡汉民也不得不承认："国民党党治之分裂，自北伐完成以来，已非一次，然多半出自党外之离间挑拨。而一九三一年之分裂，则纯出于党中之内讧。"① 蒋介石在收到四监委弹劾电后，曾感慨道："此四人非军阀，乃监委也。"② 所以蒋介石很难再以军阀反叛为借口，直接采取武力讨伐。他不得不力争政治解决。

---

① 梁敬錞：《九一八事变史述》，第 137 页。
② 秦孝仪总编纂《总统蒋公大事长编初稿》卷 2，第 98 页。蒋介石日记 1931 年 4 月 30 日载："四人今日通电弹劾余，而多罪余之左右，人心至此，可谓无国无党而只有私情与私恨矣，昏庸至此，可叹也。"

当时，一向以中立自居的天津《大公报》就曾发表社论，论及这次反蒋运动与以往历次反蒋之不同：

> 自广东事起……旬日以来，国民会议及各方之电，皆以陈济棠为事实的对象。有所劝，劝陈济棠；有所责，责陈济棠。察其用意，岂不为陈负军事责任，陈果就范，则问题可立决乎？……
>
> 而自另一方面论，则挑起此次问题者，为邓泽如、林森、萧佛成、古应芬等四监委，而非陈济棠。日来各省有力者之发言，奈何只问陈济棠，而不问四监委。[①]

在广东"非常会议"前夕，蒋介石始终期盼能够通过政治手段解决。5月初，在接获四监委弹劾通电后，蔡元培、李石曾、吴稚晖、张静江等人即复电古应芬，希望调解宁粤对峙，并拟定办法10条：

> 一，广东主席任伯公；二，各要职由伯公推定任命；三，粤财政由中央与省府协定，以后变更办法必经协定；四，一切形式仍旧，丝毫不能有与中央隔膜之态度；五，中央绝对不取一时和缓之计，实图尽释前嫌；六，今省政府绝对顾全党国而受任，决不为养精蓄锐之准备；七，桂事粤不过问；八，始终严拒改组派等之反动团体；九，双方绝对如无其事，马上回复旧状；十，协定后展公愿任大

---

① 《广东问题之两方面》（社评），《大公报》1931年5月20日，第1张第2版。

政留京或乐暂息他处或返故乡，均听展公自定。公等最好
即日回京，倘欲续请短假亦听尊便。①

但粤方对此毫无反映。5 月底，在蒋氏授意下，司法院副
院长张继追到广州希望说服粤方不要组织政府，粤方仍不为所
动。27 日，张继电南京报告：

此间负责诸同志一致意见，以为爱护和平，人有同
心，如介石兄能俯从众意，即日引退，则和平必不致破
裂。此间明日成立国民政府，惟介石兄若能引退，则成立
之后仍可取消，当与诸先生共图善后。②

蔡元培等人立即复电张继，请转告粤方"诸同志"：

使方负责者引退乃决裂，非调和矣。使已引退者重负
责，乃真调和。其条件可尽善美，其范围可较广大。请先
生本情理兼至之原则，缕告诸同志。③

第二天，张继复电南京称：

① 《蔡元培等五人致古应芬五月鱼电》（1931 年 5 月 6 日），《两广政潮卷》，
"蒋档·革命文献"。
② 《广州张继致南京蔡元培吴稚晖张静江李石曾感电》（1931 年 5 月 27
日），《蒋方民国二十年往来电文录存》，"阎档"：80/0122。
③ 《蔡元培等致张继五月世电》（1931 年 5 月 31 日），《两广政潮卷》，
"蒋档·革命文献"；《南京蔡元培吴敬恒等致广州张继世午电》
（1931 年 5 月 31 日），《蒋方民国二十年往来电文录存》，"阎档"：
80/0211。

此地诸负责同志并不欲党内再战，昨日宣言亦主张以建设谋统一，弟意调和仍有希望。①

蒋介石得知"粤事有和平商量之余地"后，于6月5日晚宴请立法院全体委员，公开表示："粤变发生事，不过为党务和政治上之一种纠纷，中央应付绰有余裕。故中央对于粤事，一本和平精神，决不轻启兵戎。"②

粤变的发生，主要是因蒋介石扣压胡汉民而起。当时身在美国、参与四监委弹劾案的林森为了缓和宁粤关系，特致电蒋称："展公居都调摄自较他处适宜，奈反动者造谣惑众，至为痛心。现届暑天，务请展公暂栖庐山疗养。一转移间，群疑尽释，纠纷自平。"③ 而蒋则复电谓："展公则近日自以留京为安也。如公能速回劝解，公私皆有大益也。"④ 这实际上是拒绝了林的建议。自然蒋想拉林回京，以此分化粤方的目的也不可能达到。而刚从广州返回南京的张继也"主张胡外游"，并得到蔡元培等人的同情。但蒋对此举极不以为然，在蒋看来"余以为留其在京，非惧其反对余个人，而患其分裂本党，自组党部。此有可能，而党事更难问矣。故既做之事，既定之针，不可自变也"。⑤

---

① 《张继复蔡元培等六月东电》（1931年6月1日），《两广政潮卷》，"蒋档·革命文献"。

② 《蒋介石宴立法院全体委员演讲词》，《事略稿本》第11册，1931年6月5日，第240页。

③ 《林森呈蒋主席六月庚电》（1931年6月8日），《两广政潮卷》，"蒋档·革命文献"。

④ 《"林森呈蒋主席六月庚电"批语》（1931年6月8日），《两广政潮卷》，"蒋档·革命文献"。

⑤ 蒋介石日记，1931年6月15日；另见《困勉记》卷18，"蒋档"。

　　蒋介石既不肯释放胡汉民，而粤方又坚持蒋氏必须下野才肯合作。第一轮的宁粤和谈可谓毫无结果而散。

　　自7月下旬起，长江流域突然发生了六十年来未有之大水灾，受灾地区之广与损失之重，及被灾人民之众，都打破此前任何天灾的历史记录。此外，东北万宝山事件和中村事件，更加剧了中日间的冲突。蒋氏寻求政治解决的意图，更加迫切。①

　　8月2日，李石曾致电蒋介石表示："赤匪、石逆已将次肃清，粤事应贯彻前议谋和平解决之道。古、孙、邓有来电，（张）继拟日内南行，继续接洽。"② 为了迅速解决粤变，蒋当即指示："请粤派员来沪相商，以俾就近接洽。"③ 此时，蒋还考虑到下野问题，只要粤方"有整个接收政府之计提出，愿开诚相见，共商大局，至于个人进退，则所不顾也"。④ 为此，蒋于8月4日亲笔致函汪精卫、孙科、古应芬等人，表示：

　　　　三年以来，弟之重要主张无一得以实现也。若弟历来之主张苟得实现，则谓三年以来之纠纷不致发生可也……

---

①　面对石友三的反叛，蒋介石可以毫不犹豫地以武力解决，但当粤方响应石友三通电反蒋，于7月21日颁布北伐讨蒋令后，蒋则难以简单地用武力处置，而是命张继、吴铁城，致电广州古应芬、孙科"劝阻粤桂军入湘赣，留最后调停余地"。见《黄膺白年谱长编》上册，第446页。

②　《李石曾等呈蒋主席八月冬电》（1931年8月2日），《两广政潮卷》，"蒋档·革命文献"。

③　《"李石曾等呈蒋主席八月冬电"批语》（1931年8月2日），《两广政潮卷》，"蒋档·革命文献"。

④　蒋介石日记，1931年8月2日；另见《事略稿本》第11册，第479页。文字略有修饰："只要粤方有整个接收政府之计划，因合法之手续提出，则尽可开诚相见，共商大局。至于个人进退，何所顾虑。望以个人之真情至意动之也。"

至弟个人之去留决无问题。弟之求去非一日，徒以国难未平，责任未了，故负疚待罪，以至今日。今赤匪将告肃清，正弟求去之日也。如兄等果有合法之手续，整个之组织，使革命大业不致中坚，总理遗志可以完成，俾弟得安心为一在野之党员，对党、对国、对总理、对已死之将士先烈无内疚，此实弟所祷之祈之者。如广东政府能即宣告取消，则统一既成，弟志已酬，决不恋栈朝夕，自负其生平之愿。①

第二天，蒋介石考虑辞职问题时，更详细分析了此时辞职的利弊得失：

辞职问题，应慎重考虑。如为革命计，有辞职之必要，则当立辞。否则，如为个人或家庭关系，则不可以私而废公也。兹将各方关系分析之：一、辞后本党中央如何办法；二、各军如何办法；三、干部如何办法；四、对粤对桂如何处置。甲、蒋蔡不愿回粤；乙、粤桂以放宽自讧；丙、退让能自白其志，得国民谅解；丁、亲戚友朋关系以退为能自立，如此以退为上。否则，甲、中央主持无人，为反动派窃据；乙，退而不得，经济更难；丙、军中无主惶惑；丁、时局扰乱，欲退不得。是则不能退也。如决心引退，则不顾一切，对党务与政治发表意见，听其取舍。对各军则略与安置，勿使失所。顾（祝同）长苏，

① 《蒋主席致汪兆铭孙科古应芬等书》（1931 年 8 月 4 日），《两广政潮卷》，"蒋档·革命文献"。

蒋（鼎文）长浙，朱（培德）长闽，熊（式辉）长赣，鲁（涤平）长沪。四军团移浙，二军团移苏，一军团移汕，三军团移闽；第五、第六、第十、第十一、第十四、第廿三、第五十三、第廿六路、第四十七、第五十四、第七十七、第廿八各师暂驻江西。[①]

8月6日上午，蒋介石再次"研究下野时机与布置，未得其道"，他只好期待说服"济棠部离广州南开，而令真如回省恢复政府为约。至于取消其政府与余下野事，暂不提及"。[②]此前一日，他还由南昌急电南京，指示"对粤态度请暂缓决定"。[③]而这时南京在处理粤变问题时，意见也不统一。"吴（稚晖）、张（静江）、蔡（元培）等多人主张和解，陈立夫等则主讨伐，李石曾等主张再开国民会议，修改约法，容纳粤方意见，党政分治。主战者则以陈铭枢将该部布置妥当，拟扩为讨伐军，即以回粤。"[④]何去何从，颇令蒋难以决定。8月14日，吴铁城自北平致电南京贺耀祖，详细分析了宁方的尴尬处境：

> 阎虽回晋，与冯复行勾结，有所企图，惟察知大势已

---

① 蒋介石日记，1931年8月5日；另见《困勉记》卷18，"蒋档"；《事略稿本》第11册，1931年8月6日，第490页。此三处文字略有不同，但中心意思一致。

② 蒋介石日记，1931年8月6日。

③ 《蒋中正电中央党部同志公裁对粤态度或暂缓决定》（1931年8月5日），《筹笔》第60册，"蒋档"：04-0315。

④ 《南京昌致贵阳毛光翔铣电》（1931年8月16日），《杂派民国二十年往来电文录存》，"阎档"：48/1872。

吴稚晖　　　　　　　　张继

陈立夫　　　　　　何应钦

宁粤对峙中，部分亲蒋的
党政要人和将领

张静江、陈布雷

去，现对外极力间接解释，缓和攻击目标，而暗中从事团结内部及联络他方工作，不遗余力。今幸华北在我军严重监视之下，向方兄维护和平统一态度又极明，彼等不无顾忌，一时或可无事。但粤中纠纷尚未解决，日、俄为患边疆，利用阎、冯正切，对粤或晋总须及时稳定一方，否则粤、晋有同时发动之可虞。稳定晋孤粤之势，使粤中就范。缓和粤，晋在大军严重监视之下，当不敢异动。汉公（张学良）亦认解决大局关键在粤，故欲粤中纠纷能和平解决，并愿稍尽其力也。[①]

张学良当时还想到一个方法，就是想请李济深来调停宁粤对峙。"闻任潮左右有人在平由何柱国介绍，为任潮奔走，拟请汉卿兄建议中央请任潮调停两广事。汉卿兄尚未置可否？"[②] 李济深曾在 1929 年蒋桂战争前被蒋介石扣禁于南京。当时蒋扣李得到了胡的鼎力支持，而李的部下陈济棠不但不反蒋，还乘机夺了李的军权。尽管李对胡、陈等人极为不满，但始作俑者终归是蒋。因此，蒋介石更希望调停人不要同粤方有任何瓜葛。当蒋得知这一消息后，立即电示孔祥熙："任潮回粤，此非其时。"[③] 此时，蒋介石或许觉得张继的角色更为合适。因此，当张继建议"党讧不已，国步艰难甚于明末，请与展兄及早恢复感情"时，蒋立即表示："对于展兄恢复感情于公私

---

① 《北平吴铁城致南京贺贵严寒电》（1931 年 8 月 14 日），《蒋方民国二十年往来电文录存》，"阎档"：80/0866—7。
② 《北平吴铁城致上海张群皓电》（1931 年 8 月 19 日），《蒋方民国二十年往来电文录存》，"阎档"：80/0926。
③ 《蒋中正电孔祥熙可与李勉成接洽但李济深此时不宜回粤及晋款缓办》（1931 年 8 月 21 日），《筹笔》第 60 册，"蒋档"：04 - 0342。

皆有裨益,自当遵循进行也。"① 于是,张继再次积极联络粤方,希望促成政治和解。8月21日,张继致电粤方,沉痛说道:

> 天灾人祸,层出不穷,举国所要求者为和平。甲倒乙,乙倒甲,同为蜗角蛮触,引不起国人何等同情,可止则止,为革命家最高情绪。此弟等所以尽力调解,绝非独为一方利益。②

而粤方回电时的态度仍很强硬:

> 窃谓今后和平之责,仍在公等。公等于蒋之不能服众,亦已深知,倘能发公道之论,勿为掩盖之词,蒋复何恃可以恋栈?此乃真正革命情感,不缘私而害公,深望公等竿头再进,有以慰同志而安国人也。③

9月1日,粤方下总动员令出师讨蒋后,蒋介石的求和心情更加急迫,这主要是因为此时蒋的军队大都用于"剿共"和震慑北方,实在无力抵抗粤方攻湘。为此,蒋又通过同桂系李、白关系密切的吴忠信联络汪、桂。12日,吴忠信持汪精卫等人的复电见蒋后,蒋在日记中写道:

---

① 《陈立夫呈蒋主席转张继八月梗电》(1931年8月23日)、《蒋主席致张继八月敬电》(1931年8月24日),《两广政潮卷》,"蒋档·革命文献"。
② 《张继致古湘芹孙哲生邓泽如诸先生电》,《中央导报》第14期,1931年9月30日,第82页。
③ 《古等复张继电》,《中央导报》第14期,1931年9月30日,第83页。

礼卿得汪等复电，先要我下野，乃停止军事行动。余拟以巫望兄等推一二人来沪，极愿面商一切，并属礼答以介石望和之意甚切，惟望不用武力强迫方式，更易进行之意复之。彼或仍以只要介石先通电下野，弟等即可来沪之意，或以如介石不下野不能来沪之意相答乎？①

9月15日，朱培德通过黄蘅秋首先得到汪精卫的复信，粤方仍坚持要求须蒋"形式上辞职而后广东取消伪政府，两方派代表开会"。②两天后，吴忠信也得到汪精卫的复电，当蒋向吴询问电报内容时，吴仅答道："贱逆狗彘之人，其言无理，不足以闻于我公焉。"③可见，粤方态度依然未改。而当日孙科等人却电张继表示："粤出兵系各委员会议决，非予等之意。予等虽极力主张和平，奈不能贯彻此苦衷，希见谅。"④

此时，张学良也积极参与宁粤调停，密派罗文幹赴粤疏通。而粤方则派王葆真在天津会晤胡若愚，"磋商粤奉合作问题"。⑤据王伯群电蒋报告："罗文幹赴粤确得张同意，其任务

---

① 蒋介石日记，1931年9月12日。另据国民党党史馆藏《吴忠信日记》9月12日载：晤蒋"商京粤和平，拟发电粤中当局，请推代表二人来沪与介石面谈。"转引自刘维开《蒋中正的东北经验与九一八事变的应变作为——兼论所谓"铣电"及"蒋张会面观"》，《政治大学历史学报》第19期，2002年5月，第216页。可惜吴忠信日记档案目前尚未公开。蒋氏日记另见《事略稿本》第12册，第63页。

② 蒋介石日记，1931年9月15日；另见《事略稿本》第12册，第74页。

③ 《事略稿本》第12册，1931年9月17日，第76页。蒋介石在日记中写道："接粤逆复礼卿电，贱逆狗彘不若矣。可叹。"

④ 《天津贾秘书长致阎锡山达密篠电》（1931年9月17日），《各方民国廿年往来电文原案》，"阎档"：21/0189—0191。

⑤ 《天津贾秘书长致阎锡山达密删电》（1931年9月15日），《各方民国廿年往来电文原案》，"阎档"：21/0186。

（一）观察粤状况；（二）申明阎果无碍华北安全，绝不与之为难；（三）劝粤提和平条件，彼愿作调人。"①

9月18日，蒋介石"筹划对粤对匪策略"时，暗下决心："一、对粤决令十九路先占潮汕，十八军集中赣南，余再宣言，以第一、二、三届委员共为四届委员。余在四全会中引咎辞职，而属陈、蒋、蔡等应之，如粤不从，则以武力牵制之，对匪决取包围策略，以重兵掩护修路，以大款赶修道路，待路成再剿赤匪，否则，欲速不达，否难见效也。"②

就在这天晚上，震惊中外的九一八事变爆发了。

二　国难当头　被迫和解

当九一八事变的消息传抵北平时，正在北平的吴铁城、李石曾、张继三人立即联名"特急"致电粤方汪精卫、孙科、古应芬等人，请"接受调停"，并称："此时此际，民族之利害实超出于一切利害之上，今日唯有剿赤、救灾、御外三事为国人所同情，反是则为人民所不愿。"③

9月20日，南京国民党中央致电粤方，表示："本党同志，必须抛弃其一切意见"，"精诚团结"，"共赴国难"。④ 第二天，蒋介石在日记中也写道：

> 余主张日本占领东省事，先提国际联盟与非战公约国，以求公理之战胜，一面则团结国内，共赴国难，忍耐

---

① 《南京王伯龄致南昌蒋中正巧电》（1931年9月18日），《蒋方民国二十年往来电文录存》，"阎档"：80/1218。
② 蒋介石日记，1931年9月18日；另见《困勉记》卷19，"蒋档"。
③ 《李张吴电粤吁和平》，《大公报》1931年9月20日，第1张第4版。
④ 《中央电粤请共赴国难》，《中央日报》1931年9月21日，第1张第3版。

至相当程度，以出自卫最后之行动。对广东以诚挚求其合作。一、令粤方觉悟，速来南京加入政府；二、南京中央干部均可退让，只要粤方能负统一之责来南京改组政府；三、胡、汪、蒋合作亦可。①

面对全国人民一致要求团结对外的呼声，粤方不得不暂停军事行动，公开发出马（21日）电，表示赞同"和平统一"，但同时提出和平统一解决时局的三个条件，主要内容为：蒋介石下野；取消广东国民政府；由统一会议产生统一政府。② 当天，孙科出席"非常会议"纪念周，针对九一八事变后南京政府要求和平解决宁粤纠纷，作题为《和平统一先要蒋中正下野》的演讲，明确指出：

　　蒋如下野即可和平解决，不一定要出兵。但蒋下野如是骗人的假话，两广军队仍可随时开动应付。这便是国民政府对于和平的表示。③

阎锡山、冯玉祥等人得知粤方的态度后，立即致电粤方，谓："公等致蒋马电钦佩万分，北方袍泽一致照此进行，必期达到目的而后止。"④

① 蒋介石日记，1931年9月20日。
② 《广州国府致蒋介石电》（1931年9月21日），《中央导报》第15期，1931年10月7日，第105页；《陈铭枢回忆录》，第75页。
③ 孙科：《和平统一先要蒋中正下野》，《中央导报》第13期，1931年9月23日，第4页。
④ 《阎锡山冯玉祥复广州唐萧诸先生有电》（1931年9月26日），《宁粤合作案》，"阎档"：12/1326。

9 月 21 日下午，蒋介石自南昌"剿共"前线返回南京，召开紧急会议，商讨对日方略。并决定"推派蔡元培、张继、陈铭枢三人赴广东，呼吁统一团结，抵御外侮"。[①]

据邵元冲日记载，针对粤方必欲以蒋下野为和谈条件，"渠亦甚愿承受，如愿共同合作而充实政府者，渠亦均可照办"。[②] 同时，针对粤方马电中提出的三个条件，蒋介石同陈铭枢等人当面制定了解决粤局的三项原则，内容如下：

（一）如粤中能负全责，则在中央同人尽可退让，一切请在粤同志整个的迁来首都，改组政府。至中正个人下野更无问题，只要粤中能确实负责，前来接代，则中正即可通电下野。（二）如粤中不能负责，则应归中央负责主持，而广东政府自当取消，粤方同志即应齐集首都，共赴国难。（三）如要各方合作，则中正更为欢迎，但必须来沪面商，方是开诚相见，同舟共济之道。[③]

9 月 28 日，蔡元培、张继、陈铭枢和粤方代表汪精卫、孙科、李文范等人抵达香港，双方展开先期谈判。[④] 陈铭枢首

---

① 秦孝仪总编纂《总统蒋公大事长编初稿》卷 2，第 129 页。
② 《邵元冲日记》，1931 年 9 月 21 日，第 776 页。
③ 《蒋介石令陈铭枢等同粤方谈判必须坚持原订三原则电》（1931 年 10 月 2 日），见中国第二历史档案馆藏陈布雷个人全宗档案，中国第二历史档案馆编《中华民国史档案资料汇编》第 5 辑第 1 编政治（2），第 777 页；另见《蒋主席下野与再起》，"蒋档·革命文献"。
④ 最初宁方拟议中的和谈人选为李石曾，为陈铭枢所反对，由陈推荐蔡元培取代李。见《陈铭枢回忆录》，第 75 页。

先将蒋介石致汪、孙、古的亲笔函交给粤方代表。蒋在信中表示：

> 当国三年，愆尤丛集，过去之是非曲直，愿一人承之，谴无所加，何心复求诿卸。唯愿诸同志以党国为重，念危亡在即，各自反省，相见以诚，不复以平苦（昔）之龃龉为芥蒂，度此漏舟覆巢之惨祸。①

随后，宁粤双方代表分别阐述了各自解决时局的三原则和三条件。第二天，双方继续谈判，新由欧洲回国的伍朝枢（胡派骨干，接近孙科）也应邀参加。② 最后，达成如下两项协议，由陈铭枢等联名电蒋介石：

> （一）钧座发一通电，为时局危急引咎，并声明议定统一政府办法时立即下野。粤方亦发一通电，亦向国民引咎，并说非统一不能救国，赴京开会，取消广州政府，并不以钧座下野与否为条件。两电须同时发表，电稿均在草拟。（二）须立即变更京沪卫戍警卫组织，俾粤方诸同志即可安心来京，在总理陵前宣誓开会，议决统一政府办法。③

---

① 《蒋介石关于派蔡元培陈铭枢赴港协商共赴国难事致汪精卫等函》（1931年9月），《中华民国史档案资料汇编》第5辑第1编政治（2），第770页。

② 《陈铭枢回忆录》，第76页。

③ 《蔡元培等致蒋介石电》（1931年9月29日），《中华民国史档案资料汇编》第5辑第1编政治（2），第771页。

　　当日，蔡元培、张继二人又将双方草拟的通电文稿报蒋介石，并表示："变更京沪卫戍警卫组织以人选为第一义，拟请任陈真如为首都卫戍司令兼淞沪警备司令，已得陈及粤诸同志同意……此事为和议重要关键，发表之期愈早愈好。"①

　　第二天，蒋介石致电蔡元培等，谓："京沪卫戍事宜请真如兄主持，即日照办。中应引咎自责及个人去就不成问题，早经陈明，惟两方通电时间若与实际解决相距过远，照目前形势深虞于外交、财政发生困难。"因此他主张粤方"同志即日来沪，详商一切"。②蒋的这一指示，实际上否认了双方协议中要求蒋先发表下野通电，再行建立统一政府的原则。蒋在当天日记中对粤方这一前提表达了强烈的不满：

　　　　接粤方拟稿通电，仍以统一会议、改组统一的国民政府为条件，并多诬辱之句。当此横逆之来，既要余屈服，又要余负责，而若辈毫无负责勇气，既不顾大局，一意捣乱，而又无能力来组织政府；既不能令，又不受命，且乘此外侮之机，勾结敌国，动摇国本，能不痛心！此时只有逆来顺受，忍辱负重，以求万一之补救。③

---

① 《蔡元培张继致蒋介石电》（1931 年 9 月 29 日），《中华民国史档案资料汇编》第 5 辑第 1 编政治（2），第 772—773 页。
② 《蒋介石复蔡元培等电》（1931 年 9 月 30 日），《中华民国史档案资料汇编》第 5 辑第 1 编政治（2），第 771 页；另见《蒋主席下野与再起》，"蒋档·革命文献"；《日寇侵略之部：贰、沈阳事变（第 1 卷）》，台北"国史馆"藏"蒋中正总统档案"之"特交文电"，毛笔原件，档案号 20023896。以下简称"蒋档·特交文电"，并径注档案号。
③ 蒋介石日记，1931 年 9 月 30 日；另见《事略稿本》第 12 册，第 113—114 页；秦孝仪总编纂《总统蒋公大事长编初稿》卷 2，第 135 页。

尽管蒋口头上说得冠冕堂皇，一再对粤表示"个人下野更无问题"，但内心深处是不肯轻易放弃权力的。

三　宁粤广州会议

9月30日，宁粤双方代表自香港抵广州，随即同粤方全体举行会谈，古应芬、萧佛成、邓泽如、陈济棠、李宗仁等粤方党政军领袖，因汪精卫、孙科未能坚持粤方原定的须蒋先下野，而后开和平会议的主张，因此强硬表示：蒋氏下野"通电发表之前不能来沪"，"发表之期，希望在本（10）月五日"，并进一步要求："自通告发表日至开会日至少三星期，并须十九路军全部到达京沪以后。两方所希告之十月十日四全代表大会，拟由两方亦于五日宣告展期。"① 此时，阎锡山也致电粤方表示支持，称"现在北方发动较易"，请指示"具体办法"。② 同时电询汪精卫："闻蒋复电拒下野，不知确否？弟意迁就当有界限。"③

10月2日，陈铭枢密电蒋介石报告："广州若干老同志尚持异议"，"有人欲加提困难条件，对和议施其破坏伎俩"。他还向蒋解释和议之困难，"甚至张（继）先生与君佩（李文范）同志相对下跪，乃得议定"，并恳请蒋在其下野"通电中统议产生之国民政府成立，当解除任务，即日引退一节，乞勿

---

① 《蔡元培等关于粤方要求宁方于十月五日共同发表通电后始行召集统一会议事致蒋介石电》（1931年10月1日），《中华民国史档案资料汇编》第5辑第1编政治（2），第775页。
② 《复广州李锡九西密东电》（1931年10月1日），《宁粤合作案》，"阎档"：12/1326—1327。
③ 《复广州汪先生电》（1931年10月4日），《宁粤合作案》，"阎档"：12/1328。

更改，免至和议根本动摇"。①

粤方此举，引起蒋介石的极大不满。蒋当日即复电拒绝，并对蔡、张、陈三人颇有责备之意，电曰：

> 中国只有一个政府，统一中国方能对外救国。故于此党国存亡之际，不得不在事理上求一圆满解决之道，特与兄等面定三个原则……舍此三者之外，而欲必有条件相要胁，则于情、于理、于公、于私皆不能通，无异背道而驰，殊非中正所愿闻也。兄等竟忘此三个原则及无条件三个字，而乃来此绝无磋商余地之东（一日）电，未知何意，诚令人不解……今粤中同志既不在情理与国难中求解决，又不能来此面商，则先发通电更滋纠纷，无补于事。②

蒋介石更对粤方逼迫"先发通电"一事，斥之为"直等于儿戏"。他在日记中愤慨道："国事危急至此，而若辈尚以敌对态度要胁不止，对国内与中央则施压迫，对倭寇则勾结迁就，是诚无人心矣。呜呼！人心已死，可叹孰甚。"③

粤方得到蒋氏此电后，双方和谈几乎破裂。10 月 3 日，

---

① 《陈铭枢等关于与粤方谈判情形并请勿改原议定条件等致蒋介石电》（1931 年 10 月 2 日），《中华民国史档案资料汇编》第 5 辑第 1 编政治（2），第 778 页；另见《日寇侵略之部：贰、沈阳事变（第 1 卷）》，"蒋档·特交文电"：20011492。

② 《蒋介石令陈铭枢等同粤方谈判必须坚持原订三原则电》（1931 年 10 月 2 日），《中华民国史档案资料汇编》第 5 辑第 1 编政治（2），第 777 页；另见《蒋主席下野与再起》，"蒋档·革命文献"。

③ 蒋介石日记，1931 年 10 月 2 日；另见《事略稿本》第 12 册，第 126 页。

原拟返京的陈铭枢也深恐粤方"借口破坏",再次从香港"与哲生重入广州,与汪同志密为挽救",并电蒋解释道:

> 以职近日观察,钧座如通电后,汪、孙两同志必可离粤赴沪。汪、孙离粤,则中央对外对内均可绰有余裕……如通电不发,则某等必于双十节开四全大会,汪、孙两位再无术可以斡旋,形成更疆[僵]之局……生死关头,系于瞬息,恳再赐察核。①

10月4日,蔡元培等人也电蒋解释说:

> 钧座对于培等东电似有误会。此间各同志意见颇多。所谓两方同发通电,全由汪、孙两同志苦心磋商之结果。通电一发,彼等次日即可来沪把晤。不过以通电为会晤之标纽,非作为条件也。江午钧电到后,误会者尤多。现由汪同志设法解释。结果如何,再行报告。②

面对蔡、陈等人的解释,蒋介石仍毫不妥协。而此时粤方内部开始出现较大分歧。这一分歧又被刚刚返粤的陈铭枢所洞察。10月4日,陈连发两密电向蒋报告观察所得:

---

① 《陈铭枢致蒋介石江亥密电》(1931年10月3日),《日寇侵略之部:贰、沈阳事变(第1卷)》,"蒋档·特交文电":20011566。
② 《蔡元培等致蒋介石电》(1931年10月4日),《中华民国史档案资料汇编》第5辑第1编政治(2),第779页;另见《日寇侵略之部:贰、沈阳事变(第1卷)》,"蒋档·特交文电":20011574。

粤中群情庞杂，老同志成见极深，某等复存心破坏，精卫、哲生暗中调协，意甚诚切。

汪先生坚决主张赴沪，下午与某等大辩论。哲生与汪意见一致，伯南受激动亦甚赞成。明日他们开"非常会议"解决。他们即不通过，汪亦必行。枢极劝孙同行，前途可乐观。①

蒋介石得到陈的密报后，态度更加强硬。第二天蒋致电蔡元培等人转告粤方：

对于通电原则，前电本已赞同，且甚愿早发，无所犹豫。惟当此外交紧急，存亡呼吸之际，不可一日无政府，此电文句虽发，电后仍未下野，而中外心理与事实已等于入无政府状态……通电发表之后，粤中同志尚未来到之前，中间负责无人，万一发生意外，不但无以自解，即粤中同志亦与有责。如粤中同志能早日来沪，或请精卫、哲生、襄勤、君佩诸先生来亦可。诸兄朝到沪，此电夕即发。诸兄若不能来到，此电为国家计，实不能不负责审慎。②

------

① 《陈铭枢致蒋介石密电》（1931 年 10 月 4 日午时、4 日亥时），《中华民国史档案资料汇编》第 5 辑第 1 编政治（2），第 780、781 页；另见《日寇侵略之部：贰、沈阳事变（第 1 卷）》，"蒋档·特交文电"：20011585、2001606。

② 《蒋介石关于引退通电必俟粤方代表到沪后发表复陈铭枢等电》（1931 年 10 月 5 日），《中华民国史档案资料汇编》第 5 辑第 1 编政治（2），第 780 页；另见《蒋主席致陈铭枢并转蔡元培张继十月歌电》，《蒋主席下野与再起》，"蒋档·革命文献"；《日寇侵略之部：贰、沈阳事变（第 1 卷）》，"蒋档·特交文电"：20023912。

　　为了加强对粤方内部的分化，蒋介石首先将汪精卫列为主攻目标，密电陈铭枢转汪精卫，称赞道："兄排除众议，毅然来沪，共赴国难，患难乃见真友，遥闻之下，无任铭感。"① 由于蒋的强硬立场和粤方内部不和，10 月 5 日，"非常会议"被迫做出让步，决定：（1）最低限度先释放胡汉民；（2）全体联名请胡复出。汪精卫于会议席上亲笔致函胡汉民，写好后由各人连署，托陈铭枢带往南京面呈。函称：

　　　　展堂先生大鉴：蔡、张、陈三先生来，具述和平统一之必要，弟等皆同此心，惟弟等一致之要求在先生即来沪一行。如先生抵沪，此间即举出代表来沪共商统一之进行。弟等已托真如先生先回，与介石先生接洽一切。想对于此等最低限度之要求必能达到。惟盼先生俯顺弟等之意，即行来沪，以慰同志之望，而促进和平统一之进行。②

---

① 《蒋介石欢迎汪精卫力排众议来沪共赴国难密电》（1931 年 10 月 5 日），《中华民国史档案资料汇编》第 5 辑第 1 编政治（2），第 781 页；另见《蒋主席致陈铭枢转汪精卫十月歌电》，《蒋主席下野与再起》，"蒋档·革命文献"；《日寇侵略之部：贰、沈阳事变（第 1 卷）》，"蒋档·特交文电"：20023913。

② 《汪精卫等致胡汉民函》（1931 年 10 月 5 日），《胡评议委员木兰捐赠中央党史委员会资料》，党史馆藏，毛笔原件，"胡"字 251。此函装裱在"各方与胡汉民函件函电"卷内，该函外有一段钢笔注释为："此函系汪精卫于会议席上亲手写后，由各人连署，托陈铭枢带往南京面呈。胡先生时尚羁留于南京香铺营内孔祥熙之住宅中。"署名者有覃振、陈策、马超俊、伍朝枢、李宗仁、陈济棠、李文范、邓泽如、古应芬、孙科、唐绍仪、萧佛成、汪兆铭、唐生智。

同时，广州国民政府也做出如下决定："（一）由蒋决定发表下野通电日期；（二）十九路军调宁后，粤代表方北上；（三）俟在沪商有头绪，粤委始赴京。"①

10月6日，广州"非常会议"公开发表其解决时局主张的"麻电"，强调"民主政治之先决条件，在使武力受政治之支配"，并提出四项具体办法：

（一）废除海陆空军总司令；

（二）设军区，军区之划分，不必同于行政区域之划分；

（三）军需之独立，革除以个人支配军队，以军队长官支配军饷之恶习；

（四）国防统于中央，保安属之地方，全国军队应负此两大任务，至于政治，绝对不容干涉。②

至此，双方谈判暂告一段落。10月8日，蒋介石针对粤方态度，致电何应钦告之今后宁方所持立场："对粤方针以无条件合作，并无所谓党政军分工之说；对日备有最后之决心，如逼不得已，惟维持革命之精神、民族之人格，以留历史之光荣。但并无联俄之策，亦决不屈服于日本武力压迫之下也。"③10月10日双十节，蒋自省道：

① 《京粤和议颇乐观》，《国闻周报》第8卷第40期，1931年10月12日，"一周间国内外大事述评"，第15页。
② 《粤方政治主张》，《国闻周报》第8卷第42期，1931年10月26日，"一周间国内外大事述评"，第5—6页。
③ 《蒋介石致何应钦电》（1931年10月8日），《事略稿本》第12册，第144页。

自十七年双十节就国府主席以来，至今正三年矣。此三年之中祸患迭起，残乱频乘，而尤以最近半年内为特甚。此皆余智力不足，用人失当，不能自拔之过也。外侮内忧、天灾人祸之来，固由余德薄之所致，而所以致余至此者，乃自名为一般老党员争权夺利，舍责避怨，宁使党国灭亡，而不顾新进后起，其意气用事，实足以灭亡而有余也。世人不察皆加罪于余一人，余亦愿任其咎，否则无人能胜此重任也。余于此惟有忍辱负重，死而后已耳。①

10 月 12 日，陈铭枢由粤抵京，向蒋介石报告议和经过。蒋深知此时如再不释放胡汉民，尽管汪精卫、孙科等人愿意北上，"惟古（应芬）等以高压手段阻其行"，宁粤和谈很难实现。② 此时宁方要员也"皆主展堂日内即至沪"。③ 蒋于是被迫答应粤方条件。

次日，胡汉民在陈铭枢、吴铁城陪同下先去见蒋。据陈回忆："他们见面时，表现尚觉融洽，胡对东北问题发言甚多。当即由蒋决定推我及吴稚晖、李石曾、张静江、吴铁城等同胡一起赴沪，候晤汪、孙等人，并欢迎他们入京，开和平统一会议。14 日晨，蒋又亲往胡宅拜访，下午我们陪同胡赴沪。此为胡自 1928 年入京后第一次离开南京。"④

---

① 蒋介石日记，1931 年 10 月 10 日；另见《事略稿本》第 12 册，第 148—149 页。
② 《陈铭枢为汪精卫决心赴沪并请胡汉民同时到沪会面致蒋介石电》（1931 年 10 月 6 日），《中华民国史档案资料汇编》第 5 辑第 1 编政治（2），第 782 页。
③ 《邵元冲日记》，1931 年 10 月 12 日，第 783 页。
④ 当时南京政府高级官员，都要乘专车到上海租界去度纸醉金迷之周末，唯胡能洁身自爱，从不出门一步。胡曾对此事提出弹劾，一时传为美谈。见《陈铭枢回忆录》，第 78 页。

10 月 15 日，胡汉民致电粤方报告平安，并对以往党内纠纷深刻反省道：

> 过去党内一部分力量属于己有，党即失去团结之本体。人每欲自私，则互相排他；排他则纠纷愈多，而各人遂忙于对人，忽于对事。而奸黠者流，乘虚以入，肆其恶行，亦遂莫由过问，驯致过则归于吾党，权则归于他人。久而久之，党不为人民所重，乃为人民所轻，积渐且为人民所忌恨矣。此其错误，皆不容吾辈各自诿卸责任，弟亦容或为过误中之一人。

但胡又不忘为自己表白，称："然平日自检，担负既往之过误则较轻，而今日盼望吾辈纠正过去错误之心则最切。"为此，他请求粤方从速"推举代表来沪进行议和，共商大计"。① 此前，蒋介石拜访胡汉民时曾表示："余以过去之是非曲直，皆归一人任之，并自认错误。"② 但当蒋得知胡电内容后则慨叹道："以粤方与展堂阻碍，内忧甚于外患，可叹。"③

就在胡汉民赴沪当日，陈铭枢根据双方和议要求，下令调所属十九路军开京沪驻防。④ 粤方看到胡汉民已恢复自由，符

---

① 《胡汉民删（15 日）电汪孙古萧邓等》，《大公报》1931 年 10 月 17 日，第 1 张第 3 版。
② 蒋介石日记，1931 年 10 月 14 日，另见《事略稿本》第 12 册，第 167—168 页。
③ 蒋介石日记，1931 年 10 月 16 日；另见《困勉记》卷 19，"蒋档"。该日条文写道："余于十四日释放展堂，送之上海，希望促进团结共御外侮。彼乃一出又变，反增粤方纠纷。呜呼！内忧甚于外患，可叹。"此段内容日记原文无。
④ 《大公报》1931 年 10 月 15 日，第 1 张第 3 版。

合他们的最低要求，于是决定派汪精卫、孙科、伍朝枢、古应芬、李文范五人偕同蔡元培、张继赴沪。后古氏因病无法前往，粤方又加推邹鲁、陈友仁两人为代表。同行的还有唐生智、张发奎、黄绍竑等，连同随员一百多人，于 21 日抵达上海。行程中还有一小插曲：船经台湾海峡时遭遇强台风，相当危险。黄绍竑曾开玩笑地对唐生智说："孟潇，这回如果不是'同舟共济'，就是'同舟共葬'了……不论哪一种情况，都会对国家有益的，因为同船的好些人，都是以前内战的捣蛋鬼。"①

粤方代表赴沪前，还分别致电阎锡山、冯玉祥等，通告粤府主张，并表示决定另设"东南、西南、东北、西北各国防分区"，"请领导北方同志一致主张"。② 阎对"政府主张极表赞同"，立即复电表示"自当遵嘱催促北方一致行动"。③ 改组派还四处宣传：新政府将以"唐绍仪任国府主席，蒋任国防会主席，其他四国防分会主席以作相、宗仁、济棠、玉祥分任"。④

汪精卫等人抵沪后立即同胡汉民会合。当时粤方许多人认为这回汪、胡两位领袖能真诚合作，国民党可以改变过去内部派系斗争的局面。当汪、胡二人在伍朝枢寓所见面时，汪也做出一副谦虚诚恳的样子，对胡说："中山先生在日时，我就是

① 黄绍竑：《我与蒋介石和桂系的关系》，《文史资料选辑》第 7 辑，中华书局，1960，第 79 页。

② 《广州潘宜之致阎锡山辛密铣电》（1931 年 10 月 16 日），《宁粤合作案》，"阎档"：12/1338。

③ 《阎锡山复广州潘宜之先生壬密巧电》（1931 年 10 月 18 日），《宁粤合作案》，"阎档"：12/1338。

④ 《北平华觉明致汉口陈光组马电》（1931 年 10 月 21 日），《蒋方民国二十年往来电文录存》，"阎档"：80/1588。

小兄弟，现在经过多少离合悲欢，回想起中山先生，真是痛心！我情愿听老大哥的教训。"于是胡也就用老大哥的口吻说了几句批评的话。① 事实上，粤方内部的裂痕早已显现。据蒋派往香港执行分化粤方任务的杨永泰 10 月 18 日报告：

> 汪、孙、李、伍等明晨赴沪，伪府立场全失。故和议完满与否，汪、孙绝不再作回粤想。近日汪极亲孙、尊孙。彼二人亦欲自介于胡派与中央间之调人。当前和局纵不十分迁就，亦必事成。粤方畏赤如虎，不能派兵入赣填防，惟极注意四全大会。②

同时，南京方面为显示诚意，于 10 月 19 日国民党中常会第 165 次会议上根据中常委"现值国势危急，本党各同志亟须一致团结，以救国难"的提议，决议："一，凡本党同志自第二届第四次全体会议以后，因政治关系开除党籍者，一律恢复，俟第四次全国代表大会开会时，提请追认；二，前项恢复党籍者，即请中监会查明开具名单，以便提请四全大会追认。"③ 计恢复党籍者有汪精卫、陈公博、李济深、李宗仁、白崇禧、冯玉祥、阎锡山、程潜、柏文蔚等 35 人。

10 月 22 日，蒋介石乘飞机自宁到沪，首先在宋子文寓所

---

① 孟曦：《关于"非常会议"和"宁粤合作"》，《文史资料选辑》第 9 辑，第 107 页。

② 《张市长群转杨永泰呈蒋主席十月巧电》（1931 年 10 月 18 日），《蒋主席下野与再起》，"蒋档·革命文献"。

③ 《中国国民党第三届中央执行委员会第 165 次常务会议记录》，二档馆藏，油印件：七一一（5）65；另见《中国国民党中央执行委员会常务委员会会议录》第 16 册，第 436—438 页。

同于右任、李石曾、陈铭枢、张静江、邵力子、邵元冲等会商。"对于与粤方代表接洽之标准，介石谓只要彼等对于党及政治之系统不动摇及对建国大纲不违反者，其他皆可让步。"[①]其目的就是要继续维护原有的统治体系。

是日下午1时，蒋介石等人同往孙科在沪寓所和粤方代表会晤。彼此握手，互道问候后，旋即正式举行会谈。出席者为蒋介石、汪精卫、胡汉民、于右任、蔡元培、张继、陈铭枢、李文范、邹鲁、伍朝枢、张静江、李石曾、陈友仁、邵元冲、孙科、林森等16人。[②]

众人入座后，由胡汉民及粤代表等请汪精卫先发言。汪起发言，先述同志年来离隔，致行动冲突，但系为公，非为私。此来代表粤方同志，解决一切，共济国难。遂述及粤方主张三项：（一）国府主席宜如德、法总统，由行政院负政治责任；（二）废总司令制；（三）由一、二、三届中委任党事。又对蒋所拟关于个人进退之电稿表示赞同。蒋继起发言，态度恳挚，先赞成汪言，谓："本人亦如是，公而无私。诸同志皆党中前辈，本人为后进，向来服从前辈。此次诸同志议定办法，凡胡、汪两先生同意之事，我无不同意照行。我若不行，尽可严责。"言毕，李石曾起述国难及团结必要，主张大家即入京，已无需会议。蔡元培、张继和之。孙科略驳其说，谓："此来系代

---

① 《邵元冲日记》，1931年10月22日，第786页；《蒋胡汪会谈和平基础已定》，《大公报》1931年10月23日，第1张第3版。

② 《邵元冲日记》，1931年10月22日，第786页；《陈铭枢回忆录》，第79页。

表粤府，须照预定程序，议有端倪，始可入京。否则须电粤请示。"汪又起言："入京本无不可，不过现状下若遽入京，则议定签诺之事，各方将误会为吾等自由意志，为不佳。"蒋对汪言表示谅解，赞同即在沪会议，胡先生可代表本人。复叮咛谓胡、汪同意事，无不照办。谈话至此结束。[①]

此次蒋介石、汪精卫、胡汉民三人的会谈，是自1926年胡汉民因廖仲恺被刺案被迫离国后五年来仅有的一次会面。这短短的三小时会谈，也是他们三人毕生中的最后一次。会谈结束后，蒋借口京中有事，当日返回南京。他在当天的日记中写道：

> 八时由京乘飞机与妻出发，十时到上海。阅各报所载粤方所谓代表者谈话，诋毁讥刺未改旧态，为之骇异。与各中委相见，乃知对方提推倒中央现有组织，否认根本法纪，是胡汉民有意倒乱，使余进退两难，而若辈既不敢负此重责，又不愿知难而退，更不愿置之不问，可痛、可鄙、可恶、可笑、可怜，莫甚于此，而反以此为得计，不仅壁上观火，下井投石，必欲使一切罪恶责任归之一身，置党国败亡于不顾，立使国家纷乱而后快。此种卑劣政客，既陷总理于前，今且毁卖党国，不顾一切。胡贼之罪，是在毁灭党国于其一人之手也。余于下午往访若辈，而以阿科为最不争气，甚为总理叹惜也。相谈约一时余，

---

① 《前日孙宅谈话经过》，《大公报》1931年10月24日，第1张第3版。

乃乘原机回京，已六时矣。①

蒋介石离沪后，双方代表继续会谈，达成两点决议：外交方面"须求得一致，共赴国难"；党政军方面，"由京派定代表与粤方代表先在沪详商办法，俟将草案拟定，再入京开正式会议"。② 会谈结束后，粤方代表六人又共同联名致函蒋介石，单方面提出粤方共赴国难的七项条件：

（一）为共赴国难计，先谋外交之一致行动。

（二）关于党国诸疑难问题，拟请尊处派出代表数人，在沪与弟等详细讨论解决方法。俟彼此同意，乃开正式会议，以决定实行。

（三）弟等认定党国根本问题，最要在集权于党，而按照建国大纲所定程序，以完成民主政治。此点乃根本原则，尚希鉴察。

（四）关于党务，拟召集一、二、三届中央委员会议，共谋解决产生健全的第四次全国代表大会，务扫除过去纠纷，以确定将来基础。

（五）国民政府主席，拟仿法、德总统制，以年高德劭之同志任之，现役军人不宜当选。

（六）陆海空军总司令一职，拟废除之，另设军事机关，其详另定之。

---

① 蒋介石日记，1931 年 10 月 22 日；另见《事略稿本》第 12 册，第 195—196 页。

② 《蒋胡汪会谈和平基础已定》，《大公报》1931 年 10 月 23 日，第 1 张第 3 版。

（七）目前在粤所拟双方通电，其用意在使从前纠纷得一结束，决非彼此抛弃责任。故会议决定以前彼此应尽之责任，应照常担负。至于此后对于党国如何服务，一听命于会议。①

这封信由蔡元培、张继二人携带入京，在 10 月 23 日晨召开的中常会上向蒋介石报告。粤方提出的七项条件中，前两条是蒋、汪、胡等人会谈时议定的，并没有新鲜内容。第三、四条重点是提高党权、削弱军权，目的在于恢复党权高于军权的组织形式。第五、六、七条，明显是针对蒋介石而发，同前一天蒋在宋宅和宁方代表议定的不变更现行政府体制原则，完全违背。由总统制（国府主席）改为责任内阁制、废除总司令制，目的都是限制蒋垄断政权，并再次要求蒋在正式会谈前公开发表下野通电。面对粤方的七项条件，蒋在日记中愤慨道：

粤方托蔡、张携七条件来京，以为中央已无办法，故提此苛刻无理之要求。倭寇借粤方捣乱之机，以逼迫中国；粤寇借倭奴之力，以倒中国，而且其推出代表全为粤人，是广东毅然成一粤国与倭国攻守同盟，以攻中央形势，至此殊为我中华民族羞。对此叛逆不可再以理谕，惟有负责坚持，以报党国，岂有退步之余地乎！②

① 《汪精卫等致蒋介石函》（1931 年 10 月 22 日），二档馆藏陈友仁个人档案：三〇〇五·29。
② 蒋介石日记，1931 年 10 月 23 日；另见《事略稿本》第 12 册，第 197—198 页。

对粤方"既不敢负此军国重责，又不肯知难而退"，蒋介石深表不满。① 第二天，蒋复函粤方代表，表示：

> 目前第一要义，厥在以一致对外之精神，表现之于事实，使国际观听得所转移，国民期望得所安慰，救国救党，惟此最为急务。至关于党国根本问题，如何斟酌至善，借立此后良好之基础，而不种将来之恶因，事关内部，无不可以开诚相见，从容商谈。

蒋介石正式指定李石曾、张静江、张继、蔡元培、陈铭枢五人为宁方代表，在沪同粤方代表继续讨论，希望粤方"迅与石曾诸先生商定后，即日命驾来京，共赴国难"。② 蒋氏复函的核心内容，就是以外侮为由，要求粤方尽快来京，"共赴国难"，至于粤方所提改组现政府组织形式等条件，则表示可"从容商谈"。其实他的内心所思，正如日记所言："对此叛逆不可再以理谕，惟有负责坚持，以报党国，岂有退步之余地乎！"③ 为此，蒋暗中"授意左右要人联名通电拥蒋"，"并暗行联汪拒胡，以延缓、分化手段应付粤方。"④

10月25日，就在张继将蒋氏复函送到上海当天，汉口行营参谋处突然公布了安徽省政府主席陈调元同湖北省政府主席何成濬二人间的两封往来电报。一封是21日陈电何，称：

---

① 秦孝仪总编纂《总统蒋公大事长编初稿》卷2，第143页。
② 《蒋主席复汪孙等书》，《中央日报》1931年10月27日，第1张第3版。
③ 蒋介石日记，1931年10月23日；另见秦孝仪总编纂《总统蒋公大事长编初稿》卷2，第143页。
④ 《南京邱文伯致洪江王家烈艳电》（1931年10月29日），《杂派民国二十年往来电文录存》，"阎档"：48/2081。

1931 年 10 月，粤方三巨头汪精卫、
胡汉民、孙科摄于上海

西山会议派领袖邹鲁

宁粤和谈代表李文范、伍朝枢、张继、汪精卫、邹鲁、
蔡元培、陈铭枢、张静江、陈友仁、孙科摄于上海

国难临前，赤氛未息，攘外安内，全在负责有人，无论如何更张，一国元首不宜更易。闻极峰（指蒋）因望和平，拟自引退，理应竭诚劝阻。

另一封是 23 日何成濬复电陈调元，谓：

当存亡危急之秋，欲一致对外，不应有统一和平等会讨论条件，自显破裂，贻人口实。请即起草通电以救危亡。[①]

同时，汉口军方还表示何应钦、刘峙、何成濬、陈调元、何键、刘湘等赣、鄂、豫、皖、湘、川等亲蒋将领，拟由何应钦领衔通电，据称电文中有"国难方殷，元首不可轻易，借安民心"等语。

贵州省政府主席毛光翔得讯后，也立即致电何成濬表示积极参加："御侮救国，惟恃总座领导。当此紧要关键，一国元首尤不应轻易纷更，请由敬公领衔通电劝阻及辞去沪会各节，弟极赞成，务祈即将弟名加入，以维正义。"[③] 陕西省政府主席杨虎城更电邵力子表示："除由何敬公领衔通电，一致拥护外，敢请先生鼎力劝阻以固邦基。"[④]

---

① 《国闻周报》第 8 卷第 43 期，1931 年 11 月 2 日，"一周间国内外大事述评"，第 3 页。

② 《促进和平运动》，《申报》1931 年 10 月 27 日，第 6 版。

③ 《贵阳毛光翔致汉口何成濬卅电》（1931 年 10 月 30 日），《杂派民国二十年往来电文录存》，"阎档"：48/2082。

④ 《西安杨虎城致南京邵力子卅电》（1931 年 10 月 30 日），《杂派民国二十年往来电文录存》，"阎档"：49/0033。

10 月 27 日，蒋介石复电陈调元坚定表示："当此国难，岂用苟免，自当负责到底，任何毁谤，在所不计也。"① 当天，蒋同"稚晖、石曾二先生商谈时局"时，重复了同样的话语。② 甚至有情报显示："蒋密令沪公安局等秘组多数民众团体，使粤代表不敢提出蒋下野条件，如果提出，即不惜酿成大惨案。"③

这一系列舆论导向，不难使人感到是出自蒋介石的授意，在正式和谈之前，先由军方放空气，威胁粤方代表。

对此，孙科曾愤怒地表示：何应钦等人通电"如竟要发出，致碍和会，则惟有请彼等开督军团会议而已"。④ 27 日，"非常会议"天津执行部亦急电阎锡山、冯玉祥，称："此电发出显有破坏嫌疑，希速设法阻止，并电商次辰、明轩诸公预先防范有人代为列名。"⑤ 阎锡山接电后即"着专员与焕章、明轩、殿英、次辰商酌阻止列名"。⑥

尽管在蒋介石的授意下，何应钦等人中止发表通电，并公开否认此事，但华北各将领的拥蒋通电，则未及阻止而公布于世。⑦

① 《"陈主席调元呈蒋主席十月宥电"批复》（1931 年 10 月 27 日），《蒋主席下野与再起》，"蒋档·革命文献"。
② 蒋介石日记，1931 年 10 月 27 日；另见《困勉记》卷 19，"蒋档"。
③ 《天津贾秘书长致阎锡山作密效电》（1931 年 10 月 19 日），《各方民国廿年往来电文原案》，"阎档"：21/0795。
④ 《中央导报》第 19 期，1931 年 10 月 29 日。
⑤ 《天津军政会国密感电》（1931 年 10 月 27 日），《宁粤合作案》，"阎档"：12/1350；《各方民国廿年往来电文原案》，"阎档"：21/1097。
⑥ 《复天津军政会诸先生国密俭电》（1931 年 10 月 28 日），《宁粤合作案》，"阎档"：12/1350；《各方民国廿年往来电文原案》，"阎档"：21/1097。
⑦ 《促进和平运动》，《申报》1931 年 10 月 27 日，第 6 版。有资料显示："华北各将领通电问题，因接中央来电劝阻，决定暂不发表。"（《天津阎秉璋达密艳电》1931 年 10 月 29 日，《宁粤合作案》，"阎档"：12/1356）但不知何故最终还是见报了。

有意思的是两天后"华北各军欠饷"即由北平"行营发放。晋军饷七十万"。[①] 而何成濬等人也并未停止暗中活动。11 月 1 日，何再次致电毛光翔，谓："粤方代表坚持异议，以便私图。原拟推敬公领衔通电驳斥，嗣以敬公、经扶（即河南省政府主席刘峙）与兄均有特殊关系，不便列名，遂未果行。现会议情形不见进展，最好由吾弟约甫澄（四川省政府主席刘湘）、云樵（湖南省政府主席何键）等先发表意见，以促粤方觉悟。"[②]

四　初步统一的上海和谈

虽然双方对和谈都缺乏诚意，但迫于时局和舆论的压力，无一方敢承担破坏和谈之责。宁粤代表终于自 10 月 27 日至 11 月 7 日，在上海伍朝枢寓所召开"和平统一"会议，双方共举行正式会谈七次。据出席会议的程沧波回忆：

> 会议开始，奇怪的是并没有一定的议事规程，大概是每次会议推一个主席，蔡（元培）先生做主席的次数很多。讨论的议题主要是国民政府的组织法。南京的代表可说完全采取守势，广东方面则取攻势，其中最激烈的是李文范，其次是伍朝枢。李文范常常很激动的跳出来骂，南京政府给他骂得狗血淋头，好像南京政府一无是处。伍朝枢则专门批评国民政府组织法……伍朝枢说，我从来没有

---

① 《天津阎秉璋致阎锡山达密全电》（该电报韵目代码为"全"，查无此字，而电报抄件中注明系"10 月 30 日到"。查其前后电报抄件，收电日均比拍发日晚一天，故判断此电拍发日应为 10 月 29 日），《宁粤合作案》，"阎档"：12/1358。

② 《汉口何成濬致贵阳毛光翔先申电》（1931 年 11 月 1 日），《蒋方民国二十年往来电文录存》，"阎档"：80/1696。

看见过……政府组织法，其中的主席一职居然没有任期。①

会谈自始至终，因缺乏共识而屡生波折。

第一天会议，宁方代表蔡元培"发言时对蒋电极力主缓发，谓国难临头该电尽可至商得积极办法时发表。张继、铁城主张亦如是"。② 和会遂决议："双方通电原稿（指蒋下野和粤府取消），俟本会讨论就绪，再定发表日期。"③ 但在第二天的会议中，粤方突然提出《党政改革案》，引起宁方不满，会谈险些破裂。该案主要依据前述粤方致蒋函提出的七点办法拟定，内容涉及党务、政治、军事、财政、地方制度五方面。蔡元培等"以此案关系重大，中央未之前闻"为由，表示"不便讨论"，并将该案全文电蒋请示。④ 其实，该案的核心内容，粤方代表李文范概括得最为妥当："第一对于人的问题，就是要蒋下野；第二对于制度问题，就是要缩小主席权限及废除总司令制。"⑤

---

① 程沧波：《宁粤和谈追随蔡元培先生经过》，《沧波文存》，台北：传记文学出版社，1983，第 280 页。

② 《天津李锡九达俭俭电》（1931 年 10 月 28 日），《宁粤合作案》，"阎档"：12/1352。

③ 《上海"和平统一"会议第一次会议记录》，二档馆藏孙科个人档案：三〇〇五·4；《与粤代表接洽和平报告》，《粤桂政潮》，台北"国史馆"藏"蒋中正总统档案"之"特交档案"政治类第 35 卷，手稿影印，以下简称"蒋档·特交档案"。

④ 《吴铁城为粤方代表在会议前提出"党政改革案"致蒋介石电》（1931 年 10 月 29 日），《中华民国史档案资料汇编》第 5 辑第 1 编政治（2），第 790—792 页；《吴铁城致蒋介石勘电》，《日寇侵略之部：贰、沈阳事变（第 1 卷）》"蒋档·特交文电"：20012734。

⑤ 李文范：《和议经过与我们今后的努力》，《中央导报》第 21 期，1931 年 11 月 18 日，第 8 页。

蒋介石接电后，"对粤提制度问题，认目前内外情势严重，非试验时期。以前种种缺陷并非全系制度之过，且现时制度亦系党之公意所形成。党内分裂均因少数同志未能精诚团结所致。此后工作最要为如何使全党负一致守法合作，绝不愿使党国遭此大险。且变更制度无异修改约法，而约法为国民会议所制定，非强使全国民意曲从党内少数意见。"①

为此，蒋介石复电宁方代表强硬表示："今日所发表两方接洽情形，与事实完全不符……如此捏造，是所不能承认，决非精诚和平团结之意。中不敢同意。"② 蒋还在当天日记中对胡汉民咒骂道：

> 胡汉民之捣乱，不法阴谋行动不特使余个人置于死地，且必欲毁坏党国，将总理革命至今所有革命之历史尽毁灭无余，小人不可与同群信乎。③

10 月 29 日，蒋再复电宁方代表，指责粤方所提《党政改革案》道：

> 内容姑不具论，精神上即与团结对外之主旨不相合。此时为党为国均唯有从速集合首都，共赴国难。至党政根本问题，应俟本党多数之讨论决议，无以十余人在租界内

---

① 《天津阎秉璋达密陷电》（1931 年 10 月 30 日），《宁粤合作案》，"阎档"：12/1360—1361。
② 《蒋主席致张群转李石曾等十月勘电》（1931 年 10 月 28 日），《蒋主席下野与再起》，"蒋档·革命文献"。
③ 蒋介石日记，1931 年 10 月 28 日；另见《事略稿本》第 12 册，第 205页。

谈商，即可决定全党全国大计之理。

蒋氏明确指示："此等违反党章，不恤国难之提案，不应提出讨论。"[1] 蒋此时的强硬立场，源自他对粤方内部的洞察。蒋曾分析道：

> 粤方全为胡汉民一人所阻碍，而汪、孙则愿来合作，以不愿与胡破脸，故不敢明白表示，当使之有转回余地。对粤应决定方针。一如其愿就范不破裂，则暂维统一之局，因于对外有益也。一如其不愿就范，必欲破裂，则避免内部纠纷，使之回粤自扰，胡汉民已成过去，而其过去历史为阻碍总理，反抗总理，今则欲灭亡本党，叛乱革命，无足计较也。[2]

于是，蒋介石再派何应钦赴沪与各方接洽，希望有所转圜。何到沪后即"访胡述蒋真意：总司令可废，行政院长可让，但要保留主席及维持第三届政统。此点与粤方条件完全背驰"。[3] 而胡汉民则对何应钦表示："余爱蒋较任何人为深切。北伐以来其勋绩不可磨灭，受人推崇亦因此。但年来争执党政

---

① 《蒋介石关于粤方"党政改革案"不应在上海会议提出讨论复吴铁城等电》（1931 年 10 月 29 日），《中华民国史档案资料汇编》第 5 辑第 1 编政治（2），第 792 页；《蒋主席致李石曾吴铁城十月艳电》（1931 年 10 月 29 日），《蒋主席下野与再起》，"蒋档·革命文献"。

② 蒋介石日记，1931 年 10 月 30 日；另见《事略稿本》第 12 册，第 214 页。

③ 《上海张涛唐季古致天津之良并转冯玉祥俭电》（1931 年 10 月 28 日），《杂派民国二十年往来电文录存》，"阎档"：49/0063。

军重任，虽云肯多负责，但一人精力智虑何能顾及。与其多重
责任难兼顾，不如大家来负责，徒使集怨于蒋一人，致使以往
功勋灭于一朝。希望蒋明此苦衷，毅然对党国前途重加刷
新。"①

为了加强粤方内部的团结，胡汉民还致电天津执行部转
阎、冯等人，再次明确粤方的态度：

> 一，党内大团结，决不为蒋分化政策所中伤；二，断
> 定蒋无诚意，我方惟有表明诚意谋和，免使破坏和议之责
> 有归；三，断定蒋必趋陈炯明、吴佩孚、段祺瑞之续，我
> 方最后宁为民二袁治下之革命党，不为苟且争胜之进步
> 党，为世诟病；四，蒋对陈铭枢已有怀疑，陈亦不自安；
> 五，认目前外交尚有办法，而财政、军事颇难应付。再汪
> 先生态度甚坚决，与胡合作一致对蒋。②

双方和谈期间还有一段插曲，即在 10 月 29 日第三次会议
前，据程伧波云，汪精卫临时提出报告，"谓得在粤同志来电告
之，古应芬同志因牙病逝世，并提议与会诸人静默三分钟志哀，
汪兆铭且于会场放声大哭，一时气氛为之悲戚"。古应芬实为此
次反蒋运动的核心人物，他的去世对粤方无疑是一大打击。③

此时，李石曾向蒋介石建议："弟与铁城始终主张沪会性

---

① 《天津阎秉璋致阎锡山达密世电》（1931 年 10 月 31 日），《宁粤合作案》，
　"阎档"：12/1364。
② 《广州潘宜之致太原阎督办丁密勘电》（1931 年 10 月 28 日），《各方民国
　二十年往来电文录存》，"阎档"：60/1491；《各方民国廿年往来电文原
　案》，"阎档"：20/2307。
③ 程伧波：《伧波文存》，第 283 页。

质只能为国难会议，不宜为对等会议。"① 蒋立即复电表示赞
同："请推铁城兄为代表，共同出席。至于会商名称，无论国
难会议或何等会议，决不能在沪正式开会，至多只可称为谈话
会也。"② 其目的就是为了保持南京中央的正统性，而否认广
东中央的合法性。

10 月 30 日，吴稚晖以"某中委"名义，公开发表谈话，
"主张国事由四全会议决"，反对宁粤在沪举行的所谓"和平
统一"会议，实际上是公开响应李石曾提出的沪会"不宜为
对等会议"的主张。③ 吴稚晖的谈话，立即遭到粤方的指责。
在粤方看来"某中委"即是蒋本人。为此，胡汉民发表"负
责谈话"，称：

> 观近两日形势，和似仍陷悲观，京方某中委仍持一切问
> 题应待四全会解决之前议，使和会前途更多一层阻碍。国事
> 如今日，应迅求党政军根本改革，并速定抗日计划，以保存
> 国家一线生机，乃必多方另辟途径。斤斤个人权位争持，余
> 实怆痛。某中委以不负责任之表示，以论党国重大之事，何
> 异匿名揭帖。若仍谓一切问题应由四全大会解决，则蒋所期
> 望粤代表北来，而召集之和议实已失其意义。④

---

① 《李石曾致蒋介石电》（1931 年 10 月 29 日），《日寇侵略之部：贰、沈阳
事变（第 2 卷）》，"蒋档·特交文电"：20012768。
② 《蒋主席致李石曾十月艳电》（1931 年 10 月 29 日），《蒋主席下野与再
起》，"蒋档·革命文献"。
③ 天津阎秉璋致阎锡山达密世电》（1931 年 10 月 31 日），《宁粤合作案》，
"阎档"：12/1364—1365。
④ 《天津阎秉璋致阎锡山达密支电》（1931 年 11 月 4 日），《宁粤合作案》，
"阎档"：12/1383—1386。

粤方提出的《党政改革案》虽然被蒋介石否决，但为了最终实现自己的主张，仍以实现政治民主化为由，于 10 月 30 日上海和会第四次会议决议通过一项《中央政制改革案》，包括原则 3 项、办法 11 条，其中最关键的就是第一条："国民政府主席改称总统，为国家元首，不负实际政治责任。又总统不兼其他公职"。31 日，第五次会议时又将该条改为"国民政府主席为国家元首，不负实际行政责任，等于内阁制国家之总统。任期二年，得连任一次。国民政府主席不兼其他公职。"① 双方代表于非正式会谈中，还草拟了两项解决时局方案：

> 一，请总座与胡、汪两先生同入党部，负责为一切政治、军事发动之主体，而政治、军事均由其他同志担任；二，钧座通电发出后，仍公推续任国府主席，但政制须变更，即主席不兼行政院院长，并废除总司令部。②

对此，刚刚到上海的何应钦特电蒋介石报告道：

> 职来沪后，展堂、精卫均已晤谈。顷又与哲生谈话，其态度表示颇好……连日来交换意见，各同志仍有主张必须变更现制度者。又在粤时，有一部分同志之意，党国过去许多纠纷其症结所在，实由党务政治不能分工合作。今

---

① 《与粤代表接洽和平报告》，《粤桂政潮》，"蒋档·特交档案"；《上海"和平统一"会议第三、四次会议记录》，二档馆藏孙科个人档案：三〇〇五·4。
② 《何应钦致陈诚世电》（1931 年 10 月 31 日），《事略稿本》第 12 册，1931 年 11 月 5 日，第 243—244 页。

后最好将党部权力提高，请蒋先生与胡、汪二先生共负党务方面责任，以推动政治之进行；政府方面则由其次之同志担任，似此分办并进，必可增加党政之效能，减少所谓之纷争。胡、汪二先生亦必乐于从同也。①

此项《中央政制改革案》，明显是针对蒋介石的，自然引起蒋的极度不满。对此，邵力子曾与人言："蒋性情遇危险困难愈勇于负责，大家如诚意合作，无事不可诚意协商。若一方意气相逼，恐至弄僵。"② 果如邵氏所言，11 月 2 日，蒋介石在南京国府纪念周以《对中央与粤方代表在上海会谈之希望》为题，发表演讲，对粤方猛烈指责，大意为以下五点：

（一）粤方代表违反总理遗训，无诚意与宁方合作；

（二）粤代表故意与宁府为难，是间接援助日本；

（三）两星期前曾有辞职之意，现已打消，绝不去职；

（四）胡展堂先生语粤代表，称蒋不独应下野，且应放逐外国，如俄国之托罗斯基；

（五）粤方代表利用报纸，假借言论自由之名，颠倒是非，抹杀事实。③

蒋氏的演讲词经上海西文报纸披露后，立即掀起轩然大

---

① 《何应钦致蒋介石电》（1931 年 10 月 28 日），《日寇侵略之部：贰、沈阳事变（第 2 卷）》，"蒋档·特交文电"：20012727。

② 《天津卅日特讯》（1931 年 10 月 30 日），《杂派民国二十年往来电文录存》，"阎档"：49/0194。

③ 《反蒋运动史》（下），第 462 页。

波。广州"非常会议"致电宁方代表陈铭枢等，指责蒋介石："捏造事实以侮辱我代表，是已表现其无意言和，殊为憾事。诸先生前为居间调人，后为宁方代表，应力为纠正。纵使不幸和议决裂，亦责有攸归。"①

粤方代表并对蒋氏的五点指责一一予以驳斥："一，粤方诚意合作；二，并无故意与南京国府为难之事；三，详述蒋自愿下野之经过，并谓粤方拟请蒋下野后担任国防会委员长；四，未闻胡有蒋不独应下野，且应放逐之语；五，并未利用报纸反抗京方。"② 最后为推卸责任，粤方代表还表示："西报访员谓此演说词为和平会议之催命符，实使和平会议决裂云云，同人深望其言之不中，然若其不幸而言中，则同人不敏，不能负其咎也。"③

11 月 3 日，胡汉民也针对蒋氏谈话对上海外报记者公开批驳道：

> 余非史丹林，纵无一兵一卒，不知将如何流放之。余对人毫无问题，对事则不随和。仍愿竭尽所能，尽最后努力。盼同志均能彻悟。若以个人私见，增党之分裂，固无面目见人民，亦无面目见总理于地下。④

① 《国民党非常会议史料一束》，《档案与历史》1988 年第 1 期，第 51 页。
② 《天津阎秉璋致阎锡山达密支电》（1931 年 11 月 4 日），《宁粤合作案》，"阎档"：12/1383—1386。
③ 《粤代表发表谈话》，《时事新报》1931 年 11 月 4 日，第 1 张第 3 版。
④ 《天津阎秉璋致阎锡山达密支电》（1931 年 11 月 4 日），《宁粤合作案》，"阎档"：12/1383—1386；另见胡汉民《二十年十一月三日对上海外报记者谈话》，《胡汉民先生政论选编》，先导社编印，1934，第 635 页。其内容与阎档所载大致相同，仅文字略有出入。

但胡汉民并没有明确表示不逼蒋下野。虽然事后宁方指称西文报纸报道不实，以致酿成严重误会，并于 4 日将蒋氏演讲词全文修改发表。① 中央社为此还对外发表说明，谓："蒋主席在二日国府纪念周有重要报告，原记录稿因待整理审阅故未发表，日前沪外字报所载，于重要之点遗漏甚多，且多有失原意，兹录全文如下……"②

但粤方并不认为外报所载的蒋氏讲话与事实不符，愤怒的情绪并没有因此而消释。在 11 月 9 日的广州国府纪念周上，李宗仁则回以《蒋中正应该负破坏和平的责任》为题的演讲，称：

> 果然不出吾人所料，蒋中正骗人的面目，已经显露出来了。以前蒋中正有电致陈铭枢、张继、蔡元培三位代表，表示可以下野……故此便派代表到上海磋商。不过蒋中正却中途翻悔，毫无诚意，并且在纪念周中，说许多无理性的话。蒋中正欺骗无诚，已经完全清楚，我们对于蒋中正之不肯下野，是不会和他说好话的。换言之，我们对蒋中正是不妥协的！进一步而言，必定要使蒋中正数年来的弥天罪恶，要拿国法党纪来制裁他的！③

此时的中国，正面临着前所未有的内忧外侮。日本军阀毒

---

① 蒋氏演讲全文修订稿见《中央日报》1931 年 11 月 5 日，第 1 张第 4 版。蒋氏原演讲词笔者目前仍未见到，《事略稿本》1931 年 11 月 2 日内所收演讲稿全文，同《中央日报》所刊内容一致。
② 《申报》1931 年 11 月 5 日，第 2 张第 7 版。
③ 李宗仁：《蒋中正应该负破坏和平的责任》，《中央导报》第 20 期，1931年 11 月 12 日，第 8 页。

焰弥漫，侵略者的铁蹄已由辽宁踏入吉林、黑龙江；长江流域
又逢百年不遇的水灾，赈灾问题亟待解决。为此，全国各界民
众强烈要求执政的中国国民党停止内部政争，团结御侮。当时
北洋工学院院长王季绪甚至因忧国而绝食三日，并公开致电
蒋、汪、胡三人表示："和会一日不成，本人一日不食。"① 社
会舆论对宁粤双方都有所非难，上海《时事新报》为此发表
社评，指出：

　　剿匪未竟全功，而洪水横流；赈灾急如解悬，而暴日
入寇。此三事者，当今之大问题也，国家存亡以之，民族
生死以之，匹夫有责，效命不遑，讵复有小己之利害得
失、荣辱恩怨值得瞻顾徘徊？一切是非，一切从违，应超
越一切理智与情感，而以是否有裨国难为唯一标准，尽心
为此三问题，尽力为此三问题，为此三问题而牺牲一切，
即三问题而外，皆视为不成问题。②

　　对于宁粤双方的内耗，连亲蒋的黄郛都表示不满，他在
10月29日的日记中写道："际此外患当前，所谓党国要人斤
斤于此，真是可耻。"为此，他针对"党国要人专议对内条
件，置国家重大外交于不顾"的行为草拟了一份"疑惑"
书，其中一条谓："对内会议成则于国家时局裨补如何？不
成则影响遗害如何？"黄请来访的妻弟沈君怡将其转交当时
社会影响极大的左倾期刊《生活周刊》刊载，借征求舆论意

① 《王季绪绝食垂危》，《时事新报》1931年11月4日，第1张第3版。
② 《蒋主席问题》（社评），《时事新报》1931年11月5日，第1张第2版。

见为由向双方施压。① 而一向不公开参与国民党内部斗争的
上海银行界，也因和议迟迟无结果，迫于内忧外患，于 11 月
初召集紧急临时会议，推举代表晋见宁粤和谈代表，呼吁和
平，并公开发表宣言，强烈要求宁粤双方"牺牲党见"，宣
言谓：

> 国民迫于今日党国统一最后之机会，已不能任听诸公
> 处行分裂……同人等专就国民经济一点而论，认为此次和
> 议若不成，统一再绝望，则嗣后社会之经济能力，决不能
> 应政府之政治需要，实属毫无疑义，无论何人当局，想均
> 无以善其后也。②

甚至有某二届中央委员公开对媒体表示："现在国难临
头，不愿和平，即非人类。将来负破坏和平之责任者，亦决了
结果。"③ 在如此强大的社会压力下，尽管宁粤歧见难以沟通，
但任何一方都不敢承担和谈破裂的责任。蒋介石被迫派陈铭枢

---

① 《黄郛日记》第 8 册，1931 年 10 月 29 日；沈云龙编著《黄膺白先生年
谱长编》上册第 454 页摘录该日日记数语（不全）；沈亦云在回忆录初稿
中记有黄郛的三"疑惑"，沈亦云还写道："××周刊系当时销路甚广的
青年读物，这是出题目想办法面对现实。"沈亦云所指的××周刊当是指
邹韬奋主编的《生活周刊》，系当时全国销量最多的期刊，对青年影响很
大，特别是自九一八事变之后全国学潮汹涌澎湃，该刊即被视为左派期
刊，故沈著隐去刊名。但《亦云回忆》正式出版时，并不见此段文字，
而在沈云龙编著的《黄膺白先生年谱长编》抄录了此段内容，见该书第
466 页。
② 《银行界求和平》，《国闻周报》第 8 卷第 45 期，1931 年 11 月 16 日，
"一周间国内外大事述评"，第 2 页。
③ 潮声：《汪精卫氏访问记》，《生活周刊》第 6 卷第 46 期，1931 年 11 月 7
日。

向粤方解释误会，表示自己的演说"系一时之意气，不足介意"。① 粤方也借此下台，双方代表重新回到判断桌前，彼此暂时将党政改革案搁置一旁，重点集中在如何召开国民党第四次全国代表大会这一主题上，双方希望借四全大会的召开，来结束党争，以此表明党内统一。

11 月 4 日，上海和谈会议重新开始，除原有代表外，宁方又加派于右任、邵力子、何应钦、朱培德四人出席会议。最后经双方会商决定三项办法任选其一：

（一）京粤四全会合开；

（二）京粤分开四全会，但以合作精神出之；

（三）四全大会展期另选代表。由京粤代表各请示中央。②

第二天一早，宁方代表分别私下拜会汪精卫、孙科，力求实现第一项办法。蔡元培等人当日密电蒋介石汇报洽谈结果：

顷接右任、溥泉两先生电，知中央仍主合开四全大会。本日早与敬之、益之、力子兄等依据此旨分访精卫、哲生，尽力疏解。汪、孙均承认合开之益，惟以展堂坚主缓开，重选。折衷办法只有分开合作，且在沪之粤方四全代表已纷纷回粤，决无在宁合开之可能。汪、孙均

---

① 《陈铭枢昨晨抵沪解释误会》，《时事新报》1931 年 11 月 4 日，第 1 张第 2 版。

② 《解决四全会办法》，《时事新报》1931 年 11 月 7 日，第 1 张第 2 版。

谓大会虽不合开，四届中央决可团结，非常会议亦可取消，只须协定中委名单及两方同意之宣言，决可负责办到。汪尤切称，其本人决不回粤。俟四届选出，决与中央合作，以谋党之团结。现定明晨九时先开谈话，自当遵依中央意旨，力持合开原案。惟对方形势如此，倘竟坚持到底，势必即时破裂。在此外交紧急之际，似非所宜。①

同一天，广州"非常会议"电告粤方代表："关于我方四全会开会日期，决俟宁方四全会确已开会后三天举行，使国人了然于破坏和平之责任究竟属谁。"② 此电显示粤方也有所让步，不敢承担破坏和平之责。

11月6日，双方代表再次集议，据蔡元培等当日致蒋介石密电称：

本日午前九时又开谈话会一次。中间有各大学教授、全国各校学生、上海工界诸代表来见两方代表，均以两方破裂为全国莫大之危险，与昨日银行界代表所言相同。可见社会心理最恶破裂。破裂以后决不问党内何方应负其责，必将以是为全党之罪。故我等此刻不可任其破裂，而以能归罪粤为得计。必需迅速分开，委曲求全，使裂

---

① 《蔡元培张人杰陈铭枢吴铁城致蒋介石微酉电》（1931 年 11 月 5 日），《日寇侵略之部：贰、沈阳事变（第 1 卷）》，"蒋档·特交文电"：20013090。

② 《非常会议致胡汉民等电》（1931 年 11 月 5 日），《档案与历史》1988 年第 1 期，第 52 页。

痕不至暴露。今日，本此原则集合谈话，觉维两方分开，尚有办法。故仍照此磋商。我等所要求者有两点：一，中央委员有一致名单，两方同时选出；二，粤方汪、孙两同志决不可离沪。对于第一点，哲生答复谓所拟名单如粤方不能照选，渠即退出粤方。对于第二点，汪、孙均表示愿留。此种办法似尚非绝对不可采用，切望钧座勿坚持。①

早在上海和谈之初，蔡元培、张继等人曾电蒋请示："对于四全大会，一、二、三届中委均作为代表出席，及京粤两方代表合开大会两办法，由个人提出，颇受全体赞同，并未决议。尊意如何？"② 蒋当即强硬表示："中央所召集各省代表与粤方所召集各代表无条件的合开四全大会，此断不可，并又在沪开对等会议说，以上二事中央万难承认。"③ 但此时此刻，蒋介石只好无奈地答复何应钦：

此次与粤方会商，精卫意愿合开全会，但为情面难以自主；哲生主张分开合作；展堂则主张破坏全会，俟明年再开。故精卫表示诚意愿以分开之中站在中央地位。余乃以为合开既不可能，则顺从汪、孙之意，以合作之心分开

---

① 《蔡元培张人杰陈铭枢吴铁城致蒋介石鱼电》（1931 年 11 月 6 日），《日寇侵略之部：贰、沈阳事变（第 1 卷）》，"蒋档·特交文电"：20013103。
② 《张继蔡元培致蒋介石电》（1931 年 10 月 28 日），《日寇侵略之部：贰、沈阳事变（第 2 卷）》，"蒋档·特交文电"：20012655。
③ 《蒋主席致张群转李石曾十月勘电》（1931 年 10 月 28 日），《蒋主席下野与再起》，"蒋档·革命文献"。

全会亦可也答之。①

同日，陈铭枢密电蒋介石，建议道："汪对胡殊不满，若能设法使汪派代表不参加粤四全，将来我方是否可容纳粤方主要新进分子参加中央？"② 蒋当即复电表示："必可容纳，请代约。"③ 后因"汪与哲生有进退一致之成约"，④ 汪不便单独行动而作罢。

11月7日，在双方代表第七次会议上，最终因"南京中央主张第一办法，广州中央主张第三办法，乃拟定采用第二办法"，达成如下协议：

京粤双方，以合作精神，各于所在地克期开第四次全国代表大会。其办法如左：

一、开会时双方发表通电，表示本党统一。

二、双方四全大会一切提案，均交第四届中央执行委员会，在南京开第一次全体会议时处理之。

三、双方协商中央执监委员候选人产生方法。

四、由四届第一次全体会议修改国民政府组织法，并改组政府……

关于陆海空军总司令之存废问题，于修改国民政府组

① 《事略稿本》第12册，1931年11月6日，第245页。
② 《陈铭枢呈蒋主席十一月鱼电》（1931年11月6日），《蒋主席下野与再起》，"蒋档·革命文献"。
③ 《"陈铭枢呈蒋主席十一月鱼电"批语》（1931年11月6日），《蒋主席下野与再起》，"蒋档·革命文献"。
④ 《陈铭枢致蒋介石巧午电》（1931年11月18日），《日寇侵略之部：贰、沈阳事变（第1卷）》，"蒋档·特交文电"：20013548。

织法时决定之……

至于前经拟定蒋主席表示下野通电及广州国民政府表示取消通电两原稿，原定俟本会讨论就绪再定发表日期，现在根据党务决议第四项办法，中央政府改组后广州当然取消，故上述通电原稿无须发表。①

至此，长达数月之久的宁粤对峙局面，终于达成了和平统一的初步协议。表面上，蒋介石暂时取得了胜利，他没有履约通电下野，但他又将面临如何修改国民政府组织法的新问题。为此，张学良曾致电蒋介石询问："李、蔡等十同志在上海发关于和平会议之齐电，钧座是否同意？盼速示。"② 蒋对此无奈地表示："李、蔡等通电，事前弟未有所闻。但此为无法中之一法，我方委曲求全之意可以昭告于世矣。"③

其实，粤方对蒋的意图是十分清楚的。贾景德在致阎锡山电中就曾明确指出："蒋原意有两种，一为先假下野回奉化，将反蒋势力分化勾结生效后，再用段系督办团叛变故事出山收拾；一为吸收粤代表中有力分子进南京，改组政府，仍维持现在局面。"这也正是为什么胡汉民始终坚持"迫蒋下野，要从制度上改革，不使其独裁再复活"的原因所在。④ 但由于粤方

---

① 《上海"和平统一"会议第七次会议记录》，二档馆藏孙科个人档案：三〇〇五·4；《与粤代表接洽和平报告》，《粤桂政潮》，"蒋档·特交档案"。
② 《张副司令学良呈蒋主席十一月青电》（1931年11月9日），《蒋主席下野与再起》，"蒋档·革命文献"。
③ 《"张副司令学良呈蒋主席十一月青电"批语》（1931年11月9日），《蒋主席下野与再起》，"蒋档·革命文献"。
④ 《广州潘宜之致太原阎督办本密冬电》（1931年11月2日），《各方民国二十年往来电文录存》，"阎档"：60/1500。

内部已出现分裂的痕迹，因此在和谈中对蒋做出了过多让步，从而导致反蒋派由表面团结走向分裂。

象征团结的新一届中国国民党全国代表大会即将召开，而举行会议的地点却分在两处，各自为政，毫无团结的气氛。国民党统治集团内部的权力之争并没有就此结束。

第八章 国民党第四次
全国代表大会

一 南京，蒋介石主持下的四全大会

自广州"非常会议"成立后，宁粤双方都原拟在 1931 年 10 月 10 日（国庆日）召开国民党第四次全国代表大会。① 后因九一八事变爆发而被迫推迟。根据上海和谈达成的协议，宁粤决定分别召开四全大会，选举产生新的中央执、监委员，然后在南京合开统一的四届一中全会。

南京四全大会召开得比较顺利。

11 月 9 日至 11 日，南京国民党中央首先召开中执会临时全体会议，通过《第四次全国代表大会开幕时间秩序及预备会议日期案》，并先行推定蒋介石、戴季陶、于右任、林森、蔡元培为大会主席团成员，叶楚伧为大会秘书长。②

11 月 12 日（孙中山诞辰 65 周年纪念日），南京四全大会在中央大学大礼堂召开，出席代表 340 余人，于右任致开幕词，并增选戴愧生、潘公展、恩克巴图、黄慕松为大会主席团成员。③

---

① 《第四次全国代表大会日期案》，《中国国民党第三届中央执行委员会第五次全体会议记录》，中央执行委员会秘书处编印，1931，第 12 页；孙科：《第四次全国代表大会开会词》，《中央导报》第 22 期，1931 年 11 月 25 日，第 4 页。

② 《中国国民党第三届中央执行委员会第二次临时全体会议决议案》，《中央党务月刊》第 40 期（《中国国民党第四次全国代表大会号》），1931 年 11 月，第 2598 页。

③ 《中央党务月刊》第 40 期，1931 年 11 月，第 2486 页。

蒋介石在开幕式上发表演说，指出此次大会的两大使命是
"团结内部，抵御外侮"。他同时特别强调："我们认为团结的
实现，当以不惜牺牲一切来促成，但不可违背党章和总理遗
教，更不能违反四全大会的公意，否则如果仅仅达到团结目的
之一部，而毁损了本党的精神和纪律，则于党于国都无益
处。"① 蒋氏在致辞中只字不提政府改组和自己下野二事，却
在总结今后"如何能救国救党"时，自负地写道："是皆为余
之责也，勿以环境险恶而灰心!"②

南京四全大会通过各类决议案共35件，其中最重要的就
是蒋介石代表主席团提议的《团结御侮办法案》。19日，蒋介
石向大会代表报告此案精神，共三点：

> （一）第四次全国代表大会唯一的使命，就是要研究
> 如何恢复国民对本党的信仰，来获得本党的生机；
> （二）对于国家外侮要由本党负起责来，而且由国民
> 政府主席亲自北上去救国；
> （三）我自己愿意亲自北上保护国权，来表示本党救
> 国的决心。③

其实蒋介石讲话的真实意图就是：他要以国民政府主席的
身份继续统率军队，如此才能"表示本党救国的决心"，"获得
本党的生机"。蒋想以此制造借口，拒绝粤方提出修改政府组织

---

① 蒋介石：《党内团结是我们唯一的出路》（1931年11月12日），秦孝仪
总编纂《总统蒋公大事长编初稿》卷2，第148、153页。
② 《省克记》卷4，1931年11月12日，"蒋档"。
③ 秦孝仪总编纂《总统蒋公大事长编初稿》卷2，第154页。

法。当日，大会"一致通过蒋中正同志亲自北上，首赴国难"，并决定第四届中央执、监委员名额定为 160 人，包括原有第一、二、三届中央执监委员，除共产党员及邓演达、徐谦、杨希闵、刘震寰外，共 112 人。余额由宁粤双方各选 24 人。①

大会通过的另一项重要决议案，就是《中央执行委员会提请追认恢复党籍案》，共追认恢复汪精卫、冯玉祥、阎锡山、李宗仁、白崇禧、李济深、陈公博、甘乃光、顾孟馀、程潜、黄绍竑、鹿钟麟、宋哲元、赵戴文、柏文蔚、方振武等 314 人党籍。② 对此，蒋介石在日记中很无奈地叹道：

> 自以数年奋斗，虽不能自以为党国有功，但可告无罪，不料时至今日，致为党国之罪人，而反以叛逆反动者为中央委员，书生政客之害国误人，千秋万世后，犹无人揭晓其阴险，不禁为古之贤豪与有同感也。③

南京四全大会的最后一项要案，就是选举宁方增补的 24 名中央委员，包括中央执行委员周佛海、顾祝同等 5 人，候补

---

① 《对于蒋中正同志代表主席团提议团结御侮办法之决议案》，《中央党务月刊》第 40 期，1931 年 11 月，第 2451 页。四届中央执、监委人数定为 160 人，在上海和谈时即已明确。孙科还要求维持邓演达、邹鲁要求维持刘震寰的中委资格，因而又牵连到徐谦、杨希闵二人。故宁方要求将邓、刘、徐、杨四人问题交四全大会审查。四全大会最终仍将四人除外。见《蔡元培张人杰张继陈铭枢吴铁城致蒋介石虞未电》（1931 年 11 月 7 日），《日寇侵略之部：贰、沈阳事变（第 1 卷）》，"蒋档·特交文电"：20013156。

② 《中央执行委员会提请追认恢复党籍案》，《中央党务月刊》第 40 期，1931 年 11 月，第 2463—2465 页。

③ 蒋介石日记，1931 年 11 月 10 日；另见《困勉记》卷 20，"蒋档"。

南京四会大会执监委员合影

南京四全大会会场

执委龙云、钱大钧、朱绍良等 13 人，中央监察委员张学良、蒋作宾等 4 人，候补监委方声涛等 2 人。[①]

11 月 23 日，南京四全大会顺利结束。

但此时在蒋介石心中，也充满着无穷的忧虑。11 月 14 日他出席四全大会，并担任主席。会后他感慨道："于此老衰病中，幼稚病之会议，实令主席为难也。主席以今日为最费心力，体力亦稍觉疲倦矣。"在蒋看来此时能同他"共同牺牲，不顾一切，不辞劳瘁"的"真友"唯戴季陶一人。[②]

二　粤方内部的矛盾与分化

广州的四全大会开得相当热闹。由于内部意见不一，派系争斗激烈，一度休会、复会，最终彻底分裂，导致大会又分别在广州、上海两地举行。

粤方内部的分裂，其实早在合作之初即现端倪。虽说反蒋是他们共同的主张，但除此之外，各自的政治立场迥异。5 月 25 日唐绍仪领衔要求蒋介石下野通电发出后，吴稚晖在南京答记者提问时，就将通电列名的 22 人讽刺为 6 派：

> 一是超然派，就是唐绍仪、王宠惠、林森、李烈钧四位先生……以为要替胡先生说话，被人征求列名，或许漫应其请，或是被砌的。
>
> 二是古、陈的国民党右派，又分两个性质，甲是邓泽

---

① 《第四届中央执监委员选举案》，《中央党务月刊》第 40 期，1931 年 11 月，第 2467—2468 页。

② 蒋介石日记，1931 年 11 月 14、16 日；另见《事略稿本》第 12 册，第 310、324 页。

如、萧佛成、陈耀垣、邓青阳四位先生。邓、萧二位先生坚持反共，爱好中国，听了一面之词，先入之言，或因打抱不平，容许列名；乙是古应芬、陈济棠、陈策、马超俊、李文范、刘纪文、林云陔七位先生，是发难的中心人物，但除古、陈外，止是亲者无失其亲，不能不裹入罢了。

三是西山派，就是孙科、许崇智、邹鲁三位先生。许、邹跑进了扩大会议，本与孙先生异趣，孙先生是一触就跳的。有人（如陈友仁之类）知道不将他牵入，各派将贴不拢来，所以就把他也据上炉火了。好在他是谁也愿意他太太平平，决无灾难的，至于许、邹，是正想出出寨气，不必我说略。

四是桂系，就是李宗仁先生，李先生本是古、陈的死对头，大约古、陈听了西山派的怂恿，要改组派加入，那就与改组派成为新相知的桂系不能不连带加入。

五是改组派，便是汪兆铭、唐生智两位先生，只是他们的时来运来，替他们失败于北平后，来吐口恶气。但他们一闯进去，必有喧宾夺主之可能，故目前汪先生要避免冲突，此在小心谨慎，力抑其徒党，是十分辛苦的，但狐狸尾巴终是要拖出来的。

六是国民第三党。便是第一美男子的陈友仁先生，他与谭平山、邓演达结合为一党，恐毕竟对于第三国际负有使命，他是乘机拨动的要素，只番涂了保护色回国，就想造机会的，现在是来得正好。①

---

① 《吴委员敬恒对粤事之答客词》，《粤变文件汇编》，第20—21页。

　　从吴稚晖的分析中，不难看到粤方内部自始就存在着难以消释的矛盾，特别是汪、孙两派同古、陈间的矛盾。古、陈"是发难的中心人物"，为了救胡，扩大反蒋声势，不得不联汪，但联合又是有条件的。他们只希望汪一人参加，而拒绝改组派的其他重要干部加入反蒋阵营。甚至连胡汉民也秘密指示古应芬："目前舍汪无足与蒋对抗者，但陈（公博）、甘（乃光）万不能共事。"汪精卫对此曾无奈地向陈公博表示："广州是欢迎我，而不欢迎你和孟馀的。他们有一个口号是'去皮存骨'，意思是只请我去，对于我的朋友一概挡驾。"① 但为了重返政治舞台，汪精卫只好将其重要干部留在香港，只身一人前往广州。

　　孙科此次反蒋，得到了粤方元老派的支持。"发难之始，古、邓集议，拟拥护孙科为盟主，此为邓数年来所抱之主张。缘邓尝谓今日社会宗法观念未除，在派系分歧之局面以下，应以此法为最妥当。"② 孙到广州后，也深感身价倍增，并试图将自己的势力扩张到军队中。为此，"孙科力主扩大海、空军编制，亲孙科的原任南京航空署署长张惠长已经回到广州，还带领了一批广东飞行员回来，结果便把原来隶属于陈济棠的海、空军抽出来分别成立直属国府的海军及空军两个总司令部。海军第一舰队总司令陈策、空军司令张惠长都是孙科的嫡系。由于海、空军脱出陆军而自立门户，卒引起陈济棠和孙派之间不断的尖锐斗争"。③

　　孙派骨干、"非常会议"机关刊《中央导报》主编王昆仑

---

① 陈公博：《苦笑录》，第 265 页。
② 《粤局侧面观》，《大公报》1931 年 6 月 2 日，第 1 张第 3 版。
③ 罗翼群：《西南反蒋的回忆》，《南天岁月》，第 88 页。

曾在该报发表了《招我们流亡的弟兄》一文，从文中不难读出：孙科"如今在这亡父蒙难过的观音山的高楼上"，自责"没有担负起第一战线的领导之责"，并呼唤"流亡的弟兄们，归来吧！"① 此文颇有为孙科公开招兵买马之嫌，也引起陈济棠对太子派的不满，企图撤销王昆仑等人的职务，分别给资出洋读书。后因怕孙科发脾气，加以广州的元老邓泽如反对，此事才作罢。②

尽管各派系间矛盾纷纷，但表面文章还是要做的。6 月 22 日，"非常会议"为团结起见，特制定如下誓词：

> 余誓以至诚，恪遵总理遗教，实行三民主义；在最短期间肃清共匪，推倒独裁，依建国大纲所定程序，以完成中华民国之建设。余等决不存私见，不立派别，决不凭借武力以毁国法，乱党纪。同心同德，有始有终！如违背誓言，愿受本党最严厉之处罚。总理之灵，实式凭之！此誓。③

6 月 25 日，已加入粤方的汪精卫为了显示对"非常会议"的忠诚和反蒋的决心，公开致函改组派，宣示取消派别组织："兆铭之愚，以为自此以后，从前一切系统派别之观念，须完全打破……诸同志即使不肯听从兆铭之劝告，然决不能不遵依

---

① 王昆仑：《招我们流亡的弟兄》，《中央导报》第 4 期，1931 年 7 月 22 日，第 47 页。
② 周一志：《"非常会议"前后》，《文史资料选辑》第 9 辑，第 88 页。
③ 《中国国民党中央执监委员宣誓词》，《中央导报》第 2 期，1931 年 7 月 8 日，第 49 页。

中央六月二十二日所颁之誓言。自今以后，如仍有派别之组织，即以违背党纪，在所必罚。"①

　　但粤方内部各派系间的纠纷，始终未断。即便是被吴稚晖归为一派的广州市长林云陔，对陈济棠干涉市政也颇多不满。粤国府成立后，决定改组广东省政府，任命林云陔为省政府主席。林即公开提出三项条件：一是省府职权须得相当行使；二是广州市长、省府秘书长由林任命，不得更换；三是将来省主席因环境关系易人，仍由林复任广州市长。② 此外，许崇智等西山会议派同汪精卫之间也是水火不容。汪精卫曾抱怨道："我打算一有机会便走了，在广州非常受气，不独许汝为当众向我无理谩骂，连小小的西山会议派桂崇基也当众和我为难。"③ 而许崇智不单同汪精卫不合，同陈济棠也是矛盾重重，一气之下首先出走香港。孙科无奈只好恳请马超俊前往挽留。④ 粤方内部闹得是乌烟瘴气，难怪北方媒体《国闻周报》曾评论道：

　　　　近日在粤人物每次集会常主不算旧账之说，其可以用为解释旧账者，则引用惟恐不尽，而尤以汪之"反共有先后，讨×（蒋）有迟速"二语最为扼要。同时每次各要人演词中，对于对方人物更颇有清算旧账，惟恐不详尽之概［慨］，尤以孙科征引最博。⑤

---

① 《汪精卫先生复改组同志会筹委会书》，《民友》第 2 卷第 2 号，1931 年 7 月 6 日，第 17 页。
② 《林云陔就粤省主席条件》，《大公报》1931 年 6 月 8 日，第 1 张第 3 版。
③ 陈公博：《苦笑录》，第 256 页。
④ 《马超俊先生访问记录》，第 154 页。
⑤ 《政治多算旧账》，《国闻周报》第 8 卷第 25 期，1931 年 6 月 29 日，"一周间国内外大事述评"，第 4—5 页。

　　桂系李宗仁、白崇禧在大败之余参加这次反蒋运动，原本希望借此自保，重新求得恢复和发展实力的机会。白崇禧在广西一直把注意力集中于编练民团，扩充武装。李宗仁常驻广州，联络陈济棠，则是为了求得对桂系的发展稍有支援，但得到的仅仅是"每月向财政部领取军费三十万元"。① 李宗仁为此常常感到仰面求人的苦恼，满腹牢骚地自称只是一个"联络参谋"。这样自然不能使他们感到满足，因而对两广合作的态度越来越趋于消极。粤方内部的矛盾不但各派心知肚明，即使是局外人也看得很清楚。当时就有媒体对两广各派的政治立场评论道：

　　　　吾人苟欲分析粤中之人物，则决非左派、右派、西山派等名词所能适用。如许崇智、孙科、邹鲁等同为西山会议分子，而许、孙之态度消极、积极迥异，邹海滨氏每亦表示以汪之主张为主张，无宁为另成一扩会之系统……桂军虽以李宗仁为首领，仍由白崇禧当家……以前湘军寄居篱下者，有唐生明、颜仁厚、李泽民数部。李、白借口紧缩政策，削其兵柄，颜解战他去，李则调充广州政府之参军，无权无勇，独唐氏以乃兄生智之关系，仍留第八军副军长名义。桂军现改编为第七、八、十五三军，廖磊、李品仙、黄旭初分任军长。李、廖皆为唐生智宿将，自表面观之唐桂冶为一炉，似甚融洽，而实际不然。盖二人皆隶桂籍，廖为白之总指挥部参谋长，李为李宗仁总参谋长，早已摇身一变为桂系之桢干矣……张发奎之第四军，实质

---

① 阚宗骅：《陈济棠统治广东时期与新桂系的关系》，《广州文史资料》第15辑，第4页。

仅为三千人，湘、粤籍各居其半，不为李、白所喜。陈济棠对之亦难忘旧怨，形势最为孤立……张屡向汪精卫言，半生戎马，结果所斯，愿解甲归田。汪则百端慰解，勖以努力与容忍。①

蒋介石对粤方内幕是看得很清楚的。尽管他分化陈济棠手下将领频频失利，但很快将视线移到汪精卫身上，充分利用粤方内部矛盾分化对手。当然，蒋介石对汪精卫并不信任，但从囚胡事件引发的宁粤对峙，也令他吸取了一点教训：不能小看国民党内的各种潜在力量，特别是在"以党治国"的旗号下，汪精卫仍有着不小的利用价值。因为，此时在大多数国民党人心目中，汪精卫和胡汉民的"党统"象征比蒋介石强。蒋不得不从汪、胡两人中再次选择一个合作对象。

由于胡的个性是不肯轻易妥协，而汪则相对容易拉拢。特别是汪的地位已非广州（在蒋之上）和武汉（同蒋分庭抗礼）时期，实力和处境根本无法同蒋相比，合作只能是在蒋的主导下给蒋增加一些应付各方的筹码，并不是平等的合作。因此，蒋介石暗中派宋子文同汪精卫联络，表示："广东要汪先生是只要骨头，不要皮，我们南京要汪先生是连骨带皮一起要。"此话对汪派煽动性很大。顾孟馀就曾说过："我们与其受地方小军阀的气，不如投降中央大军阀"。②

从汪精卫个人处境来讲，本来他已处于走投无路的境地，宁粤对峙给了他绝处逢生的机遇。他原本已是两手空空，实力

---

① 《粤垣空气沉寂》，《国闻周报》第 8 卷第 27 期，1931 年 7 月 13 日，"一周间国内外大事述评"，第 3—4 页。

② 周一志：《"非常会议"前后》，《文史资料选辑》第 9 辑，第 88 页。

全无，非与胡联手无以再起。但粤方对他处处设防，因此唯有借宁粤和谈之机，才有可能重返权力中心。尽管汪精卫也曾宣誓"决不存私见，不立派别"，但正如吴稚晖所言："他们一闯进去，必有喧宾夺主之可能"，"狐狸尾巴终是要拖出来的"。① 为了壮大自己的声势，汪精卫暗中命令各地改组派支部，"选举"代表二百多人到广州去参加会议。据改组派天津代表武和轩回忆：

> 就在这年夏天，广州非常会议……准备要开四全大会。在天津的改组派的人们忙于制造出席代表，反正广州的先生们不了解北方各省市情况；同时非常会议在北方没有一点基础，也乐得多些人给他们捧场。长江以北各省市，尤其是华北、西北、东北等处就由我们来分配。举一个例，为了给黄少谷一名代表，以黄代表青海的敏珠尔哈图克图，就可概知其余。凡是能扯上关系的就来个代表。在"九一八"前后，由天津租界制造出来的代表有百多人，先后到了广州。②

南京的改组派代表，根本"没有经过什么选举，只是乘机自称代表，到广州去想找新的出路"，甚至连改组派南京支部的负责人都不知道。③ 负责上海地区出席广州四全大会代表选举的范予遂曾回忆说：

---

① 《吴委员敬恒对粤事之答客问》，《粤变文件汇编》，第 21 页。
② 武和轩：《我对改组派的一知半解》，《文史资料选辑》第 36 辑，文史资料出版社，1963，第 152 页。
③ 何汉文：《改组派回忆录》，《文史资料选辑》第 17 辑，第 180 页。

非常会议并没有直属地方组织，怎么进行地方选举呢？……上海市的选举，我是参加了的，可以作一介绍，以见一般。非常会议先派张知本为上海执行部负责人，办理所属江苏、浙江及上海市的代表选举事宜。上海市派了张企留、余鹏、范予遂等专门负责办理上海市的选举，张、余二人代表广东派，范予遂代表改组派。先要办理选举名册登记，谁登记的人多，谁就多选出一个或几个代表。事实上双方都没有多少"选民"，为了争夺代表就得造假"选民"名册。但这样做并不能解决问题。以此，由范予遂建议先协商好代表分配名额（数目已不记得，改组派少占一人），再协商好各造"选民"二百名，然后各自填写好二百张选票投在票箱里，再开箱计票，宣布当选代表姓名。这就是"非常会议"第四次全国代表大会代表在上海选举的实际情形。①

九一八事变后，宁粤双方被迫议和。古应芬、陈济棠眼看救胡目的已达到，因此对和谈态度颇为冷淡。而蒋、胡关系破裂后，汪精卫感到有望重新建立蒋汪合作的局面，对议和最为积极。蒋介石更是主动拉拢，指示宋子文、朱培德密电汪精卫，称："介兄与弟等愿与我兄合作，纯出至诚。""兄能早日命驾，尤为介兄与弟等所昕夕盼祷者也。"②

① 范予遂：《我所知道的改组派》，《文史资料选辑》第 45 辑，文史资料出版社，1964，第 225 页。

② 《宋子文朱培德关于蒋介石愿与汪精卫合作并希汪早日到沪致黄蕙秋密电》（1931 年 10 月 1 日），《中华民国史档案资料汇编》第 5 辑第 1 编政治（2），第 776 页。

9月底，宁粤双方代表在香港谈判前，陈铭枢通过改组派刘叔模和自己的亲信许锡清与汪精卫暗中联络。据刘叔模回忆："真如准备于正式和谈之外，同汪精卫单独谈话，由我在接车时通知汪精卫，要他晚上到半岛酒店三楼另外开一个房间里见面，两方代表都是住在二楼的。"汪精卫则是投桃报李，"趁机要我转达陈真如，说他在正式会谈中的说话，只能说大家要他说的话，不完全是他的本意，请陈不要误会。"广州和谈后，汪又派顾孟馀随同陈铭枢一同前往上海先做接洽。其他的人都搭乘另外的船随后去上海。只陈真如、顾孟馀和我三个人特意搭一只荷兰船，为的是荷兰船走得慢，从香港到上海需三天到四天，时间较多，便于在船上谈话。[1] 陈铭枢摸准汪精卫的态度后，立即密电蒋介石报告："无论展堂同志肯到沪与否，汪同志亦愿来沪，虽至决裂亦所不惜。昭私衷亦甚愿和，惟亦为此秘情势所制"。[2]

此时，孙科的态度也开始倾向于汪。孙的亲信傅秉常对此分析道："九一八事变自为促成南京、广州合作之重大原因，另一基本原因乃众人对陈伯南早已厌弃。乃借'九一八'后，举国'共赴国难'之名义得以下台。哲生对陈伯南亦极不满。"[3]

于是，"非常会议"派孙、汪等六代表赴沪和谈。古应芬、陈济棠摆出一副送客出门的姿态，汪精卫也流露出离开广

---

① 刘叔模：《一九三一年宁粤合作期间我的内幕活动》，《文史资料选辑》第17辑，第131页。

② 《陈铭枢为汪精卫决心赴沪并请胡汉民同时到沪会面致蒋介石密电》(1931年10月6日)，《中华民国史档案资料汇编》第5辑第1编政治(2)，第782页。

③ 《傅秉常先生访问记录》，第123页。

州不再回来的神气。① 陈铭枢事后回忆说："我在此行感到突出的印象是：汪对和谈最感兴趣，古应芬、陈济棠最冷淡，孙科和桂系是中间偏向汪之主张；而非常会议领衔的唐绍仪，仅备一格，不起任何作用。和谈有初步进展，汪卖气力最大。"②

上海和谈前，针对粤方要求发表蒋介石下野通电一事，蒋氏曾提前密电汪精卫，请求暂缓，并称"汪先生老成谋国，谅能容纳"。③ 随后，汪同蒋的代表陈铭枢秘密协商，并派顾孟馀随陈先行返京，向蒋"面陈一切"。陈返京前相当愉快地电告蒋介石："刻再与汪会谈，更极完满。"④ 蒋、汪在和谈前已达成一定的默契。

此时，发生了一件意外之事，颇令蒋介石难堪。10 月 16日，北平《世界日报》首先将"蒋氏下野"和"粤府取消"二则通电公布，随后华北各报纷纷转载，均对外宣称是"系南京公布，而上下衔均从略"。因《世界日报》同张学良、李石曾关系密切，"当时大家均以该报系蒋的机关报，不甚信也"。"独《大公报》谓系过去之事，因蒋方误会是提出的条件，而粤方则云系进蒋程序。因此暂缓一步发云云。"于是，各界均知"《大公报》所言当系事实"。⑤ 为此，蒋急电张学良指示："此间与粤方相约通电下野事，中央并未承认，其电

① 周一志：《"非常会议"前后》，《文史资料选辑》第 9 辑，第 90 页。
② 陈铭枢：《"宁粤合作"亲历记》，《文史资料选辑》第 9 辑，第 59 页。
③ 《朱培德致黄蔼秋转汪精卫密电》(1931 年 10 月 1 日)，《中华民国史档案资料汇编》第 5 辑第 1 编政治 (2)，第 776 页。
④ 《陈铭枢为与汪精卫会谈完满拟赴沪汇报等致蒋介石电》(1931 年 10 月 7日)，《中华民国史档案资料汇编》第 5 辑第 1 编政治 (2)，第 782 页。
⑤ 《天津贾秘书长致阎锡山作密效四电》(1931 年 10 月 19 日)，《各方民国廿年往来电文原案》，"阎档"：21/0806—8。

稿拟来，亦未置复。闻平津各报已登其稿，请即查究，并代声明此电不确也。"① 此前，尽管蒋介石曾答应粤方代表朝至沪，下野通电夕即发，但此后蒋又借口和谈"若未有实行之准备，而姑为一种表示，今日已非其时，且为党为国，均有莫大弊害"为由，于31日亲笔致函蔡元培等，指示：

（一）通电发出之日，应即为个人辞职交代之时；

（二）必须先推定继任之人，接受职责；

（三）中发电辞职时，粤府亦同时取消。必须此三者确定，而后通电发出。②

此时，身为粤方代表的汪精卫则积极助蒋达成此愿。汪氏多次发表谈话，公开为蒋辩解，称蒋"不是马上"，而是在新政府成立之后下野，因为"一切问题必须筹策万全"。汪的用心显然是要在"共赴国难"的口号下，尽快实现与蒋之间的妥协。③ 11月6日，汪精卫在接见全国学生会代表时曾表示：

兄弟是革命党人，老早忘了生命的存在，但是也许今天说了激烈的话，明天又到南京去了，或者还会和蒋介石先生共同作事，但是我是只求民主化的政府实现。④

---

① 《蒋中正电张学良中央未承认与粤方相约通电下野请查究平津各报草稿》（1931 年 10 月 20 日），《筹笔》第 61 册，"蒋档"：04 - 0493。

② 《蒋介石关于通电下野事致蔡元培等函》（1931 年 10 月 31 日），《中华民国史档案资料汇编》第 5 辑第 1 编政治（2），第 792 页。

③ 蔡德金：《汪精卫评传》，第 195 页。

④ 《汪对大学代表答辞》，《申报》1931 年 11 月 7 日，第 4 张 14 版。

对于重返南京，胡汉民最无指望，因此反蒋情绪最高，甚至不惜再次决裂。他生怕汪同蒋妥协，自己又不是和议代表，只能在后台出主意，极力鼓舞和推重孙科。和谈期间，胡曾致电广东明确表明："无论如何，弟与汪绝不入京"，"迫某（蒋）辞职并促制度上限制个人权力"。[①] 而汪精卫此前已同蒋介石达成一定的妥协，自然不愿全力支持胡汉民。尽管汪氏对外宣称一切唯胡氏马首是瞻，但为了表示同蒋氏合作的诚意，公开致函上海《民报》，要求删改自己多年来的反蒋言论："和议现已开始进行，所有从前带有攻击语气之文句，不宜登载，以妨碍进行，拟恳贵报将攻击文句删去。"[②] 一次，汪精卫在寓所召集汪派高级干部会议，张发奎发言时力主粤方内部应当团结反蒋，引起汪氏的不满，当即痛斥张发奎道："这么多年的军人，还是不懂政治，还要乱说。"这是汪精卫明确对自己部下表示不再和胡汉民合作的开始。[③] 此后，"张发奎、唐孟潇等谈话非常缓和"。[④]

粤方的另一要角孙科，此时对宁粤合作态度也是相当积极的。这是因为在他看来，只要蒋下野，而汪、胡又"绝不入京"，四全大会后，宁粤合开一中全会，自然以他地位最尊，最有希望入主南京。因此在和谈期间对南京的要求，"精卫、

---

① 《胡汉民致协之（陈融）电稿》（1931 年 10 月 30 日），陈红民辑注《胡汉民未刊往来函电稿》第 3 册，广西师范大学出版社，2005，第 19 页。
② 《汪精卫致民报函》，《时事新报》1931 年 11 月 2 日，第 2 张第 1 版。
③ 孟曦：《从"非常会议"到"宁粤对峙"》，《文史资料选辑》第 9 辑，第 108 页。
④ 《南京汤执中致开封张钫支电》（1931 年 11 月 4 日），《蒋方民国二十年往来电文录存》，"阎档"：80/1713。

哲生皆甚尽力斡旋"。① 而宁方为了进一步分化粤方，也极力拉拢汪、孙。蔡元培等人曾于 11 月 6 日有一密电致蒋介石，表示：

> ……决议设立财政委员会案。此案先由子文、公权两兄与元培、铁城等协商，又由公权商诸精卫，然后共同提出，意在请精卫等加入该会，以谋第一步之合作也。再，本日铁城晤哲生，劝其勿回粤。哲生谓彼可勿去，惟欲广东四全大会确亟合作办法，精卫非去不可。哲生又表示粤全违背议定之合作办法，彼决脱离粤方。精卫告公权其本人决不去，但展堂日内回粤必拉哲生回去。②

另据孔祥熙于和谈最后一日（11 月 7 日）向蒋密报：

> 连日汪、孙表示尚好，展堂本拟昨晚赴粤，欲拉精卫等同行。汪以两会分开非其意，不愿回粤。胡遂临时中止。但汪、孙二人终须有一往粤。孙谓大会代表多为汪系，故主汪去。而汪则主张孙去亦可。③

此时的汪精卫早已同蒋暗中联络成功，当然不会再赴广州为胡捧场。汪甚至私下向陈铭枢表示，粤方各人强邀他回粤，

---

① 《邵元冲日记》，1931 年 11 月 9 日，第 793 页。

② 《蔡元培张人杰陈铭枢吴铁城致蒋介石鱼酉电》（1931 年 11 月 6 日），《日寇侵略之部：贰、沈阳事变（第 1 卷）》，"蒋档·特交文电"：20013118。

③ 《孔祥熙致蒋介石阳电》（1931 年 11 月 7 日），《日寇侵略之部：贰、沈阳事变（第 1 卷）》，"蒋档·特交文电"：20013196。

他则"头可断，不可回"。虽然"汪派之代表当然加入粤方，但其重要分子仍坚不欲赴粤"。① 最后，粤方无奈地决定派孙科、陈友仁、李文范三人返粤汇报，并主持召开粤方四全大会。

和谈结束后，汪精卫就留在上海，静观时局的演变，随时准备重返南京中央与蒋再度合作。何应钦于和谈最后一日密电蒋介石，愉快地报告："今日续议，已得圆满结果。关于此次合作之通电系精卫自拟，措词对中央极尊重。"②

而最不可思议的是胡汉民也留在上海，没有同孙科等人一同返粤。这其中的一个重要原因是，和谈期间，胡派重要骨干古应芬在10月28日因拔牙中毒而亡。古应芬之死对胡汉民的影响巨大。"此次粤中之分裂，湘芹实居发路指示之责。"③ 陈济棠是依靠古的提拔而居高位的，他对古言听计从。古在世时，胡的所有主张，都是通过古来影响陈。古去世后，胡、陈之间就失去了一座桥梁。因此胡不肯贸然返粤，而决定在沪遥控。

汪精卫、胡汉民留沪不归，一度引起粤方各派势力的担忧。张惠长、陈策等人联名致函胡汉民表示："粤中同志深望我公早日偕同汪公旋粤领导一切，俾党国大计得有遵循。"④

① 《陈铭枢致蒋介石虞酉电》（1931 年 11 月 7 日），《日寇侵略之部：贰、沈阳事变（第 1 卷）》，"蒋档·特交文电"：20013179。
② 《何应钦致蒋介石虞戌电》（1931 年 11 月 7 日），《日寇侵略之部：贰、沈阳事变（第 1 卷）》，"蒋档·特交文电"：20013169。宁粤上海和谈通电原文见《国闻周报》之"一周间国内外大事述评"，第 4—5 页。
③ 《邵元冲日记》，1931 年 10 月 29 日，第 789 页。
④ 《陈策张惠长陈庆云致胡汉民函》（1931 年 11 月 15 日），《各方与胡汉民函件函电等》，党史馆藏，毛笔原件，"胡"字 251；另见《胡汉民与各方往来信件微卷》，"胡"字 86。

《中央导报》也多次呼吁汪、胡返粤，并显露出对汪、胡此举的不满：

> 无论从任何方面观察，汪、胡两先生之须返粤，会同此间诸领袖共同主持四次全国代表大会，可以说已是全党同志的公意……如果他们确确实实有此刻留在上海之不得已的理由，那又是另一问题；但我们觉得在目前权衡轻重，胡、汪两先生暂时离开一下上海，是没有什么不可以的……除此而外，我们实在想不出其他理由。[①]

国民党元老覃振更是致电汪精卫苦苦哀求："代会开会在即，一切问题均待兄解决，否则纠纷愈滋，党的基全崩溃矣。"他甚至表示："弟在此扶病从事，痛苦实深，如兄不来，请即电示，以便择地休养，不再问事。"[②]

广州四全大会开幕前，"非常会议"特派覃振、马超俊赴沪迎接，但汪、胡二人都不为所动，更加速了粤方各派势力的分化。而出席会议的晋、绥代表到粤后，则遵照阎锡山的旨意加紧"与其他省份代表联络"。至于开会，除"投票外，其他无庸进行"。[③] 马超俊为此感慨道："各方代表云集，而拥兵擅

---

① 一志：《敦促胡汪两先生返粤运动》，《中央导报》第 21 期，1931 年 11 月 18 日，第 1 页。
② 《覃振致汪精卫电》（1931 年 11 月 9 日），《档案与历史》1988 年第 1 期，第 52 页。
③ 《阎锡山致上海赵芷青成密青电》（1931 年 11 月 9 日）、《阎锡山复绥远王军长圃密鱼电》（1931 年 11 月 6 日），《宁粤合作案》，"阎档"：12/1408、12/1392。

权之武装同志，恃势专横，挟持代表，议论庞杂，莫衷一是。"①

这一切都预示着汪胡合作反蒋局面的破裂，也为此后的蒋汪合作埋下了伏笔。

三　广州，胡汉民调停下的四全大会

11月18日，广州四全大会正式开幕，到会代表520人，列席112人。"非常会议"推定胡汉民、汪精卫、孙科、萧佛成、邓泽如、李宗仁、经亨颐七人，选举李扬敬、黄旭初、关素人、姚褆昌四人组成主席团。②孙科致开幕词。他首先回顾了上海和会的经过，次述大会对今后所负的使命，同时也无奈地表示："至于四届第一次中央执监委员会议能否开会成功，与蒋氏能否下野，现在尚不能预料。最要的还待于蒋氏有无彻底决心，毅然下野，然后本党才能团结一致，才能有力对外。"③

孙科的无奈，也正是胡派人物对上海议和的不满。对此，杨永泰密电蒋介石报告道："两广实力派认为长期割据为便利，已一致内定推翻和议。胡、古派之粤军总、特党部巧（18日）电及近日陈、李、白演词甚露骨。俟汪、胡返即正式表示，纵不返亦欲断……哲生曾抗辩甚烈。闻胡已允返，但必欲挈汪同行。粤四全谅无好果。"④

---

①　《马超俊先生访问记录》，第157页。

②　《粤四全会昨开会》，《民国日报》1931年11月20日，第2张第1版。

③　孙科：《第四次全国代表大会开会词》，《中央导报》第22期，1931年11月25日，第9页。

④　《陈群转杨永泰致蒋介石密电》（1931年11月21日），《日寇侵略之部：参、淞沪事变（第1卷）》，"蒋档·特交文电"：20013693。

11 月 23 日，萧佛成、邓泽如等领衔提出《对沪和会等七次会议决案分别采用或修正案》，连署者海外代表 108 人（在国民党内胡汉民海外影响最大）、广东省党部 18 人，陈济棠所辖第一集团军 37 人。据称署名者大都系受萧佛成收买，而亲孙科的海、空军将领均未署名。[①] 该提案完全否决了上海和谈的协议，经多数代表通过，决议：

（一）对沪和会决定中央政制改革案，大体采纳，但仍须审查；

（二）沪和会决定一、二、三届中委为四届中委一项，根本否决，四届中委由大会自由选举之；

（三）开除蒋介石、张学良之党籍。蒋如不发通电下野，则仍在粤组织中央党部及国民政府。[②]

是日，汪、孙两派代表极力反对，并声明退出大会。24 日晨，孙科、陈友仁、李文范和汪、孙两派代表一百余人离开广州转赴香港。孙科等人到港后发表《致四全大会书》，公开指责粤方"诸同志推翻和议原案之举，竟若急不及待，唯恐其稍纵即逝"，"党国大事等于儿戏，真可为痛哭流涕长太息也"。[③] 孙科还表示："若必凭党章，则西山会议、宁汉合作、扩大会议亦无根据，四全会立场何在？希牺牲成见，服从汪、

---

① 《海空军将领赴港商合作》，《民国日报》1931 年 11 月 27 日，第 1 张第 4 版。

② 《反蒋运动史》（下），第 479 页；《民国日报》1931 年 11 月 26 日，第 2 张第 1 版。

③ 《孙等昨已离港赴澳》，《民国日报》1931 年 11 月 26 日，第 2 张第 1 版。

胡指导，推翻前议。"① 同时，"孙派的陈策、张惠长调动海、空军分别在虎门和唐家湾集中，向陈济棠实行武装示威，一度造成军事上紧张局势。"② 而刚刚恢复自由和党籍的李济深，原拟经香港返穗，"遭陈济棠反对"。面对自己部下的无情，李济深甚为愤怒，于是绕道回桂，"乘机谋倒陈，桂系附李，海、空军亦不与同情"。③

汪、孙两派代表离粤后，广州四全大会完全由实力派陈济棠和胡派元老萧佛成、邓泽如控制。据《民国日报》11 月 24 日香港电："萧佛成、邓泽如等决以列席者补足人数，定二十六日晨开三次会，如不足数，决以非常手段解决。闻提案有另组中央党部及改组国府各案。"④

眼看粤方分裂在即，远在上海遥控的胡汉民，被迫由幕后走向台前，亲自南下协调内部矛盾。"胡此行系决于敬（24日）晚汪、胡等之集议。当时以粤全会破裂，决推伍（朝枢）回粤解释，俾得续会，但恐伍力不足，决请胡同去。胡声明只到港不赴广州，苟两派代表不能一致，本人不返沪，即赴欧养病。"⑤

汪精卫此时曾有一电致阎锡山，对粤方分裂真相分析道："此次忽起波澜，其原因有三（甲）一部分人坚持倒蒋；（乙）

① 《天津宥日特讯》（1931 年 11 月 26 日），《杂派民国二十年往来电文录存》，"阎档"：49/0609。
② 罗翼群：《西南反蒋的回忆》，《南天岁月》，第 89 页；《粤局昨忽见严重》，《时事新报》1931 年 12 月 7 日，第 1 张第 2 版。
③ 《天津冬日特讯》（1931 年 12 月 2 日），《杂派民国二十年往来电文录存》，"阎档"：49/0659。
④ 《萧邓欲倒行逆施》，《民国日报》1931 年 11 月 26 日，第 2 张第 1 版。
⑤ 《天津宥日特讯》（1931 年 11 月 26 日），《杂派民国二十年往来电文录存》，"阎档"：49/0608。

一部分人欲不和不战，长期割据；（丙）一部分人欲推翻一、二、三届中委连任之决议，多得中委名额，以便竞选。除甲种尚有相当理由外，乙、丙两种动机均不纯粹。弟现设法补救。约数日后可见分晓。"① 汪的"补救方法"就是加紧脱离粤方阵营。为此，汪主动向陈铭枢表示，胡等仍设词欺逼他回粤，他"决令在粤代表如推翻和约，即退出大会。若大会能开成，闭幕后即召集自己同志赴京"。汪还"示哲生本日密电，如大会破裂即来沪"。② 在汪精卫的暗中布置下，汪派代表纷纷北上赴沪。对于粤方内部分化，陈铭枢及时向蒋介石报告。其中一则电报称：

> 仲鸣电汪云：粤大会破裂原系胡主使……哲生因此破面，陈策、惠长准备实力决裂。故胡不得不求转圜，陈济棠等亦软化。枢得密电亦云：陈、张等准备惊人举动，随哲生行动云。又任潮积极谋倒济棠；李宗仁昨致汪电大意：介石果辞职，当服从先生指导到底等语。综观上情形，粤军事解决亦有急转直下之势。③

11 月 27 日，胡汉民由沪抵港，立即同粤方要员会商解决党务纠纷办法。据杨永泰报告："胡、伍抵港，顷与省方来人开会，夜或上省。伍谈话力诋中央，谓：非践诺下野，不能统

---

① 《汪精卫致阎锡山国密感电》（1931 年 11 月 27 日），《宁粤合作案》，"阎档"：12/1420。
② 《陈铭枢致蒋介石电》（1931 年 11 月 23 日），《日寇侵略之部：参、淞沪事变（第 1 卷）》，"蒋档·特交文电"：20013766。
③ 《陈铭枢致蒋介石艳午电》（1931 年 11 月 29 日），《日寇侵略之部：参、淞沪事变（第 1 卷）》，"蒋档·特交文电"：20013976。

一；谓：总座只宜任国防会长。闻胡另有新案……如不下野释兵，仍退回，自组党府。惟此案确否，尚待证明。孙昨在乡语其亲信：今日当过港晤胡，但决不回省与陈再合云云。"①

当日夜，胡汉民即同孙科等人开会协商，达成初步协议。② 会后孙科特致电汪精卫，谓："与展、梯诸人会商补救办法，劝告邓、萧、陈、李等维持和会议决案，惟中有附加必须践言下野之条件。"其间，胡汉民极力劝说孙科返粤，被孙拒绝，最后决定"展、梯与科暂留港，非得切实答复决不入省"。③ 为了说服粤方众人接受调停，胡汉民只好借参加古应芬葬礼为由，亲自赴广州协调各派冲突。④ 29 日，胡即返港，并留函四全大会，解释上海和谈委曲求全之经过，提出解决办法三项：

（甲）第一、二、三届中央执、监委员，候补执、监委员，除共产及反动分子外，一百十二人由主席团列名，分别提出四全大会为第四届中央执、监委员及候补执、监委员，大会全部通过之。如认为必要时，并可声明此为求和平统一不得已之举。

谨按：一，大会所反对者以第一、二、三届委员为四

---

① 《陈群转杨永泰致蒋介石电》（1931 年 11 月 27 日），《日寇侵略之部：参、淞沪事变（第 1 卷）》，"蒋档·特交文电"：20013013。
② 《京粤和平益趋乐观》，《时事新报》1931 年 12 月 1 日，第 2 张第 3 版。
③ 《陈铭枢致蒋介石俭未电》（1931 年 11 月 28 日），《日寇侵略之部：参、淞沪事变（第 1 卷）》，"蒋档·特交文电"：20013940。
④ 据陈铭枢报告："胡顷电汪云：我因吊古，即赴省。吊毕，即返港。我拉孙去，孙不肯去。"见《陈铭枢致蒋介石艳午电》（1931 年 11 月 29 日），《日寇侵略之部：参、淞沪事变（第 1 卷）》，"蒋档·特交文电"：20013976。

届当然委员耳。然和会并无此议决案。关于此点，和会十一月七日之议决为"双方协商中央执监候选人产生方法"。和会代表谈话时之商定办法为："中央执监委员总数一百六十人，一、二、三届中委及候补委员，除共产党外一律当选。惟不必用一、二、三届中委名义，计共一百十二人。其余四十八人，双方自由选举二十四人，并互相承认选举。"故始终并无所谓当然委员之议；二、一、二、三届中委一百十二人，拟由主席团提出大会通过者，一方为尊重大会之选举权，一方为求本党之大团结，其间或不免有为代表所不满意之人，然求本党重复团结之苦衷，当为全党同志所共见共谅。若更作声明则此苦衷尤为明显矣。

（乙）除上述一百十二人外，大会选举二十四人。至宁方所选二十四人，大会议决于四届中执会第一次全会开会时，得由该会三分二之决议承认之。

谨按：宁方所选二十四人，固未尝不可由大会决议承认，然大会前日通过议案："必须蒋氏践言下野并解除兵柄。如蒋不下野即在粤组织中央党部"云云。是以蒋氏不下野而大会承认宁方所选之二十四人，徒助蒋耳。故不如由大会授权四届中执委会承认之，似较妥当。且对于大会选举中委之权，亦无损碍。必须该会三分二之决议者，免宁方中委之片面承认也。

（丙）在议决之日以前，所有因政治关系被大会或中央执委会开除党籍之党员，除共产党分子外，概予恢复党籍。

谨按：既求本党之大团结，则所有因政治关系而开除党籍之党员，宜恢复党籍。宁方已有此举，我大会表示宽大，未可后人。且此点与一、二、三届中委之选举亦不无关系。

以上私拟办法三项，无非本于……两点：一以求全国之和平统一，一以求同志之精诚团结。尚维采择是幸。①

12月1日，广州四全大会最终表示接受胡汉民的三项办法，由秘书处电胡报告结果。同时为了显示团结，"大会派李宗仁，粤国府派马超俊，萧佛成、邓泽如派陈融，陈济棠派林翼中，一日午赴港迎胡汉民、孙科等"。② 2日上午，各派人物又"团结一致"，乘专车返省。此时，晋系留港代表17人也一同返粤。晋方并提出贾景德、杨爱源为中央委员候选人。③

12月3日，粤方四全大会继续召开，会议主要议题是选举中委，并临时"变更选法为总联选，候选人全由邓、萧、陈、李支配，少数票绝无龃龉"。胡汉民为了拉住汪精卫，曾电汪表示："弟决不提一人，惟将兄所提出之人向邓等交涉加入。"而晋方代表赵丕廉则忧心忡忡地电告阎锡山："粤会已成为恶劣之大集团。煜如（贾景德）、星如能否当选全看邓、萧、陈、李主张如何。"④

会议期间还上演了一场全武行，因"焦易堂反对主席团

---

① 《胡汉民伍朝枢致四全大会主席团函》（1931年11月29日），党史馆藏，钢笔原件，"胡"字314；《民国日报》曾简单登载该函三条原则，见该报1931年12月2日，第1张第4版。
② 《粤纠纷解决》，《民国日报》1931年12月2日，第1张第4版。
③ 《上海赵丕青致阎锡山设密支电》（1931年12月4日），《宁粤合作案》，"阎档"：12/1431。
④ 《上海赵丕青致阎锡山建密支电》（1931年12月4日），《宁粤合作案》，"阎档"：12/1431—2。

介绍候选人及行复选制，各方纷起辩论，言语冲突，焦及李海云被殴伤，陈策由后门逃去，秩序大乱，历时廿余分"。后由香翰屏电召保安队到场弹压，才得以继续选举。[1] 当天大会选出中央执、监委员 8 人，陈济棠实力派占了半数，三位军长香翰屏、余汉谋、李扬敬和陈的亲信林翼中当选，当选的还有孙派的张惠长、桂系白崇禧、汪派张发奎和超然派的唐绍仪。第二天，续选举黄旭初、梁寒操等 16 人为候补执、监委员，并否决了汪派代表 3 日在上海召开的四全大会选举结果。[2] 广州四全大会所产生的 24 名新科中委，"粤人居廿四分之十九，北方无一人当选者"。[3]

刚刚落成的广州中山纪念堂，广东四全大会会址

① 《天津支日特讯》（1931 年 12 月 4 日），《杂派民国二十年往来电文录存》，"阎档"：49/0670。
② 《粤四全选出执监委》，《民国日报》1931 年 12 月 5 日，第 1 张第 4 版。
③ 《上海煜如芷青现密歌电》（1931 年 12 月 5 日），《各方民国廿年往来电文原案》，"阎档"：21/0529。

在此期间，广州四全大会还通过一系列提案，其中重要提案两项。一是胡汉民、孙科、伍朝枢、李宗仁四人共同提案，主要内容是："（一）于若干省政府之上设政务委员会；（二）在中执委会指导下，设执行部于重要地点，分别监督各省市党部；（三）于军委会指导下，必要时设军事分会。"①

另一重要提案是由主席团提出，包括两项内容："（一）全国一切军官，均须受行政院指挥监督；（二）废除总司令制，改设军事委员会。"②

自蒋、胡分裂后，胡汉民深感自己无望重返南京中枢，他也自知无力有效阻止蒋介石重掌军权。而统一的国民党四届一中全会即将在南京召开，届时"非常会议"和广州国府势必取消。为此，胡汉民以四全大会决议形式通过前案，无非是希望继续保持两广对中央政府的半独立状态。奇怪的是该提案主要由胡派和桂系提出，广东实力派陈济棠并未列名。这也预示着半独立于中央政府的党、政、军三个新机构，不仅得不到南京中央的支持，还将受到实力派陈济棠或多或少的牵制，由此也显示出两广内部的新矛盾。而后一提案的主要意图，是仍想从体制上限制蒋今后可能取得的军权，但又缺乏可操作性，其效果自然可想而知。

12月5日，广州四全大会在胡汉民的闭幕词中宣告结束。

四　上海，汪精卫另起炉灶

此时，汪精卫俨然成为宁粤以外的又一重心，居于举足轻

---

① 《粤会演武剧》，《民国日报》1931年12月4日，第1张第4版。
② 《反蒋运动史》（下），第490页。

重的地位。虽然他的实际力量仍很有限，但足够在宁粤双方待价而沽。自上海和谈结束后，汪精卫即借口同宁方代表洽谈一中全会事宜而拒绝返粤。而蒋介石更是加紧了联汪制胡的步伐。

据晋系赵丕廉等人的观察："叔均（指蒋介石）现用策略：一，联汪制胡，已派多人向子异（指汪精卫）运用，但子异必不肯受。有人谓子异现在是赴宁不敢，回粤不愿，进退失据，主张不定。二，密派杨永泰赍多金运动伯南部下。近来粤代表始知，梯云谓系蒋方的人借此报账不要紧，但有人谓伯南之军长李扬敬已为所动。"① 其实早在宁粤对峙之初，蒋即派杨永泰赴港进行分化拉拢工作。在 10 月 18 日杨给蒋的一份报告中即显示：杨一次支付的分化"运用费"即高达"四十万"。杨随后表示"弟在港诸事均可结束。"② 但为了进一步分化粤方，蒋回电指示："请畅兄可与汪方在港人接洽，暂时留港可也。"③

此时，汪精卫深知蒋介石绝不可能轻易放弃权力。而自己手中除了能够控制张发奎一部，缺少强有力的后援。现在投蒋，在新的权力结构中不可能拥有很强的发言权。而地方实力派中除张学良、陈济棠力量最强而又绝不会支持汪外，唯有阎锡山的晋系有可能成为自己的新盟友。为此，汪致电阎锡山征询其对时局的意见。汪电称：

---

① 《天津转上海明野致阎锡山江二电》（1931 年 11 月 3 日），《各方民国廿年往来电文原案》，"阎档"：21/0925—7。

② 《张市长群转杨永泰呈蒋主席十月巧电》（1931 年 10 月 18 日），《蒋主席下野与再起》，"蒋档·革命文献"。

③ 《"张市长群转杨永泰呈蒋主席十月巧电"批语》（1931 年 10 月 18 日），《蒋主席下野与再起》，"蒋档·革命文献"。

时局前途有两可能：甲，蒋于四届一中提出辞职，惟继任人物须得其同意；乙，蒋提出辞职后仍由四届一中决议复任国府主席，惟行政院长须另任别人，总司令部亦取消，实行和会所定中央政治改革案。甲项如能实现自是较好，乙项公意以为何如并祈赐复。①

阎锡山则复电表示：

两项办法甲项如能实现，诚如兄言自是较好。际此危局，自当以国难为前提，只要外交不感困难，政务无碍运用。免得此两层顾虑，乙项亦可迁就。②

粤方四全大会的内讧，却为此时滞留上海的汪精卫提供了一次难得的机会。就在汪派代表退出大会当天，宋子文奉蒋介石之命，亲赴上海向汪精卫"报告南京方面举行第四次全国代表大会详细经过情形"。③ 虽然双方会谈的具体内容不详，但汪精卫此后的言行，明显表现出不惜与粤方分裂的态度。

汪、宋会谈后，汪精卫立即致电香港退会的汪派代表，假借张发奎欲统率第四军请缨抗战、赴黑龙江救国为名，④ 提议

---

① 《上海汪精卫致阎锡山现密篠电》（1931 年 11 月 17 日），《宁粤合作案》，"阎档"：12/1415—6。
② 《阎锡山复上海汪精卫共密皓电》（1931 年 11 月 19 日），《宁粤合作案》，"阎档"：12/1415。
③ 《宋子文到沪访汪》，《申报》1931 年 11 月 24 日，第 13 版。
④ 11 月 17 日，张发奎曾以第四军军长名义发表通电，表示愿率所部"助马占山共制强敌死命，保我东三省一片干净土"。见《时事新报》1931 年 11 月 18 日，第 1 张第 2 版。

上海和谈时期的汪精卫

"退席之诸同志"，"为今之计，唯有加入第四军，分任军事及政治诸工作，齐心并力，以赴国难"。他还信誓旦旦地表示："兆铭不肖，倘能随我数年来共生死之铁军将士，及护党救国诸同志同死疆场，自当含笑九泉。"① 其实汪精卫的真实意图，是借粤方内讧之机，电召汪派代表脱离粤方迅速北上，为今后蒋汪合作铺平道路，创造条件。而"张通电援黑"的另一重要原因，则是汪精卫分裂张桂联军的计划败露，为桂系察觉。据杨永泰密报蒋介石："最近李、白发觉张发奎前月密令所部组小组离桂系，已电汪、张，决撤吴奇伟等。"故张发奎极欲率四军脱离桂系。②

11月25日，在顾孟馀的具体布置下，全部汪派代表160余人由江苏代表王懋功、福建代表曾仲鸣带领，分批乘轮离港赴沪。③ 汪派代表离港前还发表《退会代表宣言》，公开指责粤方：

---

① 《汪精卫愿随第四军援黑》，《大公报》1931年11月26日，第1张第3版。
② 《陈群转杨永泰致蒋介石密电》（1931年11月21日），《日寇侵略之部：参、淞沪事变（第1卷）》，"蒋档·特交文电"：20013693。
③ 《退席代表曾仲鸣等百余人前昨已分批抵沪》，《时事新报》1931年12月3日，第2张第2版。

四全大会一部分代表，不顾当前之大难，断然将和会此种决议案根本推翻，使和平统一之一线曙光，归于消灭。代表等自信数年来之努力，始终如一，但对此完全不顾国利民福之妄动，则未敢苟同，是以相率退出大会，再图补救之方。①

11 月 26 日晚，汪精卫在上海同李石曾等人会商时，为响应汪派退会代表的行动，明确向宁方表示："胡派粤代表大会以极端恶意对蒋、张、宋永开党籍，及查办财政等类，对粤会不可不加以压制，否则其焰益张。"汪还特别强调"必将破坏和局责任加诸胡派粤代表大会"，并表示汪派"退出之代表可举廿四人蘉实中委，履行和议事"。②"联汪制胡"原本就是蒋的既定方针，对此蒋自然是求之不得，立即指示李石曾等人同汪进一步会商，拟"先就已有一、二、三、四届中委召开一中全会。如广州能将廿四中委及时选出固佳，否则如到京中（委）足开合法数，决不能再延。盼汪等先来京，以此促粤觉悟。"③

有了蒋的保证后，汪决定采取极端措施。而粤方内部的公开分裂也为汪提供了机会。为了将破坏宁粤合作的帽子戴到粤方头上，11 月 28 日，汪精卫特意致电胡汉民、孙科，称：

---

① 《粤四全会退席代表发出通电两通》，《申报》1931 年 11 月 28 日，第 8 版。
② 《李石曾致蒋介石电》（1931 年 11 月 26 日），《日寇侵略之部：参、淞沪事变（第 1 卷）》，"蒋档·特交文电"：20013883。
③ 《天津艳日特讯》（1931 年 11 月 29 日），《杂派民国二十年往来电文录存》，"阎档"：49/0628。

连日真如诸兄往返商榷，均以为对日问题不容再缓。如战，则全党一致牺牲；如和，全党一致忍辱负重……介石以为从前集权一人之办法，乃为开创时期所不得不然，现在已行不通，必须改变政治方式，始能统治。欲改变政治方式，则彼必须辞职。将来四届一中选任时，彼主张国府主席及行政、立法院长须展、哲两兄与弟担任，介石自愿任监察院长云云。真如兄三日两度往来，以上所言均可负责。弟发巧电时，真如兄亦在座。弟等前有介石辞职，粤方同志即可入京之约。如介石职已辞，弟等须践言。广州四全能挽救否？如能，速即结束；如不能，请两兄偕梯兄即回。①

同时，为了迫使孙科尽快脱离粤方，汪精卫当天还电邀孙科早日离粤来沪。陈铭枢曾将该电转报蒋介石：

汪电哲生大意叙述钧座辞职决心，辞职后过渡办法，及钧座必须汪、孙担任主席及行政院长之意。并云弟意主席应以年高德劭为宜，为全党团结便利计，弟绝不敢担任。惟行政院长，真如只允暂任过渡，弟已代兄答应。一则，介石同志既属望我两人始放心卸责，不宜峻却；二则，真如亦非兄答应，不肯暂任过渡也。至于全党重要人物集中力量共荷艰巨，则介石亦同意此办法，日内实行辞职。则弟等即须践约入京，盼兄届时速来。四全大会能迅

---

① 转引自《陈铭枢致蒋介石俭申电》（1931 年 11 月 28 日），《日寇侵略之部：参、淞沪事变（第 1 卷）》，"蒋档·特交文电"：20013944。

速结束最好，否亦听之云。①

此时，汪精卫还希望得到实力派阎锡山的支持，11 月 29
日，再次致电阎锡山征询对时局特别是对外交问题的意见。汪
电称：

　　一，四全会当可补救，和议不致推翻，日内可见分
晓；二，某（指蒋）有下野意，正商榷中；三，对日问
题弟主张不战不和专倚国联决非善策，惟弟等为民主而斗
争，决不以外交为利器。如战，则一致牺牲；如和，则一
致忍辱负重，决不借刀杀人，亦决不唱高调。②

11 月 30 日，阎锡山复电汪精卫，提出补充意见：

　　一，广州四全会可补甚慰；二，某下野事弟意当以其
诚意为断；对日问题不战不和专倚国联决非善策，尊意极
是。弟意主战系国力问题。若战而败，则不止三省不易撤
兵，恐日军所到之处皆为其占领地；主和亦难骤言。弟意
不宣战，但必使守土者死守勿失，一面迅成立统一政府，
再以外交方式谋挽救之策。③

---

① 《陈铭枢致蒋介石艳午电》（1931 年 11 月 29 日），《日寇侵略之部：参、
　淞沪事变（第 1 卷）》，"蒋档·特交文电"：20013976。
② 《上海汪精卫先生努密艳电》（1931 年 11 月 29 日），《宁粤合作案》，"阎
　档"：12/1425—6。
③ 《复上海汪精卫先生设密陷电》（1931 年 11 月 30 日），《宁粤合作案》，
　"阎档"：12/1424—5。

三天后，阎锡山再电汪精卫，谓："某表示请兄担任主席，弟意救国为要，望勿过事谦退。"① 胡汉民、孙科也于11月30日复电汪精卫，认为："介石如确诚意，则宜即日实行辞职，由宁方褐人替代渠所任各职，然后四届一中全会在京开会。粤方情形，昨电奉告之四款，邓、萧等今晨答复完全接受，并负责向各方代表疏通。如此可望数日内结束。"② 第二天，粤方四全大会表示接受胡汉民的调停后，李宗仁、马超俊为此致电汪精卫报告粤方"补救已有办法"，并嘱汪转告汪派代表"即日回粤开会"。③

此时汪派代表早已按计划陆续抵达上海。于是汪精卫借口代表返粤选举已来不及，"决以人数比例，沪粤各自开会选举，沪选中委十人，粤选十四人"。④ 汪想抢在粤方选举前，造成既成事实，逼迫粤方接受汪派选举结果。如粤方拒绝合作，汪即可率新选中委加入宁方，合开一中全会，实现蒋汪合作。

汪精卫大体布置妥当后，于12月3日上午9时，召集汪派代表在上海大世界游乐场又召开了另一个国民党四全大会。大会公推汪精卫、陈璧君、王法勤、郭春涛、白云梯、赵丕廉、顾孟馀等七人为主席团成员。会议主题只有一项，即选举"汪记"中央委员。首先由汪精卫致开幕词，报告开

---

① 《复上海汪精卫先生现密江电》（1931年12月3日），《宁粤合作案》，"阎档"：12/1427。

② 引自《陈铭枢致蒋介石艳午电》（1931年11月29日），《日寇侵略之部：参、淞沪事变（第1卷）》，"蒋档·特交文电"：20013976。

③ 《汪氏报告》，《时事新报》1931年12月4日，第2张第1版。

④ 《在沪举十人》，《国闻周报》第8卷第48期，1931年12月7日，"一周间国内外大事述评"，第6页。

会宗旨：

> 现在事实上系各方同志的团结，故有此次会议，在南京、广州分别开会。因为达此目的，我们要承认方法。现计我们的代表约二百五十人，广州方面的中委名额为二十四人，大概以三分之一的比例，则我们可以选出的定八至十人左右。至于他们如何产生，望大家讨论，但本日即要决定，因为最迟今日须要把名单打电去广州。①

大会一致通过汪氏报告，于是开始选举。推汪精卫为监选员，选举唐生智、张发奎、王懋功等 10 人为中央委员。下午 2 时，选举完毕，当即决定致电广州四全大会主席团报告，请予备案，随即宣告散会。上海的四全大会，从开幕到闭幕不过 5 小时，而到会代表也并非汪精卫所称的 250 余人，实际仅为 162 人。② 对此，汪派骨干陈公博事后评论道："不料我到上海，汪先生已在上海大世界游乐场开了一个选举大会，选出了十名中央委员。据汪先生说，广东的名额，本由他们操纵，所以只有招集退席代表在沪开会，根据代表的名额，产生这十名中委。这个办法，我心内真是不赞成，有经验的汪先生，多顾虑的顾孟馀，居然有这样非常手段，我虽然佩服，但究竟以为不可以为训。"③

晋方代表贾景德亦将上海汪派四全大会的情形报告阎锡

---

① 《汪氏报告》，《时事新报》1931 年 12 月 4 日，第 2 张第 1 版。
② 《电粤报告》，《时事新报》1931 年 12 月 4 日，第 2 张第 2 版。
③ 陈公博：《苦笑录》，第 267 页。

山，并评论道："精卫竟作此事，完全系受左右之包围，而精卫声价亦大受损失。"①

　　象征"团结""统一"的国民党第四次全国代表大会，终于在南京、广州、上海三地分别完成了各自的议事日程，但党内各派政治势力之间并没有真正达成"团结"和"统一"。在随后召开的四届一中全全会上，又很快上演了一场新的权力之争。

---

① 《上海贾秘书长始密江电》（1931 年 12 月 3 日），《各方民国廿年往来电文原案》，"阎档"：21/0512。

第九章　蒋氏下野和国府改组

一　蒋介石被迫下野

11 月 12 日，南京四全大会开幕当天，蒋介石自我检讨今后"如何能救国救党"时曾自信地表示："是皆为余之责也，勿以环境险恶而灰心"，并感慨"全国党员谁知余为党之苦心也"。① 从这两句话中不难读出蒋氏是不甘心履行他在上海和谈期间对粤方所做的下野承诺，放弃手中权力的。但从中也可以感受到他此时所承受的巨大压力。

九一八事变后，面对全国人民强烈要求团结御侮的呼声，蒋氏还一度动摇过是否继续同粤方争权夺利，甚至愿意放弃内争，专心抗日。不能否认，蒋介石是一个坚定的民族主义者，面对日本帝国主义的侵略，作为一国军队的最高统帅，丧失国土之耻，他是不能忍受的。九一八事变后他曾在日记中写道："闻暴日不接受国际联盟通知，并主张中日直接交涉，而国联态度因之软化，从此暴日势焰更张。果直接交涉或地方交涉，则必无良果，我不能任其枭张，决与之死战，以定最后之存亡。与其不战而亡，不如战而亡，以存我中华民族之人格，故决心移首都于西北，集中主力于陇海路也。"②

11 月 17 日，他召集南京干部商讨应付时局对策时，还毅然表示："余决心率师北上，与倭决战。对内则放弃选举竞

---

① 《省克记》卷 4，《困勉记》卷 19，1931 年 11 月 12 日；均见"蒋档"。
② 蒋介石日记，1931 年 9 月 26 日；另见《困勉记》卷 19，"蒋档"。

争，诚意退让，期与粤方合作，一致对外。又期民众信仰本
党，甘受本党领导，共起御侮也。"当晚，蒋介石即电嘱陈铭
枢赴上海邀请汪精卫来京主持中央。① 对蒋氏此举，汪精卫当
然是欢迎的，但他也有难言之隐。18 日，陈铭枢电蒋报告同
汪会商结果：

> 钧座主张，汪先生极表同情，惟汪与哲生有进退一致
> 之成约，未便单独。顷汪已急电哲生，大意谓钧座见国难
> 日亟，愿自任国防军总司令，即日出发，盼在汪、孙两人
> 中请一人担任行政院长兼代主席云云，以征其同意。孙若
> 同意，则汪先生依钧座意入京负责；孙不同意，则望以于
> 右任先生代主席，汪个人可入京，并在可能范围内约粤方
> 同志取一致。②

第二天，陈铭枢再密电蒋介石，报告汪精卫之态度：

> 汪先生云粤方萧、邓等极反对沪和约，经哲生调解，
> 现决定选举可依和会所拟定办理，惟仍坚持蒋不表示下
> 野，则不到京开会。汪现拟办法两项（一）俟选举后即
> 召集本派之中委来沪，计有二十余人加入京方，则占多
> 数；（二）即明电粤方力争维持和会到第一次全会解决之
> 原议。惟后项恐即决裂，反因此失事，故决照前项进行，

---

① 蒋介石日记，1931 年 11 月 17 日；另见《事略稿本》第 12 册，第 353
页。
② 《陈铭枢致蒋介石巧午电》(1931 年 11 月 18 日)，《日寇侵略之部：贰、
沈阳事变（第 1 卷）》，"蒋档·特交文电"：20013548。

电催迅速选举，并一面密电哲生明告自己之态度，以促哲生之离粤。①

　　此时，在上海的李石曾也积极联络汪精卫，李曾致电吴稚晖、张静江报告汪之最新动态，其中一则电报云："精卫兄今早来谈，意谓介公须俟妥洽后，若下野果能生效而后方可实行，万不宜冒然下野，既无益于妥协，反致益增纷扰。所见甚是，望商于介公。"②

　　但蒋介石一度想要放弃中央权力的举动，遭到了宁方内部的一致反对。甚至连他的盟兄黄郛也深不以为然。黄郛在11月18日日记中写道："傍晚岳军来报告介石之新决定（让中央于汪，己则以国防军总司令名义出驻北平——原注），予深以为不妥。因此种形式等于对日宣战（最少亦可为谓对日备战）。在此国联尚未绝望之时，似尚不可孤注一掷，举国以殉也。"③

　　11月20日，蒋介石在日记中写下一段与部属讨论时局的有趣对谈：

　　　　上午会客，为议决案与选举案，甚费心力。稚老以精

---

①　《陈铭枢致蒋介石皓午电》（1931年11月19日），《日寇侵略之部：贰、沈阳事变（第1卷）》，"蒋档·特交文电"：20013600。

②　《李石曾致吴稚晖张静江电》（1931年11月28日），党史馆藏吴稚晖档案，毛笔抄件，"吴"字05897。

③　《黄郛日记》第8册，1931年11月18日。有趣的是此时阎锡山对蒋介石北上的看法，竟同黄郛一致。当阎得知蒋放弃北上的消息后，曾电汪精卫："蒋北上正虑激动日人蛮横，缓来甚好。"见《复上海汪精卫先生作密勘电》（1931年11月28日），《宁粤合作案》，"阎档"：12/1422。

卫毫无诚意，徒为金蝉脱壳之计，真如愤怒，与之大争，必以精卫为诚意。其实过与不及，皆错误也。稚老终以政治为不良之物，故其对人亦以不良度之。余则与之相反，终以人人为可信也。下午到大会说明外交方针与决心，承众赞成，又大多数动议大会对余奖勉案，余以对党国、对人民、对先烈，皆有愧色，诚所谓罪孽深重之时，何复言功？不如由余自写悔过书，力请撤消，乃准。①

蒋介石深信自身实力最终能够左右局面，这是源自对汪精卫的深刻认识，特别是在得到陈铭枢等人的详细密报后，蒋判断粤方内部势必分化。除此之外，孙科的态度也令蒋增添了不少信心。"哲生曾对其亲信说那一回（反蒋）彻底过，所不能遽然合作者，只关碍展堂一人。缘展堂一月以来所持颇高，而汪等又不能不加以敷衍。此次粤四全之波折，实则汪、胡两派之争执。此后只要展堂不来或出外暂避，汪等即决赴南京。"② 一旦明确了汪、孙二人的意向，广州四全大会所能带来的危害和不确定因素，也就大打折扣了。11 月 22 日，蒋在日记中充满希望地写道："大会闭会，幸告一段落，此为对内一难关，今既渡过，是增加奋斗勇气不少，令人发生对党国无穷之希望也。"③

但此刻蒋介石面临的环境仍很险恶。尽管粤方内部已有分化，但并没有彻底破裂；而外患日急，也逼迫着他要尽快做出

---

① 蒋介石日记，1931 年 11 月 20 日；另见《事略稿本》第 12 册，第 362 页。

② 《上海贾秘书长设密艳三电》（1931 年 11 月 29 日），《各方民国廿年往来电文原案》，"阎档"：21/0480。

③ 蒋介石日记，1931 年 11 月 22 日；另见《事略稿本》第 12 册，第 393 页。

最后的决定。11 月 24 日，蒋再次召集熊式辉等商谈"北上抗战"之策时，众人"皆坚持不可"，对蒋之"辞职下野，则赞否参半"。① 为此，蒋在内心就是否下野不停地斗争着。从以下几段日记中，我们不难读出蒋氏此刻痛苦的心态：

（11 月 24 日）余决以国家利益为前提。如果余下野之后，国家能统一，外交能解决，则余之下野则不失为革命者立场。以余不下野则必北进与倭寇决战。虽无战胜之理，然留民族人格与革命精神于历史，以期引起太平洋之战争，而谋国家之复兴。惟国人不谅，且干部阻止我北上，以避免倭寇之挑衅，而苟安于一时。呜呼！国弱民愚，衰老与幼稚之民族病实无救药矣。若不于外交上得一确切取消不平等条约，则中国不亡等于亡矣。②

（12 月 4 日）此次失败之原，在于对老奸严拒，所以唐绍仪、陈友仁、伍朝枢等外交派不恤卖国倒蒋，此其一。其次，对于学者及智识阶级太不接近，各地党部成为各地学者之敌，所以学生运动全为反动派操纵，而党部毫无作用且有害之，此其二。又政治与党务人才缺乏，根本上干部无一得力之人。季陶虽弱，但能共同奋斗，此外竟无为公为友之人矣。③

---

① 《事略稿本》第 12 册，1931 年 11 月 24 日，第 413 页。
② 蒋介石日记，1931 年 11 月 24 日；另见《困勉记》卷 20，"蒋档"。
③ 蒋介石日记，1931 年 12 月 4 日；另见《事略稿本》第 12 册，第 440—441 页。该书记载与日记原稿除上述三点内容同而文字异外，且多记一段日记没有的内容："又边防将领绝不得廉颇、李牧其人，以致邻敌轻侮，东北失守。事后欲求挽救，虽有岳鹏举，而无牛皋、王桂、汤怀可共生死之人，此其四。呜呼！有此四因，不失败何待。余知之矣。自取之也，夫复何言。"

（12月8日）与（叶）楚伦等谈外交方针，益之
（朱培德）以对日不外准备战败与先和两途。余言战败则
以全国殉余一人之历史；先和则以余一人之历史为全国而
牺牲，一时虽有身败名裂，但后世自有功罪之定论。彼甚
赞余说。余恐国民精神散漫、衰弱，先和以后仍不能卧薪
尝胆，则民族更形堕落耳。中大学生枭张已甚，各处学生
亦为少数共产党所操纵，当此存亡绝续之交，而党内又不
一致，衰老与幼稚二病弥漫于左右，焉得不使其领袖拖泥
带水以毙也。时危至此，而发一命令与通电，非经余亲手
大改不能示人，其他如革命纪律与国难会议条例，更无人
能出一主谋以助之，人才缺乏而又不能自由用人，此事之
所以不成，而国之所以败也。①

12月5日，粤方四全大会终于闭幕。按上海和会决议，
四全大会后，"非常会议"自当取消。但蒋介石并未实现下野
诺言，为此，粤方四全大会于闭幕当天邀集所有历届及新选
执、监委员举行临时联席会议，推唐绍仪主席，"议决鱼（6）
日结束非常会议，虞（7）日改组中央党部。""在蒋未实行下
野解除兵权以前，仍照常行使职权"。粤方同时决定选派孙
科、伍朝枢、李文范、陈友仁赴上海，同宁方接洽四届一中全
会开会事宜。

尽管粤方否决了汪精卫在上海选举的中央委员，但此时仍
不愿同汪公开分裂。为此，粤方主动致电汪精卫表示："微
（5）日联席会议，决定暂仍在粤成立中央党部。俟蒋中正实

① 蒋介石日记，1931年12月8日；另见《困勉记》卷20，"蒋档"。

行下野解除兵柄，我方始北上，参加第四届中委第一次会议。"① 而蒋介石则想尽快将汪拉入宁方阵营。12月5日，蒋派何应钦、邵力子赴沪，嘱其用"中正名义"，"促汪先生即速入京"。② 7日，汪精卫对陈铭枢明确表示："粤会所举之执监委纵不来，亦可赴宁，但有先决两条件：一要拟具治国方案，经蒋承认；二要整个的合作，不应要此一部分，不要彼一部分。"③ 汪又致电阎锡山，称："弟现致力于整个合作，如万无可能，亦使双方缓冲，各图自存，不作猛浪打碎之图。弟以为国事如此，无论何方势力及何派分子，均不能单独，非协力共存不可。"④

就在汪精卫同陈铭枢会谈的同一天，蒋介石在南京召集干部会商对粤办法时，曾想采取极端措施：取消党治，还政于民，以此打击粤方所谓的"党统"。他当众表示："拟开国民大会，以本党政权提早奉还国民。因本党自不振作，早已失却以党治国精神，而胡汉民等借党之资格以毁党害国，且中国由我手而统一，亦可由我手以奉还国民也。"⑤

蒋氏此举大约是受其盟兄黄郛的影响。12月4日，黄郛

① 《粤方致汪鱼电》（1931年12月6日），《反蒋运动史》（下），第505页；汪精卫得电后即将该电转何应钦等人，由何等转报蒋介石。见《何应钦陈铭枢致蒋介石佳巳电》（1931年12月9日），《日寇侵略之部：参、淞沪事变（第1卷）》"蒋档·特交文电"：20014198。

② 《蒋主席致张群十二月微电》（1931年12月5日），《蒋主席下野与再起》，"蒋档·革命文献"。

③ 《上海煜如芷青现密阳电》（1931年12月7日），《各方民国廿年往来电文原案》，"阎档"：21/0535—7。

④ 《上海汪精卫先生建密青电》（1931年12月9日），《宁粤合作案》，"阎档"：12/1435。

⑤ 蒋介石日记，1931年12月7日；另见《事略稿本》第12册，第446页。

致蒋介石一封亲笔长函，力劝蒋不可辞职，并建议取消党治，结束训政，早行宪政。"如此，则弟可以不必去，即去亦可为中国之华盛顿，且可收大效如下：一，由军政而训政而宪政，由弟一手贯彻完成；二，举国民对党之嫌怨与党内之纠纷一扫而空；三，对目前外交问题，民选国会既与中央党部共同负责，则和战之责，国民自然与党共负之……五，因组党之自由，不特党外人才有机发表政见为公开之讨论，即党内人员亦感于网罗人才之必要，而党务可不致腐化。"① 蒋得黄函后，第二天复函表示："手示敬悉，是否能见诸实施，尚待考虑，而弟之去留问题，决不轻易断行，要以党国之利益为定也。"②

由此可见，蒋介石实在不忍交出政权。而吴稚晖马上提醒蒋道："此着太险，现在只有安定制动。"蒋"默然思良久"，不得不承认吴稚晖之言"尚有深见也"。③ 此时取消国民党"一党专制"，结束训政，固然可以打击粤方的气焰，但同时也危及宁方政权的合法性，蒋只好放弃这一险着。

12月10日，孙科等人到沪，会同汪精卫、邹鲁同宁方代表陈铭枢会商。孙科表示召开一中全会的前提条件是蒋介石必须下野。如蒋不下野，粤方中委不能赴京开会。陈铭枢当即表示："蒋可牺牲地位，只求中枢负责有人，随时均可辞职。希望双方议定一过渡办法，俾蒋下野后，中央有人继续负责。"

---

① 《黄郛日记》第8册，1931年12月4日；沈云龙编著《黄膺白先生年谱长编》上册，第458—460页；《亦云回忆》，台北：传记文学出版社，1980，第301页。

② 《亦云回忆》，第302页。

③ 蒋介石日记，1931年12月7日；另见《事略稿本》第12册，第446—447页。

随后，双方商定代理人选必须为"粤方所同意者"。①

12 月 11 日，陈铭枢致电蒋介石，称："胡汉民、孙科等必欲钧座辞职始快。职思当此时机，钧座似亦暂避为宜。"②宁方内部开始出现不一致的论调，蒋无奈地在日记中写道：

> 知哲生等必欲强余辞职始快，真如亦受若辈之迷而未深思国家大计，以余之领袖，而坚强之干部，动以退让为得计。内部之心不一，领袖之志难行。然而余不能用人，而干部左右又不能容人，此国家之所以不定也。余对于政治哲学，近得二语曰："政者进也，贪者退也"。领袖欲进，而干部欲退，虽有大力无以推动也。③

而此时极力拆粤方台的却是汪精卫。李石曾 12 月 11 日电吴稚晖云：

> 真如告粤方：介公十四日宣布下野，二十开全体会。精卫谓不宜强介公下野。又谓如介公不下野，粤诸人不到京，伊于国难会议时到京参加云云。弟与公权皆以为如介公决下野，必先妥为布置，方可宣布。否则必失大计。望

---

① 《孙科等昨日到沪有重要聚会》，《时事新报》1931 年 12 月 11 日，第 1 张第 2 版。

② 《陈铭枢致蒋介石电》（1931 年 12 月 11 日），《事略稿本》第 12 册，第 455 页。

③ 蒋介石日记，1931 年 12 月 11 日；另见《困勉记》卷 20，"蒋档"。蒋介石在前一晚（10 日）与宁方干部会商后，就对何应钦的表现极端不满，他在日记中写道："敬之到紧要关头，彼必毫不负责，而且怨恨无权，此为最可耻之事也。"另见《困勉记》卷 20，"蒋档"。

介公勿轻于宣布。关于妥为布置一节，明日到京面陈。①

第二天一早，刚从上海赶回南京的李石曾同蒋介石商讨进退问题时，首先表示对陈铭枢的怀疑。李石曾说："真如亦有劝钧座辞退之言，吾以真如为可疑也。"而蒋则答道："真如为人诚而愚。愚者未有不自作聪明，李先生疑其伪奸亦冤矣。"下午，蒋召集干部继续研究进退问题。据蒋日记记载：

> 稚晖、石曾、季陶、铁城皆不主余退，而敬之、真如等则未恐余退之不速也。余言明此时救国惟有余不退之一法，而欲余不退惟有改为军事时期，一切政治皆受军事支配，而听命于余一人，则国始能救。否则如现事群方庞杂，主张不一，而又不许余主持一切，彼此互相牵制，徒以无责任、无意识、无政府之心理，利用领袖为傀儡，则国必愈乱而身败名裂，个人无论如何牺牲，亦不能救国之危亡也。天下之至惨之事未有如此之甚也。②

尽管蒋介石对何应钦、陈铭枢极度不满，但他也深知欲"改为军事时期"，"听命于余一人"是根本不可能的，自己如再不下野，一中全会万难召开。

特别是自胡汉民南下后，粤方态度更转强硬。胡氏在一封

---

① 《李石曾致吴稚晖电》（1931 年 12 月 11 日），党史馆藏吴稚晖档案，毛笔译件，"吴"字 05970。
② 蒋介石日记，1931 年 12 月 12 日；另见《困勉记》卷 20，"蒋档"。

密函中写道："门与门系为中国致命一大毒疮，能请西医割去，是一治法，否则用中医拔毒（什么内托外消）、打消方剂，亦或见效。除却二者便无是处也。"① 函中的"门"是指蒋介石，取自《水浒》中"武松醉打蒋门神"之义。从这封信中不难读出胡氏倒蒋的决心。为逼迫蒋氏下野，李烈钧一度向粤方提议："一，北方应再起倒蒋；二，须有组织；三，胡、阎须有联络。"② 为此，胡汉民积极同北方联络，密电冯玉祥称："和平统一，改组政府，乃以下野为先决条件，既不践约，则一切当无从解决"，并"盼随时电示"。③ 冯氏对粤方的提议"极佩服之"，④ 并复电胡汉民表示：

> 和平统一之障碍不除，则健全政府永难实现。先生及粤中诸贤达主张正大，举国仰赖……弟虽不敏，当追随努力也。现华北各方鉴于蒋之种种乖谬，凛于外交之紧急，当从新团结，以安内而攘外，现正致力于此。⑤

冯玉祥在日记中还总结了以往反蒋运动的经验教训共 16 条，深感今后应注意："使倒蒋派不分裂"；"须有我们的打算，不可盲目跟人家跑"；"对有实力者，有人望者，须发生密切关系"。⑥

---

① 《胡先生亲笔函电及批注》，哈佛大学燕京学社图书馆藏，转引自杨天石《蒋氏秘档与蒋介石真相》，社会科学文献出版社，2002，第 304 页。
② 《冯玉祥日记》第 3 册，1931 年 12 月 7 日，第 540 页。
③ 《胡汉民致冯玉祥密电》（1931 年 12 月 11 日），《冯玉祥收电稿本》。
④ 《冯玉祥日记》第 3 册，1931 年 12 月 7 日，第 540 页。
⑤ 《冯玉祥致胡展堂电》（1931 年 12 月 15 日），《冯玉祥发电稿本》。
⑥ 《冯玉祥日记》第 3 册，1931 年 12 月 16 日，第 548 页。

在各方面的压力下，蒋介石被迫决定以退为进，同意下野。12 月 13 日，蒋向陈铭枢表示："如粤方十六日尚不来，则以后余再不与调和，使大局日趋艰危也。如其十六日以前能来到，余可早一日辞让了。"①

同日，粤方得知蒋决定下野消息后即开会讨论，决议两点："（一）蒋下野后仍予以自新机会；（二）下野电到，各委即北上。"粤方并同在香港养病的胡汉民商妥，对双方拟议林森代主席，陈铭枢代行政院院长均不反对。②

12 月 15 日，蒋介石致函中常会，略谓：

> 第四次全国代表大会，已以委曲求全之精神，接纳全党团结之方案。而在粤同志，迄未能实践约言，共赴国难，胡汉民同志等微（5）日通电，且有必须中正下野，解除兵柄，始赴京出席等语，是必欲中正解职于先，和平统一方得实现。中正……权衡轻重，不容稍缓须臾，再四思维，惟有恳请中央准予辞去国民政府主席等本兼各职，另行选任贤能接替，以维团结而挽危亡。

同日，中常会召开临时会议，决议批准蒋介石请辞国民政府主席、行政院院长、陆海空军总司令各职，并决定以林森代理国府主席、陈铭枢代理行政院院长。③ 与此同时，张学良也

---

① 蒋介石日记，1931 年 12 月 13 日；另见《事略稿本》第 12 册，第 458 页。

② 《反蒋运动史》（下），第 507 页。

③ 秦孝仪总编纂《总统蒋公大事长编初稿》卷 2，第 159—160 页。

请求辞去全国陆海空军副司令职。16 日，中执会核准张氏所请，改任张为北平绥靖公署主任。至此，粤方要求悉如愿以偿。

蒋介石辞职前，曾得蒋伯诚转述韩复榘效忠之意电，韩并向蒋贡献意见三条。蒋电称：

> 向兄表示决心服从钧座，他方来人接洽仅与敷衍而已，并对钧座贡献意见三点：一、粤方全部来京合作为上策；二、粤方一部来京合作，联络党外人才赴国难为中策；三、万不得已离开中央，暂驻洛阳，整顿北部，使捣乱者对内对外无办法时，再出负责为下策。请钧座切实准备等语。①

蒋介石对韩复榘的意见深以为然，当即批复道："向兄所见甚是，当照此酌办也。"② 为了减少"再出负责"时的障碍，蒋预先做了周密布置。他在辞职当日早 8 时首先主持召开第 49 次国务会议，一举改组了四个省政府，任命顾祝同、鲁涤平、熊式辉、邵力子分别为江苏、浙江、江西、甘肃省政府主席，贺耀祖兼甘宁青宣慰使。③ 会后 10 时才赴中常会提出辞呈。④ 另据《黄郛日记》，蒋介石曾于 12 月 6 日令钱昌照转商黄郛，请黄出任江苏省政府主席，黄郛以"非其时其地"而

① 《蒋伯诚呈蒋主席十二月鱼》（1931 年 12 月 6 日），《蒋主席下野与再起》，"蒋档·革命文献"。

② 《"蒋伯诚呈蒋主席十二月鱼"批语》（1931 年 12 月 6 日），《蒋主席下野与再起》，"蒋档·革命文献"。

③ 《中央日报》1931 年 12 月 16 日，第 1 张第 4 版。

④ 《事略稿本》第 12 册，1931 年 12 月 15 日，第 460 页。

婉辞。①

在蒋新任命的省府主席中，多为听命于他的军人。这一举措明显是为了对抗粤方削弱蒋氏军权的企图。第二天，蒋还特意致电各路军总指挥、军、师长表示："中正辞职通电谅达，但中正对我患难生死相从之将士必仍负责维护，望各安心服务。"② 这也可以清楚地看出，蒋为准备"再出负责"埋下的种种伏笔。

此时蒋所依赖的最大本钱黄埔系军人纷纷电蒋表示效忠，其中尤以刘峙的效忠电最为肉麻：

> 敬悉钧座辞退，不禁感慨万端，涕泣交下。忆职自追随钧座，甄陶爱护，无微不至。一日失所依恃，有如婴儿之失慈母，怅触之情，何以为怀。惟有始终以钧座之心为心，以钧座之意为意，勉竭驽骀，借报殊遇。海枯石烂，至死不渝。万恳钧座仰遗职等，仍如常训示一切。职誓当督率所部，绝对服从钧座之领导。③

蒋介石在刘峙电报上批复道："本党革命主力，全在河南。请兄勤慎奋勉其志。"④ 此外，胡宗南的效忠电报则颇有

---

① 《黄郛日记》第 8 册，1931 年 12 月 6 日；另见沈云龙编著《黄膺白先生年谱长编》上册，第 460 页。

② 《蒋公电各总指挥军师长十二月铣电》（1931 年 12 月 16 日），《蒋主席下野与再起》，"蒋档·革命文献"。

③ 《刘峙致蒋介石电》，《事略稿本》第 12 册，1931 年 12 月 19 日，第 470 页。

④ 《"刘峙呈蒋公十二月筱电"批语》（1931 年 12 月 17 日），《蒋主席下野与再起》，"蒋档·革命文献"；另见《事略稿本》第 12 册，1931 年 12 月 19 日，第 471 页。

价值，除向蒋表示"全军彷徨，立请指示方针，以慰众望"外，还建议蒋："请迅令戴笠同志急组联络组，以联络各地忠勇同志为目的，为在野时间的领袖与干部联络的惟一机关"。①

唯有陈诚来电中的态度稍显消极，主要原因是蒋介石在下野前秘密处决了邓演达。邓氏曾协助蒋创办黄埔军校，在黄埔军人中有较高威信，同陈诚私交尤为密切。1930 年，邓演达联络一批国民党左派人士组成中国国民党临时行动委员会，志在"恢复孙中山先生的三民主义革命主张"。② 行动委员会虽名为国民党内的一个左派组织，但仍被改组派视为"共产党右派"。③ 甚至有人直接称其为"第三党"，邓也不否认，并在蒋政权内秘密活动，除成立革命黄埔同学会与蒋控制的黄埔同学会对抗外，又派人到陈诚的十八军活动，希望依靠陈诚的关系反蒋。④ 黄埔系是蒋最重要的力量，而邓演达的特殊身份，能直接威胁蒋氏的基本队伍，这是蒋最不能容忍的。早在 7 月间，蒋即密电陈立夫，指示："邓演达在沪活动，非设法拿获不可。望速设法，或派黄埔生为间谍亦可。"⑤ 8 月 18 日，邓演达在上海租界被捕，立即被引渡到南京，蒋介石在邓案上亲

---

① 《胡宗南致蒋介石电》（1931 年 12 月 17 日），《事略稿本》第 12 册，第 474 页。
② 陈卓凡：《我所知道的邓演达》，《广州文史资料》第 22 辑，广州市政协文史资料研究会编印，1978，第 200—201 页。
③ 范予遂：《我所知道的改组派》，《文史资料选辑》第 45 辑，第 230 页。
④ 《陈诚出卖邓演达及其他》，《广州文史资料》第 5 辑，广州市政协文史资料研究会编印，1962，第 140 页；杜伟：《我所知道的陈诚》，《文史资料选辑》第 12 辑，第 130—131 页。
⑤ 《蒋中正电陈立夫速设法拿获邓演达遏止其在沪活动》（1931 年 7 月 21 日），《筹笔》第 59 册，"蒋档"：04 - 0216。

批八字："煽惑军队，扰乱邦家"。① 蒋于下野前将邓秘密处决，消除了这个在他看来最大的隐忧。

长期以来很多人认为邓演达之死，是由于陈诚的出卖，并引起一批当事人的争论。② 笔者在台北"国史馆""蒋中正总统档案"中查到陈诚获知邓演达被捕后，致电蒋介石请求"为国惜才，贷其一死"的电报，而蒋也复电表示"宽大办理"。当陈诚得知邓被处决后，一度心灰意冷地致电蒋介石请求辞职："顷接确讯，择生兄经军法司判死刑，人亡国危，痛澈肺肝，猥以微贱，久承嘘植。而今公不能报国，私未能拯友，泪眼山河，耿耿内疚……职决即日离职，赴京待罪。"蒋介石当日复电表示不准辞职，并称："革命可否为私情而忘公？又今既证实择生有叛党乱国之罪，而不能伏诛，则纪律不张，何以革命。望勿以私害公，为友忘党，并勿再作如此离职之言，有负职责也。"③ 但陈诚仍复电表示："惟职之出此，全为革命前途着想，非尽为友谊"，并进一步解释道："于择生处死，独斤斤以为不可，妄附古诤臣之末者，盖一为国家惜才，二为革命者知所自勉，三以成钧座继先总理之宽大也。"④

---

① 《邓演达在沪被捕》，《国闻周报》第 8 卷第 34 期，1931 年 8 月 31 日，"一周间国内外大事述评"，第 8—9 页。

② 黄维：《邓演达烈士被害的真相》、邱行湘：《关于邓演达之死的问题》、宋瑞珂：《邓演达的被害与陈诚发迹有关联吗——与杨伯涛、周一志两同志商榷》，均见《文史资料选辑》第 84 辑，文史资料出版社，1982；杨伯涛：《陈诚军事集团发展史纪要》，《文史资料选辑》第 57 辑，中华书局，1978。

③ 《陈诚致蒋介石电》《蒋介石复陈诚电》（1931 年 12 月 19 日），《事略稿本》第 12 册，第 474—475 页。

④ 《陈诚致蒋介石电》（1931 年 12 月 20 日），《陈诚先生回忆录——北伐平乱》，第 205 页。

当然，陈诚终归是蒋的心腹干将，不能仅仅斥责两句而不管。此前半年，宋美龄将谭延闿的女儿谭祥认作干女儿，做媒许配给陈诚。① 原定于 11 月 12 日孙中山诞辰日结婚。时正值九一八事变不久，蒋介石电陈诚告以"当此国难方殷之时，结婚以暂缓为宜"。② 此时，内心痛苦不堪的陈诚在江西吉安军中手书谭祥："今天是我俩订婚七周月，国仇友恨，岂堪回首。择生兄为革命而死，为中华民族而死，为世界弱者而死，死得其所矣！不复何憾?"③ 随后，他即离开部队赴上海休养。为了尽快安抚陈诚，蒋介石在接陈诚辞职电 10 天后复电表示："元旦结婚，专此恭贺。

面对外辱和痛丧挚友邓演达，陈诚于订婚七周月手书"国仇友恨"

惟沪上为繁华之地，一切务从节俭为宜。"同时电告在上海的宋子文"请代送贺仪五千元"，并另送结婚"礼物约价千元之数"。④ 此后，陈诚对蒋仍忠心不二。

除黄埔军人外，一些非蒋氏嫡系的地方实力派，如山东省

---

① 蒋介石日记 1931 年 5 月 22 日载："下午回城，为陈诚与谭祥订婚。"
② 《蒋介石致陈诚电》（1931 年 9 月 29 日），《事略稿本》第 12 册，第 107 页。
③ 《陈诚先生回忆录——北伐平乱》，第 206 页。
④ 《蒋介石致陈诚电》《蒋介石致宋子文电》（1931 年 12 月 29 日），《事略稿本》第 12 册，第 512 页。

政府主席韩复榘、① 云南省政府主席龙云等人也纷纷电蒋表示效忠。如龙云电称："顷阅删电，惊惧殊深。个人去留事小，国家安危事大。拟请再贾余勇，迅筹安内攘外之功……滇省此后当取何方式？"② 蒋介石复电龙云表示："本党环境至此，中不能不辞职引退，惟有以在野之身尽匹夫之责而已。请兄努力整理，先固滇围，以保西南革命之根据也。"③

12 月 19 日，蒋介石与宁方干部会商时局后，在日记中写道："今日之党，革命条件无一完备，威信既失，焉能再望其领导革命，余意非力自振拔，无以为党，故决心退出也。"④

第二天，蒋介石同陈布雷讨论今后党务问题时，再次表示："余应自弹劾，以中央执行委员而为国家之首，乃有两重责任，不可与单为中委者比，故余不能不牺牲一切，尊重约法与党纪，不能再参加党务，不过勿以退出党籍表示也。"⑤

12 月 22 日，蒋介石由南京返回故乡浙江奉化。24 日，他在家乡总结此次被逼下野的教训时反思道：

---

① 《蒋伯诚呈蒋主席十二月寒电》（1931 年 12 月 14 日），《蒋主席下野与再起》，"蒋档·革命文献"。蒋伯诚电称："昨向兄询职谓：近有总座下野之说。如果实现，全国必有骚动。我们应如何应付，不能无相当计划等语。"

② 《龙主席云呈蒋公十二月筱电》（1931 年 12 月 17 日），《蒋主席下野与再起》，"蒋档·革命文献"。

③ 《"龙主席云呈蒋公十二月筱电"批语》（1931 年 12 月 17 日），《蒋主席下野与再起》，"蒋档·革命文献"。

④ 蒋介石日记，1931 年 12 月 19 日；另见《困勉记》卷 20，"蒋档"。其文为"今日之党，革命条件无一完备，威信既失，焉能再望其领导革命。余虽辞职，为党计非力自振拔不可（乃决定退出政府而不退出党）"。引文括号内的文字，被毛笔删除。

⑤ 蒋介石日记，1931 年 12 月 20 日；另见《困勉记》卷 20，"蒋档"。

今次革命失败，是由于余不能自主，始误于老者，对俄、对左皆不能贯彻本人主张，一意迁就，以误大局。再误于本党之历史，党内胡汉民、孙科，一意迁就，乃至于不可收拾。而本人无干部、无组织、无情报，以致外交派唐绍仪、陈友仁、伍朝枢、孙科勾结倭寇以卖国，而未之预知，陈济棠勾结古、桂各派，古应芬利用陈逆皆未能信，乃至陷于内外挟攻之境，此皆无人之所致也。而对于反动智识阶级之不注意，教育仍操于反动者之手，此亦本人无干部、无组织之过也。军事之干部后进者有熊、陈、胡等，而党务之干部实一无其人，外交更无其人矣。[1]

12 月 28 日，蒋再次"独坐深思"，曰：

涉世愈深，则识世愈明。今得数语曰：救党者，必为党员所毁；救国者，必为国民所恨；救人者，未有不为被救之人所陷害也。自十四年总理逝世以后，本党之右派如胡汉民、孙科以及一般之腐化西山派，与其左派之汪精卫，以及一般之恶化第三党等，甚至全国遍地皆为苏俄、共产党所制服奴辱，以余九死一生，不惜嗣子、不顾身命，乃由共党手中以救党国与民众，而今日所得之结果如此，是理所当然耳，以圣贤立身救人，不望当世之报酬，惟有牺牲身命以成其志而已。[2]

---

① 蒋介石日记，1931 年 12 月 24 日；另见《省克记》卷 5，"蒋档"。
② 蒋介石日记，1931 年 12 月 28 日；另见《事略稿本》第 12 册，第 507 页。

二　北方秘密联合倒张

就在南北联合倒蒋的同时，北方内部一直在暗中酝酿推倒张学良。特别是九一八事变发生后，东北军首当其冲，损失惨重，而蒋介石受粤方压迫，一时又无力顾及，于是北方势力更加紧了联合倒张的步伐。

早在 1930 年 9 月 18 日（恰为九一八事变一年前），正是因为张学良通电拥护中央，率东北军入关，才最终导致阎、冯联军反蒋失败。从此，黄河以北完全纳入张学良的势力范围。1931 年 4 月，张学良在北平正式建立陆海空军副司令部行营，设官邸于北平顺王府，东北的政治中枢也由沈阳迁至北平。[①]

张学良对华北的控制，自然引起原华北地方势力的不满。1931 年 7 月下旬，石友三首先反叛，虽然打出的旗号是反蒋，但针对的目标则是张学良。石的部下唐邦植在战后回忆这段经历时，不称为反蒋战争，而称之为"石友三倒张之战"。[②] 石友三起事前虽接受粤方的正式委任和财政资助，但"石向北进，违粤节制，粤极愤恨"。[③] 可见，在当时很多北方军人的心理中，倒张重于反蒋。

九一八事变后，国难当头，国民党内各政治派系谁也不敢再一意孤行。宁粤双方被迫停止冲突，在上海举行和谈。但粤方仍坚持蒋介石必须下野，作为和谈条件之一。同时，张学良

---

① 《张对新闻记者谈话》，《国闻周报》第 8 卷第 16 期，1931 年 4 月 27 日，"一周间国内外大事述评"，第 1 页。
② 唐邦植：《回忆石友三倒张之战》，《文史资料选辑》第 52 辑。
③ 《北平华觉明致汉口何成濬江电》（1931 年 9 月 3 日），《蒋方民国二十年往来电文录存》，"阎档"：80/1075。

的声望因受九一八事变的打击、东三省的沦陷而遭重挫。这在刚刚返回山西一个多月的阎锡山看来，为他提供了难得的机会。

此时，阎锡山不仅要取消政府对他的通缉令，而且跃跃欲试，准备利用蒋介石和张学良内外交困之机，推倒张在华北的统治，取而代之，进一步巩固和扩大自己的势力范围。但国难当前，他又不得不考虑以下两点：一是不可轻易以武力倒张，否则难得国人的同情；二是不可过于和日本勾结，以冒天下之大不韪。这是他在九一八事变后的主要方针和对策。

日本侵略者在占领东北的同时，加紧对各派势力的分化拉拢，借此浑水摸鱼，达到进一步分裂中国的目的。九一八事变后的第二天，阎锡山派驻"非常会议"天津执行部代表贾景德一日内即连致数电给阎锡山，主旨均在倒张，而背后又有日人的暗中操纵。其中有二电曰：

> 顷某（指日本天津驻屯军）司令部参谋长竹内来谈……彼方虽如此做法，并非对中国国家有何种恶意，亦非图占地方，其意只在倒小张，极盼我方乘此时机驱奉军出关，彼必不敢抵抗。如果郭璧（指粤方）与我方对彼方在彼此有条件的谅解之下对我方亦可为物质上之援助，并为军事上间接之帮忙等语。此事如能处置得宜，似于国权、地方两无所损，否则危险甚大。彼所谈各节只向野（贾景德）及（邹）海滨、（刘）维炽说之，他人均不知道。愚意外交交涉应如何办，现可让郭璧任之。

> 我若乘此驱奉军出关必失中外之同情，若能利用此机

使东北另换长官，亦北方大局之幸。[①]

老谋深算的阎锡山终究非贾景德可比，在国内外局势尚未明了、双方力量对比没有发生明显变化之时，他是不会轻易采取行动的。同时，面对日本的侵略，阎锡山还能保持比较清醒的认识，复电提醒贾氏："此事关系甚大，容俟考虑考虑再说，不过日人最喜造谣，希注意之。"[②] 同时，阎致电徐永昌称："东北事件存亡所关，请转告张副司令，无论如何处置，余必一致服从，并应劝晋将领共赴国难。"南京方面得到的情报显示："张接电后即嘱徐回并主持。徐日内可行。冯部将领已表示精诚御侮。传冯、阎与日一致，实不可靠。"[③]

此时，南京政府也深知再坚持逼迫阎锡山离晋出洋并不现实。为防止阎同日本进一步勾结，9 月 20 日，孔祥熙以个人名义致电徐永昌，谓："关于百公应否离晋，弟个人原无定见，前之电商石曾先生，盼百公以文字发表意见者，即为其撤消通缉令，自由留晋。"[④] 此时，为了稳住华北局势，张学良也改变逼阎离晋的态度，[⑤] 主动电请国民党中央赦免阎锡山。9 月 30 日，蒋介石主持召开中政会，就是否批准"张学良电

① 《天津贾秘书长静极密皓电》《天津贾秘书长静密皓四电》（1931 年 9 月 19 日），《各方民国廿年往来电文原案》，"阎档"：21/0215 - 8、21/0207。

② 《复天津贾秘书长马电》（1931 年 9 月 21 日），《各方民国廿年往来电文原案》，"阎档"：2121/0213。

③ 《北平华觉明致何成濬祃二电》（1931 年 9 月 22 日），《蒋方民国二十年往来电文录存》，"阎档"：80/1260。

④ 《上海孔部长祥熙来号电》（1931 年 9 月 20 日），《各方民国二十年往来电文录存》，"阎档"：60/1556。

⑤ 据徐永昌日记载："九月十七日之傍晚，汉卿尚约余，必欲阎先生离晋。"见《徐永昌日记》第 2 册，第 482 页。

请赦免阎锡山案"进行了讨论：

　　陈果夫："阎锡山这次回来，是日本人送他回来的，他和日本究竟有什么关系？要他声明一下。"

　　李石曾："主席，本席这次由北平回来，对于张副司令请赦免阎锡山事，略为知道一点，所以报告一下。在前多少时，石友三叛变之前，各方传说很多，说山西将参加石友三的行动。北平方面，总司令有许多电报去，要山西直接或间接帮助消灭石友三。那时阎锡山对徐永昌表示要与中央一致。这次日本侵略辽、吉，阎锡山即打电报给张副司令，表示要全国一致拥护中央共赴国难。张副司令在石友三叛变之前，就有电报请撤销阎氏通缉令。现在全国一致对外，山西将领一致拥护中央，所以张副司令再请撤销令，并开复党籍。本席还要补充说明的，阎氏已表示以后不愿从事政治生涯，要做开发实业工作，已与孔部长文电商量。孔部长也很赞成他做实业。军人下台之后，能专心于实业之开发，不特有利于山西，且与东北边地垦殖有补，又可改变一般军人之心理，所以本案对于撤销通缉一节，本会可以通过，至开复党籍方面，请送中央执行委员会决定。"

　　主席（蒋介石）："本席从前曾表示过，对阎锡山不能赦免。但在现在时局上看起来，对于日本暴行，他表示一致对外，似可准其恢复自由，而且各方面都希望中央宽大，他既有电报给张副司令表示一致对日，拥护中央，可否照张副司令的主张？不过前天他发表的电报，只说要共同抵抗日本，没有讲他自己怎样。如照现在要免予通缉，他应该要表明他自己的心迹。"

邵元冲:"他能不能再表明态度?"

李石曾:"中央如免他通缉,他当然可以进一步的表示的。我们知道山西人是很直爽的,如要打电报给他,总有回电的。不过现在电讯往返颇费时日,阎锡山要想作乱是不至于的,他以后一定可以进一步表示的。现在去电时间即长,而北方局面也有关系。他要作乱,石友三叛变时,也就作乱了,日军进侵辽吉时,也就作乱了。从前政府下令通缉,是处之以常,现在免予通缉,是处之以变。请照张副司令的办法。"

主席:"依李先生的意思,撤销通缉?"

叶楚伧:"文字上可否改为'姑许免予通缉'?"

主席:"那是一样的。开复党籍事,送中央常会。今天准张副司令的请求。"

陈果夫:"他与日本人有什么关系?"

李石曾:"究竟有没有关系?在表面上看起来是没有关系的。他心里怎样?这就不能说。不过中央表示宽大,如中央要严厉的办,那末在法令上说,他既在山西,便应下命令着山西文武各机关通缉归案究办。如真的这样做,山西时局不免于变动,此无异帮助日本人。所以在改变军人心理上及时局需要上说,中央应免予通缉。"

主席:"阎锡山看来不至于和日本有何关系,也有一部分凭据可以证明的。现在可照张副司令的请求。"

决议:"无异议。阎锡山准免通缉,恢复党籍。"①

---

① 《中国国民党中央政治会议第 291 次会议速记录》,党史馆藏,毛笔原件:00.1/126。

就这样，阎锡山顺利地恢复了他在山西合法活动的地位。同时，他又利用张学良损失国土、处境危险之机，继续加紧密谋倒张。但他在行动之时也不得不有所顾忌。他要保证所有倒张行动，都要在合法范围内进行，以求得国人的谅解和支持。9 月 20 日，贾景德致电阎锡山汇报北方执行部行动计划时称：

> 现所急须筹计者（一）不使蒋介石利用机会固位；（二）副张根据已失，总座可以着手或说话，时机不要迟回审慎；（三）东北另易长官，外交必容易办；（四）可设法使副张内部崩溃；（五）于学忠处来人可否先令其回平密商办法。总之，外侮之来实以蒋氏招之，先除蒋氏再图对外。今予等先得钧座意旨，再与粤府商一致办法。但此间与学忠处接洽情形，渠等毫无所知。①

阎锡山立即复电指示："一、二、三、四均可；五我恐系假冒。如非假冒亦可照办。"② 22 日，贾再电阎报告："昨晚学忠派人来征询意见，仅答以前赴晋的人尚未返，但断定必系圆满答复……愚意学忠如能领头欢迎钧座出来了此事，的确尚有做法。"③ 第二天阎即回电表示赞同："子平（于学忠）如

① 《天津贾秘书长静密号电》（1931 年 9 月 20 日），《各方民国廿年往来电文原案》，"阎档"：21/0225。
② 《复天津贾秘书长马电》（1931 年 9 月 20 日），《各方民国廿年往来电文原案》，"阎档"：21/0229。
③ 《天津贾秘书长和密祃电》（1931 年 9 月 22 日），《各方民国廿年往来电文原案》，"阎档"：21/0230。

肯领头发电亦未不可。"① 而当粤方军政会决议"请阎、冯两委员负领导各武装同志电张劝蒋下野,并直电蒋劝其下野"时,② 一贯注重实际的阎锡山立即复电否决了粤方的提议。阎电称:"此时发电请蒋下野,二、三集团及殿英等部饷项势必中止发给。我原意在未发动以前绝不轻着痕迹。容俟与各将领详细商酌之。"③

此时,阎锡山同四川军阀刘存厚及吴佩孚之间仍保持密切联系。9 月 25 日,吴佩孚曾致电阎锡山表示:"除派陈幼孜趋候大教外,坤(吴)拟节后由武都进驻天水,纠合甘、川军图剥(杨虎城),与鼎(阎)联络一致,谋塞(蒋)。"吴并征询阎对九一八事变后的反蒋态度:"唯日军进占东三省,鼎(阎)对此用意若何乞示"。④ 阎当即复电称:"图剥极赞同,对日军,鼎意倒塞同御外侮。"⑤ 此时,在阎锡山看来抗日和倒蒋是一致的,只是他自己不肯轻易动武,以免被国人视为助日的汉奸。但他在暗中不断鼓励别人公开反蒋。当阎获知刘存厚拟"出兵三万"讨蒋后,立即致电粤方表示:"弟意此数不是以会师中原,夹攻武汉,希速请汪先生促动(刘)文辉为要。"⑥

---

① 《复天津贾秘书长梗电》(1931 年 9 月 23 日),《各方民国廿年往来电文原案》,"阎档":21/0242。

② 《天津贾秘书长和密沁午电》(1931 年 9 月 27 日),《各方民国廿年往来电文原案》,"阎档":21/0264。

③ 《复天津贾秘书长勘电》(1931 年 9 月 28 日),《各方民国廿年往来电文原案》,"阎档":21/0268。

④ 《刘存厚有转吴佩孚致阎锡山皓电》(1931 年 9 月 25 日),《各方民国廿年往来电文原案》,"阎档":21/0133。

⑤ 《阎锡山密复吴佩孚皓电》(1931 年 9 月 29 日),《各方民国廿年往来电文原案》,"阎档":21/0135。

⑥ 《阎百川致广州程和甫鱼电》(1931 年 10 月 6 日),《各方民国二十年往来电文录存》,"阎档":60/1468。

而当贾景德再次报告"某（指日本）方面来谈：北方如无做法，彼方不惜扩大范围，盼钧座有所表示"时，① 阎复电再次警告他："我只有意赴绥（倒张），然决不愿与某方稍有勾连，致招国人不容。以后见某方人说话时审慎为要。"②

当时北方实力派中除阎锡山的晋系外，力量较强的就是控制山东的韩复榘。九一八事变后，韩复榘发觉蒋介石、张学良地位不保，感到有机可乘，也想乘虚而入，反张而取得对平津和河北的控制权。但他虽有野心，力量和资望都不够，因此联阎倒张，在韩看来也还是有利可图的。

10月初，宁粤双方在广州初步达成合作协议后，晋、鲁之间即开始积极酝酿，联合"倒张"。此时驻防晋南的宋哲元部也不愿再隶属冯玉祥。为了自保，宋亦派人联络晋系，向阎锡山表示效忠："宋军长以总座之意为意，以服从冯先生如服从总座。"③

10月9日，贾景德有一电致阎锡山，颇能反映出此时北方军人的心态。该电称："宁粤和议真情若何，此间迄无所知。不审南边人倒什么鬼。然以历史、人情揆度，断无得利于北方。此时北方似应另有一结合组织。望钧座熟筹之。派往伯常（指韩复榘）的人已有来信，谓伯常对八字条约极端赞成，现正在商定中。"④ 随后，韩复榘即派代表柴东生同贾景德接

_____

① 《天津贾秘书长设密蒸三电》（1931年10月10日），《各方民国廿年往来电文原案》，"阎档"：21/0340。
② 《复天津贾秘书长真电》（1931年10月11日），《各方民国廿年往来电文原案》，"阎档"：21/0345。
③ 《太原刘陞静密寒电》（1931年10月14日），《各方民国廿年往来电文原案》，"阎档"：21/1062。
④ 《天津贾秘书长设密青二电》（1931年10月9日），《各方民国廿年往来电文原案》，"阎档"：21/0327－0332。

洽，柴表示："（一）双方合作认为确有必要；（二）汉卿前派万福麟去说系联蒋的大联合，向方仅虚与委蛇；（三）顷派刘熙众与彼北来即转赴晋陈说，仍盼钧座与焕章出来作领导。"柴还向贾询问："晋将来可出兵多少？"贾"答以总在十万以上"。①

阎锡山得知韩复榘的基本态度后，立即复电贾景德指示："青二蒸二均悉。北方事非鲁、晋切实结合，不易解决。伯常对八字条约既极端赞同，即由彼起草，请诸人作证成立，以为解决北方基础。子志（指张学良）兵数虽多，军实已亡。但我方亦不轻用武力解决，冒天下之不韪。外交终有落点，届时子志必难幸存，再用政治手腕妥为解决。"② 阎电文中所称的"青二蒸二"，分别是指 9、10 日两天贾致阎的两封电报，可惜笔者在"阎锡山档案"中并未看到这两封电报，无法得知"八字条约"的具体内容。但从以上电文中可以断定的是"八字条约"是针对张学良而言。

此时，晋、鲁双方都深知如要倒张，必须加强合作。但双方存在的最大矛盾，是倒张的目的虽"一致"，但晋、鲁都想以领袖自居，染指平津。从贾景德致阎锡山的一封电报中，颇能读出此时各自的苦恼：

> 与向方接头所最困难者，系彼甚愿当首领，而又知其实力、声望不够。彼始终意在平、津，而与大计划上确有

---

① 《天津贾秘书长设密蒸二电》（1931 年 10 月 10 日），《各方民国廿年往来电文原案》，"阎档"：21/0346。
② 《复天津贾秘书长电》（1931 年 10 月 12 日），《各方民国廿年往来电文原案》，"阎档"：21/0333 - 4。

冲突。第一层是否仅一军事领袖可满其欲，钧座是否可领导政治？第二层平、津问题当如何解决？如彼取平、津，子平固非打不可也。均请筹示。①

"子平"即于学忠，此时尚在张学良阵营中，驻防平津。于学忠同晋方的联络，鲁韩毫不知情。在处理这类棘手问题时，阎锡山终归要比贾景德老练和狡诈。10 月 15 日，韩复榘的代表刘熙众赴晋谒阎，并表示：

> 一，从前向方与总座未能完全一致，系因环境关系，请原谅。二，向方知总座对彼甚关心，并知山东事晋方确能尽力援助，向方甚感动。三，现在时局十分紧张，确有鲁、晋联络互保必要。四，声明向方自知实力、声望均不够，决不敢做首领。

对此，阎锡山回答道：

> 一，过去事余深知向方确有苦衷，请转向方放心；二，余为鲁、晋共存及北方大局关系，所以时时替向方设想；三，鲁、晋共存已成定局，望速分访冯先生及宋、徐、杨等，述明情形，研究互保方式，回来决定；四，军事首领，向方应以大局为重，毅然担任，否亦必须由向方另找一人担任。请向方万不要推诿，致误时

---

① 《天津贾秘书长努密文二电》（1931 年 10 月 12 日），《各方民国廿年往来电文原案》，"阎档"：21/0365。

机。余对军政事不愿再去担任，此种苦衷出自本心，请
向方决勿客气。①

当事情还没有绝对把握的时候，阎锡山很明白应当如何处
理，绝不把话说大、说尽，要为自己留有回旋余地，而又不使
事态失控。有时甚至有意布下一些迷阵，引诱对方首先行动。
所以他才会有"余对军政事不愿再去担任"，"请向方决勿客
气"等语。而在自己行动之前也绝不轻易得罪蒋、张。正是
基于这样的考量，当粤方得知阎锡山曾有电指责张学良"斥
其放弃边防重责"，请求阎"将全文拍来通电"时，阎当天即
复电表示："通电事关系军食，前因明轩未归，故难决定。刻
各将领正在会商中。"实际上再次拒绝了粤方的请求。② 在倒
张没有十足把握之前，他是绝不愿作为粤方反蒋筹码而贸然行
动的，何况维持现状还可继续享受张学良接济的"军食"。

随着宁粤上海和谈的进行，种种迹象显示蒋介石下野将成
为现实。为此，晋阎、鲁韩对倒张一事更为积极。阎锡山10
月28日致电粤方表示："以我之意年来蒋、张相依为命，此
次东省事变北方对张甚不满，东省尤甚。北方事张复维持不
易，和议若僵，蒋似不能不顾虑及此也。"③ 这是阎锡山首次
向粤方暗示自己有意染指平津。

---

① 《复天津贾秘书长删电》（1931年10月15日），《各方民国廿年往来电文
原案》，"阎档"：21/0373-5。
② 《广州潘宜之先生甲密铣电》《复广州潘宜之乙密转汪先生西密叶电》
（1931年10月16日），《宁粤合作案》，"阎档"：12/1335-1336、12/
1335。
③ 《阎百川致广州程和甫西俭电》（1931年10月28日），《各方民国二十年
往来电文录存》，"阎档"：60/1492。

阎锡山　　　　　　　　　　　赵丕廉

　　10 月 29 日，蒋介石电邀张学良入京面商东北善后问题。[①] 此举一时引起各方的不安和猜疑。当时上海盛传"汉卿目的在取得调人资格，固地位，增声誉"。[②] 不过也有情报显示："蒋恐张无家可归，致与粤政府及冯（玉祥）等合作，促张赴京会面，借观张之情形。张到京表示合作到底，对内对外均唯命是听。蒋亦允继续协助东北军饷。因是蒋对粤方忽变强硬。"[③]

　　正是在这一背景下，广东方面的汪精卫、胡汉民、孙科等人均主张阎锡山应乘机收复平津。粤方的打算是借阎倒张，打

① 《蒋张协商善后》，《国闻周报》第 8 卷第 44 期，1931 年 11 月 9 日，"一周间国内外大事述评"，第 1 页。
② 《上海张至心救密鱼电》（1931 年 11 月 6 日），《宁粤合作案》，"阎档"：12/1395—6。
③ 《太原孙司令昌密鱼电》（1931 年 11 月 6 日），《宁粤合作案》，"阎档"：12/1397—8。

击蒋的势力。而阎也同样需要得到粤方的支持，作为其取张学良而代之的助力。此后，阎锡山主动加强同粤方的联系，特别是同一年前他在"扩大会议"上的合作者汪精卫之间往来频繁。其间，桂系更是积极从中穿针引线。

在此之前，阎锡山和汪精卫之间，还有一段有趣的故事值得一记。10月16日，桂系驻粤代表潘宜之有一电致阎锡山，转达汪精卫对阎的不满："对汪公电多不复，纵复亦敷衍。然汪公对我公仍不以此介意。近来音信更稀，至为不解。本日再致我公一电，此可谓最后一电，如再不复，亦不欲多事也。"潘宜之特意提醒阎："不可不于细微处多加注意也。"① 阎对潘宜之的提醒深以为然，此后阎、汪间的联系明显加强，彼此电报往来频繁。当阎得知李宗仁送"精卫七万元"时，立即派人赠汪款5万元。② 事后贾景德电阎报告：

> 思诚带交精卫之款，精卫谓数月以来正以未能助钧座解除困难抱歉于衷，若再受厚赐，益无以自解，嘱代陈钧座取消此议等语。野亲身送往，精卫尚在谦让，拟留若干，璧还若干。窥其意思系欲将其愧歉之意代达钧座，只要钧座再赐一电坚请收受，彼当不再谦让。③

果不其然，四天后贾再电阎时即说明："前送之款，彼再

----

① 《广州潘宜之先生甲密铣电》（1931年10月16日），《宁粤合作案》，"阎档"：12/1335—6。
② 《天津贾秘书长国密宥电》（1931年10月26日），《各方民国廿年往来电文原案》，"阎档"：21/0893。
③ 《上海贾秘书长现密元电》（1931年11月13日），《各方民国廿年往来电文原案》，"阎档"：21/1009。

未谈。当算收受矣。"①

11月7日,宁粤上海和谈结束。其间,蒋介石取得的最重要成果就是成功地分化了粤方的团结,初步形成蒋汪合作的局面。国内各政治派系关系的格局发生了重大变动。但他们间的矛盾仍是错综复杂。汪精卫在联蒋的同时,努力拉阎锡山为其后援。而在倒张问题上,阎、汪利益又是一致的。在汪看来,虽已同蒋达成合作,但打击了亲蒋的张学良,就是削弱了蒋的有形力量,无形中可增强自己对蒋的发言权。同时,阎也借汪在国民党内的地位希图自固,扩大地盘,借此削弱竞争对手韩复榘的势力扩张。此后,在倒张问题上,汪精卫极力鼓励阎锡山收复平津。阎的代表赵丕廉向汪表示:"推倒汉卿,阎先生与公意极同,惟利用外患做此事,诚虑有冒天下之大不韪。"同时,赵也向汪表达了阎的另一顾虑:"叔均(指蒋介石)在大扬(河南)驻有重兵,而伯常(指韩复榘)亦垂涎侯马(北平)、湘浴(天津),此举应审慎。"② 阎锡山还得到情报显示:韩复榘拟以自己为领袖组织新直系,并有出兵占领鲁、直的计划,仅将晋、察、绥三省划归为阎的地盘。③

针对韩复榘对晋阎的威胁,潘宜之电阎建议:"西北军似应有人统率,瑞伯久居津门,似应请其继续参加讨蒋。宜意请

---

① 《上海贾秘书长致一西子异一密篠电》(1931年11月17日),《各方民国二十年往来电文录存》,"阎档":60/1837—9。

② 《天津转上海明野支二电》(1931年11月4日),《各方民国廿年往来电文原案》,"阎档":21/0933—4、0941。

③ 《太原孔芸生致阎总座静密支亥电》(1931年11月4日),《各方民国二十年往来电文录存》,"阎档":60/1887;《各方民国廿年往来电文原案》,"阎档":21/1163—6。

钧座及德公向粤中央推任为国府委员。"① 瑞伯，即鹿钟麟，原是西北军的第二号人物，德公，即李宗仁。潘的用意是想以鹿钟麟来压制韩复榘。阎当即复电表示同意："拟先派人征求同意，得允许后，即照兄意办理。"②

11 月 12 日，南京四全大会开幕。19 日，蒋介石在会上公开表示愿率军北上"保护国权"后，立即引起各方势力的猜疑和恐慌。"据一般传说，蒋将赴平联张，先对付鲁韩，然后封锁晋军。"③ 汪精卫特意致电阎锡山表达他对此事的看法：

> 蒋决赴北平，弟料不出两项原因：（甲）抵抗日本，收得国人同情；（乙）奉张为内外所共弃，不能再维持，又恐奉张去后公及韩、冯乘机收复，故自往接统东北各军，不使地盘丧失。弟意今夏蒋出发剿共时，我等且宣言在此时间决不宣战。今蒋若抗日，更当表示一致对外。惟北方地盘关系重要，平、津尤为咽喉。至低限度应采六［委］员制，共同处理，公不可放弃。愚见如此，是否有当，乞裁夺。④

第二天，阎锡山复电汪精卫表示："公料两点，弟意以为

---

① 《广州潘宜之先生本密歌电》（1931 年 11 月 5 日），《宁粤合作案》，"阎档"：12/1389。
② 《复广州潘宜之先生本密麻电》（1931 年 11 月 6 日），《宁粤合作案》，"阎档"：12/1388。
③ 《阳泉张维藩致天津宋哲元养电》（1931 年 11 月 22 日），《杂派民国二十年往来电文录存》，"阎档"：49/0345。
④ 《上海汪精卫先生救密哿电》（1931 年 11 月 20 日），《宁粤合作案》，"阎档"：12/1419。

均有之，惟去张一层，恐其左右尚难甘心。蒋如北上抗日，自当表示一致对外，至北方地盘，平津咽喉，诚如尊论不可放弃。但须合作成功后始易参加也。"① 此时，阎锡山对逼张下野、收复平津，有了一点明显的变化，就是一定要通过统一政府予以合法名义。否则，国难当头，很难获得国人的同情。

此时，张学良的处境相当危殆。他受到的压力不仅有全国民众对他丧失东北的不满，纷纷要求罢免之，有来自反蒋各派的公开挑战，有日本侵略者的军事打击；同时，南京内部更有人为稳定蒋介石的统治，主张弃张保蒋。这一切都使他的地位岌岌可危。这在华北的地方实力派看来，正是倒张的良机。

日本侵略者这时也充分利用中国内部的分裂，加紧对各派势力的分化拉拢。11 月 8、10 日，日军暗中勾结中国失意军人，连续在天津发动两次政变，拐走末代皇帝溥仪，并企图引起中日间更大的冲突。后因"计划不密，时间迫切，致归失败"。② 同时，日方还不断活动，极力怂恿阎锡山公开对抗张学良。阎的代表贾景德对利用日本势力倒张最为积极，建议阎锡山尽快采取行动。以下几则贾景德致阎锡山的电报，颇能反映出当时日本的阴谋和晋阎同各方联络的实情：

　　顷闻汉章之便衣队齐（8 日）晚已围攻津公安局，此事系土肥原从中主动，安福、旧直系军及北方自治救国会

---

① 《复上海汪精卫先生共密马电》（1931 年 11 月 21 日），《宁粤合作案》，"阎档"：12/1418—9。
② 《上海贾秘书长图密铣电》（1931 年 11 月 16 日），《各方民国廿年往来电文原案》，"阎档"：21/1036。

均在内，主要在倒张……有人力主须以钧座为重心，北方才不致纷乱，屡来商询。窃以颇难应付。可否在此事扩大以后，钧座借维持华北为名，提兵出来镇慑，一方则密与日人说明免生误会。如此则赴绥（倒张）之目的既达，而亦不落勾结外人之嫌。

湘浴（天津）蒸（10）日之动已系某（日）方与奉军直接开火，将来必要扩大，华北恐至糜烂。各方均盼我方联合各军先行赴绥，然后再与某方开谈判，较为妥当。

赴绥要着首在分化子志所部。比月以来各方虽多零星接头，子志所部亦确有解体可能。然而迄无成议者，一在无多数金钱，一在没有找着重心。伯常（韩复榘）、季滋（石友三）如果北攻，子平等必一死抵抗，可以断言。天民（吴佩孚）最推重之前内长孙丹林，系野（贾景德）旧识，与天民、子平均系蓬莱人，向有往来，现在上海。彼来系盼望北方团结成功者。欲请钧座与天民、伯常等暗结一救国同盟的极简单密约，只言攻守同盟，然后由天民令子平变更态度，一致赴绥。据云天民前者衡州班师倒段，即系与南军订此密约收效者。现在为对外计，结此密约，尤为理直云云。可否照此进行乞速示。再野对孙言，如天民主挂五色旗，则断不可。①

---

① 《上海煜如国密佳电》（1931 年 11 月 9 日），《各方民国廿年往来电文原案》，"阎档"：21/0994；《上海贾秘书长致现东现密元二电》（1931 年 11 月 13 日）、《上海贾秘书长致现西现密元三电》（1931 年 11 月 13 日），《各方民国二十年往来电文录存》，"阎档"：60/1826、1827。

正是在这一背景下，蒋方内部也有人秘密酝酿倒张固蒋。据阎锡山得到的报告称：

> 张群昨（19 日）告危苞滨云子志恐站不住，不如劝其下台。危答以公等上年共事很深，直接劝告较为有力。张答以我们去年系促令上船者，再令下船，话颇难说。又顾少川（顾维钧）的亲信来言如果粤方能允推倒子志而令叔均仍充主席，彼有法子能向叔均说云云。由此看叔均最近确想推倒子志固己位，而自己又不能径办，欲借粤方要求为之耳。①

晋阎的情报还是相当准确的。11 月 15 日，与张群关系密切的黄郛同张公权讨论东北问题时，亦主张"应设法使张汉卿速解职"。② 而此时进入兰州的吴佩孚居然捏造假通电，以川、甘、青等省 17 将领名义电请起用吴佩孚，"反抗中央，倒张拥段"，于学忠也列名其中，③ 一度引起东北军的恐慌。"闻副部对于学忠部似已加注意。奉军各旅长有联名电张请除部下南人四凶、北人四凶，实行清君侧。可见内部已有争怨。"④ 于是，贾景德又连电催促阎锡山尽快行动：

---

① 《上海贾秘书长实密号二电》（1931 年 11 月 20 日），《各方民国廿年往来电文原案》，"阎档"：21/0392—7。
② 《黄郛日记》第 8 册，1931 年 11 月 15 日。
③ 《西安杨虎城致汉口何成濬删未电》（1931 年 12 月 15 日），《杂派民国二十年往来电文录存》，"阎档"：49/1006。
④ 《天津林世则致梁冠英漾电》（1931 年 11 月 23 日），《杂派民国二十年往来电文录存》，"阎档"：49/0348。

子志已为全国所共弃，子志不去，津乱不会停止。以现在情况说，更非叔均同去不可，若再迁延，即党、政府亦在站不住的地位。各方极盼钧座急速举动，勉救大局，维持北方。愚见顶好以对日为名，俟得粤府任命，即部署军队做出动姿势，一面派人与子志交涉，作为助其对外亦可。彼如不愿，即请让开平津，让我军通过，一面暗与某方（日本）接洽。盖某方前曾表示过，如钧座肯出来，即骂他们几句，亦无不可。如此做去，既可慰全国人之望，兼可为将来的地步不须实力，一纸电报即可了事。叔均已到穷途，我再迟疑，必失事机。望钧座断然行之。前奉钧示，拟取沉静态度，野窃以为不可也。①

汉卿不走，某国必拿天津、北平，在某国手中收复断不如向汉卿手中收复为易，且将来条件上损失亦较小。②

对贾景德的主张，阎锡山始终是不赞同的。29 日，阎再次复电提醒贾氏："规复平津固系应有之事，而北方复杂情形尤应顾及。将来我方如办此事，必系由政府名义及命令办理。余意应俟北方准备就绪，再由政府发表进行为宜。"③ 同日，贾景德同汪精卫会商北方时局时，才终于明白了阎锡山的沉着和稳健。贾电阎报告道："今日与精卫熟商，精卫又顾虑到如果以抗日救国为名，蒋反利用此点将全盘重担推到我们身上，

---

① 《上海贾秘书长作密俭二电》（1931 年 11 月 28 日），《各方民国廿年往来电文原案》，"阎档"：21/0470—5。
② 《上海贾秘书长救密艳二电》（1931 年 11 月 29 日），《各方民国廿年往来电文原案》，"阎档"：21/0476。
③ 《复上海贾秘书长艳电》（1931 年 11 月 29 日），《各方民国廿年往来电文原案》，"阎档"：21/0478。

反为不利。研究结果拟将来主和后即主张我方收复平津……精卫又问阎先生有让平津与向方说，当答以前些时有此说，但向方如图平津，恐学忠等尚有波折。彼亦深以为然。"①

此时，汪精卫还请阎锡山的代表张至心返晋，向阎详细转达他对北方政局的看法。阎明确了汪的想法后，复电道：

> 一，汉卿过去之责任极重，现在亦无振作之气势，非下野不可。如能自动下野，则尊意组织委员会处理河北政务，弟极赞同。彼如不愿下野，则除避免国人不同情外，当联合北方同志努力为之；二，蒋将来下野与不下野，似应以其真有合作救国之诚与否为断，如无诚意，固非下野不可，尊意用兵必不得国人同情。弟极以为然。②

此后，阎、汪之间联系密切。12 月 14 日，赵丕廉、贾景德联名电阎报告同粤方特别是汪派会商今后图谋北方的计划：

> 我方此次做法，明等以为只有盼望统一政府将就立，钧座得以重握军政权，并规复平、津，即各方形成割据亦可听之。扩会旧人如理鸣（覃振）、沐波（傅汝霖）、巨川（白云梯）等亦均系此意。群拟在一中全会上先提

---

① 《上海贾秘书长作密艳五电》（1931 年 11 月 29 日），《各方民国廿年往来电文原案》，"阎档"：21/0485。

② 《复上海汪精卫先生力密艳电》（1931 年 11 月 29 日），《宁粤合作案》，"阎档"：12/1422—3。

汉卿停职案。公博则拟俟部长发表后暂不就职，先赴北方
一行，意在先将汉卿推倒，使钧座握住实权与精卫内外呼
应。钧座可来电表示欢迎。又李石曾极欲拿北方实权，曾
与子志谈拟约次辰在平一晤，并闻溥泉此次赴晋系受蒋命
维持汉卿地位，先使钧座与彼谅解。此间诸人对石曾拿北
方，拟极力反对。[①]

对赵丕廉等人同粤方"所拟统一政府将就成立后，我方
重握军政权并规复平津"的计划，阎锡山深以为然。12 月 15
日，阎复电赵等称"所见极是"。[②]

就在这一天，蒋介石在粤方的压力下，公开发表下野通
电。时局再次发生变化。此后，阎锡山将北方倒张的希望寄托
在宁粤双方共同召开的四届一中全会和即将成立的新政府身
上。

三　四届一中全会的纠纷

12 月 16 日，当粤方得知蒋介石辞职消息后，立即召开临
时会议决定：

> 一，推唐绍仪等主持粤府，中央党部及国府均暂保
> 存，俟统一政府成立后始撤销。二，陈济棠、余汉谋、李
> 扬敬、香翰屏因边防重要，萧佛成、邓泽如因政务，均不

---

① 《上海煜如芷青灰密寒二电》（1931 年 12 月 14 日），《各方民国廿年往来
电文原案》，"阎档"：21/0605。

② 《复上海煜如芷青电》（1931 年 12 月 15 日），《各方民国廿年往来电文原
案》，"阎档"：21/0615。

北上。李宗仁、白崇禧须留一人主持桂事。三，定十八日为举行打倒独裁纪念日，各机关均休假，联合各界举行大会。①

当天，何应钦也向蒋介石报告了在沪粤方委员的动态：

> 钧座通电昨夜深始到。粤方代表今晨召集谈话会，决定全体入京。本拟于本晚车行，因恐夜车铺位不敷分配，反为不妥，故改为明晨九时乘专车来京。汪先生病仍未愈，拟静养二三日即来参加一中全会。汪夫人及左派人员均先行，不再延期。②

12月18日，粤方中委李宗仁、马超俊等分两批自广州赴京。宁粤双方终于能够在南京合开四届一中全会。

随着粤方代表的入京，一个新矛盾又呈现出来。大会召开前，对汪派在沪所选的10名中央委员资格问题，出现较大分歧。因粤方不承认此10人中委资格，对此汪精卫信誓旦旦地在沪表示：

> 无论如何，兄弟代表主席团各位同志，可以负责的说，我们对于本会代表在上海选举的结果，一定是尽力维持的。我们或者用温和的手段去力争，或者用激烈手段去力争，甚至我们连中央委员也不做都可以，总要达到目的

---

① 《反蒋运动史》，第511—512页。
② 《何应钦致蒋介石电》（1931年12月16日），《日寇侵略之部：参、淞沪事变（第1卷）》，"蒋档·特交文电"：20014347。

才罢。①

对于汪精卫同粤方的分歧，蒋介石自然是求之不得，并极力拉拢汪。12 月 16 日，蒋介石主持召开中常会临时会议，讨论出席四届一中全会委员问题。当陈立夫提到汪派"大世界的怎样"时，蒋即表示："大世界的也要来的。如发通告，笼统一点。大世界的名字可以不写。"② 18 日，刚刚入京的汪派主要人物陈璧君、顾孟馀、陈公博即来拜见蒋介石，请蒋"助其解决上海大世界十委员问题"，并表示唯"先承诺"此点，"精卫然后乃肯来京"。蒋对此"毅然允之"。③

12 月 19 日，国民党中央召开谈话会，出席中委 49 人。谈及沪选 10 名中委问题时，因有蒋的支持，"故多数主张加以容纳，以免留一不良之因"。当晚，蒋介石宴请到京的中委，特意将汪派 10 名中委邀请与宴，以暗示他事实上承认汪派中委的资格。④ 此时，汪精卫则借口糖尿病重，留在上海医院治疗，静候佳音。

此时一个最有趣的现象是，尽管各派中委纷纷入京，但反蒋派的"大佬"胡汉民、汪精卫，以及北方的冯玉祥、阎锡山都以种种借口滞留京外，观察事态的演变。蒋下野通电发表的

① 《汪精卫表示必争》，《国闻周报》第 8 卷第 49 期，1931 年 12 月 14 日，"一周间国内外大事述评"，第 2 页；《反蒋运动史》，第 503 页。

② 《中国国民党中央执行委员会临时常务会议速记录》（1931 年 12 月 16 日），《中国国民党中央执行委员会政治会议速记录》，党史馆藏，毛笔原件：00.1/126。

③ 《事略稿本》第 12 册，1931 年 12 月 18 日，第 467 页。

④ 《十九日谈话会》，《国闻周报》第 9 卷第 1 期，1932 年 1 月 1 日，"一周间国内外大事述评"，第 2 页。

当天，孙科、邹鲁就急电阎、冯，请立即赴京与会。而阎锡山部属曹世振等人则电阎建议："与赵（戴文）院长、徐（永昌）主席、杨（爱源）督办面商，均谓应复电孙、邹，表示南下出席。徐谓以'约同入京'措词最为相宜。赵谓银行界、党部、军人、英美均不愿蒋下野。最近恐有所表示。振（曹世振）以为蒋如不下野，军人表示定在各中委入京，一中全会开会后，再拥蒋继任主席。彼时在蒋势力范围之下，多数中委难免为彼左右。"①

正是基于这种心态，胡、汪、阎、冯四人都不肯主动入京，而同时又不断彼此电催对方入京。先是 12 月 18 日，胡汉民由香港致电冯玉祥、阎锡山表示："闻精卫兄病滞沪滨，弟亦因血压过高必须疗养，势难赴京。而此次全会使命至重且大，所赖于两公主持者亦多，亟盼刻日命驾晋京，共商大计。弟虽病搁海隅，亦当悉举所知，随时贡献也。"②

随后，汪精卫也自上海致电阎锡山，称："公偕焕章、次陇、允臣三公同入京，党国之福，万不可因弟之病而致中止。弟如能自支，决无不入京之理也。"③

而冯、阎等人一面联名复电胡、汪道："国难当前，入京开会，义不容辞。大驾何日起行，尚祈早日见告，以便追随前往"；④ 一面再电孙科、李文范、伍朝枢、邹鲁等粤方代表：

---

① 《太原曹世振致阎锡山静密删电》（1931 年 12 月 15 日），《宁粤合作案》，"阎档"：12/1452—3。
② 《上海号转胡展堂先生致冯玉祥阎锡山四密巧电》（1931 年 12 月 18 日），《宁粤合作案》，"阎档"：12/1472—3。
③ 《上海汪先生致阎锡山四密敬电》（1931 年 12 月 24 日），《宁粤合作案》，"阎档"：12/1486—7。
④ 《阎锡山冯玉祥刘守中赵戴文致上海转胡展堂汪精卫四密漾电》（1931 年 12 月 23 日），《宁粤合作案》，"阎档"：12/1478。

"弟等聚商，电请精卫、展堂两同志力疾入京。得复，弟等亦即同行。更望兄等一致敦促。"① 实际上大家都在相互推诿，甚至连已由广州到上海的李宗仁也借口"在粤，对叔均下野是否诚意不甚明了，拟看三两日，再同精卫入京"。② 各派领袖之间表面上话都说得冠冕堂皇，实际上又相互猜忌、拆台，毫无精诚团结可言。正如大会开幕前，宋庆龄在上海所发表的宣言，痛斥国民党统治集团：

> 中国国民党早丧失其革命集团之地位，至今日已为不可掩蔽之事实。亡国民党者，非其党外之敌人，而为党内之领袖……五年以来，内战政争，循环不已，党既分崩离析，遂不惜各自乞怜于帝国主义，利用腐化势力，举北洋军阀官僚所不敢为者，一一悍然为之，而美其名曰党治，使党蒙不白之冤，遭全国人民之厌恶唾骂。其实三民主义何尝一日见诸实行？最近宁粤对峙，互暴其短，自炫其长……两者皆依赖军阀，谄媚帝国主义，背叛民众，同为革命罪人。③

12 月 22 日上午 9 时，国民党四届一中全会在南京中央党部举行开幕典礼，会场悬旗张彩，大门横额为"第四届中央执行委员第一次全体会议"，联为"完成党内大团结，确立民

---

① 《太原冯焕章等致阎锡山静密敬电》（1931 年 12 月 24 日），《宁粤合作案》，"阎档"：12/1481。

② 《上海煜如致阎锡山日密马四电》（1931 年 12 月 21 日），《各方民国廿年往来电文原案》，"阎档"：21/0660。

③ 《孙夫人发宣言》，《国闻周报》第 9 卷第 1 期，1931 年 12 月 28 日，"一周间国内外大事述评"，第 4 页。

主之规模"，二门"团结救国"，联为"推进训政工作，发扬
民主精神"，礼堂中额"开始党国之新生命"，联为"完成革
命团结培植民主势力，加紧建设工作促进宪政时期"。① 大会
推举孙科、丁惟汾、顾孟馀、居正、伍朝枢、何应钦、于右任
七人为主席团成员，吴铁城为秘书长，会期七天。②

　　蒋介石出席一中全会开幕式后，留函孙科、于右任等表
示：

　　全会即开，弟责既完，故决还乡归田，还我自由。惟
望全会得到圆满结果，无论如何，终须相忍为国，以期政
府早日完成，中正决无另外主张。此去须入山静养，请勿
有函电来往，即有函电，弟亦不能拆阅也。③

　　蒋介石表面上做出一副解甲归田的姿态，实际上却更加紧
了联汪制粤的步伐。12 月 22 日下午，蒋离京前召见汪派重要
骨干陈公博、顾孟馀、王法勤谈话，"大意谓本党现值存亡危
急之际，急须一得各方信仰之领袖主持一切。本人甚盼汪先生
能不顾一切，任此艰巨。前在沪时，曾向汪先生面述此意，汪
太客气，希望请三位再代转达。中兴本党非汪莫属"。④

　　当天下午全会召开第一次预备会议，宁粤双方首先对汪派
中委资格发生激烈争论。接受汪派中委，是蒋介石分化粤方的

①　《全会之开会式》，《国闻周报》第 9 卷第 1 期，1931 年 12 月 28 日，"一
　　周间国内外大事述评"，第 5 页。
②　《中央党务月刊》第 41 期，1931 年 12 月，第 2635 页。
③　《蒋委员遽鸣高蹈》，《民国日报》1931 年 12 月 23 日，第 1 张第 4 版。
④　《会后蒋返奉化》，《国闻周报》第 9 卷第 1 期，1932 年 1 月 1 日，"一周
　　间国内外大事述评"，第 7 页。

既定方针，为此南京方面自然表示赞同。石瑛首先主张汪派中委应出席会议，而石青阳反对。吴稚晖则以中立者的姿态说：

> 这件事本与我们是不相干的。在前天谈话会中听到各位讨论到委员人数问题，因为照代表大会的办法，南京、广东各选二十四人，后来广东代表中途退席到上海又选了十人，以致不能解决。现在本席和褚委员（褚民谊）提出一个办法如下：粤方既多九人势难取消，不如依何委员应钦所提议，听京方亦增九人。此十八人，何委员主张作为候补委员或与代表大会决议一百六十人稍有不符，不如定名为次候补，在额外列席，既与大会决议不抵触，即以此办法报告下届代表大会追认，亦可免不合法之诘问矣……
>
> 大家以为这个办法可以实行，在南京方面褚委员和本席愿意改为次候补委员。①

原本支持粤方的林森也表示："本席也是监察委员，现在也愿意改为次候补委员。"石瑛更直截了当地说道："中央委员又不是有权利的事，不妨在今天会议中决定再扩充候补委员九人，不必另定次候补等名称。"他也表示愿意退让为候补委员，陈璧君、马超俊等也纷纷附意。② 最后，由主席团提出折

---

① 《中国国民党第四届中央执行委员会第一次全体会议第一次预备会议速记录》（1931年12月22日），党史馆藏，毛笔原件：4.2/52。
② 《中国国民党第四届中央执行委员会第一次全体会议第一次预备会议速记录》（1931年12月22日），党史馆藏，毛笔原件：4.2/52；《沪选十委问题》，《时事新报》1931年12月23日，第1张第3版。

衷方案，沪选 10 名中委除张发奎由粤方同时选出外，其余 9 人全部承认，另增加中委名额 9 人，京方得 5 名，粤方得 4 名。叶楚伧并提出："在名单发表时不必写明京方和粤方。"中委名额由 160 人增至 178 人。① 随后会议才得以继续进行。

四届一中全会共通过各类提案 39 件，其中最重要的提案就是《中央政制改革案》。该案由粤方代表伍朝枢起草。伍氏在第一天正式会议上首先向全体代表解释道：

> 本案除一小部分外，均系根据上海和会双方所拟定的条文草拟而成。本案的理由很简单，第一项我们想把以后的国家元首在政治上处于超然的地位，不受政潮的牵动。这是与中国的情形比较适宜，否则如这几天的情形，就可以看出来元首的更动几乎使国家陷于无政府状态。所以为避免这种流弊起见，"国民政府主席不负政治责任，不兼其他公职"，其资格就定为"以年满六十岁，众望素孚者充之"。又为维持其地位的超然，规定"任其二年，得连任一次"。
>
> ……在元首之下，由五院各自独立行使职权。元首好似立宪国家的总统，行政院长就等于立宪国家责任内阁的国务总理。在立宪国家的总理对国会负责……

粤方《中央政制改革案》的核心，就是要推翻蒋介石所依赖的《约法》，这是南京所不能接受的。为此，吴稚晖首先

---

① 《中国国民党第四届中央执行委员会第一次全体会议第二次预备会议速记录》（1931 年 12 月 23 日），党史馆藏，毛笔原件：4.2/52；《增加候补中央委员案》，《中央党务月刊》第 41 期，1931 年 12 月，第 2622 页。

表示反对，他说：

> 本席以为上海和会的决议应该尊重，但不能依所有的条文一律依照办理。本席不知道广东方面四全大会对于上海和会的决议如何决定，在南京方面的四全大会曾决定原则接受，但对于过去法令及约法有抵触者不能接受，所以今天我们讨论本案就应注意约法，否则如规定的办法和约法有抵触，将来容易发生很多纠纷。

吴氏的发言立即引来粤方的反驳。李烈钧即称：

> 现在应拿上海和会的决议作基础，如果各委员的办法有比上海和会决议更好的，能够得到大家同意，当然更好。

邹鲁也表示：

> 和会决议或不免与各方面的法律有抵触，但现在我们只能处处从共同方面着想，尤应注意的就是，不要使和会决议发生摇动。否则散漫无归，一定得不到结果。就是有结果，也不是好的结果。至于和会决议，固然也免不了不圆满的地方，现在只能加以补充。

由于粤方坚持捍卫上海和会决议，宁方被迫放弃。但宁方又将攻击矛头转向国家元首的年龄限制这一问题上。尽管粤方代表曾将国家元首年龄由 60 岁降到 50 岁，但宁方代表仍不依不饶。张道藩首先质疑粤方制定年龄限制的理由，他说：

> 年龄的规定应有一定的标准，若昨天定六十岁，今天定五十岁，或者明年定七十岁，后年定八十岁，那么其限定的理由是在什么地方，如果理由很充分，自然可这样规定下去，如果理由不充分，那就不能规定下去。本席虽然是候补委员，没有表决权，但是我是列席之一，必定有人问我此次民国元首为什么要定五十岁？为什么不定为六十岁，或者七十岁？我们通过这种提案一定要有相当理由，最低限度一定要有理由去答复全国四万万同胞。

邵力子更明确地提醒与会代表：

> 汪精卫与蒋中正两先生今还不到五十岁，这是我们不能不声明，请各位注意。

邵元冲也说道：

> 这是应该在事实方面去求解决，并不要有这许多的考虑。如果要定条文，这一点意思还不充分，应该还要详细一点。所以年龄一项殊可不必规定。[1]

最后，全会决议把"以年满五十岁，众望素孚者选任之"

---

[1] 所引各位发言，均见《中国国民党第四届中央执行委员会第一次全体会议第二次会议速记录》（1931 年 12 月 25 日），党史馆藏，毛笔原件：4.2/52。

改为"以年高德劭者选任之",并明确规定:

> 国民政府主席为中华民国元首,对内对外代表国家,
> 但不负实际政治责任,并不兼其他官职;任期二年,得连
> 任一次;但于宪法颁布时,应依法改选之……
> 行政院长负实际行政责任。①

不难看出,以上规定全部是针对蒋介石个人集权而发。全会依据该案修正通过了新的《国民政府组织法》,完全推翻了同年 6 月三届五中全会通过的《国民政府组织法》所赋予蒋介石的一系列权力。比较半年内两次修正的《国民政府组织法》,不难看出其中的异同:②

1931 年 6 月通过	1931 年 12 月通过
国民政府主席对内对外代表国民政府。	国民政府主席为中华民国元首,对内对外代表国民政府,但不负实际政治责任。
国民政府主席兼中华民国陆、海、空军总司令。	国民政府主席不得兼其他官职。
国民政府主席任期无明确期限。	国民政府主席任期二年,得连任一次。
国民政府五院正副院长、陆海空军副司令及直隶于国民政府之各院、部、会长,以国民政府主席之提请,由国民政府依法任免之。	国民政府设主席一人,各院设正副院长各一人,由中国国民党中央执行委员会选任之。

---

① 《关于中央政制改革案》,《中央党务月刊》第 41 期,1931 年 12 月,第 2625 页。
② 全文见《国民政府公报》第 798 号,1931 年 6 月 16 日;第 964 号,1931 年 12 月 31 日。

续表

1931 年 6 月通过	1931 年 12 月通过
国民政府公布法律、发布命令，由主席依法署名行之。	国民政府所有命令处分以及关于军事动员之命令由主席署名行之，但须经关系院院长部长副署始生效力。
行政院各部、委员长之人选，由行政院院长推由国民政府主席提请，由国民政府分别任免。	行政院各部长、委员长之人选由院长提请国府主席依法任免。
立法、监察两院委员由院长提出人选，由国府主席提请国府依法任免。	立法、监察两院委员由院长提请国府主席依法任免。

当天会议还有一段插曲。当会议讨论阎锡山提出的《速检拨十万劲旅增防锦州案》时，覃振当即表示："一方面责成张学良，一方面密令阎锡山、冯玉祥协同商量办法，固守锦州。"[1] 覃振的用意很明显，就是想借此恢复阎、冯军权，以打击张学良的势力。此举立即引起宁粤双方的激烈争吵。"吴敬恒发言谓东北事件非张学良酿成，系由于国内有卖国贼。此贼即在眼前。粤委认吴指摘粤委中人，又以吴致张学良电中有'外不见谅于强盗倭贼，内不见容于卖国之国贼'语，认为错误，并以为吴之行动系有计划的，群对吴表示不满，孙科遂于散会后往沪。"[2] 赵丕廉会后曾电阎锡山详细报告经过：

今日会中议钧座第一案，会中形势极为紧张。启予

---

① 《中国国民党第四届中央执行委员会第一次全体会议第二次会议速记录》（1931 年 12 月 25 日），党史馆藏，毛笔原件：4.2/52。

② 《天津宥日特讯》（1931 年 12 月 26 日），《杂派民国二十年往来电文录存》，"阎档"：49/0784－5。

（商震）首先反对谓军队是有系统的，军事须有准备。北方军队完全归子志节制指挥，岂一空头中委相能统率等语。朱培德等和之。锦帆、理鸣、沐波、子良、协和、颂云诸人均系赞成者。会中显分两派，而号称左派者则不发一言，显露联蒋状态，而尤以启予说话最为失态。吴稚晖当场骂粤方勾结日本，为卖国贼，因是激起粤方委员之怒。

对孙科的退席，赵丕廉进一步评论道："一系因稚晖怒骂，一系因主席年龄五十以上之限制删除，认为系预为蒋再来地步，一系因锦州事未决定切实办法。"[①] 吴稚晖气走孙科后，粤委 30 余人在铁道部开会，商讨挽救办法，并准备向大会提交"警告吴敬恒案"。后经陈铭枢、何应钦等宁方委员的疏通，最后决定：

（一）稚晖发言系个人的意思，已令不再出席，并由宁方各中委署名函请哲生回来。粤方及汪派中委亦去函劝驾。

（二）主席年岁案改为以年高德劭者为选举标准，并声明叔均绝不再来。

（三）锦州案已由政府去电，令子志积极防御，并由真如、海滨赴沪迎汪、孙来京。[②]

---

① 《上海煜如芷青天密宥电》（1931 年 12 月 25 日），《各方民国廿年往来电文原案》，"阎档"：21/0722。

② 《上海煜如芷青作密宥电》（1931 年 12 月 26 日），《各方民国廿年往来电文原案》，"阎档"：21/0728－0733。

　　为了安抚孙科，蒋介石当天也亲笔致函孙科表示绝不恋栈，函称：

　　　　哲生吾兄勋鉴：弟顺从国民与党中之公意，准辞职责，故弟之于今日对于党国既无职守，又无责任，自无重来南京之理……兹特属敬之兄来沪面陈一切，务请即刻回京，所有一切难事，弟必尽力为兄排解，决不使兄稍独任其难也。此次兄之回京与否，非仅关于兄个人将来政治之立场，实于党国与我总理之历史，皆有莫大之关系。①

　　12 月 27 日，经陈铭枢、邹鲁等人的劝说，"并担保安全，孙及二李（指此时尚在上海观望的李宗仁、李济深）等下午偕赴宁。盖为选举事。"② 这就是孙科所以同意返京的一个重要原因。

　　改组国民政府和国民党中央人事组织，是四届一中全会的另一项重要议题。会前，胡汉民曾致电孙科、邹鲁等人，强调：

　　　　主席一职应力持年高德劭之议，惟如此始免武力独

――――――――――

①　《蒋中正函孙科其已辞职不便回京襄助国事》（1931 年 12 月 25 日），《筹笔》第 62 册，"蒋档"：04 - 0551。蒋于同日再电孙科表示同样的内容，见《蒋中正电孙科即刻回京俾对党国对总理有所交代》（1931 年 12 月 25 日），《筹笔》第 62 册，"蒋档"：04 - 0559。

②　《上海杨思诚呈阎锡山赵密沁电》（1931 年 12 月 27 日），《宁粤合作案》，"阎档"：12/1496。何应钦亦致电蒋介石表示："孙去京后，经真如、海滨前往疏通，可不致破裂。"见《何应钦呈蒋公十二月宥电》（1931 年 12 月 26 日），《蒋主席下野与再起》，"蒋档·革命文献"。

裁，非仅为目前也；行政院长汪、孙二兄任属一人，弟均赞成，弟是以在野之身份为两兄之助，庶禆于党国。①

而此时汪精卫早已同蒋介石暗中联络成功，他相信蒋介石下野只是暂时问题，自然不愿在粤方逼蒋下野的时候出掌行政院，因此称病滞留上海。胡汉民、蒋介石也都不在南京，行政院长一职就非孙科莫属了。对此邵元冲在日记中评论道：

《中央政制改革案》，其第一条所称国府主席不负实际政治责任，以年满六十岁充任之，标准完全为对介石而设；其第三条规定之行政院院长，等于责任内阁之国务总理，则为对哲生而设。②

宁粤上海和谈之初，粤方曾多次表示："此次蒋能实践前言，辞去国府主席之职，则粤中同人拟提议蒋担任国防委员会主席……蒋素以努力国民革命自任，故担任国防委员会，实较担任国府主席为适当。"③ 但南京一中全会召开后，胡汉民、陈济棠等人又联名致电粤方代表坚决"反对推蒋任国防委员长"。④

① 《胡汉民致孙科等电》（1931 年 12 月 15 日），《民国档案》1997 年第 4 期，第 69 页。
② 《邵元冲日记》，1931 年 12 月 24 日，第 810 页。
③ 《天津阎秉璋达呈阎锡山密江电》（1931 年 11 月 3 日），《宁粤合作案》，"阎档"：12/1380。
④ 《南京蔡孟坚致汉口何成濬敬酉电》（1931 年 12 月 24 日），《蒋方民国二十年往来电文录存》，"阎档"：80/2042。

当时南京方面还有人表示蒋介石愿专任监察院长，"但是广东方面没有同意"。① 实际上最早提出这一议案的是汪精卫。早在 11 月 28 日，汪精卫为调解粤方内部分裂，电胡汉民、孙科时就曾提出："介石自愿任监察院长。"② 12 月 18 日，陈璧君等人到南京见蒋时，也"以汪精卫之意征求公（指蒋）参加政府为监察院"，并表示只有蒋承诺此点，汪才肯来京。而蒋当时"毅然允之"。③ 因此，在一周后四届一中全会选举五院首长时，才有人力荐蒋为监察院长。26 日，何应钦电蒋报告各方洽商的初步结果：

> 现各方干部商决：中政会由钧座与汪、胡分任常委，轮流主席；推于右任任国府主席、孙任行政、胡立法、伍司法、居考试、钧座监察。至宁方同志商定除以张溥泉任司法、蔡考试、林监察外，余均同意。大会定俭日选举后闭幕。④

但此时蒋不愿"为人之傀儡"，乃电示何应钦表示："中正决不参与党政任何职务，请兄力排众议，以全区区。否则，是逼中脱离一切公私也。除中以外，无论何人就职，中皆无成见，决无异议。"⑤ 有趣的是，当胡汉民得知要其继续担任立

---

① 邹鲁：《回顾录》（下），第 328 页。
② 转引自《陈铭枢致蒋介石俭申电》（1931 年 11 月 28 日），《日寇侵略之部：参、淞沪事变（第 1 卷）》"蒋档·特交文电"：20013944。
③ 《事略稿本》第 12 册，1931 年 12 月 18 日，第 467 页。
④ 《何应钦呈蒋公十二月宥电》（1931 年 12 月 26 日），《蒋主席下野与再起》，"蒋档·革命文献"。
⑤ 《蒋介石致何应钦电》（1931 年 12 月 26 日），《日寇侵略之部：贰、沈阳事变（第 2 卷）》，"蒋档·特交文电"：20024091。

法院长时，也立即致电孙科等婉辞，并对"政治分配"提出
如下意见：

> 院部以粤人愈少愈好。而以弟复立法院亦有三不可：
> 一、病躯不能任事；二、若弟入宁则违于分工合作之义；
> 三、五院多半粤人，实示人以不广。故不如推觉生（居
> 正）兄或慧生（谢持）兄，而海滨（邹鲁）副之。至于
> 监察仍以于（右任）为宜，若某（指蒋介石）为之，则
> 有随时推翻政局之可能，不如易以考试，望注意。①

而此时蒋介石连"有随时推翻政局之可能"的监察院院
长都不愿出任，自然更不可能担当有名无权的考试院长了。

国民政府主席人选，也可谓一波三折。有消息称粤方最初
的人选是唐绍仪，蒋介石则"望林森、子民等老人出任，而
反对唐少川"。② 上海和谈时，有记者问汪精卫："设将来主席
有更动，对继任何人有谅解否？"汪即答道："假若余投票愿
投子民也。"③

但部分当事人对此事的回忆有较大的出入。据陈铭枢说蒋
介石原来希望于右任出任国府主席，后因陈铭枢极力推荐林
森，蒋乃改变初衷，亲笔致信林森，由陈铭枢前往劝驾，林森

---

① 《胡汉民致孙科伍朝枢李文范电》，《民国档案》1997 年第 4 期，第 72
页。
② 《上海贾景德致阎锡山密篠电》（1931 年 11 月 17 日），《各方民国二十年
往来电文录存》，"阎档"：60/1837；《各方民国廿年往来电文原案》，
"阎档"：21/1047－1053。
③ 《汪对记者谈话》，《国闻周报》第 8 卷第 43 期，1931 年 11 月 2 日，"一
周间国内外大事述评"，第 7 页。

最终才接受国府主席一职。① 追随孙科的周一志则回忆说：
"国府主席由'年高德劭'者担任，此四个字是梁寒操想出来
的。蒋本属意于于右任做主席，大家觉得林森更符合四字的条
件，于是于右任的目的没有达到，听说气得哭了一场。汪到沪
后，看到蒋及胡都不会赞成蔡元培，也就不敢提蔡了。"② 而
杨玉清则对陈、周二人的回忆质疑道："凭我所知，和他们的
看法多少有点出入。我只知道林森之所以能作国府主席，是得
力于胡汉民给汪精卫的一封信。"胡在信中表示："以我的意
思，是觉得林森最为合适。"③

　　从当时的档案记载来看，最初宁粤双方均同意林森暂代国
府主席。12 月 11 日邹鲁还电阎锡山表示"正式主席仍拟
林"。④ 出人意料的是 26 日宁粤双方却"商定以于右任任主
席，汪、胡、蒋任政治会议常务委员，孙任行政，溥泉司法，
子超监察，子民考试，立法让诸粤方，人选尚未定"。⑤ 两天
后，四届一中全会最后公布的新任国府主席却又是林森，五院
正副院长也有很大的变动。大会选举结果如下：

　　国民政府主席：林　森

　　行政院院长：孙　科　　　副院长：陈铭枢

---

① 陈铭枢：《"宁粤合作"亲历记》，《文史资料选辑》第 9 辑，第 65 页。

② 周一志：《"非常会议"前后》，《文史资料选辑》第 9 辑，第 94 页。

③ 杨玉清：《关于〈"非常会议"前后〉一文的补充》，《文史资料选辑》
第 23 辑，中华书局，1962，第 229 页。

④ 《上海邹海滨共密真电》（1931 年 12 月 11 日），《宁粤合作案》，"阎
档"：12/1437。

⑤ 《上海煜如芷青作密宥电》（1931 年 12 月 26 日），《各方民国廿年往来电
文原案》，"阎档"：21/0731－0732；《何应钦呈蒋公十二月宥电》（1931
年 12 月 26 日），《蒋主席下野与再起》，"蒋档·革命文献"。

立法院院长：张　继　　　副院长：覃　振

司法院院长：伍朝枢　　　副院长：居　正

考试院院长：戴季陶　　　副院长：刘芦隐

监察院院长：于右任　　　副院长：丁惟汾

　　在国民党中央组织系统中，原设有中央政治会议这一机构。它最早成立于1924年7月，当时称政治委员会，作为第一届中央执行委员会的政治决策及指导机关，第二届中执会扩大了它的职权，并于1926年7月改称中央政治会议。宁汉分裂时，武汉恢复设立中央政治委员会，南京继续召开中央政治会议。1929年5月，第三届中执会制定《政治会议条例》，从此"政治会议为全国实行训政之最高指导机构，对于中央执行委员会负其责任"，[1] 成为国家权力中心，并推举蒋介石担任中政会主席。[2]

　　为了进一步削弱蒋介石在党内的权力，粤方最初设计的《中央政制改革案》中拟以"国民政府委员会"为国家最高权力机关，以取代原来的中央政治会议的职能，对此伍朝枢解释说：

　　　　一个政府总要有一个最高权力机关。现在就以国民政府委员会为国家最高权力机关。委员人数未定，惟规定中央执、监委员及行政院长、行政院各部长为当然委员（如行政院有副院长自亦加入），使本党最高机关的中央

---

① 《中国国民党中央执行委员会政治会议条例》，《革命文献》第23辑，台北：中国国民党党史史料编纂委员会，无出版日期，第443页。

② 秦孝仪总编纂《总统蒋公大事长编初稿》卷2，第17页。

执、监委员和负行政责任的行政长官并合组织之。又以人数稍多，在会中设常务三人轮流主席。①

这一提案在蒋、汪两派的联合抵制中终于流产。全会决定仍保留中央政治会议为国家最高权力机构的职能。大会主席团在选举新一届国民政府委员时提出两点声明："一，五院院长、副院长及所属各部部长、委员会委员长不兼任国府委员；二，现任军人不兼任国府委员。"② 从这两点声明中，不难发现国府委员只不过是一个尊贵象征而已，其权力大打折扣。全会选任蒋介石、汪兆铭、胡汉民、唐绍仪、张人杰、蔡元培、萧佛成、邓泽如、谢持、许崇智、王法勤、李烈钧、邹鲁、邵元冲、陈果夫、叶楚伧、宋子文、王伯群、方振武、熊克武、阎锡山、冯玉祥、赵戴文、王树翰、刘尚清、薛笃弼、柏文蔚、程潜、经亨颐、孔祥熙、恩克巴图、杨庶堪、马福祥 33 人为国民政府委员。③

12 月 28 日，四届一中全会最后一次全体会议通过了新的中政会组织原则三项：

（一）中央政治会议，以中央执行委员、中央监察委员组织之；（二）中央政治会议设常务委员三人，开会时轮流主席；（三）中央候补执、监委员得列席政治会议。

① 《中国国民党第四届中央执行委员会第一次全体会议第一次会议速记录》（1931 年 12 月 24 日），党史馆藏，毛笔原件：4.2/52。
② 《中国国民党第四届中央执行委员会第一次全体会议第四次会议速记录》（1931 年 12 月 27 日），党史馆藏，毛笔原件：4.2/52。
③ 《选任国民政府主席委员及五院院长副院长案》，《中央党务月刊》第 41 期，1931 年 12 月，第 2630 页。

并推举蒋中正、汪兆铭、胡汉民三人为中政会常务委员。①

据此，中政会由蒋介石一人独尊的地位，改为三常委轮流主席。

尽管在粤方的逼迫下，蒋介石辞去了国府主席、行政院长、陆海空军总司令本兼各职，但这并没有根本撼动蒋介石在国民党内的地位。在新推举的九名中央执行委员会常务委员中，蒋介石再次当选，其余八人是胡汉民、汪精卫、于右任、叶楚伧、顾孟馀、居正、孙科、陈果夫，并以叶楚伧兼秘书长。② 国民党第四届中常委同第三届中常委相比较，增加了汪精卫、顾孟馀、居正三名原反蒋派领袖，以代替原亲蒋的谭延闿、戴季陶、丁惟汾。③

12 月 29 日，四届一中全会举行闭幕式。居正主席，孙科致闭幕词，于右任宣读大会宣言。冯玉祥和李济深亦先后发表演说。冯氏在演讲中讲道："胡先生是总理信徒、政治大家……应请……来京。玉祥自己是混账，蒋先生有其长处，有其短处。在徐结金兰时，谓海枯石烂，此志不渝。结果竟自打起来，致成今日之局。"李氏演讲中亦称："本人以为今后要救党国，第一要把公心拿出来……如国家财政困难，不好的军队自然应裁，不应如前年编遣，自己军队非保存不可，如此不

---

① 《决定中央政治会议组织原则并推举中央政治会议常务委员案》，《中央党务月刊》第 41 期，1931 年 12 月，第 2624—2625 页。

② 《推举中央执行委员会常务委员案》，《中央党务月刊》第 41 期，1931 年 12 月，第 2624 页。

③ 谭延闿去世后，中常委遗缺由朱培德补任。参阅李云汉《中国国民党史述》第 3 编，台北：中国国民党党史委员会，1994，第 47 页。

公心，国家无办法。第二要诚，不可各怀鬼胎，以为对人总有办法。如蒋先生到奉化去，留下军队有何布置，此皆可怀疑。以前之自相残杀，即是不诚。各自防备之结果。"① 整个会议的气氛就是强调"精诚团结"。

随后召开第一次中常会，加选刘守中、杨树庄、王正廷为国府委员，决议新任国府主席、委员和五院正副院长定于三天后的1932年元旦宣誓就职。当天下午又召开第一次中政会，通过行政院院长孙科提出的各部人选如下：内政李文范、外交陈友仁、军政何应钦、财政黄汉樑署理、教育朱家骅、实业陈公博、交通陈铭枢、铁道叶恭绰、司法行政罗文幹、海军陈绍宽、蒙藏委员会委员长石青阳、参谋总长朱培德、训练总监李济深、军事参议院院长唐生智、禁烟委员会委员长刘瑞恒。②

所谓"统一合作"政府，正式成立。

---

① 《反蒋运动史》，第522页。
② 《国民政府公报》第964号，1931年12月31日，第6—7页。

第十章 蒋汪合作

一 内外交困的孙科内阁

四届一中全会推举蒋介石、汪精卫、胡汉民三人为中政会常委，又同为中常会常委、国府委员，形式上表现了他们的"合作"，但由于蒋赴奉化，汪称病上海，胡滞留香港，三人之间神既分离，貌又不合，以致号称"合作政府"的孙科内阁，实际上毫无合作可言。

1932年元旦，刚刚改组的国民政府举行就职典礼，却是一派凄凉景象，"到者寥寥，本定九时行礼，乃迟至十二时半始得举行"。对此，新任国府委员邵元冲感慨道："朝仪不整，式微之兆见矣。"[1] 蒋作宾也慨叹："政府新而气象不新"，[2] 并断言新政府"恐难达弥月之期矣"。[3]

孙科政府虽组成，蒋、汪、胡三人依然天各一方，并且互相牵制。孙科是靠支持胡反蒋，而得以出掌行政院的。但"胡展堂汤山被扣释出未久，积忿未泄，正欲抓住陈济棠以反

---

① 《邵元冲日记》，1932年1月1日，第817页。

② 《蒋作宾日记》，1932年1月1日，第397页。

③ 蒋作宾在1月3日的日记中写道："闻阿科新政府因分赃问题屡起斗争，环顾四围空气亦知不妙，欲结蒋以固位，无如不满之风声已播，恐难达弥月之期矣。"（《蒋作宾日记》，第397页）另据《事略稿本》1932年1月2日记载，蒋介石得贺耀祖电谓："新政府元旦就职时，府委仅方振武、薛笃弼、刘守中、经亨颐、孔祥熙五人，院长仅孙科、于右任二人，副院长仅陈铭枢、覃振二人。余均不到，且迟至三小时后始行礼。全场惰气充满，大不景气。"

蒋，胡亦无意于哲生之南京政府。汪胡既难合，蒋汪又均不支持哲生。此时仅陈铭枢愿以十九路军驻防京沪，作哲生之后盾，力挽哲生出面组阁。故哲生赴南京之际，形势极为不佳。"① 尽管蒋介石宣布下野，但对南京政府的军政大权依然牢牢在握，处于绝对支配地位。蒋对孙科此次协助胡汉民逼自己下野而获掌行政院，自然深感不满，耿耿于怀，曾在日记中写道：

> 哲生不肖，总理之一生为其所卖，彼到结果不惟卖党而且卖国，余为总理情义计，良心上实不敢主张哲生当政，乃爱之也。②

蒋介石抱着这种心态，当然谈不上真心同孙科合作。此前，蒋在同宋子文、熊式辉一次谈话时曾表示："此后如果如愿下野，则决以在野之身，力护继此政府，以求国基之巩固，一反汪、胡等之恶习，以倡导守法之美风。"③ 但蒋的行动却完全违背上述诺言，处处给孙科设置障碍，逼其自行倒台。

政府机构的运作，必须有财政的支持。蒋介石辞职的第二天即电财政部长宋子文："闻中旬军费尚未照发，甚为恐慌。无论如何本月份应如期发款维持，勿延。"④ 得蒋电报后，宋子文即于辞职前将所欠各军军费及各机关政费一律签发支付命

---

① 《傅秉常先生访问记录》，第 135 页。
② 蒋介石日记，1931 年 12 月 13 日；另见《事略稿本》第 12 册，第 458 页。
③ 蒋介石日记，1931 年 10 月 1 日；另见《事略稿本》第 12 册，第 122 页。
④ 《蒋中正电宋子文军费应如期发放切勿拖延》（1931 年 12 月 16 日），《筹笔》第 62 册，"蒋档"：04－0542。

令，指令国库如数照付，总额约 2000 万元。① 12 月 21 日，宋子文向行政院递送辞呈，称："对财政部事务，声明维持至 22 日止，请政府另简贤能继任；22 日后为职务终了之期，即卸除一切责任。"②

同时，在蒋、宋的暗中支持下，"财政全体简任人员十七人，二十三日提总辞职，全体科长二十余人亦总辞职，二十四日各署长已不到署办公，并未因事务官之故依然工作。张寿镛亦辞财次，铁道部长连声海则请长假。此外次要人员，莫不纷纷辞职，不等有人接替即不到部办公，实开'革命政府'中未有之先例"。③ 此举致使孙科接手后的新政府国库空无一文，办事无人，财政完全陷于瘫痪。

宋子文辞职后，孙科本意由孔祥熙出任财长。孔氏原本也有此意，但他静观事态后，深知如无蒋氏的支持是很难有所作为的。据此时已"随孙办事"的简又文回忆：

> 孔祥熙初欲任财长，事前由其夫人致英文函与孙科表示，即蒙答应。但就职之日清晨，孔夫人又来英文专函，声言孔不干。此余在孙公馆所亲见者。孙氏急切难以物色适当人选，乃临时以铁道部次长黄汉樑署理。黄辞，自知不胜任，甚至痛哭陈辞。迫迫于无奈勉强就职。后只筹得少数现金，杯水车薪，不能维持下去。④

---

① 《宋子文签发支付命令》，《申报》1931 年 12 月 24 日，第 4 版。
② 《宋子文辞呈昨送达行政院》，《申报》1931 年 12 月 22 日，第 7 版。
③ 《各部长纷辞职》，《国闻周报》第 9 卷第 1 期，1932 年 1 月 1 日，"一周间国内外大事述评"，第 8 页。
④ 简又文：《冯玉祥传》，第 350—351 页。

孙科内阁原本任命亲蒋的朱家骅为教育部长，朱立即通过宋子文电询蒋介石"可就职否"。蒋复电曰："对骝先兄就职否，弟无成见。但以后教育，中央如无方针与实力为后援，则徒供牺牲，殊为可惜耳。"① 得到蒋的答复，朱家骅深知如果没有蒋的支持，休想在教育部长的位置上有所作为。第二天，朱家骅即向政治会议提出辞呈，建议蒋梦麟为教育部长。②

而原本与孙科同一战壕的胡汉民，对孙科政权也并非全力支持，只是一味鼓励孙继续反蒋，借此削弱蒋的力量。胡曾密电孙表示：

不问蒋即出与否，一切政策如抗日主张，分兵剿共，成立执行部、政委会等案尽先提出，倘见阻挠，即总辞职。此政治家态度应耳。③

胡汉民此时最大的愿望，就是在两广继续保持一个半独立的反蒋局面，对于新政府"并不希望其具以前政府权力，而希望政分会式之政委会早日成立，庶就统一之形式下，各就其范围内自行治理"。④ 为达此目的，就在四届一中全会闭幕的第二天，广州中央党部和国民政府联席会议即决议设立中央执行委员会西南执行部、西南政务委员会、西南军事

① 《蒋介石复宋子文电》（1931 年 12 月 31 日），《事略稿本》第 12 册，第 522 页。
② 《中国国民党中央执行委员会政治会议第 21 次临时会议速记录》（1932 年 1 月 2 日），党史馆藏，毛笔原件：00.1/126。
③ 《胡汉民致孙科电》，《民国档案》1997 年第 4 期，第 70 页。
④ 《天津有日特讯》（1931 年 12 月 25 日），《杂派民国二十年往来电文录存》，"阎档"：49/0779。

分会。① 12 月 30 日，更决议：此后"三机关每月应支经费均由财政部于西南各省海关税项新增部分拨支……嗣后关税新增部分由两广海关税务司核收解交西南政务委员会"。②

胡汉民此举，对新成立的孙科政权根本不是支持，"纵非变相独立，亦即形同割据"。③ 宁方邵元冲亦曾对粤方此举评论道："此皆足以致哲生之死命者。"④ 这自然引起孙科的强烈不满，立即"十万火急"致电广州，表示万万不可：

> 查上海和会决议案，原定所有双方四全大会议决案，均提交一中全会处理。一中全会于第二次会议决议改将此项议决案移交四届常会办理。上述三案尤关系重大，自应由四届常会决定颁布条例，始能有所依据，进行组织，方合手续。今由粤方中央、国府联席会议决议，遽行设立，事实上已违反和会及一中全会迭次决议。此期期以为不可者一。
>
> 一中全会开幕后，双方中央党部即行停止职权，此为党章规定，宁方已是如此。粤方何能独异。今于隔世两日，有此重大决议，不免予人以破坏党章口实，此期期为不可者二。
>
> 关税统一征解，中外具瞻，苟非政府对峙，何可割裂。今统一政府甫告成立，而粤方遽有截留关税之举，设

---

① 《廿年十二月卅日中央党部国民政府联席会议讨论事项（广州）》，党史馆藏，毛笔原件：4.3/22.49 - 6。
② 《廿年十二月卅一日中央党部国民政府联席会议讨论事项（广州）》，党史馆藏，毛笔原件：4.3/22.49 - 6。
③ 梁敬錞：《九一八事变史述》，第 143 页。
④ 《邵元冲日记》，1932 年 1 月 9 日，第 820 页。

使别方借口尤效，岂非立陷中央于僵局。此期期以为不可者三。

上海舆论自接到粤方上项消息，咸为哗然，视为粤方破坏统一，实行割据。国人指责，众口同声，弟等代表粤方情尤难受。特电条陈，务请暂缓发表实行，以图补救，千万千万。①

1932 年 1 月 7 日，南京中常会讨论邓泽如、萧佛成等人提交的粤方三机构组织条例时，孙科愤怒地表示："广州执行部、政务委员会、军事分会等应该由常会来讨论其组织，才能着手进行。而广州这一回开联席会，把这三种组织条例同时公布了。此种手续简直是破坏中央决议。"孙科并对广州截收粤海关新增收入的行为表示愤慨，称"此种办法是破坏统一的，中央决不能接受"。最后会议决定"由常务委员详商办法另行提案"，而否决了粤方提出的三机构组织条例。②

---

① 《孙科等致邓泽如萧佛成电》，党史馆藏，毛笔原件：4.3/22.48－1。
② 《中国国民党中央执行委员会第二次常务会议速记录》（1932 年 1 月 7 日）、《第四届中央常会速记录（第 1－15 次）》，党史馆藏，毛笔原件：4.3/1。值得注意的一件事是，此时地位相对超然的陈铭枢则对广州三机构问题并未表现出强烈的反对态度，他在当天中常会讨论时说道："本席也赞成由常务委员另外定一个条例，提下次讨论。现在本席对于常务委员将要另外定案之前，先来供〔页〕献一点意见。本席以为此问题不可以根本推翻，要维持国家法律精神之下，求事实变通为原则。至于执行部问题，本席以为以中央委员所在地设一临时机关来负最高指导的责任，未始不可。这并不是说有了临时机关，就把党的权力分散。还是由中央指定其权限，只准其在权限内担任指导的工作。至关于政务委员会问题，本席以为可以根据北平政务委员会设立先例，在广州也可以设立广州政务委员会，但不可以称为西南政务委员会，以免他人的误解。至关于军事分会问题，本席以为中央既没有军事总会，不能设军事分会。但可依照北平绥靖署之例，在广州设广州绥靖署，以广州军事长官为绥靖署主任。"

汪精卫此时正加紧同蒋介石联络合作，同样不愿粤方另组与南京相抗衡的西南三机构，特派曾仲鸣赴粤，"请济棠取消西南新设三机关"。① 孙科、汪精卫还致电萧佛成、邓泽如，指责"粤设三机关，无异对于统一政府不信任，倘各省效尤，全国又成分割局面"。但萧坚持称："三机关为适应环境而设，不因汪、孙反对而中止。"②

有趣的是，最初在粤四全大会上提议设立三机关的主要是胡派元老，并得到桂系支持，而实力派陈济棠等并未列名。在陈氏看来，有党、政两机关在他控制的省府之上，可以代他抗衡南京中央，还可以接受，但他并不愿再有一个军分会来分他的军权。为此，陈济棠特意致电孙科，解释误会。言外之意，军分会是否设立可商量，不过新增关税他是看中的，还望孙科能多多关照。陈电称：

> 当时决议原系所有条例等等，须俟中央核定然后发表，所拟人员亦系暂派负责，并非正式任命。乃有一二同志竟将该决议在报纸发表，以致传闻异词。现在军分会尚未设立，执行部及政务会条例经呈中央，如兄及在京同志认为有未当时，可提会修改。至于海关新税，虽有代收之决议，现尚未实行，请兄为粤、为大局妥筹办法，得以向各老先生解释及稍慰粤人之望。③

---

① 《天津佳日特讯》（1932 年 1 月 9 日），《各方民国二十年往来电文录存》，"阎档"：60/2047；《国闻周报》第 9 卷第 4 期，1932 年 1 月 18 日，"一周间国内外大事述评"，第 8 页。

② 《汪孙阻粤多设机关》，《民国日报》1932 年 1 月 9 日，第 1 张第 2 版。

③ 《广州陈济棠致南京孙科虞电》（1932 年 1 月 7 日），《各方民国二十年往来电文录存》，"阎档"：61/0251。

1月16日，萧佛成、林翼中、陈融、张惠长等粤方骨干赴港同胡汉民"密议三机关问题"，"商定结果，胡决不北上，西南自保政策不变更"。① 然而支持孙科的粤方海、空军将领，在孙的授意下，第二天由张惠长领衔通电全国，表示今后空军将领"誓不参加任何内战，再不为任何个人之工具"。同时海、空军方面还声称："海、空军权应归中央，听命中央改组两总部"，以示不愿接受西南军事分会控制。②

1月19日，陈济棠、萧佛成等人通电全国，称"军事分会，因中央未设军委会，故遵中央意旨，暂不成立"，但仍坚持遵照四全大会决议案，设西南执行部和西南政务委员会。同日，陈济棠、白崇禧等人在广州宴请南下的于右任，"力言竭诚拥护新政府"，并表示以上两机关"纯处监督地位，无割据意"。③ 至此，粤方拟议组织同南京相抗衡的军事机关——军事分会，在孙科等人的强烈反对下胎死腹中。

孙科上台后，既求不得蒋介石的合作，又寻不到胡汉民的支持，"政府虽告成立，而我重要领袖犹天各一方，未能荟萃，致使党政最高指导机关，提挈失其重心。"④ 孙科深感新政权难有作为，在参与逼蒋下野不久，便不得不恳请蒋氏返京主持大政。孙科上台后的第二天（1月2日），即电蒋请求"莅京坐镇"：

---

① 《广州之三机关》，《国闻周报》第9卷第5期，1932年1月25日，"一周间国内外大事述评"，第5页。
② 罗翼群：《西南反蒋的回忆》，《南天岁月》，第93页；《民国日报》1932年1月16日，第1张第3版。
③ 《广州之三机关》，《国闻周报》第9卷第5期，1932年1月25日，"一周间国内外大事述评"，第6页。
④ 《陈铭枢电促胡汪蒋》，《中央日报》1932年1月7日，第1张第4版。

新政府虽已产生，以先生及展堂、季新（汪兆铭）两兄均不来京，党国失却重心，弟等何克负荷，不幸而颠踬。弟个人焦头烂额固不足惜，其如国事不易收拾。何以先生平昔爱国、爱党，逾于恒人，想不忍袖手而坐视也。务恳莅京坐镇，则中枢有主，人心自安。[1]

1月5日，孙科向新闻界谈时局近状时，再次无可奈何地表示：国府组织法修改后，中央最高决定机关在中政会，凡对内对外施政方针，必经讨论决定，政府方能施行。但中政会"负最高指导责任"的三常委蒋介石、汪精卫、胡汉民均不在京，行政院更无所秉承，一切不能决定，故不免种种困难。为此，他向新闻界呼吁：扩大舆论宣传，共同欢迎蒋、胡、汪来京主持。[2]

新任国府主席林森在1月初的国府纪念周中更以国民党党歌中的歌词"一心一德，贯彻始终"为题，发表演讲，呼吁党内团结。他说道：

此党歌系昔日总理所定黄埔军校校训，其中以末了此二语为最有力，黄埔生得此教训，故能努力奋斗，成功北伐，统一全国，武装同志深受其感化。今我人体认此八字之意，则专心一致，即是一心一德，贯彻始终。常言曰：天下无难事，只怕心不专。各位对党国专心一致，继续不断的努力，终能达到最后之胜利与目的。此二语意义深

---

[1] 《孙科致蒋介石冬亥电》（1932年1月2日），《事略稿本》第13册，台北："国史馆"，2004，第9～10页。

[2] 《孙院长招待新闻界》，《中央日报》1932年1月6日，第1张第4版。

远，今日故特提出，俾各能体认其伟大。①

同时，林森还致电胡汉民，恳请其继续支持孙科，电云：

> 哲生为总理单传之子，素为公所爱护者，今既然不避艰险，肯牺牲一切，公而忘私，我辈深嘉其志，尤表同情，似不忍袖手旁观，任其焦头烂额，而不加以援助。②

以"焦头烂额"来形容当时孙科的处境，可谓恰如其分；但"袖手旁观，任其焦头烂额，而不加援助"，又正是蒋介石的既定方针，借此迫使孙科碰够钉子后知难而退，便于蒋东山再起。他在接到孙科 1 月 2 日的"劝驾"电报后自记道："哲生昨任艰巨之才，吾早已一再忠告之矣。彼乃自知不明，易被人惑，恐今日尚未能澈底觉悟也。吾复何能为力哉。"③

正是基于这样的考虑，蒋介石对南京新政权，完全持一种应付的态度。在蒋的授意下，"蒋方人物对时局均持冷静态度，除赴浙者外，在京各委均缄默"。④ 当蒋接到陈果夫"我方留京同志开会多不出席，俟等去留应请指示"的电报后，即复电陈"请在京忍耐从事"；⑤ 又电宋子文，告以"此时我

① 《纪念周两报告》，《国闻周报》第 9 卷第 4 期，1932 年 1 月 18 日，"一周间国内外大事述评"，第 2 页。
② 《陈铭枢回忆录》，第 87 页。
③ 《事略稿本》第 13 册，第 10 页。
④ 《天津灰日特讯》（1932 年 1 月 10 日），《各方民国二十年往来电文录存》，"阎档"：60/2049。
⑤ 《蒋介石致陈果夫电》（1932 年 1 月 7 日），《事略稿本》第 13 册，第 20 页。

方当设法促成各方攻粤为惟一工作，对哲生亦不应严拒而联络之"。① 蒋的亲信刘峙亦致电朱绍良，提醒后者："此时我辈似宜以介公之心为心，暂时缄默，以观大局之推移。"② 但是，一旦涉及军事问题，特别是有关黄埔军校的人事安排，蒋则毫不迟疑，积极部署。1月9日，当蒋得知张治中拟借口养病准备离京时，则急电张告以"切不可离去军校，当在京养疴"，并同时电何应钦告以"军校如改校长，请速委任文白。勿延"。③

在一片劝驾声中，蒋、汪、胡三人仍无一人入京。尽管汪精卫表示："病愈入京，对中央政治会议常委，义不容辞。惟常委有三人，故必须蒋、胡入京，始能成立。本人极盼蒋、胡即日入京。"④ 其实汪只是借口生病，等待着和蒋一同复出。为此，汪特派唐生智亲赴溪口向蒋表白："如介石不入京，则精卫亦不入京。"⑤ 难怪冯玉祥要讽刺汪精卫此时患的是"政治病"。⑥

1月8日，在京中央委员开谈话会，"除讨论外交外，对内政金谓长江军人之态度，非蒋来难驾驭；粤桂之设执行部，非胡来难打销；下层党员之意志，非汪来亦无从齐一。讨论结果，再促三人速来主持"。⑦ 被逼到绝境的孙科在会上沉痛表

① 《蒋中正电宋子文缓来奉我方当设法促成各方攻粤》（1932年1月9日），《筹笔》第63册，"蒋档"：04－0599。

② 《南京刘峙致南昌朱绍良有电》（1931年12月25日），《蒋方民国二十年往来电文录存》，"阎档"：80/2043。

③ 《蒋介石致张治中电》《蒋介石致何应钦电》（1932年1月9日），《事略稿本》第13册，第23页。

④ 《汪精卫盼蒋胡入京》，《中央日报》1932年1月6日，第1张第3版。

⑤ 《邵元冲日记》，1932年1月12日，第821页。

⑥ 《冯玉祥日记》第3册，1932年1月10日，第559页。

⑦ 《天津佳日特讯》（1932年1月9日），《各方民国二十年往来电文录存》，"阎档"：60/2048。

示："愿回粤一行，促胡北来。"于右任等人力阻其行，称孙
负行政院长重任不能离京。孙说："短时期离京，到奉化请
蒋，到上海请汪。"众人仍多方劝阻。当晚散会后，孙即同财
政部长黄汉樑乘车赴沪。居正得知后，立即赶往车站。此时火
车已经开动，居正即命站员摇铃停车，旋登车劝阻。孙仍坚决
表示："本人定将胡、汪、蒋一齐拉到南京，达到真正团结目
的。"①

孙到沪后，致电胡汉民，苦诉"入京两旬，以中枢空虚，
秉承无自，外交、内政诸大计，均无从进行"，恳请胡"即日
来京"。② 并公开发表谈话称：

> 中枢空虚，为今日国事最大之险象……余观此险象，
> 不能不为党为国再向三先生作一最诚恳请求，苟犹不获允
> 许，则余已智尽能竭，惟有辞职，以免长此迁延时日，贻
> 误党国。③

1 月 10 日，孙科准备同吴铁城赴宁波求见蒋介石，而溪口
方面"得吴铁城电，知哲生拟来甬邀介石返京，共支危局，介
复电以已入山辞之"。④ 孙科被迫中止此行，第二天改派张继、
何应钦赴溪口求见蒋，"据云劝蒋出山无结果"。而此时"粤
方举动，意气用事，较前更甚，胡意志坚强，决不入京"。⑤

---

① 《孙科迎汪于右任迎胡》，《大公报》1932 年 1 月 10 日，第 1 张第 3 版。
② 《孙电胡汉民》，《申报》1932 年 1 月 11 日，第 9 版。
③ 《孙科重要谈话》，《申报》1932 年 1 月 10 日，第 13 版。
④ 《邵元冲日记》，1932 年 1 月 10 日，第 820 页。
⑤ 《国闻周报》第 9 卷第 4 期，1932 年 1 月 18 日，"一周间国内外大事述
评"，第 6 页。

1月11日，留守南京的行政院副院长陈铭枢在国府纪念周演讲中，无奈地表达了自己的遗憾："大家看孙院长谈话，就可明白政府内容环境与责任。孙先生说得很对，实在归结是要求领袖团结。没有领袖的领导，我们很空、很散，没有力量撑此危局。"①

二 特委会的成立与金融风潮

蒋介石、汪精卫、胡汉民三人天各一方，合而不作，导致中政会不能开会。国难日急，而一切大政方针无法确定。1月11日晚，走投无路的孙科在上海约集陈铭枢、邹鲁、李文范、陈友仁、马超俊、冯玉祥、李济深、李宗仁、吴铁城等人会商国事，决定破釜沉舟，在蒋、汪、胡不能入京时，设立中政会特务委员会，负中央一切政治上责任，以适应国难及迅速处理各项政务。②

1月13日，在沪各中委联袂入京，并邀在京中委同赴孙科寓所举行特别会议。冯玉祥对此次会议结果，极表赞赏，他在这天的日记中写道：

> 午后八时，参加特别会议，直讨论到夜两点始散会。于右任先生最初发言，引起了全会讨论的情绪，愈讨论情绪愈高，大家都很热烈的恳切发言，纵谈时局之紧张及民族之危机，要把救亡工作放在第一步。我极佩服。此次会议很有实事求是的精神，决不像过去那样聚餐式的"清

---

① 《申报》1932年1月12日，第9版。
② 《上海会谈情形》，《国闻周报》第9卷第4期，1932年1月18日，"一周间国内外大事述评"，第2页。

谈馆"，毫无一点革命的意义。像这样的虚心研究，热烈讨论，国难问题之核心自不难被揭穿而暴露出来。我很盼望这次特别会的作风能长久的保持下去。[1]

1月14日，南京中常会召开第三次会议，决议：

（一）通过中央政治会议特务委员会组织大纲；

（二）推于右任、张人杰、张继、居正、孙科、陈铭枢、叶楚伧、朱培德、何应钦、冯玉祥、李济深、李宗仁、陈友仁、顾孟馀十四委员为中央政治会议特务委员会委员。

特务委员会组织大纲第一条是："中央执行委员会于中央政治会议常务委员未实行负责以前，为应付国难，迅速处理紧急政务起见，于中央政治会议设特务委员会，专负其责。但关于重要方针，仍由中央政治会议决定之。"[2] 其中的"但书"内容是出自于右任、张静江等人的意见。[3] 至此，孙科政府虽然在法理上拥有自由处理政务的权力，其实对"重要方针"依然无权处理。而当蒋介石得知此事后，立即致电朱培德表示强烈不满，并指示："特别委员会应积极设法打消，请转在京诸同志，此等破坏政府编制举动，大不利于中外之观听也。"[4]

---

① 《冯玉祥日记》第3册，1932年1月13日，第561页。
② 《中央政治会议特务委员会组织大纲》，《中央党务月刊》第42—44期合刊，1932年3月，第39、53页。
③ 《陈铭枢回忆录》，第89页。
④ 《蒋介石致朱培德电》（1932年1月15日），《事略稿本》第13册，第42页。

孙科上台时面临的最大难关，是财政和外交问题，特别是财政入不敷出，成为孙科内阁的致命伤。自统一政府成立后，两广扣留的旧税不但未还，新税仍继续扣留；东三省沦陷后东北军经费完全取之于华北，且每月不敷甚巨；湖北何成濬截用江汉关税；山东韩复榘挪用国税；福建当局擅扣统税；其他各省也相继效法。而中央政府每月税收仅得上海关税和统税700万元。[①] 甚至连蒋介石也暗示部属可以截留国税。当蒋获知刘峙所部给养困难时，就致电刘峙表示："如中央无法发给，给养只可在中央税收借支，以免冻饥，但不可蒙截留之名也。"[②] 当时的财政窘况正如孙科所说：

> 以言财政，几年来债台高筑，罗掘已穷，中央收入，每年本有四、五万万，但除还债外，能用之款不及一万万，欲再发债则抵押既已净尽，且市面债券价格，不过二三成，即强发债，于事何补。最近政府每月财政实收不过六百万，而支出方面，只军费一项，经前月财委会核减之数，仍需千八百万。政费教费，尚须四百万，不敷数月达千六百万。财政达到如此极度之困难，即维持国家组织最少限度之必需经费，亦势不能支持。外交、军事种种问题，即有良好办法，亦形格势禁，不能决定。[③]

---

① 《公债风潮记》，《大公报》1932年1月18日，第1张第3版。
② 《蒋中正电刘峙无出山理由念旧部属饥寒中央如无法给养在中央税收借支》（1932年1月15日），《筹笔》第63册，"蒋档"：04-0616。
③ 《孙科返京前谈话》，《申报》1932年1月13日，第9版；《国闻周报》第9卷第4期，1932年1月18日，"一周间国内外大事述评"，第2页。

这是蒋介石、宋子文下台前有意布下的一粒棋子。新任财政部长黄汉樑派员接收国库时，不仅"未得分文现金，而宋且拖欠银界千万元。财部旧人员，自有统系，凡薪给在五百元以上者，早已奉命一律辞职"。① 不仅如此，宋子文辞职时将财政部的文书档案全部搬走，有意给新政府造成困难。② 宋还公开预言孙科政权维持不了三个月，借以损坏银行界对新政府的信任。③

黄汉樑本是金融界的后进，资望甚浅。黄氏尽管曾任和丰银行上海分行的经理，但因其是福建人，不算江浙集团的头面人物，"与东南金融界人士素乏联系"。④ 加之宁粤对峙期间，广东方面曾经严厉攻击南京政府的公债政策，这就更加深了上海银行界对新政府的不信任感。

为了加强上海金融界对新政府的信任，黄汉樑任命江浙集团的一名重要成员林康侯为财政部次长。黄氏上任后第一次赴上海筹款时曾向金融界保证："竭尽一切努力来严格支持赔偿基金，以便政府能履行偿还债券的责任。"⑤ 但黄的努力成效有限，他原本计划先筹 1000 万元，经多方奔走，只得

---

① 《国闻周报》第 9 卷第 5 期，1932 年 1 月 25 日，"一周间国内外大事述评"，第 8 页。

② Chang Chin-sen, *The Third Force in China* (New York: Bookman Associates, 1952), p. 101.

③ 简又文：《宦海飘流二十年》，《传记文学》第 23 卷第 7 期，1973 年 7 月，第 92 页。

④ 《马超俊先生访问记录》，第 163 页。

⑤ 黄汉樑：《节约与改革》，《民众论坛报》第 1 卷，1932 年 1 月 9 日，转引自 Parks M. Coble, Jr, *The Shanghai Capitalists and the Nationalist Government, 1927 - 1937* (Cambridge: Harvard University Press, 1980), p. 112.

300 万元。照中央军费核减后每月 1800 万元计算，仅够 5 天开销。而当时各军代表 40 多人，齐集军政部索发欠饷。① "但军政部的军需在一月前已宣告破产"，何应钦曾对亲自上门索饷的京沪卫戍部队蔡廷锴表示 "伙食问题尚无确实办法"，只是口头答应倘 "军需稍有着落，即先给你部"。② 董显光在其所著《蒋总统传》一书中，亦曾描述了他自己的亲身感受：

> 无经验的政客旋即表现窘迫之状，他们已渐认识事实，知道他们与军人之间并无保障；军人所畏惧者只是蒋总统，而不是继任其职位之人。一时谣言颇盛，谓各省军人正企图新组织的政权。③

种种情势，逼迫着孙科不得不采取极端措施。

当 1 月 11 日晚孙科等人在上海讨论设立特务委员会时，孙科和新任行政院副院长陈铭枢为应付财政困扰，曾提议暂时停止支付内债本息，挪用内债基金以应政府开支，以 6 个月为期。当时政府每月用来偿还内债本息额高达 3400 万元。④ 但这种极端措施完全没有收到预期的效果。此提议尚未正式通过，第二天上海银行界代表就向孙科质询。"孙默然不加否认，大有回京后，即提出中政会通过实

---

① 《国闻周报》第 9 卷第 5 期，1932 年 1 月 25 日，"一周间国内外大事述评"，第 9 页。
② 《蔡廷锴回忆录》，第 272 页。
③ 董显光：《蒋总统传》，第 168 页。
④ 《国闻周报》第 9 卷第 5 期，1932 年 1 月 25 日，"一周间国内外大事述评"，第 8 页。

行之意。"①

　　此举引起国内金融界大哗。1 月 13 日，上海、北平、天津等市银行公会纷纷发表通电反对。同时，上海证券交易所停止交易。证券商人联合提出维持内债信用的三项办法："一、由持券人自行接收债券抵押各税之税收机关；二、对于现在经收税收之中央银行及保管内债基金之负责人员，责成其负责保守政府从前法令；三、对于破坏公债信用及截留税收之政府官员，社会上应严重反抗之。"② 这是上海金融界对政府提出的最后通牒，也是给孙科内阁的致命一击。此举也彻底堵绝了黄汉樑的筹款之路。黄慑于上海商人的恫吓，当日被迫提出辞职。③ 孙科也跟着不辞而别，跑到上海。力主停付公债本息的陈铭枢闻讯后，立即飞往上海劝孙回京主持。据陈回忆：

　　　　见面后，我问："你怎么又走了呢？"他说："上海银行界不支持，财政无办法，黄汉樑又辞职了，没有人肯来当财政部长，我没有办法。"我说："笑话！政权在我们手里，操刀必割，你还怕商人不就范吗？"他又说："谁来当财政部长呢？"我说："我早同你说过，我既被拉入了政府，你纵有任何苦难，我都愿意替你承当！财政部长没人当，就让我来好了。"④

---

① 《国闻周报》第 9 卷第 4 期，1932 年 1 月 18 日，"一周间国内外大事述评"，第 7 页。
② 《国闻周报》第 9 卷第 4 期，1932 年 1 月 18 日，"一周间国内外大事述评"，第 7 页。
③ 《黄汉樑上国民政府呈》，《申报》1932 年 1 月 14 日，第 13 版。
④ 《陈铭枢回忆录》，第 90—91 页。

陈铭枢的慷慨陈词，暂时稳住了孙科。1 月 14 日，孙科回到南京主持召开临时中政会，讨论外交、财政方针。陈铭枢再次激昂地表示：

> 财政的前途既是荆棘满地，政府也该用非常的手段，来打开这非常的局面。所以我个人主张，在今日状况之下，要渡过这样严重的难关，只有停付公债本息的一途了。所以我说，今日谁去长财政，谁便是个刽子手了。

中政会在讨论财长人选时，大家多推三阻四，陈铭枢最后表示：

> 兄弟对财长一职并不是怕牺牲而绝对不肯担任，只是希望政府无论谁来长财政，总要先确定一个方针来……只要政府定下方针，我便抱定牺牲的决心，依照先哲所谓"与其无人格而生，不若死灭之为荣"的名言，不避艰难，负责做去。

但孙科还是不敢当场拍板，会议决定外交、财政两问题交由 15 日特委会最后决定。① 尽管第二天特委会议决停付公债本息，但"未经中政会议定，尚不生效力"。② 而陈铭枢将出长财政部的消息也不胫而走。当时在香港做寓公已久的梁士诒（北洋交通系领袖）得知后，立即致电陈铭枢，称："陈将军，

---

① 上述两段引文均见《中国国民党中央执行委员会政治会议第 23 次临时会议速记录》（1932 年 1 月 14 日），党史馆藏，毛笔原件：00.1/126。
② 《停付息金议已打销》，《大公报》1932 年 1 月 17 日，第 1 张第 3 版。

你是军人，千万不要在中国财政界开这一恶例。"这封电报半是忠告，半是恫吓，实际是暗示陈：军人不可做财政部长。①同时，在政府内部陈铭枢虽然得到冯玉祥等人的支持，冯甚至在日记中写道："陈真如先生对于财政的办法，真有斩钉截铁之决心，为了国家，不辞任劳任怨，实可钦佩！"②但陈的行动遭到亲蒋、亲汪两派的张静江、顾孟馀等人的坚决反对，吴铁城、陈公博也不顾特委会决议，积极同上海金融界联络纾解办法。至此，陈铭枢因众人反对也不敢再坚持出掌财政部。③

1月15日，吴铁城代表政府同银行界协商救济财政。"吴表示政府决减政费，月定二百万，军费月一千六百万，除沪税可提用之七百万外，余一千一百万须金融界设法，每月帮忙。"当晚，上海银行界会商办法。他们也深知，如同政府彻底决裂，结果肯定是两败俱伤，自身的经济利益也难保证。最后决定："坚持须政府声明不动债金；借款不能如数担任，仅可募筹半数。"④

特委会议决停付的内债，大都是蒋介石当政时所借的款项，他当然不愿看到上海金融界同政府彻底决裂，并对孙科的举措极为愤慨，甚至认为是受胡汉民的影响。他在日记中写道：

哲生在沪决定已另设特种委员会，决定对日绝交与停

① 《陈铭枢回忆录》，第91页。
② 《冯玉祥日记》第3册，1932年1月14日，第561页。
③ 《陈铭枢长财说作罢望银界推人》，《大公报》1932年1月16日，第1张第3版。
④ 《公债风潮有转圜》《银界允协助办法尚未定》，《大公报》1932年1月16、17日，第1张第3版。

付公债本息，其计划以胡恐哲生与余相晤，故为哲生谋此倒行逆施之策。仍本其借外侮之名，先扫除其所谓蒋派势力。北方则由冯主持以倒张，南方则由粤、桂出兵两湖以除蒋。而对于国家之存亡，民众之生死，则不顾最低限度，必欲捣毁长江财政，破坏全国外交，使余不能继起收拾也。呜呼！胡逆之计，是诚丧心病狂！孙辈不察，愿为民族万世之罪人，非将总理之历史根本推翻而不止。胡逆之肉，其足食乎？①

为了阻止孙科的行动，蒋介石特命张群赴沪协助吴铁城同金融界会商。1 月 16 日，张到沪后即向记者转达了蒋氏的旨意，称：

> 蒋认为内债停付本息，固足惹起全国金融震动……然政府财政陷于绝地，不图挽救亦非共赴国难之道。政府与银钱业团体，应本互助合作之精神，在万分困难之中，于可能范围之内，尽力援助政府。②

是日，张静江、张继力劝孙科"打消停付息金办法"，吴铁城也自上海致电孙科，称"与银行界谈判极为圆满"。事已至此，孙科只好以行政院名义于第二天致电上海金融界表示："现政府决定维持公债库券信用，并无停付本息之事。希即转知各业行会，切勿听信谣言，自相惊扰，是为

---

① 蒋介石日记，1932 年 1 月 13 日。
② 《张群谈话》，《民国日报》1932 年 1 月 17 日，第 2 张第 3 版。

至要。"①

1 月 20 日，停业一周的上海交易所恢复营业，"政府筹款一事，自否认停付债券本息后，人心安定，金融转机，再以蒋、汪即将连袂晋京，中枢渐趋巩固，借款进行顺利。"② 对此，美国学者评论道："孙科的努力之所以没有成功，是由于他没有取得像上海银行家和宋子文这样的重要人物的支持。"③ 还有学者指出："和其他因素比起来，由于孙科没有得到上海青帮杜月笙和张啸林的支持来压制银行界，所以孙科一上台就遇到了麻烦……杜和张仍然忠于蒋介石，并且煽动反对孙科，银行界也积极配合，使孙科一筹莫展。"④ 对此，钱端升也有同感，在他看来，孙科"很少有机会去战胜蒋介石军界和金融界支持者的捣乱"。⑤

公债风潮，前后不到五天，终以孙科内阁认输告终。此事也显示出孙科原本寄予厚望的特委会，离开蒋的支持是毫无作用可言的。财政无力解决，尚需"在野"的蒋介石"援助"；面对国难，孙科内阁亟待有明确的外交方针，更是需要蒋的"支持"。此时的孙科内阁已实可谓山穷水尽，摇摇欲坠，而蒋介石复出的时机也大致成熟。本来就不甘下野的蒋介石终于从幕后走到台前，这也预示着孙科内阁的垮台已经指日可待了。

---

① 《国闻周报》第 9 卷第 5 期，1932 年 1 月 25 日，"一周间国内外大事述评"，第 9 页。

② 《公债市况渐趋活跃》，《民国日报》1932 年 1 月 20 日，第 2 张第 3 版。

③ Howard L. Boorman, *Biographical Dictionary of Republican China*, Vol. 3 (New York: Columbia University Press, 1979), p. 164.

④ Parks M. Coble, Jr, *The Shanghai Capitalists and the Nationalist Government, 1927 – 1937*, p. 119.

⑤ Ch'ien Tuan-sheng, *The Government and Politics of China, 1912 – 1949* (Cambridge: Harvard University Press, 1950), p. 97.

三　蒋介石复出前的布置

蒋介石辞职返回故乡后，并没有真正下野赋闲，而是始终密切关注着局势的发展。1月4日，他自记道："余辞职后于国事心更切也。"[1] 但他又不肯轻易复出，用他自己的话讲："此后如欲成功，非重起炉灶，根本解决，不足以言革命也。"[2] 另起炉灶，是极而言之的话。但蒋一定要将方方面面布置妥当，特别是要得到各方实力派和国民党内的再度支持，才肯重出江湖。

首先，明确表示支持蒋介石的是，湖北省政府主席何成濬发起组织的九省"联防"计划，借此同胡汉民控制的西南三机构对抗。[3] 被邀参加者为豫、陕、甘、苏、皖、浙、湘、鄂、赣等九省领袖，定1月上旬在武汉实施。[4] 但蒋介石此时审时度势，深知此举过于招摇，特于7日致电何成濬表示反对：

> 闻兄有九省联剿办事处之组织，此乃十年前督军团之
> 行动，必为现时代所不容。凡政治地位，决非徒事张皇所
> 可成事，必须从脚踏实地做起。如兄果有此种进行，则于
> 公私皆大不利，而中更反对。[5]

---

① 《困勉记》卷21，"蒋档"。

② 蒋介石日记，1932年1月8日；另见《困勉记》卷21，"蒋档"。

③ 沈云龙、张朋园、刘凤翰：《刘航琛先生访问记录》，台北：中研院近代史研究所，1990，第45、192页。

④ 《何成濬等发起九省联防会议》，《申报》1932年1月1日，第2张第12版。

⑤ 《蒋介石致何成濬电》（1932年1月7日），《事略稿本》第13册，第19页。

蒋介石虽表示反对，但心中还是相当满足的，有这九省的公开支持，确是一股令任何人也不敢忽视的力量。孙科听到这个消息后特意向何应钦询问，何称并无其事。而河南省主席刘峙得知蒋的态度后，也马上辟谣否认其事。①

但"九省联防确有其事"。②何成濬明白蒋的意图后，只是不再公开号召，而是秘密进行。1 月 11 日，何成濬密电四川省政府主席刘湘，指出："表面虽未公布，实则各方已赞同。兹后即本此意进行一切。"刘湘当天即复电支持，并进一步拉拢云南省政府主席龙云参加。刘湘复电何成濬称："日前龙志舟来电颇有意三省政分会之次首领，经湘晓以大义不宜有障碍统一之机关，劝其加入联防。闻伊已电其代表，愿意参加矣。"③

此时，最令蒋介石不安的是北方的局势。李宗仁就曾对外表示"无论对内对外，非去汉卿不可"；并称："两广拟合川、滇、黔，借国防为名，成立一国防委员会，北方亦可照办。"④同时，"据倭驻津要人消息，中国人民如能促蒋、张出洋，即可撤兵，依法了结善后。否则决定越俎代庖而攻平、津云。"⑤

---

① 《政局虽未定九省联防是谣传》《刘峙亦电辟九省联防之谣》，《大公报》1932 年 1 月 5、7 日，第 1 张第 3 版。

② 《太原孙司令楚昌密真电》（1932 年 1 月 11 日），《宁粤合作案》，"阎档"：12/1510。

③ 《汉口邱甲致重庆刘湘真电》（1932 年 1 月 11 日）、《重庆刘湘致汉口何成濬真二电》（1932 年 1 月 11 日），《各方民国二十年往来电文录存》，"阎档"：60/2111、2112。

④ 《上海煜如日密马四电》（1931 年 12 月 21 日），《各方民国廿年往来电文原案》，"阎档"：21/0660。

⑤ 《天津解慎安四密篠电》（1931 年 12 月 17 日），《宁粤合作案》，"阎档"：12/1461。

为此，粤方代表入京前就秘密商定将来新政府成立后，第一步彻底解除张学良的职务。赵丕廉特意致电阎锡山报告：

> 子志处现在情况之下，固无再留之理，但其实力应如何处置则系一问题。子异前曾谈过将来拟由中央直辖，未免书生之论。明（赵丕廉）等拟设法运用，能由政府径令钧座接统固好，否则亦可用分化作法，使之归我处。正与沐波等商酌进行。子志部下第五期军官甚多，与我方军官多有联络。此时似应令其分头秘密进行。至钧座将来名义以何者为好，此时亦应预筹。至将来接收东三省，明等以为如组织接收委员会，钧座亦可任此主干，以为将来布置华北之入手。①

针对粤方的种种行动，蒋介石在下野前也积极布置保张。一方面通过承认汪派沪选 10 中委换取汪的支持，同时再派李石曾赴北平协助张学良。蒋下野返乡前一日，还特意召见王树翰面授机宜。王树翰当天即电张学良报告称；

> 顷谒蒋，再陈锦州吃紧，战则以一隅之力而抗一国，中央又无人负责；退则国人又将加以罪名。二者俱极困难。蒋言战则既无好结果，于退一层，则不言。翰再三催诘，蒋言日方若不对人，专对事，余定有办法可以设法了结……并谓此际副司令切须持以镇定。政分会

---

① 《上海煜如芷青功密篠电》（1931 年 12 月 17 日），《各方民国廿年往来电文原案》，"阎档"：21/0626—0630。

事，蒋云于石曾来电，并布置积极。又对此举并曾向汪言，定暂经合作，汪不可利用阎、冯对副司令有何作用，此为条件之一。至于当地有何反动，不妨以实力压迫。①

1931 年 12 月 26 日，在蒋介石的授意下，"东北政委会已于本日自动成立，共发表委员卅一人，华北各主席、各军长等俱有名。此外方本仁、李石曾、张继、熊希龄等均在内，并闻明日即成立北平军事整理会，委员人选大致张（学良）、于（学忠）等人。其作法无形中不啻与京成对峙。闻此皆李石曾等之主张也。"②

而汪派中委得到蒋方的承认后，也放弃了联阎排张的方针。对此，赵丕廉非常无奈地电阎表示：

汪蒋结合，蒋拉张，汪拉孙（科），看来对北方政局精神上无转变希望。顷晤顾（孟馀）、陈（公博），明（赵丕廉）询其对惩张办法有无准备，未能明确达复。明言蒋只合汪，而仍利用张，以制与汪接近之阎、冯，不使其地位开展，谁可作汪之后援者？且北方将领全体恶张，而蒋仍以北平政分会保全张及李石曾等势力。果如此，则阎、冯依然在被压迫中，岂不令北方将领对汪失意耶。顾乃竟出北方将领亦多愿与张合作之说。由此可见汪派对我

---

① 《南京王树翰致北平张学良养丑电》（1931 年 12 月 22 日），《杂派民国二十年往来电文录存》，"阎档"：49/0915。

② 《北平华觉明致汉口何成濬宥电》（1931 年 12 月 26 日），《蒋方民国二十年往来电文录存》，"阎档"：80/2045。

们利害，已在所不顾矣。盖汪派为沪选十委，希望南京协
助成功，孙则愿任行政长。孙、汪皆有弱点，故对我方事
务未肯力争。①

为此，赵丕廉等人向阎锡山建议道："为我方计，自以
设太原会为宜。"但汪派投蒋后，完全秉承蒋的意志，"公
博主张拟在北方政委会内将钧座加入，精卫亦原有此主张。
公博则主在过渡期内用一文人如李石曾等主席，将张地位
降低，然后再图第二步办法，不主太原设会"。② 此后，阎
锡山只好将注意力转向在西北尚有一定实力的马家军，以图
自固。1932 年 1 月 7 日，马福祥曾有一电致其子马鸿逵，
称：

> 昨晤贾煜如，父极表联络好感，赞成百公实业救国
> 主张。西北事如百公意主持，惟有联蒋远冯之一法。贾
> 甚以为然，云：百公对父意亦甚同情。伊将此请转陈百
> 公。③

1 月初，因锦州失守，再次引起各方对张学良的不满。潘
宜之致电阎锡山报告："此间向中央建议如下：一，拟免张
职，以明其丧师失地责任，如有困难或加调一闲职，去其实

① 《上海芷青天密祃电》（1931 年 12 月 22 日），《各方民国廿年往来电文原案》，"阎档"：21/0699—0704。
② 《上海煜如芷青天密勘电》（1931 年 12 月 28 日），《各方民国廿年往来电文原案》，"阎档"：21/0738。
③ 《南京马福祥致许昌马鸿逵虞电》（1932 年 1 月 7 日），《各方民国二十年往来电文录存》，"阎档"：61/0150。

权；二，太原设政治分会，以公任主席，并予以军事名义，巩固国防，察、绥、晋三省属之。"①

同时，蒋介石也得到数则情报，一"谓胡汉民负气终不肯合作，而胡派诸人则拉冯玉祥甚力"。一"谓冯玉祥、李宗仁、李济深主张在京设军事委员会支配军事。又谓张学良拟欲辞职"。蒋思之曰："学良可念。"② 于是，蒋于1月8日急电宋子文告之："此时以巩固汉卿兄地位为惟一要旨。鲁、晋政治分会如有必要，中亦无成见。如此汉卿兄能不辞职，务请勿辞。请以此转汉卿、石曾。"③ 同日，蒋还对财政做出安排，电示周骏彦："旧历年关在即，金融风潮必剧，款项务于三日内办妥，勿延。并电催果夫速至沪。"④ 张学良得到蒋的支持后，即"在平与到平各将领极力亲密，惟暗中遴员分头与各方联络，仍妒阎、冯出山。"⑤

1月10日，何应钦向蒋报告从唐生智处所得汪精卫的动向及各方情报，并恳请蒋氏复出：

孟潇来称汪先生说：（一）德邻、任潮日内来京，拟向政治会议提议设军委会；（二）闻广东发冯一百万元；（三）粤请哲生免汉卿职，但哲生未允等语。冯与粤勾结

① 《广州潘宜之先生二密铣电》（1932年1月16日），《宁粤合作案》，"阎档"：12/1517。
② 《事略稿本》第13册，1932年1月8日，第21—22页。
③ 《蒋中正电宋子文旨在巩固张学良地位请其勿辞》（1932年1月8日），《筹笔》第63册，"蒋档"：04-0597。
④ 《蒋中正电周骏彦旧历年关近金融风潮必剧款项需三日内办妥》（1932年1月8日），《筹笔》第63册，"蒋档"：04-0598。
⑤ 《太原孙司令楚昌密真电》（1932年1月11日），《宁粤合作案》，"阎档"：12/1510。

至深，中央设军委会，职拟表示反对。若冯等欲与闻军事，可允彼等加入陆军整委会。不卜钧意如何？职意汪、孙既对钧座表示好感，汪到京后即请钧座毅然莅京主持大计。否则职亦想引退山林。①

第二天，蒋介石复电指示："对军事委员会之提案，中极端反对。团结问题症结全在胡一人。"蒋还针对陈友仁的对日绝交案，向何应钦表示了自己的看法：

> 如对日绝交，即不能不对俄复交。陈提此案，众皆不察，且多数主张绝交，是诚国家最大危机。此时我国地位若战而不宣，尚尤可言；如绝交即为宣而不战，则国必危亡。正以对俄复交，则列强对我不但不助，而且反而助日。故东三省问题未决之前，如对俄复交，则不止断送满蒙，是乃断送全国也。此必为陈之政策，请注意……此电只为兄等陈述，请勿转示他人。②

同一天，孔祥熙、何应钦又分别电蒋介石报告各方态度。孔电曰：

> 昨焕章来谈，表示当此国难，万事应勾消，一致对外。又哲生来访谓：此次出任原系过渡性质，在诸元老指

---

① 《何应钦呈蒋公一月青电》（1932 年 1 月 9 日），《蒋主席下野与再起》，"蒋档·革命文献"。
② 《蒋公致何应钦并转朱培德陈果夫一月灰电》（1932 年 1 月 10 日），《蒋主席下野与再起》，"蒋档·革命文献"。

导之下，以济国难。现胡之不来已定，汪则表示以兄之行止为进退。倘兄仍不出，渠惟有辞职，并请弟同来奉化，仅允先电请示。①

何应钦电称：

职本日来沪筹商军费，晤汪夫人，云：哲生颇悟，非钧座即日回京主持，万难撑此危局。现拟来奉敦请等语。查本月军费仅筹得一百八十万，当局对于财政毫无办法。务恳钧座毅然出山，以挽危局而救数十万共生死之袍泽。②

看到孙科终于低头，恳请蒋介石复出，并明确了汪、胡以及冯玉祥等人的态度后，蒋终于可以发自内心地笑曰："哲生岂真觉悟乎？然余实不欲遽入京也。"③ 此时，蒋介石还没有最后下定决心复出，故对孙科"欲来舍相邀"一事，"婉词谢却之"。④ 但 1 月 11 日蒋连续接到两封来自南京的电报，引起了他的高度警惕。一封是高凌百来电，曰：

连日京中要人纷纷来奉，其用意善恶不得而知，大致使国人移其目光于奉化，而贻钧座以不负责任之罪名。连

---

① 《孔祥熙呈蒋公一月蒸电》（1932 年 1 月 10 日），《蒋主席下野与再起》，"蒋档·革命文献"。
② 《何应钦呈蒋公一月蒸电》（1932 年 1 月 10 日），《蒋主席下野与再起》，"蒋档·革命文献"。
③ 《事略稿本》第 13 册，1932 年 1 月 10 日，第 24 页。
④ 蒋介石日记，1932 年 1 月 10 日。

日汪、胡有力疾来京消息，更可证明其有作用，请注意。最好由第三者发表一谈话，将过去事实作有系统之报告，使麻木之国民不致受其利用。①

另一封是陈立夫的电报：

金大学生五百余今晚赴沪转甬请钧座出山，现正设法打销中。惟闻真如有为之派专车讯。此端一开应付必极困难，务请早为之计，于短期内对时局有明显之表示，否则汪、胡尚可以病为词，而钧座反招不负责任之物议。并请早为设法谢绝学生来奉化之准备为祷。②

这就逼得蒋介石不得不要有所表示。第二天，蒋同张继、何应钦详谈大局，明确指示二人："余仍愿从汪、胡之后负责。惟此次政治责任全在于胡，故必须其说一句话也。"③ 三人谈至夜深。蒋归后自省曰： "失言求荣，最可耻者。戒之。"④

第二天当蒋得知"哲生已返京，并决行积极政策"（指成立特委会）后，立即致电张群，令其转告尚在途中的张继、何应钦："如此，则中与溥、敬二兄所商者，以及财、外各政

---

① 《高秘书长凌百呈蒋公一月真电》（1932 年 1 月 11 日），《蒋主席下野与再起》，"蒋档·革命文献"。
② 《陈立夫呈蒋公一月真电》（1932 年 1 月 11 日），《蒋主席下野与再起》，"蒋档·革命文献"。
③ 蒋介石日记，1932 年 1 月 12 日。
④ 《省克记》卷 5，1932 年 1 月 12 日；另见《困勉记》卷 21，多记一句："又曰：敬之实太不争气，可叹！"均见"蒋档"。

策，请二兄概勿提及，只说中对其无不赞助，而万不可说中所有主张也。"①

四 蒋汪合流 重掌中枢

1月13日，蒋介石由溪口老家赴杭州。当天，即国民党中常会通过特委会组织大纲之际，蒋在杭州公开声称："愿以在野之身，尽个人之责。"② 明白表示他的"隐居"生活终于结束。同时，为了避免复出政坛后粤方的指责和牵制，他进一步表示：

> 中言辞职乃促成团结，使粤同志可出任艰巨，由此经过可知非本人不负责，乃不容本人负责。自问数年一切设施，均秉党义国法，不敢稍越常轨，被责为独裁，自恨诚信未浮，故愿引一切罪恶，于新政府成立后山居谢客不问政事。而粤迄今尚时有防止独裁言论，既不能见谅，遑何可再以此身问政，然一方又责不负责，进退实两难，故只得以国民地位，尽我对党之衷心而已。外间有促三领袖合作语，本人在党为后进，绝不能当领袖之称。余常言仍愿听先进领导，绝无成见，只须诸先进顾全先后言行，不以中正为不可教，则汪、胡诸同志如推诚入京，余虽在诟谇中，无不乐从其后，尽国民天职。③

① 《蒋中正电张群到杭始知孙科返南京决行积极政策表明无不赞助》（1932年1月13日），《筹笔》第63册，"蒋档"：04-0609。
② 秦孝仪总编纂《总统蒋公大事长编初稿》卷2，第164页。
③ 《蒋中正之重要表示》，《中央日报》1932年1月15日，第1张第3版。

张继到上海后立即遵从蒋介石之意公开发表谈话，指陈党内不能团结，责在粤方，以此为蒋氏复出大造舆论：

> 目前欲解决外交、财政之难关，只有维护统一之一途。统一政府为徇粤方同志之意而组织，其人选大半由粤地来，则无论如何粤方同志应首先表示拥护，始见求统一之真诚……循此以进，统一方名符其实，财政、外交始有办法。届时汪、蒋入京当无问题。余信目前症结不在汪、蒋，而在广东，深盼广东同志，翻然改图，维护统一。尤愿展堂负党国重望，以真诚感动两粤同志……政府亦应负全责，解决广东半独立之状态。①

1月15日，蒋介石电召陈铭枢赴杭了解情况后，亲笔致函汪精卫，令返京的陈铭枢经沪时转交汪。② 随陈一同赴沪的张群衔蒋命同上海金融界会商，政府财政恐慌立解。陈铭枢见蒋汪合作即成，也不敢妄自出长财政部。特委会还没有发挥什么作用，便已形同虚设。简又文对此时陈铭枢的作用和影响曾评论道：

> 当是时，陈铭枢忽然软化了，冷冷的轻轻的声言："究竟有兵力较多较强的，讲话较有力些。"陈铭枢的军队是新政府的"擎天一柱"……是则大厦之支，全靠一木。如今即此一木已经动摇了，大厦不倾，其可得耶？当

---

① 《张继谈盼粤方取消特种组织》，《中央日报》1932年1月15日，第1张第3版。
② 《陈铭枢回忆录》，第95页。

时，孙院长与其他一二人骤闻陈之声言，无异釜底抽薪，自行拆台，如冷水浇背，无能为力。新政府随即解体。[1]

1月16日晨，陈铭枢至沪，将蒋介石信函交顾孟馀转汪精卫。汪得蒋函后，当天下午即赴杭同蒋晤面。行前汪发出两电，一致胡汉民，一致孙科，说他已应蒋邀赴杭。[2] 此时，蒋汪合作的时机完全成熟。

汪精卫此刻的心态，在一封他事后致其部属，解释为何由"反蒋"到"合作"的信中真实、清晰地流露出来。该函藏于台北中国国民党党史馆，现全文抄录如下：

顷覆一电，想已达览。兹申如左，请晤诸同志时，恺切言之：

我们自九一八以后，与九一八以前态度似乎矛盾，实则一贯。九一八以前，我们抱有一定之政策，并握有一种之力量。我们自信，我们的政策如果实施，至少在内政方面解决农民问题，使共匪无所借口；在外交方面可期得到与国，不致孤立。所以用我们的力量，以期实行我们的政策。力量虽然屡次不幸而失败，但仍不绝的酝酿，及不绝的创造，并不因此灰心。九一八以后，便不同了。当前的问题只是救亡，政策之得失异同，相形之下渺乎其小。而救亡必须力量，所以我们对于现在的力量，只要他能作救亡之用，便与之合作，为之助力（助力不是奴隶），而且

---

① 简又文：《冯玉祥传》，第351页。

② 《汪精卫昨赴杭晤蒋》，《民国日报》1932年1月17日，第2张第3版。

其他小节概不与较，此为数年以来我们所取之态度，与九一八前看似矛盾实则一贯。

此种态度至于今日仍须一贯，因此我们要有几点注意的所在：

（一）我们将来不出三途（甲）合作，这或者有人说道我们不够股东资格，因为我们没有本钱。（乙）帮忙，最悲观的可以解作助虐（有人如此说），至于奴隶则决乎不是（看了上文便可明白）。（丙）友谊，既无股东资格又不愿做帮忙，那就只有如此。

（二）无论老史、老莫、老希，他们皆不是凭借武力以做成独裁的。例如老希，他的局面自然有一小部分是勉强，但大部分是（1）战后国民全体之悲愤情绪（2）是看破了英法之异趣，乘此破绽，努力猛进，七千万人难道都是傻子要服从一个人，何况这七千万人是何等自负的国民呢。这一点不可忽视，但我国目前正缺乏之一点。

（三）我对于一种人最不满意，就是自己在南京一切皆好，自己不在，一切皆坏。我希望我的同志不要如此。

（四）国内对抗之形势实际似无大害，但对于救亡不可不合作，否则为借刀杀人之计，怂恿别人去做阿比斯尼亚，别人牺牲了，国也随之牺牲。这是何等之罪恶。自然中国到非做阿比斯尼亚不可的时候，只得去做，但要合作，不能叫人单独牺牲。

（五）我的服务有益于国呢抑无益呢？我以为有益。因为我冷静的检察，我一生对国家没有大过，因为我是奋不顾身以赴国家之急，数十年如一日的。

季

五，十三①

该信无收件人，信末署名"季"，即汪精卫（汪兆铭，字季新），他在信中向部属解释道，此次入南京，尽管没有实力做"股东"，但也绝不是去做"奴隶"。由此可见，在他心中深知此次蒋汪合作，实际只是"帮忙"而已。但他为重返政坛，即使当不了"股东"，也绝不愿为了"友谊"置身事外。

汪精卫信中提到的"老史""老莫""老希"，分别是指苏联共产党领袖斯大林、意大利法西斯党领袖墨索里尼和德国纳粹党领袖希特勒。直到此刻，汪仍把自己视为国民党领袖，这实际上也是他最大的政治本钱。因此，他在信中提到的苏、德、意三国执政党领袖，"皆不是凭借武力以做成独裁的"。特别是"老希"的成功例子。而此时的中国，也正面临着战后德国同样的问题（日本的压迫和国民的悲愤情绪），他提醒部属："这一点不可忽视，但我国目前正缺乏之一点。"汪精卫幻想着自己有朝一日能获得"老希"式的成功。同时，他也批评胡汉民和粤方领袖在外交上主张对日绝交等激进政策"为借刀杀人之计，怂恿别人去做阿比斯尼亚，别人牺牲了，国也随之牺牲。这是何等之罪恶"。

正是基于这样的认识，在国民党"以党治国"体制下，汪精卫为恢复自己在党内的权力，再次选择了同蒋介石合作。

---

① 汪精卫：《九一八前后态度之说明》（1932 年 5 月 13 日），党史馆藏，钢笔原件：240/79。

考察汪精卫的这一转变过程，不难发现真正影响国民党各派系的主要矛盾，并非仅是党内领袖间不同的政治态度，更多地还是表现为借"党统"之名，争"党权"之实。一旦蒋汪合作条件成熟，汪就义无反顾地投入蒋方阵营。

1 月 17 日，蒋介石接到叶楚伧、陈果夫、陈立夫三人联名急电，称：

> 昨特会仍坚持对日绝交、停付本息两案。今日再开会，预料即开政会，贯彻其大破坏主张。除集合此间同志谋应付外，乞与汪先生会衔以常委名义急电中政会或哲生，称两公不久可到，在未到以前暂缓开会，以挽危局。①

就在这天上午，蒋介石同到访的汪精卫会商成功，达成共识，双方决定"维持南京局面事，并有另行改组之说"。② 于是，蒋可以从容复电叶楚伧等人告以"汪季新已来杭晤面，与弟同电胡、孙。请孙即来杭协商，并愿入京共支危局也。希以此意转益（朱培德）、敬（何应钦）二兄，催哲生速来，与季新见面为要"。③ 蒋、汪在致孙科电中还表示他们将候胡汉民来杭，即联袂入京，并要孙再电胡促驾；同时又电胡汉民，请"一同入京，协助哲生及诸同志"。④ 蒋在当天日记中慨叹道：

---

① 《叶秘书长楚伧呈蒋公一月筱电》（1932 年 1 月 17 日），《蒋主席下野与再起》，"蒋档·革命文献"。
② 《蒋作宾日记》，1932 年 1 月 17 日，第 401 页。
③ 《蒋介石致叶楚伧等电》（1932 年 1 月 17 日），《事略稿本》第 13 册，第 52 页。
④ 《致孙哲生电》《致胡展堂电》，《民国日报》1932 年 1 月 18 日，第 1 张第 3 版。

昨夜与今日形势甚急，胡派与冯、李等急欲通过绝交案，以为撒烂污下台之地。各友心急连电呼救，余急电请孙来杭，勿使开会通过也。①

此时，蒋介石已经不需要再对孙科客气了。1月18日，他派毛邦初亲自驾驶蒋氏自备飞机到京，直接到国民政府找孙科，说蒋、汪有要事相商，须立即前往。孙即与何应钦、吴铁城同机赴杭。② 当日上午，蒋、汪又继续会商大局，蒋对汪言："以孙科之愚，吾辈为总理计，必力为援手于陷阱之中，而置衽席之上。至对于国家大局，吾辈已负诸肩上，尤当高瞻远瞩，深虑熟图。"③ 从蒋的口气中不难读出其此刻的心态："国家大局"非负诸其身不可。

下午1时孙科等人抵杭后，即赴烟霞洞会谈。这就是后来所称的"烟霞洞会议"。参加者有蒋介石、汪精卫、孙科、张静江、何应钦、张继、孔祥熙、邵元冲等人。④ 会议内容，秘而不宣。会后记者向孙科询问会谈结果，孙只是回答："圆满，圆满。"记者又问："何时回京？"孙答："就去。"⑤ 邵元冲在当天日记中对会谈内容写道："介石力推精卫主持大计，众亦多赞同，又对外交问题等均有所商榷。"⑥

同日，胡汉民复电汪精卫，除继续称病谓"非长期休养

---

① 蒋介石日记，1932年1月17日；另见《事略稿本》第13册，第53页。
② 《孙何飞杭烟霞洞商谈大政》，《大公报》1932年1月19日，第1张第3版。
③ 《事略稿本》第13册，1932年1月18日，第54页。
④ 《邵元冲日记》，1932年1月18日，第822页。
⑤ 《孙科飞杭敦促汪蒋》，《民国日报》1932年1月19日，第1张第3版。
⑥ 《邵元冲日记》，1932年1月18日，第822页。

不可"外，仍幻想汪能支持孙科内阁，企图阻止蒋汪合流，胡并谓："只须中央行责任内阁之职权……而吾辈以在野之身，竭诚为政府之助，则对内对外自能发展，开一新局势。"①

汪精卫得胡汉民复电后，一度"心中犹豫变计不行"，蒋介石对此深表不满，自叹曰："展堂不止自不来京，而且欲阻吾人入京，其处心积虑，必欲使国亡民困，不恤总理，且陷哲生。鬼计阴谋，昭然若揭。吾人不可为彼所惑，又何可与之同流而合污哉。"为此，当蒋见汪复胡电有"拟不入京"之语时，立即改为"立候北来"，②并再与汪联名致电胡汉民，电文如下：

> 巧电敬悉，所示各同志俾哲生兄等得行使责任内阁之职权，贯彻其政策，而我人以在野之身竭诚赞助，极佩伟论。弟等此次邀同我兄入京，即为欲达到此目的。盖即使我三人此时不敢与人遥承政治会议常务委员之责，而既备员中央，则对于政治会议不能不参加，以表竭诚赞助之意，此为一般同志所责望于吾三人者。昨日哲生兄由京抵杭，借悉哲生兄亦已电恳吾兄即日北来，值此国难严重时期，吾辈三人与其天各一方，遇事不能即时商榷，诚不如同聚首都，随时献替，较于党国有裨。谨再电奉请吾兄克期北来，共赴国难也。③

---

① 《胡复汪铣电》，《民国日报》1932 年 1 月 18 日，第 1 张第 3 版。
② 《事略稿本》第 13 册，1932 年 1 月 19 日，第 56 页。
③ 《汪兆铭蒋中正致胡汉民皓电》（1932 年 1 月 19 日），《事略稿本》第 13 册，第 56—58 页；《国闻周报》第 9 卷第 5 期，1932 年 1 月 25 日，"一周间国内外大事述评"，第 4 页。

当晚，蒋介石临睡前再次叹曰："哲生庸暗，季新狡猾，当此危局，余苟不力为支持，天下事尚可问乎？"①

此时一贯反蒋的冯玉祥，面对外辱也深感国民党内部需要统一，同时自身处境相当尴尬，"冯系将领不敢再隶渠下，冯无出路颇窘"。② 而蒋介石更是通过黄郛加紧拉拢。

冯玉祥同黄郛的关系相当密切，早在 1924 年第二次直奉战争时，冯玉祥突然阵前倒戈，回师北京，驱末代皇帝溥仪出宫后，即请黄郛出任摄政内阁总理。1927 年宁汉对峙时，冯玉祥于徐州会议后公开支持蒋介石。冯氏要求武汉方面"清党"的通电稿，就是出自黄郛之笔。③ 国民党四届一中全会闭幕后，冯玉祥到上海活动，寻找出路。据黄郛日记载，冯到上海后自 1 月 1 日至 5 日，冯、黄二人几乎天天宴谈。3 日、5 日两天，冯还借黄的寓所会见宾客。其间，黄郛更主动同"刘定五、杨畅卿商谈蒋冯间结合办法"。④ 面对蒋介石的拉拢，冯玉祥暂时放弃了自己多年来坚持的反蒋主张，并向黄郛表示：

> 蒋与汪合作，我即与蒋合作，如不要汪，只是拉我，我不去也。我们应当精诚团结，共赴国难。救亡是不分彼此、不分党派的。谁不团结，谁不抗日，谁即没有救亡的资格。⑤

---

① 《事略稿本》第 13 册，1932 年 1 月 19 日，第 59 页。
② 《南京张慕先致长沙何键寒午电》（1932 年 1 月 14 日），《各方民国二十年往来电文录存》，"阎档"：61/0296。
③ 《亦云回忆》，第 283 页。
④ 《黄郛日记》第 8 册，1932 年 1 月 1—5 日；第 9 册，1932 年 1 月 24 日。
⑤ 《冯玉祥日记》第 3 册，1932 年 1 月 18 日，第 563 页。

　　胡汉民对汪精卫在政治上的反复无常，深恶痛绝，只是此次被蒋介石扣押，为了反蒋而不得不联汪。然而汪精卫又一次自食其言，令胡汉民十分愤慨。可是，他此时除了能发表一些斥责蒋、汪的言论外，已无能为力了。气愤之余，胡汉民于19日同中山大学学生请愿团谈话，公开宣布拒绝同蒋、汪合作。他表示：

　　　　汉民自十七年入京，计留京三年又二月，未出都门一步。晨夕孜孜，未箭稍苟逸，不特志不伸，言不听，且遭人嫉忌，必至幽囚而后已。今蒋、汪两先生之主张如此，是凿枘不相容，已可概见，故病不能行，固为事实，而主张之不同，尤为明显之事实也。①

　　1月20日，孙科、汪精卫等人一同乘火车赴京。途经上海时孙科针对胡汉民的言论，发表谈话：

　　　　此次承蒋、汪邀本人到杭晤谈……力劝蒋、汪先行入京，已得蒋、汪慨允。汪今晚由沪去，蒋明晨飞京。中枢充实，困难之时局可望日有转机。至胡复汪、蒋电中谓在野赞助语，本人以为在广义言，现政府为国民党中央执委一中全会所产生，非一二人所成立，则整个国民党可谓在朝，中委尤无在野之可言；自狭义言之，蒋、汪、胡均是中委，固可以中委资格参与政事，更不能分别在朝在野。余深信三先生来京，共同负责，只有指导政府决定大计，

---

① 《胡汉民先生政论选编》，第644—645页。

使政府当局有所秉承，乃能负责做去。三先生身为常委，负党国重望，若相率不前，致陷中枢空虚，使内政外交迁延不决，则政府同人虽欲负责而无从，其为害者大。余经以此意电胡，以胡先生之明远，想必为然。①

1月21日，蒋介石由杭直接飞到南京。此时，蒋介石、汪精卫分别发表谈话，论调完全一致。"一般观察，孙科显然未能主持全局，大势所趋，汪、蒋必分负党政重责。冯亦将于此时与蒋、汪合作，搜集旧部，逐渐回复政治地位。"② 特别是蒋介石"在杭州东南日报发表之谈话要点，对孙氏了无好评。弦外之音，益使孙氏感觉无从乞取助力"。孙科知道自己的戏快唱完了，遂"有引退之意"。③

1月22日，蒋介石、汪精卫入京后召集国民党中央委员齐集励志社会谈，先由何应钦报告前方"剿赤"军事问题，次由吴铁城报告上海日人暴乱情形，再由覃振报告最近外交近况。报告毕，与会中委均默不作声，数分钟后，蒋介石起立发言："关于对日问题，无论战与和两办法，惟须国内真正实现团结一致。总之金瓯不能有一点缺损，否则殊难对付他人的整个计划。"④ 蒋在谈话中还指责粤方胡汉民破坏统一，并称："外交问题，全在国内自强，故非先统一国内不可。如广东能切实归附中央，则对内对外，一切问题皆可迎刃而解。否则以

① 《孙科过沪发表谈话》，《大公报》1932年1月21日，第1张第3版。
② 《天津养日特讯》（1932年1月22日），《各方民国二十年往来电文录存》，"阎档"：60/1953。
③ 《马超俊先生访问记录》，第163页。
④ 《汪蒋到京后昨午开谈话会》，《中央日报》1932年1月23日，第1张第4版。

广东人而亡国民党，以国民党而亡中国。亡国之罪应由广东人负之。"①

1 月 24 日，特务委员会议开会讨论国难问题。蒋介石和汪精卫二人发言最多。由于多数与会者的反对，会议否决了外交部长陈友仁提出的对日绝交方针。陈友仁当即提出辞呈，离京赴沪。孙科借口追陈友仁回任，随之赴沪。据《事略稿本》记载，当天下午蒋介石"访孙科不遇。公曰：'哲生昏暗，易被人利用，其或将不辞而行乎？'到励志社与汪兆铭相见，汪谓：'哲生往沪邀陈友仁回任。'公曰：'此其借口之辞耳。愚哉！哲生是非不明，人鬼不辨，孤负余援手之心矣。'"当晚，蒋介石临睡前思孙科事，再次叹曰："哲生岂其终不可救药乎？追念总理，心何能安。"②

果不出蒋氏所料，1 月 25 日孙科即随陈友仁在沪同时发表辞职电。下午中常会开会讨论孙科辞职案时，仍决议："去电孙科同志取消辞意，即日回京，并推张人杰、张继、居正三同志前往催促。在未回京以前，由陈铭枢同志代行行政院长职务。"③ 随后又加派何应钦、吴铁城赴沪挽留，但"孙辞意坚决，拒绝见客"。④ 此时谁都清楚，双方的行为不过都是虚应故事的表面文章罢了。据蒋作宾观察，"汪实有意取得政权，孙窥其意，故愤而辞职"。蒋并评论道："国难当头，各怀异

---

① 《事略稿本》第 13 册，1932 年 1 月 22 日，第 66 页；秦孝仪总编纂《总统蒋公大事长编初稿》卷 2，第 165 页，该书仅摘录了此段文字的前两句，而无最后一句。

② 《事略稿本》第 13 册，1932 年 1 月 24 日，第 72 页。

③ 《中国国民党中央执行委员会第四次常务会议速记录》（1932 年 1 月 25 日），党史馆藏，毛笔原件：4.3/1。

④ 《中常会慰留孙科》，《中央日报》1932 年 1 月 27 日，第 1 张第 3 版。

志，前途至可悲也。"① 蒋作宾之言并非无根据的猜测。当蒋、汪入京之初，蒋介石曾主张"以政治由哲生主之，党务由季新主之，三人共负其责，观汪之意尚不足也"。②

1月26日，蒋介石告汪精卫："孙科无复函，行政院长不可虚悬，请兄速行组院，主持大政。中愿不受名位，竭诚相助。"③ 次日，蒋又致电宋子文："财政无人主持，请兄即夜入京相商。"④

1月27日，国民党召开中央政治会议，汪精卫主席，通过重要决议案两项：

> （一）本会议常务委员已到京，特务委员会应毋庸存在；（二）成立外交委员会，指定蒋作宾为主席兼常务委员，顾孟馀、顾维钧、王正廷、罗文幹为常务委员。⑤

1月28日下午，蒋、汪再次会商外交方针，"确定二点：一积极抵抗，一预备交涉。"在蒋介石的催促下，汪精卫终于表示愿就行政院长之意。当晚9时开临时政治会议，蒋介石主席，决议：

> （一）行政院院长孙科同志辞职照准，选任汪兆铭同志为行政院院长；（二）立法院院长张继同志辞职⑥照准，

---

① 《蒋作宾日记》，1932年1月26日，第403—404页。
② 蒋介石日记，1932年1月23日；另见《事略稿本》第13册，第69页。
③ 《事略稿本》第13册，1932年1月26日，第80—81页。
④ 《蒋中正电宋子文财政无人主持请即入京相商》（1932年1月27日），《筹笔》第63册，"蒋档"：04-0627。
⑤ 《中国国民党中央执行委员会政治会议第301次会议速记录》（1932年1月27日），党史馆藏，毛笔原件：00.1/127。
⑥ 四届一中全会选举张继为立法院长，张始终未就职，"主因以展堂去职，不愿为参加和议，而幸得立法院长也"。见《张溥泉先生回忆录·日记》，台北：文海出版社影印，无出版时间，第17—18页。

选任孙科同志为立法院院长，在立法院长未到任以前，由副院长覃振同志代理。

会议结束前，叶楚伧表示："兄弟有个声请，照规例讲国民政府五院院长应由中央常会来选任。至各部部长则由政治会议来决定。所以现在应同时开一次中央常务会议，来做个决议，以示规例。"① 于是，当夜 10 时，再开中常会，仍由蒋介石主席，表决通过了以上决议案。②

就在当夜会议进行期间，日本侵略者继九一八事变之后，又制造了震惊世界的"一·二八"事变，向上海发动武装进攻。卫戍京沪的十九路军，在全国人民的支持下奋起抵抗。

1 月 29 日，国民党召开临时中政会，做出重要决议三项：

一、政府迁都洛阳；二、在国民政府下设军事委员会，推蒋介石、冯玉祥、张学良、阎锡山、李宗仁、李济深、何应钦、朱培德、陈绍宽、陈铭枢、唐生智等 11 人为委员；三、选任宋子文为行政院副院长兼财政部长、罗文幹为外交部部长，批准黄汉樑、陈友仁辞职。③

---

① 《中国国民党中央执行委员会政治会议第 25 次临时会议速记录》（1932年 1 月 28 日），党史馆藏，毛笔原件：00.1/127。
② 《中国国民党第四届中央执行委员会第六次常务会议速记录》（1932 年 1 月 28 日），党史馆藏，毛笔原件：4.3/1。
③ 《中央日报》1932 年 1 月 30、31 日，第 1 张第 4 版；《中国国民党中央执行委员会政治会议第 26 次临时会议速记录》（1932 年 1 月 29 日），党史馆藏，毛笔原件：00.1/127。

第二天，蒋介石亲自护送新任国民政府主席林森、行政院长汪精卫等政府首脑渡长江到浦口，乘火车转赴战时首都洛阳。当晚蒋宿浦口，在日记中他记下了自己这一天的忧愤心情：

> 今日上午会敬之、益之、墨三，再会党务干部后，即请林、汪二先生过江。林则延缓以为多事，汪夫人亦有难色。余无职责而不能不为负责之事。观此内情，心地之苦，无以复加。然为国为党，又不能不忍痛茹苦以行也……既无职权，又恐其怀疑。又恐各方对其失礼。此时余诚忍耐之时，受屈之时乎？林、汪专车八时开行，余留宿浦口候消息，恐余等离京后，外交与社会军心不安也。①

1月31日，蒋在日记中再次记下了今后的行动准则："既不能由余之名义统一，应该设法使实际上由余之行动而统一。只有礼让他人得名，而余退下为其部属，助其成名也。"②

此时，还有一个值得注意的现象是，随着"一·二八"淞沪抗战的爆发，一些非黄埔系的地方实力派军事将领，纷纷致电蒋介石表示拥戴，请蒋恢复军权。其中最为恳切的就是正在上海率领十九路军抵抗日军侵略的蒋光鼐、蔡廷锴。2月1日，宋子文电蒋报告："兹晤蒋光鼐总指挥，据云目下时局紧急，军事提挈不可领袖无人。现拟由十九路军蒋总指挥、蔡军长、戴司令等联名通电，敦请钧座出任陆海空军总司令，以便

---

① 蒋介石日记，1932年1月30日；另见《困勉记》卷21，"蒋档"。
② 蒋介石日记，1932年1月31日；另见《省克记》卷5，"蒋档"。

统率全国军人，一致对外。"① 西北军将领宋哲元也电蒋表示：
"军事应有中心，请督率袍泽，早济时艰。"②

蒋介石既已决定"不能由余之名义统一，则应设法使实际上
由余之行动而统一"，故在时机尚未成熟、党内反对势力仍炽之
时，唯有暂时忍耐。因此，他复电宋子文转告蒋、蔡："此时无设
总司令之必要，否则对内对外或生不利影响，亦未可知。如果事
实上有必要之时，则为公为私，皆所不辞。"③ 同样，对宋哲元
的来电批复道："出处事小，军国事大。不能不慎重出之。"④

随着战事的发展，蒋介石重掌军权的愿望很快实现。3 月 1
日，国民党中央在洛阳召开四届二中全会，选定蒋介石为军事
委员会委员长，冯玉祥、阎锡山、张学良、李宗仁、陈铭枢、
李烈钧、陈济棠为委员。根据《军事委员会暂行组织大纲》，军
事委员会直隶国民政府，为全国军事最高机构；军令事项，由
委员长负责执行。⑤ 14 日，朱培德辞去参谋总长的职务，并力
荐蒋介石兼任该职。朱氏还在中政会上表示："查此国家存亡之
际，负参谋部之重任者必其人之精神可以贯彻全国军队，必其
人之声望为全国军队所信仰，始克胜任愉快而不致偾事。蒋中
正同志为全国军队所信仰，蒋同志之卓绝伟大的精神，已贯彻

---

① 《宋子文致蒋介石电》（1932 年 2 月 1 日），《日寇侵略之部：参、淞沪事
变（第 1 卷）》，"蒋档·特交文电"：21032549。
② 《宋总指挥哲元呈蒋公三月蒸电》（1932 年 3 月 10 日），《蒋主席下野与
再起》，"蒋档·革命文献"。
③ 《蒋介石复宋子文电》（1932 年 2 月 2 日），《日寇侵略之部：参、淞沪事
变（第 1 卷）》，"蒋档·特交文电"：21032548。
④ 《"宋总指挥哲元呈蒋公三月蒸电"批复》（1932 年 3 月 10 日），《蒋主
席下野与再起》，"蒋档·革命文献"。
⑤ 《中央党务月刊》第 42—44 期合刊，1932 年 3 月，第 14 页。

于全国军队。"中政会决议通过此案。① 至此，蒋介石再次重掌军事大权，一雪数月前遭"非常会议"逼迫下野之耻。

至此，还有一段插曲值得记下。孙科因不满蒋汪合作而被逼下台，适逢"一·二八"淞沪抗战爆发，政府决定迁都洛阳，孙科于是召集在沪的中央委员，拟组织"临时政府"，同蒋汪政权抗衡。据黄郛2月1日日记载：

> 至静江宅会议……各报告奔走经过，最后庸之报告与哲生谈判经过。知昨晚孙宅之发起中央委员会议，本拟在沪组织临时政府，并诋迁洛办公谓仓皇出奔，又诋卅一日电中发表之十九人完全为蒋汪两派中人等等不堪入耳之言。国难至此犹作是言！后经明谊、铁城、庸之解说后，孙始允不组织政府，改为"中央委员驻沪办事处"，取消卅一日电内之所谓"中央委员会、国民政府联合办事处"。已推定常务委员七人，孙科为主席，下有薛子良、孔庸之、程颂云等诸人常委，下设五委员会，曰军事、外交、财政、民众运动、宣传。每委员会各设正副主任，下置委员若干名。②

由于孔祥熙等人的调停，孙科最终放弃了公开组织反抗国民党中央的新机构。2月中旬，"中央委员会驻沪办事处"致电国民党中常会报告其组织及人事安排，并表示"以后当随

---

① 该日会议并决定："本日各种决议案均不发表。"见《中国国民党中央执行委员会政治会议第303次会议速记录》（1932年3月14日），党史馆藏，毛笔原件：00.1/127。
② 《黄郛日记》第9册，1932年2月1日；沈云龙编著《黄膺白先生年谱长编》下册亦摘录黄氏日记数语，见该书第476页。

时电陈关于沪事重要决议"。其具体人事安排如下：

> （一）推孙科等七委员为常务委员；（二）陈铭枢、
> 程潜为军委会正副主任，蒋光鼐等为委员；（三）陈友
> 仁、吴铁城为外交委员会正副主任；（四）孔祥熙、杜镛
> 为财委会正副主任；（五）刘芦隐、李材为宣委会正副主
> 任；（六）马超俊、何世桢为民运会正副主任；（七）叶
> 恭绰、刘维炽为交通委员会正副主任；（八）甘乃光、陈
> 剑如为秘书室正副主任。①

"中央委员驻沪办事处"至淞沪停战协议签订后，即告结
束。② 此一国难声中之插曲，亦可算是孙科等人在这次反蒋运
动中的最后一次反抗与挣扎。

国难当头，国民党内各政治派系都不得不相互妥协。蒋汪
合流后，暂时结束了宁粤对峙的局面，原本四分五裂的国民党
再次形成以蒋介石为主导、各派联合统治的局面。

---

① 《中国国民党第四届中央执行委员会第八次常务会议速记录》（1932 年 2
月 18 日），党史馆藏，毛笔原件：4.3/1。杜镛，即杜月笙。他同孙科之
间的关系，特别是在此次反蒋过程中杜的态度还是一个谜。孙科最初所
以能从上海秘密出走广州，参加"非常会议"，就是因为得到杜氏的暗中
帮助。（见《马超俊先生访问记录》，第 152 页）有美国学者指出：孙科
内阁之所以垮台，是"由于孙科没有得到上海青帮杜月笙和张啸林的支
持来压制银行界……杜和张仍然忠于蒋介石，并且煽动反对孙科"。
（Parks M. Coble, Jr, *The Shanghai Capitalists and the Nationalist
Government*, 1927 – 1937, p. 119）这一论点缺乏有力证据，仅是表面现
象。
② 邓公玄：《浮沤掠影》，台北：邓张近澂印，1979，第 125—127 页，转引
自张天任《宁粤分裂之研究——民国二十年至二十一年》，第 199 页。

第十一章 地域观念
与蒋介石的起伏

国民党高层政治的特点，是派系活动的普遍化，"其突显之处，则表现在派系之间的恶性倾轧成为国民党内影响深广，并为众所周知的一项政治文化现象"。① 透过表面的派系纠葛，不难发现其后若隐若现的地域观念，也是挑战蒋介石"党统"地位的一种非常有趣的"政治文化现象"。特别是在宁粤对峙期间，反蒋派几乎是一批清一色的广东人。虽然他们的政治主张并非一致，有时甚至相互对立，但他们都在国民党内拥有深厚的历史渊源。在他们眼中，后起的蒋介石，仅仅依靠军权，企图霸占"党国领袖"地位，自然引起他们的极度"不满"和"不服"。这种"不满"和"不服"又表现出强烈的地域色彩。

正如陈志让在研究民国政治冲突时所称："派系斗争又与中国传统的文化有不解之缘"。② 地域色彩或许就是其中的一种具体表现形式。至于地域观念在国民党派系冲突中到底起了一种什么样的作用，的确是一个引人深思的问题。③

---

① 王奇生：《党员、党权与党争：1924—1949 年中国国民党的组织形态》，第 317 页。
② 陈志让：《军绅政权——近代中国的军阀时期》，三联书店，1980，第 163 页。
③ 相关研究可参见罗志田《乱世潜流：民族主义与民国政治》，上海古籍出版社，2001；吴振汉《国民政府时期的地方派系意识》，台北：文史哲出版社，1992；章清《省界、业界与阶级——近代中国集团力量的兴起及其难局》，《中国社会科学》2003 年第 2 期；深町英夫《近代广东的政党、社会、国家——中国国民党及其党国体制的形成过程》，社会科学文献出版社，2003。

一　孙中山粤籍观念在国民党中的运用

孙中山关于中国人乡土观念强而国家观念弱的见解，常为学界所征引。他在《三民主义》一书中曾痛切指陈："中国人对于国家观念，本是一片散沙，本没有民族团体。"而同它形成鲜明对照的是："中国有很坚固的家族和宗族团体，中国人对于家族和宗族观念是很深的。譬如中国人在路上遇见了，交谈之后，请问尊姓大名，只要彼此知道是同宗，便非常之亲热，便认为同姓的伯叔兄弟……此外还有家乡基础，中国人的家乡观念也是很深的。如果是同省同县同乡村的人，总是特别容易联络。"① 这种观念在当时的中国确实普遍存在。它是自给自足的自然经济仍占支配地位下的产物。

孙中山祖籍广东省香山县。事实上，他从开始领导革命时起，便在有意无意间逐步培植一批以广东籍为主的亲信干部，他们长期追随孙氏并为孙氏所信赖。以中国同盟会成立前的三个主要革命团体来说，孙中山领导的兴中会成员绝大多数是广东人。据冯自由《兴中会会员人名事迹考》一文所列，兴中

---

① 《孙中山选集》，人民出版社，1981 第 2 版，第 674—675 页。中国人浓郁的同乡观念，始终是学界津津乐道的话题。列文森就曾立足于"省区""民族""世界"检讨过近代中国的"认同"问题。见 Joseph R. Levenson, "The Province, the Nation, and the World: the Problem of Chinese Identity," in Albert Feuerwerker etc. ed. , *Approaches to Modern Chinese History* (Berkeley: University of California Press, 1967), pp. 268 - 288. 施坚雅（William Skinner）的研究更显示："大部分中国人想到中国的疆域时，是从省、府和县这一行政等级区划出发的……人们不可避免地用行政地域来描述一个人的本籍——表示其身份的关键因素。"中译本见施坚雅主编《中华帝国晚期的城市》，叶光庭等译，中华书局，2000，第 1 页。

会会员286人中，271人是广东人，占95%；① 而湘籍的黄兴、宋教仁等领导的华兴会的成员大多是湖南人，宋教仁甚至在日记中把华兴会称作"湖南团体"；② 而光复会的主要成员蔡元培、徐锡麟、秋瑾、陶成章及后来的章太炎等都是浙江人。地域观念，在同盟会时代的内部纠纷冲突中就起了相当重要的作用。

　　孙中山在世时，他的基本干部有所谓"上三""下三"之说。"上三"为胡汉民、汪精卫、廖仲恺；"下三"为朱执信、邓铿、古应芬。这六人是清一色的广东人。③ 甚至在职业军人方面，当孙中山把广东作为革命根据地时，基于现实的考量，不得不倚重粤籍人士。例如1923年孙中山命令驻福建各军回师讨伐陈炯明时，鄂籍的黄大伟和粤籍的许崇智论实力和功勋都在伯仲之间，但孙却任命许崇智为总司令，导致黄大伟认为广东人排外一怒而去。有人以此事质问孙中山时，孙很明确地回答道："现在要打陈炯明不得不用汝为，他是广州高弟街人啊！广东人没有话说。"④ 特别是1924年国民党改组后，广东被视为"革命策源地"，而有别于国内其他省份，其地位和影响不言而喻。

　　孙中山去世后，广东人的革命正统意识不仅没有削弱，反而不断加强。1926年，在国民党第二次全国代表大会上，广东籍代表吴永生竟正式向会议提出：

　　　　大会中许多广东同志都是不懂各省方言的，本席在代

① 冯自由：《革命逸史》第4集，中华书局，1981，第23—64页。
② 宋教仁日记，1905年7月29日，陈旭麓主编《宋教仁集》下册，中华书局，1981，第546页。
③ 《傅秉常先生访问记录》，第23页。
④ 陈劭先：《辛亥革命后孙中山在广东的几起几落》，《文史资料选辑》第24辑，中华书局，1962，第13页。

表团时屡经提出要翻译粤语，何香凝同志亦曾说过，但未见实行。现请主席团以后对于各项重要报告及决议，都要翻译粤语。①

当天，会议主席邓泽如即请陈其瑗将北方省籍代表于树德、丁惟汾的报告译成粤语。在以后数天的会议记录中留下不少这样的记录：

提案审查委员会报告处分西山会议案。（由路友于同志代表报告，陈公博同志翻译粤语。——原注）全文如下……②

但在二全大会上，并没有见到会议记录中有听不懂粤语的他省代表，要求将粤语译成国语的记载。国民党的全国代表大会，不用国语作会议的正式语言倒也罢了，但竟通过今后重要提案都要译成粤语的决议，实在是罕见的现象，可见粤籍国民党员地方意识之强，这也反映出粤籍党员在国民党内所处的特殊地位。浙江籍的蒋介石对此曾慨叹道："粤人重地域而排外，其私心较任何一省为甚也。"③

直到 1929 年国民党在南京召开第三次全国代表大会讨论

---

① 《中国国民党第二次全国代表大会会议记录（第六日第十一号）》（1926年1月11日），《中国国民党第一、二次全国代表大会会议史料》（上），第 245 页。

② 《中国国民党第二次全国代表大会会议记录（第八日第十六号）》（1926年1月13日），《中国国民党第一、二次全国代表大会会议史料》（上），第 283 页。

③ 《困勉记》卷 16，"蒋档"。

是否处分汪精卫等人而引起激烈辩论时，胡汉民仍分别以国语和粤语发表演讲，重申此举之必要。① 尽管此时会议地点已移出粤境而入江苏，国民党也由控制广东一省而变为全国的执政党，但在党的全国代表大会上讨论重要议案时，党的领袖胡汉民依然要以粤语来加以强调，足以说明种地方意识对中央仍产生着不容忽视的影响。

国民党内这种强烈的地域意识，局外人或许看得更清楚。早在 1922 年冬，有一个外国人来广东，他根据自己的亲身感受对汪精卫说："喂！这不是国民党得了广东，却是广东得了国民党呢！你看国民党进了广东之后，只看见广东，不看见国民党了！"②

这也正是孙中山去世后，唯有汪精卫、胡汉民最有资格继承孙中山地位的重要因素之一。孙中山在世时，因为他个人的魅力和威望，没有任何人可以抗衡，一时还没有引起国民党内已逐渐成形的各派系间的公开冲突。孙中山去世后，党内冲突立即凸显。一旦其他省籍的党国领袖要求重新分配"党权"，挑战"党统"时，自然引起"得了国民党"的粤籍领袖的集体反抗。在粤籍领袖看来，正是基于这种强烈的革命正统情结，只有他们才有资格在党内谈"党纪"、争"党统"、护"党权"。

二　江浙派对粤籍"党统"的首次挑战

蒋介石是浙江人，但他最初事业发展的基础却是在地方主义强盛的广东。早年蒋介石在粤军中的职务，大都是参谋长或参谋处长一类的幕僚长职务，很少担任掌握实权的带兵官，而

---

① 蒋永敬编著《民国胡展堂先生汉民年谱》，第 447 页。
② 《中国国民党何以有此次的宣言》，《汪精卫集》第 3 卷，第 3 页。

其粤军同僚也往往以孙中山的监军使者身份视蒋。[1] 只有自黄埔建军后，蒋才真正掌握一支属于自己的军事力量。这支军队很快又被国民党人冠以"党军"的名义，以区别于同样驻防在"革命策源地"广东的其他军队。从此，蒋开始逐步树立起自己在国民党内的正统地位。

其实蒋介石的省籍观念也是很强的。北伐前，他在国民党元老中着力捧出的张静江、为他做"军师"的戴季陶、替他办党务的陈氏兄弟都是浙江人。北伐开始后，他大力拉拢在上海的浙江籍银行家、大商人虞洽卿等，在财力上得到他们的大力支持。受到他特殊信任、曾参加同盟会而始终未加入国民党的盟兄黄郛也是浙江人。以后，在军队将领中最受他信任的陈诚、汤恩伯、胡宗南，主持特务工作的戴笠（军统）、徐恩曾（中统），为他起草文稿的陈布雷等都是浙江人。

长期以来，蒋介石对广东团体的观感十分微妙，他在羽翼未丰时，视其为自己成功的重要助力；又始终对之心存猜忌。1925 年，当蒋借口廖案驱走粤军司令许崇智后，他将一部分粤军编入第一军，成为第三师，以后被称为"嫡系当中的杂牌"。[2] 第一军即蒋介石掌握的"党军"。同时，蒋介石又将邓

---

① 吴振汉：《国民政府时期的地方派系意识》，第 116 页。

② 据卫立煌秘书回忆：在蒋介石中央军嫡系部队中有五个上将：刘峙、顾祝同、陈鼎文、陈诚、卫立煌，号称五虎将。"这五个人都是北伐时期蒋介石老本钱第一军当中的团长，和蒋介石历史关系最深。后来他们升师长，升军长，升总司令，步子都差不多；说起打仗来，拼死命，冲锋陷阵都不如我们卫老总。卫老总一不是浙江人，二不是'穿黄马褂子的'（黄埔系），再拼命，他也没有得宠那四人，不是黄埔军校的区队长，就是黄埔军校的教官，才是真正的嫡系；我们卫老总连黄埔军校的大门也没有跨进过，实际上是一个'嫡系当中的杂牌'。"见赵荣声《回忆卫立煌先生》，文史资料出版社，1985，第 69 页。

铿留下的另一支粤军将领梁鸿楷逮捕，以李济深接替梁氏军职。李济深接任不久，改番号为第四军。而李济深的背景同蒋氏颇类似，李原籍广西，廖案前是梁鸿楷部的参谋长，既不是带兵官，又不是粤省人。蒋氏此举是否有削弱粤军势力的意图，笔者无从考证。但李济深出长四军后，即将"第四军军部设在广西会馆之内"，而这会馆又是旧桂系"莫荣新督粤时所建"。虽说人们常常把粤、桂两省统称为"两广"，但在粤人心目中，对桂人督粤始终心存芥蒂，而李济深则被时人视为新桂系的领袖。李宗仁、白崇禧等人参加国民党，介绍人就是李济深。①

廖案的最大受益者无疑是蒋介石，他不仅驱走了党内粤籍政治领袖胡汉民，还迫使粤籍军事领袖许崇智交出军权。在随后召开的二届一中全会上，原本连中央候补执行委员都不是的蒋介石，一跃而为党内二号人物，成为地位仅次于汪精卫的国民党中常委。此后，蒋介石又利用中山舰事件驱走了在党内和胡汉民齐名的汪精卫。

有关中山舰事件的研究成果可谓汗牛充栋，一般论者大都从国民党左右派之争或国共关系的角度考察这一事件的成因和影响，这自然不错。而当时作为中共中央派驻广州的代表张国焘，在回忆录中就已注意到事件背后的地域观念及其重要影响：

> 当时国民革命军的六个军，除第一军外，对蒋似有或多或少的不满。客籍的第二、第三、第六军有些将领，觉

---

① 《李宗仁回忆录》，第197、204页。

得如果失去了汪的领导，他们更不能获得与第一军平等的待遇。实力较雄厚的第四军原系粤军系统一脉相传下来的，更有"浙江人外江佬排挤广东人"的反感。①

当时对蒋介石颇为不满的谭延闿就对张国焘"坦率"地谈道："广东这出戏，不能是军事独角戏，总少不了一面政治招牌；现在有六个军，如果没有一面政治招牌，更是难于统率的；而且广东这个地方，也不好完全由外省人来掌握一切。"谭延闿更进而具体说明："汪既不愿再干，有些人知道胡汉民快要回来了，有意要抬胡出来。"而支持蒋介石的张静江则向张国焘明言："这就证明广州的领导并没有把事情办好，现在只有让我们从外省来的人，以客观公平的态度，来加以调整，从根本上来解决一切纠纷。"② 甚至连苏俄顾问鲍罗廷也认为："除少数例外，广州人不适合做革命者，其他省的国民党人只好利用广州的基地，把广州本地人排除在外。"③

中山舰事件之后，党内重要粤籍领袖胡汉民、汪精卫均暂时离开了权力中心。此时军权在握的蒋介石充分利用国民党内左右两派、国共两党，以及双方同苏俄顾问之间的矛盾，纵横捭阖，不断地联合一方打击另一方。以往对国民党二届二中全会的研究，大多关注于蒋介石提出的"整理党务案"对共产党的种种限制。从另一个角度来看，二中全会还有一个重要内

① 张国焘：《我的回忆》第 2 册，香港：明报月刊出版社，1973，第 504 页。
② 张国焘：《我的回忆》第 2 册，第 509—510 页。
③ 《鲍罗廷给加拉罕的信》（1926 年 5 月 30 日），《联共（布）、共产国际与中国国民革命运动（1926—1927）》（下），中共中央党史研究室第一研究部译，北京图书馆出版社，1998，第 275 页。

容，就是国民党内以蒋介石为代表的江浙系，首次公开挑战粤籍领袖的"党统"地位，且大获全胜。例如当蒋介石在全会中提议设置中常会主席一职，并提名由绝对支持他的张静江来担任时，一度令"全场相顾惊愕"，最终还是选举了张静江担任这一新职务。① 但国民党内部的纠纷也在会上暴露出来。据张国焘回忆：

> 五月十九日选举中央执行委员会主席的时候，第四军军长李济深发问："没有到会的人也可以当选吗？"任会议主席的张静江只好答复："当然可以。"于是李济深便在选票上写了苹果一样大的"胡汉民"三个字，就退席了。这件事引起了广州要人们的各种议论，有的人说："李济深不满蒋介石的跋扈，原想选任汪精卫，但恐引起冲突，因改选胡汉民，以示不屈服。"有人说："第四军广东系的人物不满浙江系的横蛮，市上所发现的反对浙江系的标语都是他主使的；李济深之选胡汉民，可予证实。"李济深与蒋介石之间的芥蒂，大概也由此次事件开始表面化了。②

这种地域观念不仅存在于粤籍国民党人心中，甚至连一些参加国民党的粤籍共产党人也同样持有这种心态。二中全会前担任国民党中央组织部部长的共产党员谭平山就曾对蒋的举动

① 毛思诚编《民国十五年前之蒋介石先生》第 8 编第 15 册，第 63、67 页。
② 张国焘：《我的回忆》第 2 册，第 522 页；有关"蒋李交恶"最详细的论述见罗志田《国际竞争与地方意识：中山舰事件前后广东政局的新陈代谢》，《历史研究》2004 年第 2 期。

表示强烈的愤慨。据张国焘回忆："他（指谭平山）是老同盟
会会员，蒋介石如此专横，中共又如此忍让，他不要干共产党
了；他要用老同盟会会员的资格，联络实力派李济深以及广东
的老国民党员，公开与蒋介石和浙江系对抗。"①

而蒋介石所以能够使张静江当选中常会主席，鲍罗廷背后
的支持起了巨大作用。② 鲍罗廷为了拉住蒋保持左倾，竭力压
制共产党内许多人主张的反击，全部接受了蒋的要求。③ 不仅
如此，同为江浙籍且因参与西山会议派而于半年前刚受过党内
处分的戴季陶、邵元冲、叶楚伧等人也纷纷回归国民党中央。

作为对鲍罗廷的回报，蒋介石拒绝同刚从苏联回国的胡汉
民的合作要求，还下令"拿办吴铁城"，④ 并挤走孙科、伍朝
枢。⑤ 随后，胡汉民的另一重要亲信古应芬也被迫辞职离粤，
孙科的亲信傅秉常同时被免职。这些人都是清一色广东人。

---

① 张国焘：《我的回忆》第 2 册，第 524 页。
② 陈公博：《我与共产党》，《寒风集》甲篇，第 245—248 页。当时不仅国
　民党右派感到失望，国民党左派也是愤愤不平。但左派的观点与中共党
　人的看法究有若干距离。他们多数人所注意的是党权问题，有的人说：
　"汪精卫被撵走了，党权也破产了，现在是军人天下。"鲍罗廷对于这些
　愤恨难平的左派，也是抚慰有加。见张国焘《我的回忆》第 2 册，第
　523 页。
③ 据陈独秀回忆："我们主张准备独力的军事势力和蒋介石对抗，特派彭述
　之同志代表中央到广州和国际代表面商计划，国际代表不赞成，并且还
　继续极力武装蒋介石，极力主张我们应将所有的力量拥护蒋介石的军事
　独裁来巩固广州国民政府和进行北伐。我们要求把供应蒋介石、李济深
　等的枪械匀出五千支武装广东农民，国际代表说：'武装农民不能去打陈
　炯明和北伐，而且要惹起国民党的疑忌及农民反抗国民党。'"（《告全党
　同志书》，《陈独秀著作选》第 3 卷，第 88 页）由陈氏这段回忆不难读
　出鲍罗廷对共产党的压制。
④ 蒋介石日记，1926 年 5 月 30 日；另见《蒋介石日记类抄·党政》，《民
　国档案》1999 年 1 期，第 5 页。
⑤ 《邵元冲日记》，第 238 页；另可参阅《吴铁城回忆录》，第 154—162 页。

迫于形势，隐居广州的汪精卫不辞而别，受鲍罗廷的打击胡汉民也悄然离穗。国民党内重要粤籍领袖此时几乎全被逐出广东。

就在吴铁城被捕的当天，鲍罗廷相当自信地向加拉罕报告了广州的形势：

> 今天吴铁城入狱。孙科将被建议去俄国，他去那里不知是纠正自己过去的错误，还是同冯玉祥谈判。傅秉常要被免去海关监督职务以及外交秘书职务。伍朝枢将建议休假一段时间……至于内务秘书古应芬，决定保留他的原职到李济深的两个师离开这里时为止……唯一的变化是发生在中派的态度上。我们作了让步，吸收邵元冲担任青年部长，但他要履行党的二大向他提出的放弃西山会议的条件。戴季陶将被任命为广东大学校长，叶楚伦在同样条件下也将受到应有的关照（任中央书记之一）。①

尽管鲍罗廷对方广东形势的解释，是从国民党左、右两派之争为出发点的，并划分出一个中派，但不可否认的一个事实是，鲍氏提到的右派人物是清一色的广东人，而所谓中派人物都是亲蒋的江浙人。原来深受孙中山信任的所谓"上三""下三"的粤籍重要干部，除廖仲恺、邓铿、朱执信先后遇害外，汪精卫、胡汉民、古应芬被迫离开广东。从此，广州落入蒋介石的控制之下。在鲍罗廷的支持下，蒋就任北伐军总司令，着

---

① 《鲍罗廷给加拉罕的信》（1926年5月30日），《联共（布）、共产国际与中国国民革命运动（1926—1927）》（下），第272—273页。

手准备北伐。

当时，张国焘对蒋介石的积极北伐，曾有一段有趣的评论：

> 少数军事首脑对北伐却怀有不同的打算。也许广东人的排外心理是较浓厚的，使外籍的"英雄"总觉得广东并非用武之地，如果能回到长江下游的本土，或可建立霸业之基。有些广东籍将领则不免想到如果这些外省"英雄"，到省外去打江山，他们就可成为广东的真正主人了。大多数客籍将领都觉得到外省去打天下，可解除现在苦闷而获得发展机会。因此，"北伐"的代名词，是"向外发展"。①

事实也可以证实这种看法。国民革命军八个军中全力北伐的六个军都不是粤军，粤军的两军中只有李济深的第四军出动了一半部队。尽管李济深担任国民革命军总参谋长之职，却不随军行动，而是坐镇广东。第五军更是一兵未出。以往的研究对第五军的力量大都忽略不计，尽管第五军力量最弱，但同朱培德的第三军相比，实力也仅相差一个营。② 第五军留在省内，或许更多的因素是地域观念造成的。据李宗仁回忆，第四军出兵北伐，就是在他的鼓动下由李济深主动提出的。李宗仁动员李济深的言辞相当值得玩味："第四军乃广东的主人翁，主人且自告奋勇，出省效命疆场，驻粤其他友军系属客人地

---

① 张国焘：《我的回忆》第 2 册，第 529 页。
② 第二军共 8 团 2 营，五军共 8 团 1 营，六军共 9 团 2 营，这三个军实力相差并不多。见《李宗仁回忆录》，第 216 页。

位，实无不参加北伐而在广东恋栈的道理。"李济深听后，"毅然不加考虑，脱口而出，连声说赞成此一方法"。①

1926 年 7 月，蒋介石在广州誓师北伐。随着军事的突飞猛进，原来隐藏着的矛盾也不断暴露出来。其中最大的冲突就是"迁都之争"。国民党左派和共产党为了进一步限制蒋的权力，积极展开恢复党权运动。在此期间最活跃的人物"自然以孙哲生和邓择生是两颗亮晶晶的明星"。② 孙科的政治立场原本倾向西山会议派，邓演达则是著名的左派，同时孙、邓二人又都是广东人。而在反蒋这一点上，两人立场完全一致。孙科曾公开发表文章，指责蒋介石在党内实行专制：

　　自去年第二次中执全体会议议决整理党务案，因为时局的要求，变更了总章的规定，在常务委员会内产生一个主席……照法理论，本来主席权限也是很小的。照这次全体会议决定的主席的任务，是作会议时之主席，保存党员名册和督促党务进行。除此以外，主席便没有什么任务了。但是我们中国人，大多数是不容易脱了封建时代的思想的……不知不觉之间要弄到主席的权力变成很大，差不多在政治上是一国的大总统，在党务上是一党的总理。这在做主席的人，原本没有这种观念的，但因为环境的影响，不知不觉间就成为一个迪克推多。这是第二次中执全

---

① 《李宗仁回忆录》，第 204 页。罗志田对此曾指出："这一分析的思想基础正是广东的'土客矛盾'，主人出省乃是迫使客军离粤的先发制人手段，很能体现一些时人的心态和思路。"见罗志田《国际竞争与地方意识：中山舰事件前后广东政局的新陈代谢》，《历史研究》2004 年第 2 期，第 144 页。

② 陈公博：《苦笑录》，第 110 页。

体会议所意料不到的。[1]

武汉时期的孙科似乎给人一种相当左倾的印象，但孙科的真实心态并非如此。当时，陈公博为了避免国民党的分裂，特意从江西到武汉找到孙科，开门见山地说："局面太坏了，我们应该想出一个办法。我现在急于要知道的，这里局面是不是给共产党操纵？"孙科的回答异常干脆："哪里干到共产党的事，这是国民党本身的问题。蒋介石这样把持着党，终有一天要做皇帝了。""国民政府必须迁汉，才能表明蒋介石服从中央，才能免去党的分裂。"陈公博又找顾孟馀了解详情。"孟馀的议论竟直和孙哲生相同。"[2] 孙科的上述言论颇能代表当时国民党内特别是粤籍党内高层干部对蒋介石不满的普遍心态。一方面是对蒋的专制不满，另一方面是内心的不服。在他们看来，蒋介石在党内的地位尚浅，难以服众。正是基于这种"不满"和"不服"，才导致孙科在反蒋过程中表现出许多极度左倾的言行。

1927 年 3 月 10 日，国民党在武汉召开二届三中全会，通过一系列决议，限制蒋的权力，同时还极力鼓吹"迎汪复职"，希望通过在党内历史地位更高的汪精卫来抗衡蒋介石。但此时的蒋介石已决心另立门户。4 月 18 日，南京国民政府成立。蒋介石虽然军权在握，鉴于自己在党内的资望不够，因此又拉出正在上海赋闲的胡汉民担任南京国民政府主席。

南京开府后，武汉方面自然愤怒异常，第一个提议开除蒋

---

① 孙科：《为什么要统一党的指导机关?》，《汉口民国日报》1927 年 2 月 20 日，第 1 张第 1 页。

② 陈公博：《苦笑录》，第 106 页。

介石党籍的就是孙科。① 在此后的宁汉对峙中，由于种种因素的作用，最终以蒋介石的第一次下野而结束。

三 党内粤籍领袖正统意识的总爆发

1928 年 1 月，蒋介石恢复了国民革命军总司令的职位，继续北伐。但蒋此时的地位仍不稳定，虽然自中山舰事件后，蒋曾一度行使国民党的最高权力。当时的蒋介石相当自负。从国民党粤籍元老程天固的一段回忆中，我们不难看出当时蒋氏的心态：

国民政府出兵北伐初期，蒋氏耀武扬威，大有继承总理之大志。由渠于印发个人革命史之小册子一事可以见之。该册子之字里行间，排挤胡、汪二氏，原欲借此压低彼二人在党之声誉和资格，以为自己争长之武器。册中引用总理平日闲谈，对汪、胡二人之评批，一则曰："汪氏做事多拖泥带水，不能彻底，故他只长做和事佬。"二则曰："展堂个性倔强固执，故对事多有不够豁达之嫌。"蒋氏引述总理之批评，其作用如何？明眼者自能了解。闻戴季陶见了这册子之立论太过露骨，立劝蒋氏收回，不可发送。我当时收到一份，后来询及同志中，收到者甚少。此当是戴氏劝他之结果，因戴氏与他友善，他每以师长称之。②

自第一次下野后，蒋介石渐渐明白了一点：在"老一辈

① 陈公博：《苦笑录》，第 112 页。
② 《程天固回忆录》，第 207—208 页。

同志"眼中,"他仍被认为军事的,而非政治的人物"。① 在国民党内,此时的蒋介石仍无法代替汪、胡的领袖地位,这也是他第一次被逼下野的一个重要原因。南京政府统一全国后,"蒋一边需要粤籍要人协助其树立中央威望;一边又恐其正统地位为他们所取代。至于广东人士对蒋的爱憎情绪,则更明显的反映在他们与蒋一再分合的历史中"。②

在国民党派系冲突中最有资格同蒋介石谈"党纪""党权",而又敢于同蒋争"党统"的并不是那些地方实力派,而是党内同蒋派平行的胡派、汪派、太子派以及西山会议派等诸政治派系。这些派系的主要骨干,大多是广东人。

1931 年发生的宁粤对峙事件,又是一个生动的例子。

当蒋介石先排斥了汪精卫,再在中原大战胜利后囚禁胡汉民,独自以孙中山继承者、国民党正统自居时,几乎所有的粤籍党国要员便暂时放弃一切政治立场和派系恩怨,团结一致,共同反蒋,并取得广东实力派陈济棠的全力支持,进而带动南北地方实力派的陆续投入。

宁粤对峙期间,蒋介石在南京一次"晚宴党国重心"时曾无奈地向众人表示:"不应以一二人之离异而致消极,为其无粤人汪、胡即不成党之奇言所惑。"③ 没有汪精卫和胡汉民的国民党"即不成党",在今天看来的确是"奇言"。但当蒋介石面对"党国重心"道出此言的那一刻,"无汪、胡即不成党",在很多人看来并非"奇言",仿佛是理所当然的事实。

---

① 董显光:《蒋总统传》,第 108 页。
② 吴振汉:《国民政府时期的地方派系意识》,第 117 页。
③ 蒋介石日记,1931 年 6 月 19 日;《事略稿本》文字内容与日记原稿大体一致,但删掉了"粤人"二字。

国民党广东省党部编的宣传材料《为什么讨
伐蒋中正》，漫画蒋介石的独裁者形象

面对来自党内的强大压力，蒋介石不得不一改以往对异己势力
武力讨伐的做法，而主张政治解决。此时留在南京中央支持蒋
氏的党国元老，主要是张静江、蔡元培、吴稚晖等几个江浙籍
要人。

　　1931 年 4 月底，当蒋介石得知古应芬等人准备在广东有
所举动时，遂致电广东军事领袖陈铭枢、陈济棠表示：

　　　　近日谣诼频兴……最好请两兄发电声明态度，并切劝
　　粤中各同志勿为谣诼所动摇，以定党国之基础。兹将此种
　　谣诼所及于内外影响之重大，请以两兄私人名义详述如
　　下……（四）如粤籍同志离开中央，则明示粤人以粤人

之故，而且以粤籍少数同志与全国对抗，不啻自示其褊狭
也……两兄于此实有一言兴邦之可能。

蒋氏所说的第四项"影响"，在电报原稿中已用毛笔删
除，可能没有拍发，但仍可清楚地辨认。①可见，当时国民党
内确实有这样一种观念，即把蒋介石扣押胡汉民视为中央排挤
粤方。而蒋介石也确实有一块心病，担心"粤籍同志离开中
央"。他写上了这一条又把它删去，大概是觉得把事情挑明
后，反而会对自己不利。一周后，蒋介石针对粤方的挑战，开
列了一份今后干部工作分配名单：

> 以邵力子（浙）、张岳军（川）、宋子文（粤）、陈
> 立夫（浙）、孔庸之（晋）、邵元冲（浙）、王维宙
> （辽）、于右任（陕）、杨畅卿（粤）等为政治之中心；
> 以丁鼎丞（鲁）、叶楚伧（苏）、陈果夫（浙）、陈布雷
> （浙）、戴季陶（浙）、余井塘（苏）、（刘庐隐——原注，
> 赣）、程天放（赣）等为党务中心；以方子樵（鄂）、陈
> 厚甫（闽）、朱益之（云）、熊天翼（赣）、葛湛侯
> （浙）、林蔚（浙）等为军事之中心，迅即组织干部分头
> 进行。先去其内部之散漫，而后可不愁战局也。②

在这份22人名单中，浙江籍超过1/3，有8人，而粤籍
人中除了他的妻舅宋子文外，仅有孙中山在世时同国民党很少

---

① 《蒋主席致陈铭枢陈济棠四电俭电》（1931年4月28日），《两广政潮
卷》，"蒋档"。
② 《事略稿本》第11册，1931年5月24日，第221页。

瓜葛的杨永泰。由此可见，在蒋氏的政治选择中同样存在着较浓厚的地域观念。

广州开府后，孙科在 7 月 1 日对德国记者发表谈话，再次公开挑战蒋介石的领袖地位，他说：

> 在民国十四年七月一日国民政府成立时，委员有十六人，俱由中央执监委员会选出的，蒋氏自然不在原始政府委员之列。故在党中或在政府，他都不得自称为领袖。在原始国府委员十六人中，有二人已去世，有一尚在南京，即戴季陶氏。其中八人为现在新政府之委员，计现已到粤者有汪精卫、许崇智、古应芬、邹鲁、邓泽如及我六人，另有林森、伍朝枢二人方在外国归程中。①

孙科所提到的众人中，除支持蒋介石的同乡戴季陶和倾向粤方的福建闽侯人林森外，其余诸人都是粤籍。从中我们不难感受到广东人对蒋氏"自称为领袖"的不满和不服，感受到孙科等人内心中一股强烈的党国正统意识：国民党的天下是广东人打出来的，还轮不到浙江籍的蒋介石来自称"领袖"。

当"非常会议"正在酝酿时，一向以中立自居的天津《大公报》以《广东问题之两方面》为题，于 5 月 20 日发表社评，论及这次反蒋运动与以往历次反蒋之不同：

> 欲求粤事之解决，应自两方研究：第一，军事的；第

---

① 孙科：《倒蒋的理由与趋势》，《中央导报》第 3 期，1931 年 7 月 15 日，第 61 页。

二，政治的。旬日以来，国民会议及各方之电，皆以陈济棠为事实的对象。有所劝，劝陈济棠；有所责，责陈济棠。察其用意，岂不谓陈负军事责任，陈果就范，则问题可立决乎？……而自另一方面论，则挑起此次问题者，为林森、古应芬等四监委，而非陈济棠。日来各省有力者之发言，奈何只问陈济棠，而不问四监委。再进一步言，四监委此次举动，显为一种组织的行为。试观问题甫起，而王院长宠惠、孙部长科，即赴上海，至今不归。王、孙纵不参加风潮，但亦处调停地位，与中央其他委员之立场，又有微异。航空司令张惠长……此次乃亦翩然归粤。粤主席陈铭枢……乃亦未能积极阻止，而东渡漫游。广东党部，与汪派久不两立，乃最近因粤桂合作，而汪、邹入省。是以概观粤局，有两点最不容忽视者：第一，国民党著名之广东党员，除宋子文、吴铁城诸君刻在中央供职者之若干人外，其余或卷入旋涡，或旁观消极。第二，广东向来互不相容之各派国民党旧人，近居然有冶为一炉之势。其中固有早经中央除籍不承认为党员，如汪精卫、邹鲁等，中央早认其为国民党以外之反动派，不过从世俗的或历史的批评，则固与党有深厚关系也。由此两点发生之感想，则今日之事，似已不能仅认为陈济棠第八路军之问题，而不能不认为若干有历史的广东国民党员之共同行动……

广东与国民党之关系最悠久，最重大也！夫使单为军事的异动，出兵讨之足已，若其事涉及几多著名党员，而其地又为党的发源地之广东，则已非仅一军事问题，而为党内重大之政治问题，非仅兵力所能解决者矣……不能不

希望现在党国负责诸公，务须由党的方面设法解决政治上
之纠纷……勿竟因此失去许多著名粤籍党员，以自弱其历
史的基础。

　　《大公报》社评中所提到的粤籍人士中仅有宋子文和吴铁
城二人没有参加粤方集团。宋子文祖籍广东（海南文昌），生
于上海，只会讲上海话，而不会说粤语。他又是蒋介石的妻
舅，自有他不参加之理。同时宋子文也常被广东人视为异己。
甚至当宋 1949 年出任广东省长时，面对即将失去全国政权之
时局，粤籍军事领袖张发奎仍抱怨道："惟今后粤政必须由粤
人自己来搞，断非老宋可以为功。实际上二十年来的革命功
业，就是靠广东人打出来的，现在广东人不但不能打理自己的
家事，反而要仰承老宋的鼻息，殊为粤人之耻。"[1] 同样，吴
铁城虽然祖籍广东香山（后改为中山县），但生长在江西九
江。1912 年底，25 岁的吴铁城才重返广东，准备参加广东省
议员选举。吴曾回忆说：我一到广州就去拜访时任广东都督的
胡汉民，"他说逐鹿者多，来何太迟，结果我落选了。我以生
长在外，地方渊源不足，未能当选，势所必然"。[2] 或许这正
是吴铁城始终亲蒋，而很少被视为粤方人物的一个重要原因。
而蒋介石也在扣胡不久，"推吴铁城为警察总监，以安粤籍同
志之心也"。[3] 即便是后来出任宁方和谈代表的粤人陈铭枢，
其内心在某种程度上仍倾向广东。在陈氏的亲信许锡清看来，

---

①　李汉冲：《张发奎策动粤桂联盟反蒋反共始末》，《广东文史资料》第 6
　　辑，政协广东文史资料委员会编印，1963，第 23 页。
②　《吴铁城回忆录》，第 50 页。
③　蒋介石日记，1931 年 3 月 11 日。

"真如周围的人同情广东局面的居多",许"本人也认为陈真如不应该继续维护蒋介石的政治局面。"① 而当时北方政治势力中就有人明白无误地指出:"此次粤方事变,乃粤、浙两方势力之冲突。"②

广东正式树起反蒋旗帜后,成立了中央执监委员"非常会议",设常务委员五人:邓泽如、邹鲁、汪精卫、孙科、李文范,秘书长梁寒操,都是广东人。广州国民政府同样设常务委员五人:唐绍仪、古应芬、邹鲁、汪精卫、孙科,秘书长陈融,国府之下仅设外交、财政二部,分别任命陈友仁、邓召荫为部长,傅秉常、吴尚鹰为次长。他们也是清一色的广东人。③ 甚至在反蒋联盟建立初期,"在一次非常会议开会席上,有人提议要说广东话,不准讲其他方言"。④

宁粤对峙的最终结局,是在多种因素的影响下成功地逼将二次下野,粤方并最终在四届一中全会上,成功地将孙科推上行政院长的高位,暂时建立起一个以粤人为主的中央政权,一时再次满足了粤人党内正统地位的愿望。当时党内就有人将这次内阁更迭视为"中国的两个经济势力——江浙帮和广东帮的斗争"。⑤

---

① 刘叔模:《一九三一年宁粤合作时期我的内幕活动》,《文史资料选辑》第17辑,第123页。
② 《南京周煜坤致太原宋哲元歌电》(1931年7月5日),《宋哲元部民国二十年往来电文录存》,"阎档":72/0950。
③ 陈融祖籍江苏,生于广东。
④ 武和轩:《我对改组派的一知半解》,《文史资料选辑》第36辑,第152页。
⑤ 刘叔模:《一九三一年宁粤合作时期我的内幕活动》,《文史资料选辑》第17辑,第123页。

表 11 - 1　孙科内阁部成员籍贯

职务	姓　名	籍贯	职务	姓名	籍贯
行政院长	孙　科	广东中山	实业部长	陈公博	广东乳源
行政院副院长	陈铭枢	广东合浦	财政部长	黄汉樑	福建闽侯
内政部长	李文范	广东南海	军政部长	何应钦	贵州兴义
外交部长	陈友仁	广东宝庆	海军部长	陈绍宽	福建长乐
蒙藏委员长	石青阳	四川南充	教育部长	朱家骅	浙江吴兴
司法行政部长	罗文幹	广东番禺	交通部长	陈铭枢(兼)	广东合浦
铁道部长	叶恭绰	广东番禺	侨务委员长	吴铁城	广东中山

　　在四届一中全会新选举的内阁 14 (13) 名成员中，粤籍人士占了 9 (8) 名。孙科内阁中唯一一位浙籍成员朱家骅，也在蒋的暗示下辞职不就。[1] 时任内政部参事的龚德柏回忆：孙科组织广东人内阁，不只更动部会政务官，连事务官都更动。他认为这简直不是合作，而是广东派征服浙江派，故愤而辞职。[2]

　　龚德柏的这种愤愤不平，纯属多余。蒋介石根本不在乎这些。一旦等到他准备就绪，时机成熟后，整个局面立刻翻转过来：焦头烂额的孙科内阁很快垮台；毫无政治操守、反复无常的汪精卫重新同蒋介石携手合作；而胡汉民只得留居南天一角。此后，蒋介石又走上前台，出任新成立的军事委员会委员长，把南京国民政府的一切大权重新掌握在自己手里。到抗日战争爆发后，他被推举为国民党总裁。从此，蒋名正言顺地成为国民党真正的"党统"代表，在党内再也没有人同他相抗衡了。

①《蒋介石复宋子文转朱家骅电》(1931 年 12 月 31 日)，《事略稿本》第 12 册，第 522 页。
②《龚德柏回忆录》，台北：龙文出版社，1989，第 326—328 页。

四　地域观念淡出党内权力斗争

国民党北伐胜利统一全国后的数年间，党内武装对峙不断。由于汪精卫、胡汉民二人分立，总有一人支持蒋介石，从而使蒋一直能以国民党正统自居，稳坐南京中央。但当蒋介石企图将汪、胡二人一起抛开时，立即引起党内粤派势力的大团结，并最终逼蒋一度下野。不可否认，地域观念是构成1931年国民党内派系斗争的一个重要因素。但粤方的力量毕竟无法同已经多年掌握全国政权的蒋介石相比，全国的财政、经济中心仍在江浙而不在广东。这种局面终究是无法维持长久的。

桂系领袖李宗仁晚年在回忆录中写下这样一段话："国民党自有史以来，粤籍要员最具畛域之见，其原因或者是由于方言的关系。他们彼此之间，平时虽互相猜忌，然一有事变，则又尽释前嫌，作坚固的团结。"① 李氏所提出的方言因素，其实只是广东籍国民党人团结的外在条件之一。隐藏在地域观念之后另一重要因素，正是粤籍国民党人内在的革命正统意识。

当然，地域观念在国民党派系斗争中所起的作用并非是决定性的，这其中更主要的因素，还是出于各集团之间的利益分配和不同的政治理念。同时，粤籍领袖之间也并非意志一致，各派系彼此间同样是矛盾重重。但不可否认的是，由于历史的原因，国民党发迹于广东，也造就了一批粤籍党国领袖。国民党在国民革命短短的数年时间里，迅速由广东一省统一了全国。这也在无形中增强了粤籍党国领袖的革命正统意识和地位。因此，当党内"新进"蒋介石欲以军事力量控制整个国

---

① 《李宗仁回忆录》，第 417 页。

民党时，自然引起元老们的强烈"不满"和"不服"。这是最终酿成宁汉分裂和宁粤对峙的重要因素之一，并两度逼迫蒋介石下野。尤其是后一次的宁粤对峙，广东人浓厚的地域观念，在很大程度上促成了粤方最初的大团结。而当孙科内阁垮台，蒋介石重返中枢后，一时仍无法建立一个无广东人参加的中央政权，为了巩固自己在党内的统治地位，只有再度同长期以来的政治对手汪精卫合作。这一局面大致维持到抗日战争的爆发。

粤籍党员在国民党内的特殊地位，是孙中山在领导革命期间长期信任一批粤籍领袖的历史形成的，自然也会随着历史的发展而嬗变。他们拥有的这种坚固不破的"党统"意识，随着国民党由广东一省迈向全国、南京政府的不断巩固和开放，加之蒋介石不断提拔重用浙江人，而逐步失去了原有的光彩。当然，为了笼络粤籍人士的感情，蒋介石在此后的统治期间仍任用一些二流粤籍人物。时任国民党中常会秘书的王子壮在宁粤对峙后的日记中记道："现中央以浙江人为中心，对于海外同志，不得已则以二等之广东人物如萧吉珊、谢作民等以羁縻之。但此辈均无远大眼光，且一己又乏才智，以故不能用人才，彼等但知拉票，海外有服从一己者豢养之而已，不知人才耗损尽矣。"① 王的观察颇能道出蒋介石对粤籍人士的心态。正是由于以上因素，粤籍党员的地域观念，在国民党派系斗争中的影响逐步弱化。

此后，国民党内的派系冲突，主要表现为在蒋介石独断控

---

① 《王子壮日记》第 1 册，1933 年 5 月 13 日，台北：中研院近代史研究所，2001，第 366 页。

制下的各派系之间的矛盾。地域观念逐渐淡出国民党内的派系
冲突。

五 蒋介石"最高领袖"地位的确立

从胡汉民被囚到蒋汪合流,刚好一年的时间,国民党内蒋
介石、汪精卫、胡汉民等各派势力之间,热热闹闹地经历了一
个分化和重组的复杂过程。此后,蒋介石渐渐汲取自己两次下
野的教训,表面上充分尊重汪精卫、胡汉民所代表的高高在上
的"党权",而自己则只是牢牢抓住"军权",逐步巩固统治
地位,并最终确定了他在党内的"最高领袖"地位。

孙中山逝世后,在国民党内以地位而论,只有汪精卫、胡
汉民有资格继承孙的领导权。因汪得到廖仲恺、许崇智等人和
苏俄的支持,一度取得了党内领袖的地位,但并没有引起党内
的分裂。

在联俄容共问题上的分歧,首先导致国民党分裂为左右两
派。其间,一批坚决反共的国民党元老从党内分裂出去,形成
西山会议派。这一派在党内虽然拥有很高地位,但并没有多少
实力,不足以同广州的中央党部和国民政府相抗衡。半年后,
汪精卫以廖仲恺被刺案首先发难,将胡汉民排挤出统治集团,
但汪在随后的中山舰事件中,又被党内新进、手握军权的蒋介
石逼走。此后,蒋介石凭借黄埔"党军"出任国民革命军总
司令,在北伐中声名鹊起,从而导致他政治生涯中的第一次权
力膨胀,并一度将代表最高权力的"党权"握在自己手中。
但由于蒋在党内的历史地位终归较浅,引起许多元老的"不
满"和"不服",从而在党内掀起迎汪运动,开始处处打击和
限制他的独断专行。蒋氏则利用反共"清党",联合胡汉民

等，形成宁汉对峙。

宁汉合流后，蒋虽一度下野，但汪、胡因积怨颇深，难以合作，最终被迫双双出国。蒋仍依靠自己控制的军权得以顺利复出，完成二次北伐。此时，蒋介石相对收敛，他自知在党内资望尚浅，仍需要得到党内领袖汪、胡中一方的支持，以确立他在国民党内的正统地位，因此很快形成蒋胡合作的局面。蒋胡合作的基础是，他们都主张反共，建立中央集权，消除地方军权。

但双方对集权的理解存在重大分歧。胡主张集权于党，"以党治国"，蒋则着重于独握军权，指挥一切。此时，在野的汪精卫联合各种反蒋势力，以反独裁号召，同南京政府对抗，甚至一度同与自己政见显然对立的西山会议派合作，导演了一出"扩大会议"的闹剧，最终以蒋胡合作取得中原大战的胜利而告结束。

中原大战后，蒋介石暂时震慑住了一切敢于公然违背南京中央政权的地方军事武装。凭借此役的胜利，出现他的第二次权力膨胀。他自以为羽翼已经丰满，在国内已没有敢于公开同他抗衡的力量，可以为所欲为，根本谈不上将他个人掌握的军权交归胡汉民所渴望的党权指挥。蒋、胡矛盾不可避免。蒋便不顾一切地扣押胡汉民，终于酿成新的宁粤对峙事件，并迅速形成了国民党内前所未有的各派反蒋势力的大联合。这是原来十分自大的蒋介石没有料想到的。在此期间，因胡汉民被扣，汪精卫在野，而以孙科为首的太子派在党内地位迅速上升。

九一八事变爆发后，面对空前深重的民族危机，宁粤双方被迫中止军事冲突，进行和谈。获释后的胡汉民为削弱蒋氏权力并报被囚之仇，坚持蒋必须下野。蒋在众怒难犯的情况下，被迫辞去本兼各职。汪精卫同胡汉民因历史积怨难平，双方缺乏真诚合作的基础，于是只好共推孙科主政。蒋介石也从失败中汲取教训：自己在党内尚未取得绝对支配权时，不可同时对抗胡、汪两人。此后，蒋通过种种手段，最终分化了汪胡反蒋同盟，形成蒋汪合作的新局面。

面对错综复杂的党内矛盾，胡汉民不得不承认他入主南京的希望极小。虽然蒋介石已经下野，但蒋手中的军权并没有削弱，政治上的影响依然很大，再加上蒋汪合作逐渐形成，胡的力量更显得单薄。因此，他只好寄希望于西南，而不愿重返南京同蒋合作。

胡汉民返回广州后，就有把两广建成自己基地的打算。他一改过去主张中央集权的态度，提出了"均权"理论。他在广州国府纪念周演讲时称："满清以集权而亡，袁世凯以集权而死，今之人以集权而乱。""我反对集权，是为的主张均权。"① 此后，在他的指使下广州四全大会通过了"实行均权以求共治案"，其目的就是想在西南站稳脚跟，使它对南京中央政府的半独立状态合法化，以此同蒋对抗。在胡的授意下，粤方四全大会决议在广州成立国民党西南执行部和国民政府西南政务委员会，代表中央党部和国民政府处理西南的党务政务。胡汉民、萧佛成、邹鲁等人分任这两个机构的委员，由胡汉民主持全局。

但是，此时在胡汉民眼中以为最可依靠的广东实力派首领陈济棠，其实并不可靠。他之所以支持胡汉民，无非是想借助

---

① 胡汉民：《论均权制度》，《三民主义月刊》第 3 卷第 2 期，1934 年 2 月 15 日，第 1 页。

胡在国民党中的威望，来维护并扩大自己在广东的势力和南天王的地位，并不愿意胡汉民真的在他头上指挥一切。这一点，从陈济棠没有在广州四全大会上列名提议设立西南政务委员会和西南执行部一案中，即可略见一斑。此后，他对胡的态度可说是"尊之若神仙，防之若强盗"，对于胡汉民在广东建立反蒋基地的种种计划，陈济棠总是从中作梗。古应芬之死，更使胡丧失了一个能够制约陈济棠的人物。

这种状况如果继续下去，陈、胡之间的矛盾势必日益扩大，而将胡置于越来越不利的地位。已经吃够蒋介石苦头的胡汉民自然不想重尝这种滋味。"胡虽不舍伯南之广州政府，然亦无法亲临合作，仅能于香港妙高台遥领。"① 胡希望打着西南执行部的旗号，遥控两广，并利用西南各省领袖同蒋的矛盾，在西南建立新的联合，加强反蒋力量，并希望"由西南扩充到华中、华北、西北、华东、华西、东北、内外蒙古各地方，并在组织上，再加以更进步的改造。"② 为此，胡汉民积极组织"新国民党"，发行《三民主义月刊》，标榜自己是国民党的正统，以此同南京中央分庭抗礼。但胡汉民始终没有再公开挑战南京中央的合法性。

"非常会议"虽然一度迫使蒋介石下野，并建立起亲胡的孙科政权，但孙科内阁因缺乏蒋、汪、胡的支持，本身又缺乏实力，很快在财政、外交上一筹莫展，仅仅支撑了一个月便宣告夭折。孙科派的政治主张，原本更倾向于胡汉民。但此时胡一心想控制两广，保持西南半独立状态，无意重返南京，而陈

---

① 《傅秉常先生访问记录》，第 123 页。
② 胡汉民：《论均权制度》，《三民主义月刊》第 3 卷第 2 期，1934 年 2 月 15 日，第 2 页。

济棠根本不愿意孙科在广东分割自己的权力。因此孙陈之间无法合作。早在"非常会议"期间，两派就因争夺海、空军权，闹得水火不容。孙的亲信傅秉常就曾明言"不应捧此'土军阀'。"①

尽管孙科痛恨汪精卫抢走了他的行政院长职位，对蒋介石的独裁也表示不满，但他已无可奈何，而立法院长的高位，对孙仍有相当的吸引力。权衡利弊得失后，孙科最终还是回到南京，出任胡汉民曾长期担任的立法院长一职，太子派要人梁寒操任秘书长、吴尚鹰任经济委员会委员长、傅秉常任外交委员会委员长、陈肇英任军事委员会委员长。立法院在此后十余年间，成了孙科一派的主要政治舞台和实力据点，孙科并以"精诚团结，挽救危亡，缩短训政，实施宪政"相号召②，希望凭借立法院长的地位，进一步扩大自己一派的政治势力。

西山会议派自国民党二大后，即被排除在统治集团之外。在此期间，尽管邵元冲等因蒋反共转而支持蒋，但该派势力仍游离于国民党核心圈外。国民党四大后，西山派领袖全部恢复党籍，在团结御侮的号召下，重新回归党内。覃振、居正、谢持、许崇智、熊克武等人纷获高位，或出任五院正副院长，或当选国府委员。这些人虽是国民党元老，但自身并无实力，尽管给他们安排的都是有名无实的虚职，他们也乐得以此终老。从此，西山会议派在国民党派系斗争中，不复存在。有趣的是新中国成立后，没有一名西山派重要成员投奔新政权，尽管他们并非心甘情愿地屈服于蒋介石的集权统治，但都一直坚持自

---

① 《傅秉常先生访问记录》，第123页。
② 《马超俊先生访问记录》，第166页。

己最强烈的政治主张——反共。这在国民党其他派系中所仅见（以北伐时最早建立的国民革命军八个军为例，随蒋介石到台湾的仅有第一军军长何应钦；第二军先后两任军长谭延闿、鲁涤平和第三军军长朱培德均于抗战前去世，第五军军长李福林1952年病逝香港，其余四位全部投奔共产党和新中国，他们是四军李济深、六军程潜、七军李宗仁、八军唐生智）。

在蒋汪合作下新成立的军事委员会，几乎容纳了全部曾经武装反蒋的地方军事领袖，冯玉祥、阎锡山、李宗仁、唐生智、陈济棠等人都当选为军事委员会委员，仅有张发奎例外。上海和谈期间，张发奎在汪精卫授意下，促使第四军离开广西，对蒋汪合作起了关键性的作用。汪出任行政院长后，为了表现同蒋精诚合作，竟避而不见张发奎。第四军最后奉命调入江西"剿共"，张也被迫接受蒋介石所赠10万元出洋费，赴欧考察。从此汪张破裂，也结束了张桂军长达两年多联合反蒋的历史。①

蒋汪合作政府组成后，尽管蒋独揽实权，但他在党内地位仍未能超越汪、胡两人。蒋介石通过宁粤对峙事件，深知以自己在党内的地位，一时尚不具备同时对抗汪、胡的能力。因此，他一改过去一人身兼国民政府主席、中政会主席、行政院院长、陆海空军总司令等多职的做法，而专任军事委员会委员长一职，牢牢握住军权。"委员长"一词，在很长时间内成为蒋介石的专用称呼。国府主席继续由林森担任，行政院长让给汪精卫，中政会也改由蒋、汪、胡三常委轮流主席，同时，蒋还容纳了过去党内众多反对派如改组派、太子派、西山会议派，将他们全部吸收进新政权，地方实力派军事领袖也纷纷担

①　程思远：《政坛回忆》，第60页。

任军事委员会委员。

尽管胡汉民此后仍以"在野"之身，坚持抗日、反蒋，并以"均权"相号召，但始终未能形成新的反蒋浪潮。胡所控制的西南执行部、西南政务委员会，在形式上也不得不始终表示服从中央。这说明各派反蒋势力，在经济上比起有江浙财阀支持的蒋介石要软弱得多，在外交上得不到欧美列强的支持，军事力量也不及蒋强大，无论哪一派都不可能脱离蒋介石独立掌权，只能处在依附于蒋介石的地位。此后虽然出现过三次规模较小的武装反蒋事件，即 1933 年陈铭枢领导的福建事变、冯玉祥领导的察哈尔抗日同盟军以及 1936 年陈济棠、李宗仁领导的两广事变，但大都是地方实力派独自发动，缺少党内力量的广泛支持，没有产生全局性的影响，很快就在蒋介石的武力压迫下迅速瓦解。

伴随着各派势力的相互妥协，国民党内再难形成各派联合一致的反蒋基础，逐步确立了在蒋介石主导下，党内各派联合统治的局面。在这一局面下，蒋以退为进，巩固并加强了他在国民党内的统治地位。

1935 年国民党五全大会前后，由于日本加紧侵略华北造成的民族危机空前深重，全民族团结抗日的呼声日益高涨，蒋介石在国内的声望逐步提高，他的权力也已经相当巩固。对此，自由派知识分子领袖胡适曾评论道："蒋先生成为全国公认的领袖，是一个事实，因为更没有别人能和他竞争这领袖的位置。"[1] 但蒋介石仍深知，尽管地方实力派和党内领袖无人

---

[1] 黄仁宇：《从大历史的角度读蒋介石日记》，台北：时报文化出版公司，1994，第 159 页。

再拥有向他挑战的军事实力，但就党内历史地位而言，他还没有达到说一不二的地步。他也吸取了以往两次下野的教训，不再斤斤计较于名分。为此，他亲赴山西太原和山东泰山，面邀阎锡山和冯玉祥来南京出席五全大会。

就在这次五全大会上，有代表提议《请推举蒋同志为本党领袖案》《本党应恢复总理制案》，① 都被蒋介石婉言拒绝，他始终不肯以领袖自居。国民政府主席继续由林森担任，在新选举的国民党中央组织机构中增添了国民党中央常务委员会主席和中央政治会议主席两项新职务，蒋介石分别让给胡汉民和汪精卫，而他自甘担任这两个机构的副主席，只是牢牢抓住军权，成为事实上的领袖。蒋介石此后还多次在日记中对当年扣胡一事进行自省："当时讨平阎、冯叛乱以后，乘战胜之余威，应先积极统一各省军民财各政，而对中央内部谦让共济，对胡特予信任与尊重，以国府主席让之，则二十年胡案不致发生，内部自固矣。"并以此提醒自己"不可再蹈民国十九年冬之覆辙"。②

1936 年 5 月，胡汉民在广州去世，蒋介石的地位无形中又得到提高。西安事变时，中共主张和平解决，也因为此时的中国尚无人可以代替蒋来实现全面抗战。到抗战爆发后的第二年，蒋才在国民党临时全国代表大会上当选为国民党总裁，汪精卫为副总裁。不久汪精卫降日，被开除党籍，蒋氏终于成为

---

① 《请推举蒋同志为本党领袖案》《本党应恢复总理制案》，党史馆藏，毛笔原件：5.1/13.15－3、13.61－9。

② 蒋介石日记，1941 年 6 月 9 日；他在同年 4 月 5 日日记的"上星期反省录"中记道："对溥泉斥责事，愧悔不知所止。此为余每十年必发愤暴戾一次之恶习。回忆民十对季陶，民廿对汉民，而今民卅对溥泉之愤怒，其事实虽不同，而不自爱重之过恶则同也。"

党内的唯一领袖。

此时的国家元首——国民政府主席一职，只是一个礼仪性的职务，仍由林森担任。依照 1931 年 12 月国民党四全大会修订的《国民政府组织法》规定，国民政府主席由中央执行委员会选任，任期二年，可连任一次。该组织法还将国民政府主席因故不能执行职务时由五院院长依次代理的规定予以删除。到 1936 年元旦，林森已满两任任期，依法不能再行连任。这时已到全面抗战爆发前夜，此前 1935 年 12 月召开的国民党五届一中全会，决定于 1936 年 11 月 12 日召开国民大会，制定宪法，因此临时决议将林森的第二任国府主席一职的任期延长至宪法颁布之日止。[1] 到 1936 年 10 月 15 日，国民党中常会第 23 次会议以国民大会选举事宜不克如期办理为由，再次决定将国民大会召开日期推延。[2] 不久全面抗战爆发，国民大会更被无限期推迟。所以林森的国民政府主席一直连任至 1943 年 8 月病逝时止。

1943 年 5 月，林森因病已不能视事。为此，国民党中常会修正了沿用 12 年之久的《国民政府组织法》。在原法第 13 条后增加一项："国民政府主席因故不能视事时由行政院院长代理之。"[3] 当年删除此项条款的目的是防止蒋介石集权，但 12 年后的蒋介石早已大权在握，此时恢复这一条款并无任何障碍。8 月 1 日，林森病逝。当日夜间，国民党中常会举行临

[1] 《国民政府主席任期延长案》，《中央党务月刊》第 89 期，1935 年 12 月，第 1027 页。
[2] 《中央党务月刊》第 99 期，1936 年 12 月，第 1035 页。
[3] 《中华民国国民政府组织法第十三条第二项修正案》，《国民政府公报》渝字第 574 号，1943 年 5 月 29 日，第 2 页。

时会议，决定选任行政院院长蒋介石自即日起代理国民政府主席。9月，国民党五届十一中全会正式修正了《国民政府组织法》，这次修正的主要内容如下：

> （1）国民政府主席任期改为三年，连选得连任；（2）主席因故不能视事时，由行政院长代理；（3）主席为陆海空军大元帅；（4）五院院长、副院长由主席于国民政府委员中提请中央执行委员会选任；（5）国民政府主席对中央执行委员会负责，五院院长对主席负责；（6）国家行为由主席署名行之，由关系院院长副署。[①]

这次修正，使国民政府主席不再只是林森担任时的礼仪性职务，而能直接掌握一切大权，基本恢复到1931年6月三届五中全会通过的《国民政府组织法》所赋予国民政府主席的权力。

从此，蒋介石不但以国民党总裁、行政院院长、军事委员会委员长的身份总揽党政军大权，更将国家元首的职位国民政府主席一职拿到了手。

1948年4月，国民党召开国民大会，蒋介石作为唯一的总统候选人当选中华民国总统。但这时已到了国民党在大陆统治的末期。仅仅过了一年半，蒋介石在内战中彻底失败，被迫退守台湾。

---

① 《中华民国国民政府组织法修正案》，《国民政府公报》渝字第605号，1943年9月15日，第1页。

第十二章　蒋介石与政学系

　　1946 年 7 月国共和谈期间，周恩来与一位美国教授谈话时，对国民党权力结构归纳道："国民党的最后决定权是操在蒋介石的手中，但蒋也不是孤立的，而是受他下面各集团影响的。每一个集团都在他之下，都非操有全部的权力。这权力是分割的，如党务操在 CC 系的手中，财务操在宋、孔的手中，军事操在黄埔系的手中，行政方面则政学系的势力较大。这样各集团都是只有一部分权力，而在他们的全体之上则是蒋，造成蒋的政权。同时每一个集团都对蒋有影响。"①

　　周恩来对蒋政权的分析，不仅代表中共的认识，也得到当时社会各界的普遍认同。在蒋介石控制下的各政治派系中，CC 系和黄埔系有着明确的组织形态；孔祥熙、宋子文与蒋是牢不可破的姻亲关系；而政学系究竟由哪些成员组成，始终众说纷纭。尽管事实上并没有一个明确的组织称为政学系，但除所谓的政学系成员之外，其他各派势力都一口认定有一个政学系，甚至连美国国务院 1949 年公布的《白皮书》中也持这样的观点。② 因此，长期以来在很多人心中形成了一个若明若暗的谜团。本章主要利用民国时期与政学系相关的人物日记、年

---

① 《中国不要成为一国的工具，应同一切盟国保持友好关系》（1946 年 7 月 9 日），中共中央文献研究室、中共南京市委员会编《周恩来一九四六年谈判文选》，中央文献出版社，1996，第 535 页。

② 汪朝辉编校《海桑集——熊式辉回忆录（1907—1949）》，香港：明镜出版社，2008，第 657 页。以下简称《熊式辉回忆录》。

谱及回忆录等文献，试图梳理政学系源流和主要人物谱系，同时探讨它在蒋介石政权中的地位和作用，以及同 CC 系、黄埔系之间的矛盾关系等。

一　为什么叫政学系

"政学系"这一名称，完全是因杨永泰（畅卿）个人经历而得名。

民国初年，李根源在北京创办了一个政治团体，称之为"政学会"。其成员大多是国会议员，杨永泰也是其中一员。1918 年广东军政府时期，李、杨等政学会要角联络旧桂系，逼孙中山辞去"大元帅"，改为七总裁制，孙中山被迫离开广州赴上海。李根源、杨永泰等人由此与国民党交恶。此后，杨永泰一直游走于南北政府之间。蒋介石日记第一次提到杨永泰，就是在孙中山离开广州的 1918 年 7 月，蒋对杨的态度完全是负面的："今日见岑春煊通电，知其已于二日到粤，将就总裁职，呜呼，此老不死，国亡无日矣，粤省自杨永泰为财政厅长，钮永建为兵工厂监督，李根源为边防督办，李烈钧为边防总司令，大权皆落于岑派之手，作恶更甚。"① 然而，这样一个为蒋所不齿的杨永泰又是如何在日后成为蒋的心腹？这离不开一个人，即蒋介石的盟兄——黄郛。

1924 年底，黄郛协助冯玉祥发动北京政变，囚禁总统曹锟，出任摄政内阁总理，第二次直奉战争以直系失败告终。不久，段祺瑞、孙中山分别入京共商国是。可惜孙中山于 1925

---

① 蒋介石日记，1918 年 7 月 4 日。

年 3 月去世，段祺瑞成立临时执政府，任命梁士诒为财政善后委员会委员长，黄郛、杨永泰为副委员长。① 杨永泰开始与黄郛共事。

1927 年南京国民政府成立后，经黄郛介绍，杨永泰结识蒋介石。这年 7 月 5 日，蒋在日记中写道："下午往访（钱）新之、膺白，会杨君永泰。"② 此时的杨永泰在蒋介石眼中不再是九年前"作恶更甚"的"帮凶"，而称其为"君"了。但杨主要还是协助黄郛工作。1928 年黄郛因济南事件辞职引退后，杨永泰正式为蒋介石服务。

在投靠蒋介石最初的几年，杨永泰并没有获得具体的实权。他一度想在立法院谋个"委员"的职位，时任立法院院长的胡汉民坚决拒绝，并公开表示："杨某昔曾反对孙总理及陷害同志，吾焉能用之?"③ 因此，杨根本无法进入南京的"党国"中枢，他主要的工作是给蒋介石当谋士，协助蒋收买各地反蒋实力派。例如，1929 年蒋桂战争中，杨替蒋收买桂系俞作柏；1931 年宁粤对峙期间，杨"奉命赴香港秘密工作，对西南加以分化运动"。④

1932 年初蒋介石第二次下野再次复出后，原本坚决反对杨永泰的党国大佬胡汉民一时脱离南京中央，为杨永泰提供了新的机会。他随蒋介石赴汉口主持鄂豫皖三省"剿共"军事。

---

① 沈云龙编著《黄膺白先生年谱长编》上册，第 232 页。
② 蒋介石日记，1927 年 7 月 5 日。
③ 蒋永敬编著《民国胡展堂先生汉民年谱》，第 435 页。
④ 周佛海：《盛衰阅尽话沧桑》，《陈公博周佛海回忆录合编》，第 210 页。另据刘叔模回忆，杨永泰"到香港的任务，是收买余汉谋的"。见刘叔模《一九三一年宁粤合作期间我的内幕活动》，《文史资料选辑》第 17 辑，第 128 页。

针对"剿共"问题，杨永泰提出一套系统的"三分军事、七分政治"理论，得到蒋的认可，遂被任命为三省"剿共"司令部秘书长，不久又被任命为军事委员会南昌行营秘书长，全权总揽"剿共区域"的政治事务，包括人事任免。据 CC 系领袖陈立夫回忆：

> 要知道杨永泰是怎样一个人，从政学系的领袖李根源对杨的批评可以见之。李在苏州作寓公时对人家说："杨永泰好比我们云南的烟土，吸了它觉得很舒服，上了瘾就不容易摆脱它了，吸久了就会中毒。"杨是一位道地的政客，他见蒋先生时，常对于重要问题，携带了正面和反面两种方案，他先探探蒋先生的意思，如果蒋先生偏向正面的，他就呈上正面的方案；反之则呈上反面的方案，以迎合蒋先生之意旨。①

1935 年底国民党五全大会后，蒋介石兼任行政院长。鉴于杨永泰出色的行政能力，蒋介石任命他为湖北省政府主席。

以杨永泰的经历与资历来看，在国民党内既没有历史渊源，又没有战功，投蒋之后短短数年，便得到信任且升任封疆大吏，这自然引起跟随蒋介石一起打天下的 CC 系势力的排斥。他们原本自视为"蒋家天下陈家党"，怎能任由杨永泰随意干涉地方干部的任免。据黄埔干将康泽回忆：杨永泰"这套办法，旨在增强各级行政力量，用以镇压共产党的活动，是他的意图的一面；而另一面则是在削弱 CC 系的作用和力量。

---

① 陈立夫：《成败之鉴》，第 171 页。

陈立夫对此曾大为不满，有一次他和我在由九江到南京的轮船上，向我讲了许多批评政学系，攻击杨永泰的话。"① 陈立夫对此也不讳言，并公开表示："其实在他（指杨永泰——引者注）来之前，蒋先生用的都是年龄较轻的人，他来了之后就开始用老年人，也开始用非国民党籍的人。"②

此后，凡是同杨永泰接近、包括与杨并不熟悉但与国民党缺乏历史渊源而获得较高政治权势的人，都被党内各派势力（无论是反蒋派还是拥蒋派）视为竞争对手和共同的敌人。而反对他们的最佳理由，就是借口杨永泰在历史上曾反对过总理孙中山，且冠以"政学系"的名义加以打击。

除杨永泰外，最无可争议的政学系领袖人物就是与杨关系密切的张群（岳军）和熊式辉（天翼）两人。但他们始终都不承认"政学系"的名号。1946 年 8 月，张群在美国同康泽谈到党内派系问题时曾说道："人家都说我们是政学系，其实我们并没有什么组织，我们只有一批朋友，这批朋友多少有些能力和经验。"③ 对张群的这种解释，陈立夫也承认："事实上政学系是没有正式组织，但他们的组成分子都保持很密切的联系，他们不做低层工作。他们将力量集中在高层，尽力研究蒋先生、研究汪先生，想尽办法来逢迎领袖及他身边重要的人，这一做法目的是赢取信任和好感，然后再运用这些权势去实现他们的计划和他们的目标——取得重要而正式的官位及发财。"④ "据国民党的传统说法，政学系的成员没有'简任'

---

① 《康泽自述》，团结出版社，2012，第 226 页。
② 陈立夫：《成败之鉴》，第 166 页。
③ 《康泽自述》，第 137 页。
④ 陈立夫：《成败之鉴》，第 172 页。

以下的小官。所以它是个'有将无兵'的团体。他们只与高级的政敌，决胜于千里之外；而不在大学的学生宿舍，或小职员的公共食堂内，对人家横眉竖眼地表示特殊惹人讨厌。所以政学系给予一般人的印象便是这一团体是一大批做大官、享厚禄的'治世能臣'的组织。"①

对上述评论，熊式辉的自白更是印证了这一观点：

"政学系"之一名词，乃由"政学会"强牵出来的。"政学会"原是民国初年北京国会议员李根源等所创立，杨永泰当时亦确是其中一分子，民国二十年间，杨任南昌行营秘书长，余为参谋长，朝夕相处，外间乃将余牵扯及，亦指为旧政学会中人。张群与杨素相善，更指为政学会重要分子，此外凡未有其他派别彩色，而常与余等稍多接触者，如吴铁城、陈仪、王世杰、翁文灏、张嘉璈、何廉等等，亦莫不加政学系之头衔。究竟"政学系"三字是由何处产生？是自何人呼出？至今尤未分明，或疑为乃共产党所制造，用以分化政府方面各干部。②

熊式辉提到的这些人大都被视为政学系的要角，这大体是无误的。但将"政学系"这一称呼归罪于共产党，明显与事实不符。

"政学系"这一名称，最早来自国民党内。1931年宁粤对峙前后，汪精卫、胡汉民等党内反蒋势力在广州公开发表通

① 唐德刚：《政学系探源》，《观察》2008年第1期，第63页。
② 《熊式辉回忆录》，第656—657页。

电，历数蒋氏四大罪状，其中一条就是起用"政学会"的杨永泰。① 当杨还没有位居高位时，他仅仅被视为历史上的政学会的一员。自从他出任南昌行营秘书长后，就被黄埔、CC 系等称为"政学系"了。1936 年 11 月，杨永泰遇刺身亡后，蒋介石一度想调熊式辉接任湖北省政府主席。当时随蒋介石在前线"剿共"的黄埔将领陈诚，在一封家书中就直接将杨永泰、熊式辉称为"政学系"，并表达了自己的不满："委座拟以天翼调鄂，一因畅卿所用者均政学系，如他人主鄂，人事易起纠纷；二以日本外交比较，以亲日派系容易应付。委座之用心可谓苦矣。惟以非有组织不能有地位，及非亲日不能为主席，实可考虑。又畅卿抚恤金，委座已批拾万元，以国家经费及过去有功者之比较，似不无失当之处。"②

二　蒋介石为什么要用政学系

在国民党内，蒋介石的地位本不高，他起家就是靠黄埔军校。通过黄埔建军，他当上北伐军总司令，依靠他在军事方面的才华，完成北伐。从此，他成为国民党内无可替代的军事领袖，牢牢掌握军权，终此一生。但是，在"党权"高于一切的党国体制下，自孙中山逝世后，汪精卫、胡汉民被视为当然的继承人，成为"党权"的代言人。

1927 年南京国民政府成立后，虽然蒋介石一度出任国府主席，可他并没有建立起一个巩固的南京政权。在国民党的训政体制下，他主要仍是依靠军权打击汪精卫、西山会议派等公

① 《邓林萧古之卅电》，《民国日报》1931 年 5 月 4 日，第 1 张第 3 版。
② 《陈诚先生书信集·家书》（下），台北："国史馆"，2006，第 407—408页。

开挑战他的党内反对派和地方实力派。因此，在先后爆发的蒋桂战争、中原大战期间，他基本无暇顾及中央政府的政权建设。而帮他料理后方的主要是行政院长谭延闿和立法院长胡汉民两人。与此同时，他还重点扶持以陈果夫、陈立夫为首的CC系，寄希望于依靠CC系的势力控制"党权"。

1930年9月，就在蒋介石取得中原大战胜利之时，行政院长谭延闿去世，11月，蒋介石兼任行政院长。尽管蒋介石一时击败了汪精卫代表的"党权"和阎锡山等地方实力派的联合反抗，但很快又同南京的另一位"党权"代表胡汉民矛盾激化，一度将胡汉民软禁在南京汤山。这件事引起国民党内更大的分裂——宁粤对峙，最终导致蒋介石二次下野。

考察蒋介石两次下野的最核心因素，主要是来自国民党内的反对派，可见在南京政府成立后的最初五年，他对党权的控制是非常有限的。而他两次复出的主要因素，则是依靠他所掌握的"军权"，这在国民党内无人能比，也是国民党的需要，因为第一次复出是要靠蒋介石的军权来完成北伐，统一中国；第二次复出是面对一·二八淞沪抗战，要依靠他对抗外侮。

1932年初，蒋介石成功分化了汪精卫、胡汉民的反蒋联合阵营后，再次与汪精卫合作，重掌政权。此后，国民党内公开的武装反蒋运动告一段落，蒋介石开始关注政权建设。他在反思此前自己两次下野的教训时总结道："无干部、无组织、无情报"是"革命失败"的重要原因。而对"智识阶级"的忽视和"教育界仍操于反动者之手"，更是上述因素造成的恶果。① 此前，蒋主要依靠的力量是两批年轻人，即替他打江山

---

① 蒋介石日记，1931年12月22日。

的年轻军事干部黄埔系和负责巩固他在党内地位的 CC 系。此后，他开始重视干部队伍的建设，逐步将目光扩展到国民党以外的社会精英中，特别是教育界学有所长者和有一定政权管理能力的旧官僚，从而改变了国民党政权的政治生态。①

然而，在"以党治国"体制下，南京中央政权仍摆脱不了胡汉民或汪精卫代表的国民党正统"党权"，蒋介石必须在汪、胡之间选择一个合作伙伴。蒋介石再次复出后，将行政院院长的位子让给汪精卫，自己只出任军事委员会委员长，因此对中央政府的人事任免和政权建设，不得不对汪精卫有所依赖或妥协，唯有军权和财权（汪精卫内阁的军政部长是何应钦、财政部长是宋子文、孔祥熙），他牢牢掌握，绝不退让。此外，他在军事委员会之下成立国防设计委员会，以此名义延揽一批党外人士，特别是教育界的精英，以此储备干部，随时为己所用。

此后的三年间，南京的行政院大致由汪精卫做主，蒋介石的工作重心主要在"剿共"和对日交涉两方面。蒋任命杨永泰和黄郛分别担任南昌行营秘书长和行政院驻平政务整理委员会委员长，协助他解决当务之急。在这两个领域，汪精卫主管的行政院很难插手。

1935 年 11 月 1 日，在国民党四届六中全会开幕式上，汪精卫意外被刺，不久即出国养病，胡汉民又远在欧洲游历，南京中央政府暂时出现了由蒋介石一人控制的局面。在不久后召开的国民党五全大会上，蒋介石将象征最高"党权"和最高"政权"的国民党中常会、中政会主席分别让给胡汉民和汪精

---

① 有关此问题可参考拙文《蒋介石的 1932 年》，汪朝光主编《蒋介石的人际网络》，社会科学文献出版社，2011。

卫，自己仅兼两会副主席，但却再次接掌了负责实权的行政院。

这时，蒋介石面临的最大问题是政权建设中人才匮乏。针对国民党五全大会上的选举，蒋在11月23日的日记中痛苦地写道："此次选举，幼稚者争名，老病者腐败，卒使名实相反，似此选举，使本党不仅亡国，必招灭种之罪，思之苦痛悲惨！"12月4日，五届一中全会期间，蒋"为党政人事，几使脑筋刺痛。"① 蒋所称的"幼稚者"，大都是指他年轻的部下CC系和黄埔系，虽然他们对蒋的忠诚无须怀疑，但能力不足以负责政权建设；所谓的"老病者"则大都是与国民党有深厚渊源并多次参加过反蒋运动的党内大佬们，包括西山会议派、汪派、胡派。他们此前在"党权"方面都是蒋介石的竞争对手；而党内支持他的元老，又都不为蒋介石所信赖。早在南京国民政府成立之初，蒋介石就曾在日记中对支持他的戴季陶、张静江、谭延闿评价道："季怯，而静硬，组默，皆有病也"；特别是"与静江兄谈天，格格不入，为之心碎"。② 无奈，蒋介石只能将目光扩展到那些不可能挑战自己的党外人士。这些人不但有一定的执政经验和专业才能，还暂无派系纠葛。

1935年底组成的新一届内阁成员如下：

院长：蒋介石（原汪精卫）

副院长：孔祥熙（连任）

---

① 《蒋中正总统五记·困勉记》（上），台北："国史馆"，2011，第479、481页。

② 蒋介石日记，1927年1月29日、3月5日。

秘书长：翁文灏（原褚民谊）

政务处长：彭学沛（连任仅三个月，由蒋廷黻继任）

内政部长：蒋作宾（原甘乃光代理）

外交部长：张群（原汪精卫兼）

军政部长：何应钦（连任）

海军部长：陈绍宽（连任）

财政部长：孔祥熙（连任）

交通部长：顾孟馀，俞飞鹏代理（原朱家骅）

铁道部长：张嘉璈（原顾孟馀）

实业部长：吴鼎昌（原陈公博），常务次长谷正纲（次年改任周诒春）

教育部长：王世杰，常务次长钱昌照

新内阁中的成员，几乎清一色是被视为政学系的要角，如翁文灏、蒋廷黻、张群、张嘉璈、吴鼎昌，还有继任不久的王世杰，此前他们同国民党的关系都相对疏远。留任的阁员，也只属于此前汪内阁无法掌控的军权和财权部门。这自然引起党内反对派的不满，也令绝对忠诚于蒋的 CC 系、黄埔系的年轻人不服。时任国民党中央监察委员会秘书长的王子壮在日记中曾记："自一中全会后，号称容纳各派的行政院各部，相继成立，主持其事者显然为政学系之一般人。犹忆一中全会时，张溥泉（张继——引者注）先生慨华北之紧张，欲谒蒋有所陈述而竟不得见，于是于会中（12 月 5 日第三次会）痛切陈词，除责各派之纷歧外，并直陈人欲知中国政局之真像，非至中国银行楼上探听不可，是真奇谈等语。所谓中国银行楼上者，即杨永泰、张群、吴铁城等之所在，政治上为蒋先生运筹帷幄之所也。"①

"欲知中国政局之真像",不是在号称党权高于一切的中央党部,而"非至中国银行楼上探听不可"。此话出于局内人之口,可见党内对政学系的不满程度,但蒋介石对来自党内的诸多反对之声并不以为然。他在 12 月 10 日的日记中写道:"近日改组行政院以来,凡亲近之人,于人选,多表示不满,几乎视余为人人可得而欺侮者,真使余脑筋刺痛。"但他又不无自豪地表示:"行政院各部人选,皆以才德为主,尤以引用党外人才之政策告成;虽内部多不谓然,但竟能贯彻主张,是亦最近之成功也。"②

三　政学系都有些什么人

讨论政学系都有哪些人,最绕不过的核心人物就是黄郛。可以说黄郛是政学系真正的灵魂人物。无论是时人公认的政学系要角,还是很少被纳入视野的一般成员,都与黄郛有着千丝万缕的联系。

1928 年济南事变后,黄郛辞去国民政府外交部长职务,下野赋闲。自 1929 年元旦开始,他取其夫妇(黄膺白、沈亦云)名字的最后一字,以"白云山馆主人"的名义留下一部日记,一直记到他去世。这部日记第一周中记到的交往人物,即可大致勾勒出政学系的人际关系网络。

　　1 月 2 日,颜骏人自津来会,午后杨畅卿及炎之夫妇

---

① 《王子壮日记》第 3 册,1936 年 1 月 14 日,第 15—16 页。
② 《蒋中正总统五记·困勉记》(上),第 482、484 页。

来谈。

1月3日，早餐后出访孙慕韩、于右任、张镕西诸君；又孟和、郑女士毓秀、孔廉白诸君来会；晚熊司令天翼邀饮，同座有朱益智、邵力子及各家属。盖熊、朱、邵及我四人皆济案中之共患难者，而我与熊、朱三人骑马出南门之情况，至今回首，思之犹历历在目也。

1月4日，午后熊天翼君来谈上海特别市事，意甚恳挚，乃出前数日因此事致岳军弟函稿与阅，彼始了然于我之地位……晚间焕章来电（党家庄别后已八阅月而未通只字），请出主持导淮事，忽嘱担任沪事，忽又邀我赴宁，政府中人之不接洽不致密，真是出人意外。

1月5日，午后杨畅卿来谈，乃共商定复焕章电。

1月6日，晨起练拳剑后得介石来一歌电……傍晚遂复一电。

1月7日，早餐后文钦来谈三点：一，出处要慎；二，私交要顾；三，国事不能放手。颇可参考……访熊天翼于其私邸（紧邻），彼又哓哓劝出任上海市不已。

1月8日，晚间六时半宴客如下：颜骏人、孙慕韩、周季〔寄〕梅、张镕西、杨畅卿、张公权、林理源、陶孟和、朱炎之、金纯孺。餐后杂谈新约及财政等各端，至十一时散。①

从黄郛一周日记中涉及的人物，我们大致可以总结出与其交往密切的几种政治势力。

---

① 《黄郛日记》第1册，1929年1月2—8日。

一是张群、熊式辉、杨永泰。这三人被称为政学系的核心人物。

二是国民党内派系色彩不浓的党国元老，如于右任、邵力子、朱培德（益之，黄郛日记中称"益智"）。再有一位就是与黄郛关系密切的冯玉祥（焕章）。

三是北洋旧人，包括政界和金融界两部分。政界有颜惠庆（骏人）、孙宝琦（慕韩）、张耀曾（镕西）；金融界的有张嘉璈（公权）。

四是教育界的陶孟和、周诒春（寄梅）等。

先谈第一组人同蒋介石的关系。黄郛、蒋介石、张群三人是结拜兄弟。1926 年，蒋介石率部北伐前，特地招他的盟弟张群前来效力，任命张群为北伐军总司令部总参议。北伐军占领江西后，蒋介石又请他的盟兄黄郛协助北伐军底定东南。黄郛一到南昌，即通过中国银行"透支 100 万元供国民革命军军饷"。[①] 另外，冯玉祥领导的国民军之所以支持蒋介石，可以说黄郛也是功不可没。但黄郛始终没有加入国民党。1927 年 5 月，南京国民政府成立不久，蒋介石任命黄郛为上海特别市市长。8 月，蒋介石第一次下野时，黄郛也辞去市长一职。张群则陪同蒋介石赴日本，蒋介石与日本首相田中义一会谈时的翻译就是张群。[②] 1928 年蒋介石复出后任命黄郛为外交部长。济南惨案发生后，黄郛负责处理善后，张群则赴日本协助。在处理济南惨案的过程中，黄郛代蒋受过，引起国人不满而辞职下野，蒋则任命张群为上海特别市市长，熊式辉为

---

① 沈云龙编著《黄膺白先生年谱长编》上册，第 267 页。

② 张群口述，陈香梅笔记《张岳公闲话往事》，台北：传记文学出版社，1978，第 37 页。

上海特别市警备司令。1936年黄郛病逝后，所有政学系成员与蒋的关系大都由张群继承。在公认为政学系的诸多人物中，能够长期得到蒋介石的信任、并唯一与蒋善始善终的就是张群。

第二组人物，在国民党内虽有一定的历史地位，但派系色彩不浓。其中最重要的一个原因，就是同以孙中山为首的粤籍国民党人的历史渊源不够深厚。虽然他们并没有被视为政学系成员，但此后大都同政学系保持着良好的关系。

此外，还有一些准政学系成员，如河南省政府主席刘镇华因与杨永泰关系密切而被视为政学系；陈仪（浙江人，曾出任浙江、福建省政府主席、台湾行政长官）、吴铁城（中原大战时随张群赴东北说服张学良，此后接张群任上海市长）、黄绍竑（虽是桂系出身，中原大战后与李宗仁、白崇禧和平分手，投靠蒋介石，先后担任广西善后督办、内政部长、浙江省政府主席）等人。他们大都官至省主席，资历老，有一定的行政能力，与传统粤籍党国领袖没有渊源。因此，常被年青一代的黄埔、CC系或党内反蒋派视为准政学系成员。

第三组人物，主要是北洋旧人，基本上与南京国民政府没有任何关系。其中颜惠庆、孙宝琦、张耀曾三人都曾官至北洋政府内阁总理，颜、孙两人出任过外交总长，张耀曾当过司法总长和北大教授。他们都是因为与黄郛的关系，开始接近南京政权。特别是自1931年九一八事变后，面对民族危机，蒋介石在解决对日交涉时，不得不依靠这批外交界的专才，陆续聘请颜惠庆、顾维钧等人为"对日特种委员会"委员。据颜回忆，委员会由宋子文负责，"我与宋氏尚属初次见面"。① 第二年，颜、顾两人正式加入南京政府工作。这里有一个有趣的现象，外交界的这批北洋旧人，却很少被视为政学系成员。

这一组中另一个重要人物是金融界的张嘉璈。蒋介石领导下的南京政权之所以能击败胡汉民、汪精卫等国民党内的广东帮，很重要的原因就是蒋介石得到了江浙财阀的支持。这其中的核心人物就是张嘉璈。以往学界对蒋介石与江浙资本家的研究已有很多，细细考察，我们不难发现蒋介石同民族资本的联系，主要集中在金融资本方面，很少有工商资本。特别是在南京中央政权对国家金融尚未控制之时，更加看重和依赖金融资本。

中国的金融资本，主要是在第一次世界大战前后发展起来的。当时最著名的银行莫过于"北四行"和"南五行"。"北四行"的中坚是盐业银行和金城银行，核心人物就是两行总经理吴鼎昌和周作民。"南五行"的核心是中国银行和交通银行。张嘉璈、钱永铭分任两行总经理。因此，时人称北四行主持人是"清一色的政学系正统的金融资本"，南五行为"政学系官僚资本的核心"。② 他们在北洋时代即与黄郛有着密切的往来。蒋介石能同他们建立联系，黄郛功不可没。

1927 年 3 月，蒋介石率北伐军占领上海不久，即依靠黄郛引荐，结识了这批金融资本家。3 月 26 日，蒋介石在日记中曾记道："（吴）稚晖、（李）石曾、（蔡）子民（元培）、膺白诸同志来见，谈党务。（虞）洽卿、（陈）光甫、（钱）

① 《颜惠庆自传》，姚崧龄译，台北：传记文学出版社，1989，第 165 页。
② 转引自孙彩霞《新旧政学系》，华夏文化出版社，1997，第 242 页。

新之、（陈）蔼士兄来谈财政委员会之组织。"① 正是有了这一
批人的大力支持，蒋介石才有本钱同武汉方面对抗。1928 年 1
月，蒋介石得以复出的一个重要原因，就是得到了江浙财团的
支持。②

　　第四组教育界人士。他们与蒋介石和政学系的关系，以往
的研究非常不足。黄郛在此同样起了非常重要的穿针引线作
用。特别是黄郛日记中提到的陶孟和，对此后政学系的形成贡
献最大，他向蒋介石推荐了两个著名人物：翁文灏和吴鼎昌。

　　提到陶孟和，不能不提钱昌照。他们两人和黄郛是连襟，
关系自然密切。陶和钱两人前后毕业于英国伦敦政经学院。黄
郛出任南京国民政府外交部长时，钱昌照经妻兄沈怡推荐，开
始给黄郛当机要秘书。"当时黄郛打算让陶孟和当外交部次
长，陶孟和是一个学者，不愿搞政府实际工作，推荐蒋廷
黻。"蒋也不愿担任，黄郛后米找杨永泰等人才组成班底。
1928 年济南事变后，黄郛辞去外交部长，经张群介绍，钱昌
照任国府主席蒋介石的秘书，负责"处理经济、教育和外交
的文件"，"蒋每天下午见客，我（钱昌照——引者注）都陪
同"。1930 年春，钱曾代表蒋介石到北平处理清华大学因反对
CC 系吴南轩任校长而引发的学潮。后经陶孟和推荐，钱昌照
报告蒋介石提名翁文灏代理清华校长，从此结识翁文灏。1930
年，蒋介石一度兼任教育部长，先后任命陈布雷和钱昌照两人
为教育部次长。1932 年国防设计委员会成立时，钱昌照为蒋

---

① 蒋介石日记，1927 年 3 月 26 日。
② 据蒋介石日记载："与新之、子文、詠霓、樵峰谈财政"；"与银行界谈
　　财政至六时，困难殊甚，而子文等以为有如此情状，尚称客气也"。
　　（1927 年 12 月 25、26 日）。

介石"联系了许多知识分子"。此外，陶孟和还特别推荐吴鼎昌，称其"能说善道，甚有用"。钱即请吴"同蒋见面，讲经济问题。吴讲起话来滔滔不绝，显示了他的才干。""从那时起，蒋很看重吴。吴在北方办银行，有蒋作后台，对他很有利。吴背后还有《大公报》，蒋当然很感兴趣。吴还介绍何廉同蒋在庐山见面。"① 与此同时，钱昌照还介绍翁文灏给蒋介石授课，蒋介石在日记中讲道："翁讲中国煤铁矿业之质量……中正梦之今日始醒，甚恨研究之晚"；"翁实有学有识之人才，不可多得也"。②

钱昌照还向蒋介石推荐了王世杰。王世杰同钱是伦敦政经学院的同学。钱任教育部次长时，王世杰是武汉大学校长。他每次来南京都找钱昌照帮忙解决学校困难。据钱昌照回忆，"汪精卫担任行政院长时，提出一个阁员名单，讨论时只有蒋、汪和我三人。名单大体可行，只有所提教育部长褚民谊，蒋不赞成，因为褚当时名声不好，不宜当教育部长。蒋考虑改换一个人。我说如果换一个同汪合不来的人，是不行的，我想到王世杰同汪还不坏，因此就建议由王世杰做教育部长。"③

在第四组名单中，还有周诒春。他毕业于圣约翰大学，是美国耶鲁大学硕士。1912 年南京临时政府成立时，周一度担任过孙中山的英文秘书。1913 年任清华学堂校长，为清华的迅速崛起奠定了良好的基础。他还代理过燕京大学校长。20世纪 20 年代初，周先后任中孚银行北京分行经理、全国财政

---

① 《钱昌照回忆录》，中国文史出版社，1998，第 22、25、29、146—147 页。
② 蒋介石日记，1932 年 6 月 17、19 日。
③ 《钱昌照回忆录》，第 143 页。

整理委员会秘书长等职，当选过北洋时代的国会议员。在此期间与吴鼎昌建立了深厚的友谊，之后长期追随吴鼎昌。吴鼎昌经陶孟和介绍参加国府，任实业部长，周任常务副部长；后吴任贵州省政府主席，周任省府委员兼财政厅长，直到抗战胜利。周诒春和陶孟和两人还有一个共同的重要职务，即中华文化教育基金委员会董事，周还一度担任基金会总干事。该基金会主要负责美国退还庚款的分配，在教育界影响重大。1932年以后，教育界众多精英加入政府工作，多是通过周、陶两人介绍给钱昌照，再引荐给蒋介石这样一条直接有效的途径。

　　经陶孟和、钱昌照的引荐，1932年翁文灏和吴鼎昌同时加入国民政府军事委员会新成立的国防设计委员会，翁文灏任秘书长。能将翁延揽纳入政府工作，蒋介石相当得意，他曾在日记中写道："以翁最有阅历，亦有能力，可喜也。"① 1935年底，蒋介石出任行政院长，即任命翁文灏为秘书长，吴鼎昌为实业部长。此后陆续加入南京中央政府工作的，还有清华大学教授蒋廷黻和南开大学教授何廉。

　　蒋廷黻是《独立评论》的创办者和三编委之一（其他两人是丁文江和胡适），《独立评论》创办于九一八事变后，蒋廷黻撰写了大量时政文章，同时还为《大公报》撰稿。据蒋廷黻回忆："我们与《大公报》间从来没有默契，更谈不上正式的合作，但事实上是共守相同的原则。我在《独立评论》和《大公报》上发表的文章引起很多人的注意，其中包括蒋委员长。1933年夏季，他约我到长江中部避暑胜地牯岭去谈话。促成此事的是《大公报》的发行人吴鼎昌和蒋的亲信干

---

① 蒋介石日记，1932年7月25日。

部钱昌照……因为他们两人都未说明是谁安排我和蒋见面的，所以我认为是他们二人共同安排的。"和蒋廷黻一同上牯岭的还有何廉，参加会谈时除了蒋介石的秘书外，"只有吴鼎昌一人在座"。翁文灏担任行政院秘书长后，蒋介石即任命蒋廷黻为行政院政务处长。[①] 次年蒋廷黻出任驻苏联大使，即由何廉接任行政院政务处长一职。[②]

何廉与蒋廷黻是留美同学，又曾是南开大学的同事。1929年蒋廷黻去清华任教。第二年何廉在南开创办经济研究所。经济研究所设有独立的董事会，董事长是颜惠庆，董事中有许多国内金融界的头面人物，如张嘉璈等人。据何廉回忆："对于研究所支持贡献最大的组织，有华北的'四大'商业银行——金城银行、盐业银行、大陆银行和中南银行——在这些银行的经理之中有很多是我本人的朋友。"[③] 而吴鼎昌和周作民就是前两家银行的总经理。

上述四类人中，前两类已是蒋介石的幕僚；后两类涉及的外交、金融、教育界等众多人物，都是蒋介石政权所急需的专业人才。1932年蒋介石总结下野教训时，就曾在日记中写道："失败为外交与教育之大意，而对于该两方人才亦毫不接近搜罗，而对于国内之策划，与国外之交际，亦无专人贡献，此为招怨之大者也。此后对于外交、教育与财政人才，应十分收揽，对于策划之士亦应注重。"[④] 与黄郛交往密切的这批人，正是蒋政权建设最需要的人才。

---

① 《蒋廷黻回忆录》，岳麓书社，2003，第151、153页。
② 《何廉回忆录》，中国文史出版社，1988，第85页。
③ 《何廉回忆录》，第48页。
④ 蒋介石日记，1932年3月20日。

教育界的这批精英之所以参加政府工作，还有一个重要的原因，就是九一八事变后面对民族危机，知识界一度围绕"民主与独裁"展开争论。参与这场争论者，大都有英美留学背景，是"受过民主政治极久的熏陶"的大学教授们[1]，论战双方的代表人物刚好就是《独立评论》的创办人，蒋廷黻、丁文江是"独裁"派的代表，胡适、陶孟和是"民主"派的代表。

为什么这样一群具有"独立精神"的自由主义者会分裂为两派，其中一派还选择支持独裁与专制？看似不可理喻，事实上并不是他们对民主价值的追求发生了改变，而是他们在内忧外患的民族危机面前，寻求了不同的"救国"之道。正如胡适在1935年元旦发表的《一年来关于民治与独裁的讨论》一文中所言："这个问题的发生，当然是因为这三年的国难时期中一般人不能不感觉到国家统一政权的迫切，所以有些人就自然想寻出一条统一的捷径。"挑起这场争论的是蒋廷黻在《独立评论》第80号上发表的《革命与专制》一文，"他的主旨是反对革命的，所以他很沉痛地指出，革命的动机无论如何纯洁，结果往往连累国家失地丧权"。因此他主张"必须先用专制来做到'建国'，然后可以'用国来谋幸福'"。[2]蒋廷黻等人倡导的"专制建国"主张，同蒋介石此时推行的"攘外安内"政策，刚好不谋而合，并得到蒋

---

① 钱端升：《民主政治乎？极权国家乎？》，《东方杂志》第31卷第1号，1934年1月1日，第25页。

② 胡适：《一年来关于民治与独裁的讨论》，《东方杂志》第32卷第1号，1935年1月1日，第15页。胡适此文的论战对象蒋廷黻、钱端升、吴景超等人不久都参加了政府的工作。

介石的赏识，于是这一派纷纷参加政府工作。知识界的两派精英虽然观点不同，但并没有从此分道扬镳，他们的分歧只是选择方式的不同，终极目的是一致的。抗战全面爆发后，胡适等主张民主的一派，也纷纷加入政府工作，为抵抗日本侵略贡献一己之力。

事实上，这批教育、外交、金融界的精英，无论在朝在野，彼此间的联系都是相当密切的。在此仅以 1932 年成立的"中国太平洋国际学会"为例。该学会以倡导国民外交，抵抗日本侵略为宗旨，其十余年来仅有的数十名会员中几乎囊括了上述精英，胡适、丁文江、周诒春、徐新六、吴鼎昌、何廉、陈光甫、蒋梦麟、陶孟和、王云五、张嘉璈、周作民、颜惠庆、黄郛、钱永铭、董显光、钱端升、周鲠生等人都是该会会员或执行委员。①

四　政学系是如何控制政权的

从政学系的发展脉络看，可以分为两个阶段：

第一阶段是政学系的形成期，大致从 1932 年初"蒋汪合流"到 1935 年底国民党五全大会期间，核心人物是黄郛，而在外间影响最大的则是杨永泰。

黄郛虽然终身没有加入国民党，但他是辛亥元勋，又同陈其美、蒋介石是拜盟兄弟，所以国民党内的反对势力，特别是 CC 系的二陈不敢把黄视为打击的主要目标，而是聚焦到杨永泰身上，甚至在党内一度传播"军事北伐、政治南伐"之说，

---

① 张静：《中国太平洋国际学会研究（1925—1945）》，社会科学文献出版社，2012，第 209—210 页。

借此表达对这批人的不满。尽管黄郛等人早在南京国民政府成立前后，即参加政府工作，并得到蒋介石的信任，但他们大都远离南京中央，出任封疆大吏。此外，黄郛、熊式辉、张群等人都有留日背景，在 20 世纪 30 年代民族危亡时期，被党内反对派和其他政治势力视为亲日派，加以打击。

此时，政学系诸人对政权的控制，主要局限在地方政府，特别是杨永泰，为实现"七分政治、三分军事"，首先在"剿共"区域改革原有行政结构，在省与县之间增设行政督察专员制，并在其他各省也相继推行。为增强南昌行营辖区的行政效率，杨规定"分区设署"（指在县长以下增设区长）、"合署办公"（指省政府），并裁减各级国民党党部工作人员。这些行政专员人选的任命和裁减，多是由杨永泰签请，以蒋介石名义交到各省执行。一度南京中央政府所能控制的"河南、湖北、湖南、江西、安徽、江苏、浙江、福建、山东和陕西十个省政府的用人行政都直接听命于南昌行营。1934 年 2、3 月间还召集过一次十省高级行政人员会议，南昌行营第二厅（厅长为杨永泰——引者注）俨然成为实际上的行政院。"[1] 此外，委员长侍从室这一机构的设置和运行方式，也由杨永泰向蒋介石提出并付诸实施。正是因为他有着极强的办事能力，深得蒋的赞许和信任。

在众多口述回忆史料中，熊式辉的亲信王又庸，被普遍认为是这一时期政学系的中层骨干。王曾先后追随熊式辉出任过江西省民政厅长、战后东北行营民政部长。王又庸在回忆这一

---

① 王又庸：《关于"新政学系"及其主要人物》，全国政协文史资料委员会编《中华文史资料文库》第 8 卷，中国文史出版社，1996，第 87 页。

时期的政学系时曾写道：

> 这个集团的特点是……没有任何组织形式，它的活动全部体现在三个主要人物——杨永泰、熊式辉、张群以及他们的几个手下人的勾结或"单干"的活动之中……曾有人粗作估计，说这批人数有 40 人左右，可能是大致不差的。有人说，杨永泰死后，新政学系分子逐渐减少了，这是可能的；另一方面，它的上层分子则逐渐增加，也是事实。①

因此，笔者认为，"政学系"完全因杨永泰个人而得名，大致从 1933 年杨永泰出任军事委员会南昌行营秘书长开始被传播。而这一时期杨永泰、熊式辉等人所任命的一批官吏，官职最大者也不过是省民政厅长一类的职务，他们此后虽然仍同政学系其他成员保持着一定的关系，但很少再有升迁的机会，对中央政府的政策制定和具体运作也没有太大的影响，且与此后的政学系成员交集不多。

政学系的第二阶段，自 1935 年底国民政府改组到 1949 年国民党退败台湾。此后，其成员大都脱离政府，四散海外。

国民党五全大会，是蒋介石第一次在没有汪精卫、胡汉民参与的情况下主持召开的全国代表大会。"此次全会以决定政治、党部各负责人选，异常令人注意。"大会结束后，蒋介石接掌行政院长，全面改组政府，吸收了一大批同黄郛有着千丝

---

① 王又庸：《关于"新政学系"及其主要人物》，《中华文史资料文库》第 8 卷，第 88、89 页。

万缕关系的财界、学界精英。"汪、胡各派除汪先生略有保留外（闻顾亦不就），果夫、立夫竟未能丝毫与闻。"参加此次全会并对 CC 系抱有同情之心的王子壮在日记中一度将新政府视为与政学系关系密切的"混合的亲日政府"，并认为新政府的"杨（永泰）等适能代为计划亲日以免目前之危者，因乃见重于蒋"。① 他的这一判断在当时国民党内相当普遍。或许是为了平衡与 CC 系的关系，蒋介石并没有让杨永泰加入中央政府。五全大会后，蒋任命杨永泰为湖北省政府主席。

杨永泰上任不到一年即遇刺身亡，不久黄郛因病去世。此后十余年间，被视为政学系上层骨干的主要成员变化不大。他们大都具有一定的治国能力和专业知识，与国民党缺乏渊源但受到蒋介石重用。因此，党内各派势力对其一概以"政学系"视之，并加以反对。正是上述诸多因素导致他们彼此间更为相互依靠，关系密切，很快在南京政权内部形成了一股新兴力量。而接替黄郛，代蒋介石负责联系这批人物的正是他俩的盟弟张群。从此，张群成了政学系无人替代的核心。

那么，此时的政学系又是如何控制中央政府的呢？

据时任行政院政务处长蒋廷黻回忆："那年，正式院会改在周二上午举行，非正式会议（欲称小型院会），于周五下午在委员长官邸举行。小型院会中只有孔祥熙、张群、吴鼎昌、张嘉璈、王世杰、何应钦、翁文灏和我出席。秘书及书记人员均不得列席。""在院会中，因为每个与会的人均有机会发言，而时间有限，发言人绝不可浪费时间，言词要清楚，简单扼要，而且要争取他人的好感。所有的话都是讲给院长听的，因

---

① 《王子壮日记》第 2 册，1935 年 12 月 2、12 日，第 524、535—537 页。

为最后的决定不是表决的，而是由院长个人决行的。依照法律和传统，中国行政院的部会首长颇似美国的国务卿，而不像英国的阁员。"①

从上述人员中不难看出，行政院的核心会议——小型会议除何应钦、孔祥熙外，几乎成了政学系的聚会。而何、孔两人在国民党内没有一个以他们为首的相对严密的组织系统，相对不易同政学系形成对抗。尽管这批部会首长没有表决权，但"所有的话都是讲给院长听的"。因此，政学系是最有可能影响蒋介石的人，甚至可以操纵政权以及人事任免。此外，为了"争取他人的好感"，政学系成员在涉及政府重大问题前，事先都充分交换意见。在此仅摘录几段时任行政院秘书长的翁文灏的日记：1936 年 2 月 22 日，"与吴达诠（即吴鼎昌）、蒋廷黻谈六年计画工作方法"；1936 年 5 月 23 日，"访吴达诠、周寄梅……谈预算事，报告于蒋"；1937 年 1 月 12 日，"与何淬廉（何廉）会宴张公权、吴达诠、钱乙藜（钱昌照）、熊天翼、吴景超，会谈经济建设之必要"。② 可见在讨论重大问题之前，政学系成员之间大都先进行了详细的内部沟通，再呈报蒋介石，寻求支持。

1936 年 8 月，蒋介石任命蒋廷黻为驻苏大使。接任政务处长的是蒋廷黻的朋友何廉。何廉上任不久，在"一次行政院的非正式会议上"，蒋介石交给何廉的第一项任务是要他研究："一，现有政府中负责经济建设的机构；二，当前政府在经济建设中的工作；三，政府的财政收入和支出。"经过深入

---

① 《蒋廷黻回忆录》，第 191、198 页。
② 李学通等整理《翁文灏日记》，中华书局，2010，第 20、47、108 页。

调查，何廉发现尽管行政院下设实业部、交通部、铁道部等，但同时还有张静江负责的全国建设委员会、宋子文控制的全国经济委员会，以及由蒋介石兼任委员长的资源委员会（秘书长是翁文灏）。上述三"部"、三"会"分别负责国家建设，彼此之间毫无协调，"例如，公路建设是全国经济委员会的事，交通部虽说理论上负责，实则什么也管不着。公用事业理应属于实业部处理，但始终集中在全国建设委员会手上。"为此，何廉建议将三会取消，将其职能并入新的机构。据何廉回忆："我把此事和内阁中我最合得来的三位部长吴鼎昌、张嘉璈和张群说了说。张群显得合作而开明，他和委员长过从甚密，是四位所谓把兄弟中最年轻的一个，看来张是明确地支持我的设想的。三人都对我的建议表示很大的关心。""我和内阁的许多成员进行过讨论，只有财政部是例外。他们始终不合作。"不久因西安事变爆发，何廉的计划暂时停滞。① 不过，从此事的具体操作过程中，不难看出政学系对政权的影响力度和控制能力。

西安事变和平解决后，蒋介石一度回奉化老家休养。1937年1月，汪精卫从法国回到南京准备出席国民党五届三中全会，其间赴奉化与蒋介石会面，向蒋表示"甚欲主持经济"。② 这自然引起政学系诸人的紧张。因为在"党国体制"下，政府的任何重大决策，都需要经过国民党中央全会的通过才可付诸实行。而在南京中央的政学系诸人除张群外均非党员，无权出席会议。何廉对此曾回忆道："那时委员长还在奉化。翁文

① 《何廉回忆录》，第99、104、105、111页。
② 《蒋中正总统五记·困勉记》（下），第541页。

灏和我以及一些其他的部长如张嘉璈、吴鼎昌等这些政府里的
'装饰品'们，并不清楚幕后究竟是怎么回事。"①

　　于是，政学系诸公加紧活动。1月12日晚，翁文灏"与
何淬廉会宴张公权、吴达诠、钱乙藜、熊天翼、吴景超，会谈
经济建设之必要"。两天后，翁文灏亲赴奉化见蒋，建议"扩
大经济建设，并有一定组织"。②18日，经过翁、何等人的游
说，熊式辉也赴溪口同蒋介石"谈经济建设及汪精卫先生意
见"。蒋介石听后即命熊式辉"立即起草"相关文件，熊式辉
回答道："俟回京后与关系诸人商办。"第二天蒋再指示熊
"经济建设方案原则，又谈及社会及经济人才问题"。熊式辉
一到上海，"即约卢作孚（时任国民政府军委会水陆运输管理
委员会主任）、杜重远（记者）、张嘉璈、王又庸（时任四川
省民政厅长）、张君劢（国社党主席）等八人"，"谈经济建设
问题"。③24日，翁文灏再与何廉"宴请熊天翼、吴达诠、张
公权、卢作孚等，讨论经济事业之组织。吴拟于军委会内设经
济署，连系其他各部会"。④27日，蒋介石亲笔致函翁文灏，
"嘱速拟办法，三中全会后颁发"。⑤31日，蒋介石在日记中
记道："精卫热心经济，其实非其所长，人事甚难安置。"⑥2
月12日，熊式辉"赴京出席三中全会，拟携经济建设方案就

---

① 《何廉回忆录》，第123页。
② 《翁文灏日记》，1937年1月12、14日，第108页。
③ 《熊式辉回忆录》，第199页。
④ 《翁文灏日记》，1937年1月24日，第111页。
⑤ 李学通：《翁文灏年谱》，山东教育出版社，2005，第129页。
⑥ 蒋介石日记，1937年1月31日；《蒋中正总统五记·困勉记》（下），第
　　541页。

便与关系方面再加审定后呈送蒋公。"① 22 日，全会通过《中国经济建设方案》。这年年底，国防最高委员会决议将实业部改组为经济部，并最终按照何廉当初的设计，将建设委员会全部、经济委员会的一部，以及军事委员会第三、四两部，工矿、农产两调整委员会、资源委员会及财政部之粮食运销局等并入经济部。任命翁文灏为部长、何廉为常务次长。② 原实业部长吴鼎昌转任贵州省政府主席。

抗战爆发后，国民政府迁都重庆，国家经济中心由沿海移到西南。此后，政学系为控制经济命脉，特成立"西南经济建设研究所"。据翁文灏日记载：其"董事会会议，到者张岳军、张公权、川康滇黔四省主席代表。追认张公权、何淬廉为所长，岳军、公权及余为基金保管委员。"此后，"西南经建研究所开会，张岳军言，分别计划川康经济事已奉蒋批准。"③

尽管政学系并没有明确的组织，但彼此之间互为奥援，事前相互商量，事后相互提携，使他们能与国民党内其他派系相抗衡，并控制政权。再有一例，抗战胜利前夕，1945 年 8 月 14 日蒋介石任命尚在苏联的熊式辉为东北行营主任，负责接收东北。20 日熊式辉回国当天，即"分别访吴鼎昌、张群、吴铁城、张治中等接谈受命东北事"。21 日"何廉交来东北人士调查名单及行政长官公署编制"。22 日"与张群、沈鸿烈、何廉谈组织行营、东北省份重划、经济主管人选等问题。由张群代发电致犹在美国之张嘉璈速驾。"24 日"约会吴鼎昌、张

---

① 《熊式辉回忆录》，第 199 页。
② 张朋园、沈怀玉合编《国民政府职官年表（1925—1949）》第 1 册，台北：中研院近代史研究所，1987，第 230 页。
③ 《翁文灏日记》，1939 年 3 月 6 日、9 月 8 日，第 315、368 页。

群、沈鸿烈等商谈主席交下各方荐举东北各省人选名册"。26
日"王世杰来谈东北各项有关接收问题"。① 由此可见，自熊
式辉接任东北行营主任后，他第一时间约见的人几乎都是政学
系的成员，通过政学系成员间的相互推荐，以求控制人事任免
等大政方针。

五　政学系与 CC 系、黄埔系

蒋介石打下天下后，政权建设中人才严重匮乏，以 CC 系
为首的众多党务人员感慨："既然很难找到那么多适当的人员
来分担组织党部与组织政府，则何以不让省市党部委员同时兼
任省市政府官吏，而要向外去求才呢？"② 这种认识，在国民
党内很有市场。国民党对外标榜"以党治国"，党内各派系自
然不愿权力旁落。

1935 年，王子壮的日记中，记录了自己对杨永泰等人的
观察和对政学系同蒋介石关系的思考，非常生动地展现了国民
党内部分人士对所谓政学系的认识。现摘录如下：

> 兹就所闻概记于下，杨本为政学系健将，活动于北方
> 政界既有年，对于政治方面确有若干之应付方法而为党人
> 所不及者。故自日祸、共祸相迫而至，蒋处于应付维艰之
> 境。杨得贡其所见以博蒋之欢，尤于整理豫鄂皖等省之政
> 治、财政，颇有计画，蒋乃倚为左右手。杨于是得随其发
> 展之计谋，如江西之熊式辉、湖北之张群、应付日本之黄

---

① 《熊式辉回忆录》，第 488—489 页。
② 陈立夫：《成败之鉴》，第 151 页。

郭俱予沆瀣一气。因其历史上与国民党之不相容，乃定
"拥蒋毁党"之政策，故对于剿匪各省之党务，莫不尽其
拆台之能事（今日之党团虽属无用，且多纠纷，但现在
本党为"以党治国"，当谋所以改善之法，而不宜摧残之
也）。

　　然为蒋所信任，在中央负党务责任之陈果夫、陈立夫
对此亦曾为各种之设计，迄今为止并无若何成功。兹举一
二：如去年立夫先生介绍若干重要省市党部负责之委员为
蒋之秘书，以备蒋之咨询。但为时不久为杨永泰建议改为
设计委员，均不得志，纷纷告归。后又使陈布雷追随蒋之
左右，原拟以之充秘书长，以陈与蒋有旧，向为蒋服文字
之劳者也。但以陈之为人，器识不大。蒋之与杨信赖尤
深，计不得逞。陈仍不过为蒋之机要秘书而已。以故政学
系将"力事扩充以谋篡窃本党"之论时得而闻。

　　于此有一问题，即蒋与杨之信任关系为何种性质？一
说以杨为政客，计画甚周，现为培植羽毛时期，一方面在
此时期竭力交结重要军人（如顾祝同等业已声气相通）
及黄埔学生，迨至羽毛丰满，即行揭开真面，以毁党而成
为彼之天下；其次，则以为蒋之用人，向能用其所长而绝
不能为人所买，以其独断之性，固一英雄主义之人物也。
彼最初对于共党密切合作，然至必要时，断然予以清除，
即其明证。蒋之对杨以目前环境需要，彼来协助，故毅然
信任之。然果如见其有不逞之图，自然可立即排除。此种
见解，老先生如丁（惟汾）、叶（楚伧），盖仍作如是之
观察也。余以二者所见均有可能。

　　不过，政学系与共党相较，有不同者。以共党声势虽

大，彼等始终破坏本党及蒋个人，盖属显然。而政学系则
附蒋以发展，彼之作用乃在由彼等拥蒋以活动政治，根本
端在排挤本党。然以蒋与党有如此深远之关系，且彼个人
有相当之宗法社会思想，谓其将随杨的主张去党，亦似无
可能。不过杨如得计，可任意排除党中人物，以随其操纵
把持之计，似属可能也。①

王子壮的上述分析，是站在维护国民党"党权"立场上，
且完全针对杨永泰个人。事实上1936年杨永泰遇刺身亡后，
政学系并未消亡，所控制的"政权"实力反而越来越大。可
见杨永泰只是政学系成员之一，且因其早年参加北洋"政学
会"而为党内反对派找到一个借口，从而成就了"政学系"
之名。政学系之所以遭到党内各派系的反对，其核心还是因为
这些派系都认为他们对"党国"并无多大贡献，却来分享政
权，且势力不断坐大，这在掌握"党权"和"军权"的CC
系和黄埔系看来，无疑是分割了他们的权力。

对此等议论，陈立夫深以为然："在训政时期，党具有议
会的功能，中央党部与国民大会相当，地方党部与地方议会相
当。如果是这样，党肯花钱付给党员，使他们收入与政府同级
人员相等，这样我们党里会有好的人员来管理政府；否则，党
不给予党务工作人员必要的薪津，而要求党务工作人员在自顾
自给的原则下工作，这是不切实际的……其结果，有能力的人
员将转入政府服务，那么，另一种制度将会产生：党将与政府
相抗，而不是督导政府。"甚至早在1931年宁粤对峙之初，陈

---

① 《王子壮日记》第2册，1935年4月12日，第291—293页。

立夫即以为："临时约法的施行将会提高人民的地位而降低了党的地位，政学系自然赞成利用人民的地位去直接减低国民党的权力，间接用以和胡汉民对抗。"①

然而，约法尚未起草完毕，黄郛等人即从胡汉民被扣这一事件中明白，蒋介石要的约法并非他们希望的约法。据黄郛日记载：1931 年 3 月 25 日，"畅卿由宁归，谈国民会议及约法两事已早失去精神，将来必有名无实"。② 黄郛对《约法》的评论，颇耐人寻味。这也间接印证了王子壮指责政学系"拥蒋毁党"一说，并非完全捕风捉影。自黄郛、杨永泰去世后，政学系的其他成员则不再具备所谓"拥蒋毁党"的能力和资历了。

国民党五全大会后，尽管蒋介石暂时排除了汪精卫、胡汉民在中央政府的势力，建立了一个以政学系为主的内阁，但党内反对派为了打击政学系，马上转向尚在海外的胡汉民，再次发起"迎胡回国运动"。虽然他们同胡汉民的主张并非一致，但胡汉民强调的"党权高于一切"的主张，正是他们对付政学系最有力的武器。据王子壮观察："行政院既如此告成，党内诸派均为不满，二位陈先生（指 CC）之消极为一明证，其他诸元老多同此感想，迎胡声浪之所以响彻云霄，足以见各方面之不满现状者，欲持胡以改造现局之趋势……二位陈先生之不满现状者，以胡之来，亦可坚强一己之自信，故最近之将来，胡先生既必然来京，对于彼之主张意见，及能否有冲破现局之能力，实有予以最大注意之必要。"③ 可惜的是，胡汉民

---

① 陈立夫：《成败之鉴》，第 152、168 页。
② 《黄郛日记》第 6 册，1931 年 3 月 25 日。
③ 《王子壮日记》第 3 册，1936 年 1 月 14 日，第 15—16 页。

回国不久即因病去世。这反而加强了蒋介石个人在党内的地位，有效抑制了反对者企图借胡抗杨的声音。

不过，长期以来，政学系成员不仅从能力上看不起这批年轻党务工作者，对国民党组织的作用也不以为然。一次，熊式辉与蒋介石讨论"党政关系调整"时，曾"陈述近日感想所及者四事：一、党的性质不明，因此党的运用不当；二、党员身分不明，因此党部成衙门，党员成官吏；三、水流湿、火就燥。党的工作，应该帮政府，为湿为燥；四、党的组织不适于其工作。"他的这番言论，深得蒋的"嘉许"，并"令速以书面条陈"。①

抗战爆发后，黄埔势力迅速崛起，他们不断希望染指政权建设，加大对政学系的挑战。1938 年初，蒋介石为集中财力、物力抵抗日本侵略，拟成立资源委员会，重点发展重工业。在讨论该会组织条例时，黄埔系也想在新机构中分掌权力。在人事任免上，"何应钦对资委会表示不满，讲应聘军人为委员"。但蒋介石没有接受何的意见，而是任命翁文灏为委员长，将资源委员会完全交由翁办理。翁随后"派钱昌照为资源委员会副主任委员，沈怡为主任秘书兼工业处长"。② 沈怡是黄郛的妻弟。资源委员会不仅抵制来自军方何应钦的要求，对 CC 系控制的党务系统也同样是不买账。据钱昌照回忆：

> 过去在国民党时代有一句话，叫做"蒋家的天下，陈家的党"，意思是说，党部的权抓在陈家手里。我在国

---

① 《熊式辉回忆录》，第 221—222 页。
② 《翁文灏日记》，1938 年 2 月 15 日、3 月 2 日，第 161、218 页。

防设计委员会以及后来的资源委员会时期，在成立机关党
部这个问题上也一直在和陈矛盾着。在 1944 年以前，党
部方面前后有过三次要我们在资源委员会机关内成立党
部，我都拒绝……到了 1944 年，国民党开始筹办六中全
会大会（应为六全大会——引者注）选举，所有重要机
关都要设立国民党党部，资委会乃被迫在会内成立第 78
区党部。我本人未参加此党部工作，只是嘱咐吴兆洪、戴
世英等：好好安排，好好应付，不让资委会受到 CC 影
响……后来我见蒋，说明我们多年来未成立党部，怕二陈
插进来，把事业弄乱等等情况。他唯唯。[1]

蒋介石之所以对政学系如此信任，一个很关键的因素，就
是政学系没有像 CC 系、黄埔系那样建立一套明确的组织架
构。虽然政学系成员间彼此相互照顾，但基本没有建立基层组
织，且绝对忠于蒋介石个人。

在政学系的众多成员中，并非都不想建立一个牢固的组
织。1935 年底蒋介石改组行政院后，江西省政府主席熊式辉
就想结合内阁中的政学系成员组成一核心机构。据翁文灏日
记，1936 年 5 月，"熊天翼来谈组织其'智囊团'事"。[2] 尽
管熊式辉在国民党五全大会上被增补为中央执行委员，但政学
系的诸多成员均非国民党党员，在党国体制下，他深感很难充
分掌控政局，所以想成立"智囊团"。某次他参加国民党中央
全会后，觉得党国的重大方针"一切皆由中央党部组织领导，

---

① 《钱昌照回忆录》，第 125—126 页。
② 《翁文灏日记》，1936 年 5 月 18 日，第 45 页。

余个人无何单独建议，故少发言，鸣亦形成孤掌。平日服务于地方，对中央事固不甚清楚，而一般会议若无组织的运用，个人除尽其一分子之凑数外，不易发挥任何作用，尤以现在党的作风为然。"但政学系的其他成员，对熊式辉的建议多不以为然。会后不久，熊式辉赴抵贵阳会晤省主席吴鼎昌，吴即提醒熊："对中央议论太直率。此与中央及地方俱无益处，多言宜戒。"并明确告诉熊："地方不宜造成小领袖，贵州尤应为此。"熊式辉反省后意识到吴鼎昌所言"诚有至理"。①

政学系的其他成员大都同吴鼎昌态度一致，翁文灏就曾在日记中写道："余全为国家工作，以蒋为唯一领袖，绝未加入任何系派（如 CC、HH、TV、CH）。"② 而政学系的核心人物张群更是"熟知蒋对自己属下最忌有二：（1）援有私人，自成系统，或造成小集团，利用政治机会，与蒋对抗；或朋分利润，令蒋受到损失。（2）贪污。"当时，"众友评岳军，只能呼为蒋之使女而不得称为如夫人，以如夫人尚有恃宠撒娇时，而张并此无之，惟知唯唯诺诺，蒋欲如何便如何，无一丝违抗。"③ 张群对蒋介石的态度，更令熊式辉组织"智囊团"的想法落空。

与蒋介石有过近距离接触的何廉曾这样评价蒋介石：

委员长是个可以共事的好人。他十分耿直，也非常坦率……他给我的印象是：迫切要新鲜的主意，尽管是

① 《熊式辉回忆录》，第 241、246 页。
② 《翁文灏日记》，1942 年 4 月 10 日，第 761 页。
③ 冯若飞：《张群其人》，《中华文史资料文库》第 10 卷，第 1371 页。

否把这个主意付诸实施是另一回事……他认识人，也懂得用人。但是他不懂得制度和使用制度。我和他谈问题时，一谈到许多事情该制度化的时候，他的注意力就会向别处转移。我对他有这样的感觉，从根本上说，他不是个现代的人，基本上属于孔子传统思想影响下的人。他办起事来首先是靠人和个人接触以及关系等等，而不是靠制度。①

政学系的这批人，刚好契合了蒋介石的上述要求。相较于CC系和黄埔系，政学系没有明确的层级架构和组织依托，体系松散，外延广阔；同时，他们又大多拥有良好的西方教育背景，具备较高的行政组织能力和人脉关系；他们彼此因政见相似而同声相求，因地位相近而相互照应。

政学系的职能及蒋介石与政学系之间的关系，大致可总结如下几点：

第一，政学系主要帮助蒋介石有效运行中央政府各部会职能（除个别出任封疆大吏），特别在国际交涉、财政金融和教育领域，依靠自己的专业知识为蒋介石出谋划策，分忧解难。其工作完全不涉及军事和党务。其成员大多是国民政府的"特任"官，由于没有基层组织，很少有"简任"以下的小官。自其20世纪30年代中期形成以来，成员基本没有太大变化。政学系很少有"小"官僚，他们通过影响蒋介石，来影响政局的发展和人事安排。

第二，承担党国体制的政治设计，为重大人事任免向蒋介

① 《何廉回忆录》，第117页。

石提供意见。如在江西"剿共"时期，杨永泰出任南昌行营秘书长，熊式辉为南昌行营参谋长；军事委员会下设的国防设计委员会，其成员大多来自教育界；抗战爆发后成立的国民参政会秘书长王世杰、吴鼎昌在抗战后期先后任国民政府文官长兼国民党中央设计局秘书长、总统府秘书长等。此外，熊式辉也担任过中央设计局秘书长，张群更是出任过中政会秘书长、国防最高委员会秘书长等多项重要的幕僚职务。

第三，协助蒋介石同国民党党外政治团体和中共沟通。政学系的这批成员无论是教育、金融界人士还是北洋旧官僚，本质上大都对国民党一党专政体制不以为然，而是相对乐见国民党能开放政权，从而导致他们同国民党内的其他派系矛盾重重。抗战爆发后特别是在战后，当蒋介石需要同国民参政会或政协其他团体以及中共沟通时，政学系大都主动承担这项工作。

关于政学系，众说纷纭，一个重要原因，就是因为党内有"众说"。我们对政学系的诸多观察，都来源于其政治对手的言说，所以政学系的组织轮廓往往需要先勾勒其他派系后，方能得出。很多人未得政学系好处，反不小心触了其他派系的霉头，抢了其他人的风头，就被戴上这顶帽子。如果说前期的杨永泰还有伐异之举，稍符派系之说，后期则无人能担此任。换言之，往往是无派无系之行政官僚，位居高位且由学而仕，符合政学系的人员描述，故人多以政学系视之，而这些人也多因同声相求，愿与其他被认作政学系之人相往来、共取暖，两种过程，交错为用，共成政学系之名。

而政学系的尴尬，很大程度上正反映了蒋介石的尴尬、国民党的尴尬。行政权力在国民党统治期间，是一个不断受觊觎、被践踏、遭蚕食的领域。党、军似乎都很有理由主政，前者有理论基础（以党治国），后者以枪杆子为依托。但以党统政，党同伐异；以军领政，藩镇隐现。蒋介石不得不为平衡两方，而靠一帮和其面而心不一定和的行政官僚，撑起这一残缺的领域。政学系虽曰有黄郛为灵魂人物，但黄郛更似"共主"。如果说政学系，尤其是后期的政学系有所谓的领袖，只有蒋介石可堪此名，张群不过是为其穿针引线的"使女"。

政学系的一大特点，就是学者型官僚。从"政学系"三个字来分析，恰好是"由政助学，引学辅政"，能够给予蒋介石本人和其部下力所不及的帮助。而学者治政的一大特点，就是尚清流不尚党谋。所以政学系吸引蒋的，是其工具层面的行政才干，而非价值层面的高山流水，双方其实缺乏共事的强固基础，相互利用，而非相互认同。

1949 年蒋介石败退大陆后，政学系成员真正随蒋撤至台湾的并不多。他们在政治上既反对国民党独裁，也不认同共产党专政，且台湾舞台太小，蒋介石也不再需要这批中央大员，因此他们大多移居海外。只有张群、王世杰一直追随蒋介石，并得到一定重用。

从此，政学系之名不再延续。

征引文献

一　档案

（一）中国第二历史档案馆藏档案

陈友仁个人档案

冯玉祥个人档案

孙科个人档案

《国民党胡蒋内斗材料》

《中国国民党第三届中央执行委员会第 165 次常务会议记录》，油印件

《中国国民党中央特别委员会第一次会议记录》，油印件

《中国国民党中央执行委员会（第 116—137 次）常务会议记录》，油印件

《中国国民党中央执行委员会政治委员会第 47 次会议速记录》，油印件

（二）中国社会科学院近代史研究所图书馆藏档案

程天放主编《国民会议实录》，国民会议实录编辑委员会印

《中国国民党第三届执行委员会第四次全体会议记录》

《中国国民党第三届中央执行委员会第五次全体会议记录》

（三）台北中研院近代史研究所郭廷以图书馆、档案馆藏档案

《黄郛日记》，原稿影印件

《谭延闿日记》，原件电子扫描件

（四）台北中国国民党中央党史馆藏档案

《本党应恢复总理制案》，毛笔原件

《第三届中央常会速记录》（第 111—140 次），铅笔原件

《各方与胡汉民函件函电等》，毛笔原件

《胡汉民与各方往来信件微卷》，见"胡评议委员木兰捐赠中央党史委员会资料"

《胡委员汉民临时提议常务委员任务繁重以后各部部长不必由常务委员兼任案》，油印件

《廿年十二月卅日中央党部国民政府联席会议讨论事项（广州）》，毛笔原件

《廿年十二月卅一日中央党部国民政府联席会议讨论事项（广州）》，毛笔原件

《请推举蒋同志为本党领袖案》，毛笔原件

《孙科等致邓泽如萧佛成电》，毛笔原件

汪精卫：《九一八前后态度之说明》（1932 年 5 月 3 日），钢笔原件

吴稚晖档案

张群：《应否采纳蒋同志江电之提议及采纳后应有之进行办法案》，油印件

《中国国民党第三届中央执行委员会第四次全体会议第三日速记录》，铅笔原件

《中国国民党第四届中央常务委员会速记录》（第 1—15 次），毛笔原件

《中国国民党第四届中央执行委员会第一次全体会议速记录》，毛笔原件

《中国国民党中央执行委员会政治会议会议速记录》（第

271—310 次），毛笔原件

《中国国民党中央执行委员会政治会议临时会议速记录》（第 21、23、25、26 次），毛笔原件

（五）台北"国史馆"藏档案

（1）蒋中正档案

《筹笔》第 55—63 册，毛笔原件

《革命文献·统一时期》"蒋主席下野与再起"卷，手稿影印件

《革命文献·统一时期》"两广政潮"卷，手稿影印件

蒋介石日记类抄《困勉记》卷 16—21，《省克记》卷 4、5，毛笔原件

《事略稿本》1930—1932 年卷，毛笔原件

《特交档案·粤桂政潮》政治类第 35 卷，钢笔抄件

《特交文电·日本侵略之部》"贰、沈阳事变"第 1、2卷，电报抄件；"参、淞沪事变"第 1 卷，电报抄件

（2）阎锡山档案

《各方民国二十年往来电文录存》，微缩胶卷

《各方民国廿年往来电文原案》，微缩胶卷

《蒋方民国二十年往来电文录存》，微缩胶卷

《蒋方民国十九年往来电文录存》，微缩胶卷

《宁粤合作案》，阎伯川先生要电录存

《石友三部民国二十年往来电文录存》，微缩胶卷

《宋哲元部民国二十年往来电文录存》，微缩胶卷

《阎锡山日记》

《杂派民国二十年往来电文录存》，微缩胶卷

（六）美国斯坦福大学胡佛研究所藏档案

《蒋介石日记》，毛笔原件之影印件

二　文献资料汇编

查建瑜编《国民党改组派资料选编》，湖南人民出版社，1986

广州平社编《广州事变与上海会议》（沈云龙主编之近代中国史料丛刊三编第 3 辑），台北：文海出版社公司，无出版时间

《国民会议丛刊》之一，中国国民党浙江省执行委员会宣传部编印，1931

《国民会议关系法规汇编》，国民会议选举总事务所编印，1931

《国民会议宣言决议案宣传集》，中国国民党中央执行委员会宣传部编印，1931

《国民政府公报》，国民政府文官处印铸局印行，1928—1931

《蒋中正总统档案·事略稿本》第 8—13 册，台北："国史馆"，2003—2004

京师警察厅编《苏联阴谋文证汇编（广东事项类）》，编者印行，1928

《联共（布）、共产国际与中国国民革命运动（1926—1927）》，北京图书馆出版社，1998

罗家伦主编《革命文献》第 9、16、22、23 辑，台北：中国国民党党史史料委员会，1955—1978

秦孝仪主编《中华民国重要史料初编——对日抗战时期》

绪编第 1 册，台北：中国国民党党史委员会，1981

《为什么讨伐蒋中正?》，中国国民党广东省党部执行委员会宣传部编印，1931

《粤变资料汇编》，中国国民党广东省市党务特派员办事处编印，1931

中国第二历史档案馆编《中国国民党第一、二次全国代表大会会议史料》（上），江苏古籍出版社，1986

中国第二历史档案馆编《中国国民党中央执行委员会常务委员会会议录》第 13—15 册，广西师范大学出版社，2000

中国第二历史档案馆编《中华民国史档案资料汇编》第 4、5 辑，江苏古籍出版社，1986、1994

三　回忆录、口述历史

卞稚珊：《蒋介石软禁胡汉民和召开国民会议内幕》，《中华文史资料文库》，中国文史出版社，1996

《蔡廷锴自传》，黑龙江人民出版社，1982

蔡呈祥：《"雷马事迹"亲历记》，宁夏政协文史资料研究委员会编《宁夏三马》，中国文史出版社，1988

《陈诚先生回忆录——北伐平乱》，台北："国史馆"，2005

《陈布雷回忆录》，台北：传记文学出版社，1967

陈公博：《寒风集》甲篇，地方行政社，1945

陈立夫：《成败之鉴》，台北：正中书局，1994

《陈铭枢回忆录》，中国文史出版社，1997

陈铭枢：《"宁粤合作"亲历记》，《文史资料选辑》第 9 辑，中华书局，1960

陈劢先：《辛亥革命后孙中山在广东的几起几落》，《文史资料选辑》第 4 辑，中华书局，1962

程思远：《政坛回忆》，广西人民出版社，1983

《程天固回忆录》，台北：龙文出版社，1993

陈卓凡：《我所知道的邓演达》，《广州文史资料》第 22 辑，广州市政协文史资料研究会编印，1978

杜伟：《我所知道的陈诚》，《文史资料选辑》第 12 辑，中华书局，1961

范予遂：《我所知道的改组派》，《文史资料选辑》第 45 辑，文史资料出版社，1964

方鼎英：《略谈中山舰事件》，《文史资料选辑》第 11 辑，中华书局，1961

冯若飞：《张群其人》，《中华文史资料文库》第 10 卷，中国文史出版社，1996

《龚德柏回忆录》，台北：龙文出版社，1989

顾祝同：《墨三九十自述》，台北："国防部史政编译局"，1981

桂崇基：《立法院长时期之胡汉民先生》，《传记文学》第 28 卷第 6 期，1976 年 6 月

桂崇基：《中国现代史料拾遗》，台北：台湾中华书局，1989

郭廷以、王聿均、刘凤翰：《马超俊先生访问记录》，台北：中研院近代史研究所，1992

何汉文：《改组派回忆录》，《文史资料选辑》第 17 辑，中华书局，1961

胡木兰：《有关先父生平的几点补充》，《传记文学》第

28 卷第 6 期,1976 年 6 月

黄广源:《反复无常的石友三》,《文史资料选辑》第 52 辑,文史资料出版社,1964

黄绍竑:《我与蒋介石和桂系的关系》,《文史资料选辑》第 7 辑,中华书局,1960

黄维:《邓演达烈士被害的真相》,《文史资料选辑》第 84 辑,文史资料出版社,1982

黄旭初:《记民十八年的武汉事变》,《春秋》第 183 期,1965 年 2 月 16 日

简又文:《宦海飘流二十年》,《传记文学》第 23 卷第 7 期,1973 年 7 月

金雄白:《记者生涯五十年》,台北:跃升文化公司,1988

阚宗骅:《陈济棠统治广东时期与新桂系的关系》,《广州文史资料》第 15 辑,广州市政协文史资料研究委员会编印,1965

《康泽自述》,团结出版社,2012

李汉冲:《张发奎策动粤桂联盟反蒋反共始末》,《广东文史资料》第 6 辑,广东省政协文史资料委员会编印,1963

《蒋廷黻回忆录》,岳麓书社,2003

《何廉回忆录》,中国文史出版社,1988

《李品仙回忆录》,台北:中外图书出版社,无出版时间

李世军:《冯玉祥与“雷马事迹”》,宁夏政协文史资料研究委员会编《宁夏三马》,中国文史出版社,1988

李毓澍、陈存恭:《戢翼翘先生访问记录》,台北:中研院近代史研究所,1985

李宗仁口述、唐德刚撰写《李宗仁回忆录》，香港：南粤出版社，1987 年第 2 版

刘叔模：《一九三一年宁粤合作时期我的内幕活动》，《文史资料选辑》第 17 辑，中华书局，1961

罗冀群：《西南反蒋的回忆》，《南天岁月——陈济棠在粤时期见闻实录》（《广州文史资料》第 37 辑），广东人民出版社，1987

茅盾：《我走过的道路》，人民文学出版社，1981

孟曦：《关于"非常会议"和"宁粤合作"》，《文史资料选辑》第 9 辑，中华书局，1960

庞镜塘：《"中央俱乐部"——C. C. 的组织及其罪恶活动》，《文史资料选辑》第 18 辑，中华书局，1961

《钱昌照回忆录》，中国文史出版社，1998

沈云龙、林泉、林忠胜：《齐世英先生访问记录》，台北：中研院近代史研究所，1990

沈云龙、谢文孙：《傅秉常先生访问记录》，台北：中研院近代史研究所，1993

沈云龙、张朋园、刘凤翰：《刘航琛先生访问记录》，台北：中研院近代史研究所，1990

唐邦植：《回忆石友三倒张之战》，《文史资料选辑》第 52 辑，文史资料出版社，1964

王又庸：《关于"新政学系"及其主要人物》，《中华文史资料文库》第 8 卷，中国文史出版社，1996

汪瑞炯、李鄂、赵令扬编注，陈公博著《苦笑录》，香港：香港大学亚洲研究中心，1979

《吴铁城回忆录》，台北：三民书局，1968

武和轩：《我对改组派的一知半解》，《文史资料选辑》第36辑，文史资料出版社，1963

熊式辉：《海桑集——熊式辉回忆录（1907—1949）》，香港：明镜出版社，2008

《徐永昌将军求己斋回忆录》，台北：传记文学出版社，1989

许锡清：《福建人民政府》，《广州文史资料》第15辑，广州市政协文史资料研究委员会，1965

《颜惠庆自传》，台北：传记文学出版社，1989

杨伯涛：《陈诚军事集团发展史纪要》，《文史资料选辑》第57辑，中华书局，1978

于学忠：《东北军讨伐石友三的战争》，《文史资料选辑》第6辑，中华书局，1960

张国焘：《我的回忆》，香港：明报月刊出版社，1973

张令澳：《我在蒋介石侍从室的日子》，台北：周知文化公司，1995

张朋园、林泉、张俊宏：《于达先生访问记录》，台北：中研院近代史研究所，1989

张群口述、陈香梅笔记《张岳公闲话往事》，台北：传记文学出版社，1978

《周佛海、陈公博回忆录合编》，香港：春秋出版社，1971年再版

周一志：《"非常会议"前后》，《文史资料选辑》第9辑，中华书局，1960

周一志：《关于西山会议派的一鳞半爪》，《文史资料选辑》第12辑，中华书局，1961

周一志：《关于再造派》，《文史资料选辑》第 2 辑，中华书局，1960

邹鲁：《回顾录》，台北：三民书局，1976

四 报纸、期刊

《大公报》1930 年 7 月—1932 年 1 月

《广州民国日报》1926 年 12 月—1927 年 1 月

《国闻周报》1928 年 9 月—1932 年 2 月

《汉口民国日报》1927 年 2 月—4 月

《华字日报》（香港）1931 年 2—5 月

《民国日报》（上海）1927 年 5 月—1932 年 1 月

《申报》1927 年 11 月—1932 年 1 月

《时事新报》1931 年 11—12 月

《新闻报》1930 年 7 月

《中央日报》1928 年 9 月、1930 年 7 月—1932 年 1 月

《春秋》（香港）第 183 期 1965 年 2 月

《档案与历史》1988 年第 1 期

《东方杂志》1928 年 12 月—1935 年 1 月

《历史档案》1982—1984 年

《民国档案》1996—1999 年

《民友》1931 年 4—7 月

《三民主义月刊》1933 年 6 月—1936 年 6 月

《生活周刊》第 6 卷，1931 年

《新月》1929 年 4—6 月

《中央半月刊》1927 年 9 月

《中央党务月刊》1928 年 9 月—1932 年 3 月

《中央导报》1931 年 7 月—1931 年 11 月

《中央周报》1929 年 9 月

《传记文学》（台北）第 28 卷，1976 年 6 月

五　文集、日记

《陈诚先生书信·家书》，台北："国史馆"，2006

陈旭麓主编《宋教仁集》，中华书局，1981

程沧波：《沧波文存》，台北：传记文学出版社，1983

《冯玉祥日记》，江苏古籍出版社，1992

广东省社会科学院历史研究室编《廖仲恺集》，中华书局，1983 年第 2 版

"国立"中山大学校友会编《邹鲁全集》，台北：三民书局，1976

《胡汉民先生手书自传稿》，"中华民国史料研究中心"编《胡汉民先生遗稿》，台北：台湾中华书局，1978

《胡汉民先生文集》，台北：中国国民党党史委员会，1978

《胡汉民先生政论选编》，先导社编印，1934

胡汉民：《革命理论与革命工作》第 2—5 辑，民智书局，1932

《胡适的日记》，台北：远流出版公司，1990 年手稿影印本

《蒋介石日记类抄》，《民国档案》1998—1999 年

蒋中正：《苏俄在中国》，台北：中央文物供应社，1992 年再版

《蒋中正总统五记》，台北："国史馆"，2011

《蒋作宾日记》，江苏古籍出版社，1990

任建树、张统模、吴信忠编《陈独秀著作选》，上海人民出版社，1993

《孙中山全集》第1、3、9、11卷，中华书局，1981—1986

《万耀煌将军日记》，台北：湖北文献社，1978

《汪精卫集》，光明书局，1930

汪兆铭：《双照楼诗词稿》，民信公司，1930；香港：国粹学社，无出版日期

王仰清、许映湖标注《邵元冲日记》，上海人民出版社，1990

王养冲主编《论所谓法西斯蒂——胡汉民先生政论选辑》，中兴学会编印，1935

王养冲主编《三民主义与中国政治——胡汉民先生政论选辑》，中兴学会，1935

《王子壮日记》，台北：中研院近代史研究所，2001

《翁文灏日记》，中华书局，2010

《徐永昌日记》，台北：中研院近代史研究所，1990

《张溥泉先生回忆录·日记》，台北：文海出版社影印，无出版时间

中共安顺地委、中共安顺市委、贵州人民出版社编《王若飞文集》，贵州人民出版社，1996

中共中央文献研究室编《周恩来选集》，人民出版社，1980

中共中央文献研究室、中共南京市委员会编《周恩来一九四六年谈判文选》，中央文献出版社，1996

中国社会科学院近代史研究所编《胡适来往书信选》，中华书局，1979

六　论著

艾恺：《西方史学论著中的蒋中正先生》，《蒋中正先生与现代中国学术讨论集》第 1 册，台北：蒋中正先生与现代中国学术讨论集编辑委员会编印，1986

蔡德金：《汪精卫评传》，四川人民出版社，1988

陈红民：《哈佛燕京图书馆藏"胡汉民往来函电稿"介绍》，《民国档案》1997 年第 4 期

陈之迈：《中国政府》第 1 册，商务印书馆，1946

陈志让：《军绅政权——近代中国的军阀时期》，三联书店，1980

董显光：《蒋总统传》，台北：中华文化出版事业委员会，1952

冯自由：《革命逸史》，中华书局，1981

郭廷以：《中华民国史事日志》，台北：中研院近代史研究所，1984

何应钦将军九五记事长编编辑委员会：《何应钦将军九五记事长编》，台北：黎明文化公司，1984

胡颂平：《胡适之先生年谱长编初稿》，台北：联经出版公司，1990

黄仁宇：《从大历史的角度读蒋介石日记》，台北：时报文化出版公司，1994

简又文：《冯玉祥传》，台北：传记文学出版社，1982

蒋永敬：《百年老店国民党沧桑史》，台北：传记文学出版社，1993

蒋永敬：《鲍罗廷与武汉政权》，台北：传记文学出版社，1972

蒋永敬编著《民国胡展堂先生汉民年谱》，台北：台湾商务印书馆，1981

教育部主编、胡春惠等著《中华民国建国史》，台北："国立编译馆"，1989

金以林：《胡汉民与"非常会议"》，《近代史研究》1991年第 2 期。

雷鸣：《汪精卫先生传》，政治月刊社，1944

李时友：《中国国民党训政的经过与检讨》，张玉法主编《中国现代史论集》第八集"十年建国"，台北：联经出版公司，1982

李新主编《中国新民主主义革命史长编》，上海人民出版社，1991—1997

李新主编《中国新民主主义革命时期通史》，人民出版社，1980—1981

李新主编《中华民国史》，中华书局，1980 年代陆续出版

李学通：《翁文灏年谱》，山东教育出版社，2005

李云汉：《从容共到清党》，台北："中国学术著作奖助委员会"，1966

李云汉：《中国国民党史述》，台北：中国国民党中央党史委员会，1994

梁敬錞：《九一八事变史述》，台北：世界书局，1995

刘维开：《国难期间应变图存问题之研究——从九一八到七七》，台北："国史馆"，1995

刘维开：《蒋中正的东北经验与九一八事变的应变作为——

兼论所谓"铣电"及"蒋张会面观"》,《政治大学历史学报》第 19 期,2002 年 5 月

罗志田:《国际竞争与地方意识》,《历史研究》2004 年第 2 期

罗志田:《乱世潜流:民族主义与民国政治》,上海古籍出版社,2001

毛思诚编《民国十五年以前之蒋介石先生》,香港:龙门书局影印,1965

秦孝仪总编纂《总统蒋公大事长编初稿》,台北:中国国民党党史委员会,1978

深町英夫:《近代广东的政党、社会、国家——中国国民党及其党国体制的形成过程》,社会科学文献出版社,2003

沈云龙:《广州非常会议的分裂与宁粤四全代会的合作》,张玉法主编《中国现代史论集》第八集"十年建国",台北:联经出版公司,1982

沈云龙编著《黄膺白先生年谱长编》,台北:联经出版公司,1976

施坚雅主编《中华帝国晚期的城市》,叶光庭等译,中华书局,2000

孙彩霞:《新旧政学系》,华夏文化出版社,1997

孙哲生学术出版基金编《孙哲生先生年谱》,台北:正中书局,1990

唐德刚:《政学系探源》,《观察》2008 年第 1 期

田宏懋:《1928—1937 年国民党派系政治阐释》,朱华译,《国外中国近代史研究》第 24 辑,中国社会科学出版社,1994

汪朝光主编《蒋介石的人际网络》,社会科学文献出版社,2011

王奇生:《党员、党权与党争:1924—1927 年中国国民党的组织形态》,上海书店,2003

王世杰、钱端升:《比较宪法》,商务印书馆,1937

吴相湘:《民国百人传》,台北:传记文学出版社,1982

吴振汉:《国民政府时期的地方派系意识》,台北:文史哲出版社,1992

小科布尔:《上海资本家与国民政府(1927—1937)》,杨希孟译,中国社会科学出版社,1988

谢幼田:《联俄容共与西山会议——中国反左防左运动的历史根源》,香港:集成图书公司,2001

谢振民:《中华民国立法史》,正中书局,1948

许育铭:《汪兆铭与国民政府——1931 至 1936 年对日问题下的政治变动》,台北:"国史馆",1999。

严如平、郑则民:《蒋介石传稿》,中华书局,1992

阎伯川先生纪念会编《民国阎伯川先生年谱长编初稿》,台北:台湾商务印书馆,1988

阎伯川先生纪念会编《阎伯川先生感想录》,台北:编者印行,1997

杨天石:《北伐时期左派力量同蒋介石斗争的几个重要回合》,《中共党史研究》1990 年第 1 期

杨天石:《蒋氏秘档与蒋介石真相》,社会科学文献出版社,2002

杨天石:《九一八事变后的蒋介石——读蒋介石〈日记类抄〉》,中国近代史学会、联合报系文化基金会编《庆祝抗战

胜利五十周年两岸学术研讨会论文集》，台北：联经出版公司，1996

杨天石：《论蒋胡约法之争》，《中国社会科学》2000 年第 1 期。

杨天石：《中山舰事件之谜》，《历史研究》1988 年第 2 期

杨天石：《中山舰事件之后》，《历史研究》1992 年第 5 期

张静：《中国太平洋国际学会研究（1925—1945）》，社会科学文献出版社，2012

张朋园、沈怀玉编《国民政府职官年表（1925—1949）》，台北：中研院近代史研究所，1987

张天任：《宁粤分裂之研究——民国二十年至二十一年》，中坜：宏泰出版社，1992

张玉法：《地方史料与民国史研究——山东文史资料的个案分析》，《中国现代史专题报告》第 13 辑，台北："中华民国史料研究中心"，1989

张玉法：《中华民国史稿》，台北：联经出版公司，1998

张玉法主编《中国现代史论集》第八集"十年建国"，台北：联经出版公司，1982

章清：《省界、业界与阶级——近代中国集团力量的兴起及其难局》，《中国社会科学》2003 年第 2 期

中国第二历史档案馆编《蒋介石年谱初稿》，档案出版社，1992

中国青年军人社编《反蒋运动史》，台北：李敖出版社，1991

周聿峨、陈红民：《胡汉民评传》，广东人民出版社，1989

七　日文资料

币原喜重郎:《外交五十年》, 东京: 读卖新闻社, 1951

外务省编纂《日本外交年表及主要文书》, 东京: 原书房, 1985

八　西文资料

陈友仁个人档案, 中国第二历史档案馆藏, 部分内容为英文手稿或打印稿

孙科个人档案, 中国第二历史档案馆藏, 部分内容为英文手稿或打印稿

Andrew J. Nathan, *Peking Politics, 1918 – 1923: Factionalism and the Failure of Constitutionalism* (Berkeley: University of California Press, 1976)

Arif Dirlik, "Mass Movements and the Left Kuomintang," *Modern China*, 1. 1: 46 – 74, Jan. 1975

Arthur N. Young, *China's Nation – Building Effort, 1927 – 1937: the Financial and Economic Record.* (Stanford: Hoover Institution Press, 1971)

Ch'en Jerome, "Defining Chinese Warlords and Factions," *Bulletin of the School of Oriental and African Studies*, Vol. 31, 1968

Ch'en Jerome, "The Left Wing Kuomingtang——A Definition," *Bulletin of the School of Oriental and African Studies*, Vol. 15

Ch'i His-sheng, *Nationalist China at War: Military Defeats and Political Collapse, 1931 – 1945* (Ann Arbor: University of

Michigan Press, 1982)

Ch'i His-sheng, *Warlord Politics in China*, *1916 – 1928* (Stanford: Stanford University Press, 1976)

Ch'ien Tuan-sheng, *The Government and Politics of China*, *1912 – 1949* (Cambridge: Harvard University Press, 1950)

Chan F. Gilbert ed. , *China at the Crossroads: Nationalists and Communists*, *1927 – 1949*, (Boulder, Colo. : Westview Press, 1980)

Chang Chin-sen, *The Third Force in China.* (New York: Bookman Associates, 1952)

Diana Lary, *Region and Nation: the Kwangsi Clique in Chinese Politics*, *1925 – 1937* (London, New York: Cambridge University Press, 1974)

George William Skinner ed. , *The City in Late Imperial China* (Stanford: Stanford University Press, 1977)

Howard L. Boorman, *Biographical Dictionary of Republican China* (New York: Columbia University Press, 1967 – 1979)

James E. Sheridan, *Chinese Warlord: The Career of Feng Yu – hsiang* (*Stanford: Stanford University Press*, 1966)

John K. Fairbank, *Cambridge History of China Vol. 12*, *13: Republican China 1912 – 1949* (New York: Cambridge University Press 1983)

Joseph R. Levenson, "The Province, the Nation, and the World: the Problem of Chinese Identity," in Albert Feuerwerker etc. ed. , *Approaches to Modern Chinese History* (Berkeley: University of California Press, 1967)

Lloyd E. Eastman, *The Abortive Revolution: China Under Nationalist Rule, 1927 - 1937* (Cambridge: Harvard University Press, 1974)

Martin Wilbur and Julie Lien-Ying How, *Documents on Communism Nationalism and Soviet Advisers in China 1918 - 1927* (New York: Columbia University Press, 1956)

Parks M. Coble, Jr, *The Shanghai Capitalists and the Nationalist Government, 1927 - 1937* (Cambridge: Harvard University Press, 1980)

Robert E. Bedeski, " The Tutelary Stare and National Revolution in Kuomingtang Ideology, 1928 - 1931," *China Quarterly*, Vol. 46, April-June, 1971

T'ang Leang-li, *The Inner History of the Chinese Revolution* (London: George Routledge and Son's, Ltd. 1930)

Tien Hung-mao, *Government and Politics in Kuomintang China 1927 - 1937* (California: Stanford University Press, 1972)

William C. Kirby, *Germany and Republican China* (California: Stanford University Press, 1984)

后　记

　　记得小时候最喜欢看的"小人书"是《水浒传》，三十六天罡、七十二地煞，一百单八将的座次背得滚瓜烂熟。以后识字多了，开始对家父的藏书东翻西看，渐渐迷上了民国军事史，从蒋介石任国民革命军总司令起，一路寻下去，又对黄埔军校和一个个如雷贯耳的国民党"大佬"着了迷，也总想给他们一一排个座次，可总是困惑无穷，因此立志大学要学民国史。本科毕业论文写的是《胡汉民与"非常会议"》，论文主角胡汉民的政治对手就是蒋介石，1991年发表在《近代史研究》上，这是我的第一篇学术论文。此后，有幸到中国社会科学院近代史研究所服务，才算真正步入了史学的正道。

　　研究民国政治史，蒋介石是一个谁也绕不去的关键人物。他是如何一步步地获得中国的最高统治权，始终是一个令我兴奋的课题。大学毕业十年后有机会到新加坡国立大学攻读博士学位，很自然地想好好排排蒋介石和胡汉民、汪精卫等人在民国政坛上"座次"，到底是谁前谁后，以及彼此的转换关系。于是我选择了《国民党的权力重组——宁粤对峙研究》为题，撰写博士论文。这可算是本书的草稿。2005年底，我又申请到复旦大学博士后研究的机会，更将焦点对准蒋介石，以《蒋介石的下野与再起——1930年代初的国民党派系纠葛》，通过了博士后报告，并最终完成了本书。

　　在攻读博士学位和完成博士后报告期间，有机会到台湾查阅档案，是我探求国民党这座"水泊梁山""英雄座次表"最愉快的时光。两次在台北租房，前后半年，基本将国民党党史馆、"国史馆"、中研院近史所档案馆藏的相关核心文献查阅殆尽。每天抚摸着历史的原件，令我欣喜若狂。而周六、周日最快乐的时光，就是访遍台北大街小巷的旧书店，先后从台北寄回北京 500 公斤出版品。更令我兴奋的是有机会赴美国斯坦福大学胡佛研究所，第一时间查阅刚刚开放的蒋介石日记，让我对蒋介石的心路历程有了更加清晰的理解。如果没有上述访学之旅，我是很难"排"好这份座次表的。

在我的学术成长中，特别是始终伴我完成本书写作的师长实在是太多了。没有他们的帮助和关心，我是不可能写好这本书的。这张需要感谢的"英雄"座次表，即使再列上一百单八"将"也不为过，但恐怕今生今世都不能排出次序来。每一位对我提携的师长，我都将铭记在心。

感谢我的导师新加坡国立大学李焯然、黄贤强、黄坚立和复旦大学吴景平诸教授对我论文的细心指导；近代史所民国史研究室两位主任汪朝光、王奇生和复旦大学章清、社科文献出版社杨群诸教授予以兄长般的关照，令我难忘；中研院近史所两任所长吕芳上和陈永发、副所长谢国兴、"国史馆"纂修卓遵宏、党史馆主任邵铭煌、政治大学刘维开教授，不仅为我访台提供方便，更在学术上予以多方指导，令我不敢忘怀；社科文献出版社编审徐思彦是本书的第一读者，是她的无私帮助，才避免了本书出版后令学界贻笑大方的诸多错误；大学同窗尚红科兄为本书出版所做的努力，同样让我难忘；我服务的社科院近代史所众多前辈、同仁为我提供了一个宽广的学术空间，令我无拘无束地成长，这是值得我一生感激的。最后要感激的是父母和妻子对我的宽容和包容。在妻子的细心呵护下，我几乎很少照顾的儿子依靠自身努力，今年考取了北大附中。如果没有家人的最大支持和鼓励，很难有我今天的成绩。

2009 年夏

附　记

本书 2009 年出版，一晃六年过去了。社会科学文献出版社告之，最近常有读者求购，准备再版。一本学术著作能有机会再版，对作者来讲，无疑是一种莫大的鞭策。为此，我又认真重读了一遍全书，对初版中的错误予以校订，并增加了第十二章"蒋介石与政学系"，这是去年发表的一篇论文，讨论的主题和本书相关，而在书中几乎没有涉及这一内容，对了解蒋介石"最高领袖"地位的确立，或有一定的帮助。

作者
2015 年夏

图书在版编目（CIP）数据

国民党高层的派系政治 / 金以林著. -- 修订本. --
北京：社会科学文献出版社，2016.7（2025.6 重印）
ISBN 978 - 7 - 5097 - 7504 - 2

Ⅰ.①国…　Ⅱ.①金…　Ⅲ.①中国国民党 - 党史 - 研
究　Ⅳ.①D693.74

中国版本图书馆 CIP 数据核字（2016）第 134753 号

国民党高层的派系政治（修订本）
——蒋介石"最高领袖"地位的确立

著　　者 / 金以林

出 版 人 / 冀祥德
项目统筹 / 宋荣欣
责任编辑 / 宋荣欣
责任印制 / 岳　阳

出　　　版 / 社会科学文献出版社·甲骨文工作室（分社）（010）59366527
　　　　　　　　　　　　　　　　历史学分社（010）59367256
　　　　　地址：北京市北三环中路甲 29 号院华龙大厦　邮编：100029
　　　　　网址：www.ssap.com.cn
发　　　行 / 社会科学文献出版社（010）59367028
印　　　装 / 北京盛通印刷股份有限公司

规　　　格 / 开　本：889mm × 1194mm　1/32
　　　　　　印　张：18.125　字　数：421 千字
版　　　次 / 2016 年 7 月第 1 版　2025 年 6 月第 16 次印刷
书　　　号 / ISBN 978 - 7 - 5097 - 7504 - 2
定　　　价 / 79.00 元

读者服务电话：4008918866